教育部中文学科教学指导委员会推荐用书

# 对外汉语教学法

主　编　张艳华
编　委　张学广　李昊天　刘相臣
　　　　盛　蕾　陈倩倩　吴　剑
　　　　邱理萌　贺莉娜　许培新

高等教育出版社·北京

内容提要

本书较为全面、系统地介绍了"对外汉语教学法"这门课程所要讲授的主要内容,包括语言要素(语音、汉字、词汇、语法)教学法和语言技能课(综合、听力、口语、阅读、写作)教学法。对于对外汉语教师、课堂教学过程以及课堂教学设计的特点及要求也进行了简要的概括与说明。此外,还在各技能课后面附上了教案示例以供参考。本书注重实用性、丰富性、通俗性相结合,通过学习,可以了解对外汉语教学的基本原理,掌握教学的主要环节及方法技巧,具备良好的教学实践能力。

本书可作为对外汉语/汉语国际教育专业本科生教材使用,也可作为对外汉语/汉语国际教育专业研究生的自学用书以及对外汉语教师的参考用书。

**图书在版编目(CIP)数据**

对外汉语教学法 / 张艳华主编. -- 北京:高等教育出版社,2019.1(2024.7重印)

ISBN 978-7-04-050494-1

Ⅰ.①对⋯ Ⅱ.①张⋯ Ⅲ.①汉语-对外汉语教学-教学法-高等学校-教材 Ⅳ.①H195.3

中国版本图书馆CIP数据核字(2018)第203122号

对外汉语教学法
Duiwai Hanyu Jiaoxuefa

| 策划编辑 | 吴 军 | 责任编辑 | 吴 军 | 封面设计 | 张志奇 | 版式设计 | 王艳红 |
| 插图绘制 | 于 博 | 责任校对 | 高 歌 | 责任印制 | 刁 毅 | | |

| 出版发行 | 高等教育出版社 | 咨询电话 | 400-810-0598 |
| 社 址 | 北京市西城区德外大街4号 | 网 址 | http://www.hep.edu.cn |
| 邮政编码 | 100120 | | http://www.hep.com.cn |
| 印 刷 | 天津嘉恒印务有限公司 | 网上订购 | http://www.hepmall.com.cn |
| 开 本 | 787mm×960mm 1/16 | | http://www.hepmall.com |
| 印 张 | 27.25 | | http://www.hepmall.cn |
| 字 数 | 420千字 | 版 次 | 2019年1月第1版 |
| 购书热线 | 010-58581118 | 印 次 | 2024年7月第4次印刷 |
| | | 定 价 | 52.00元 |

本书如有缺页、倒页、脱页等质量问题,请到所购图书销售部门联系调换
版权所有 侵权必究
物 料 号 50494-00

# 目 录

- 第一章 对外汉语教学法概述 ...... 1
  - 第一节 对于教学法概念的理解 ...... 2
  - 第二节 外语/第二语言教学法流派回顾与展望 ...... 5
  - 第三节 外语/第二语言教学法的理论基础 ...... 15
  - 第四节 对外汉语教学法的发展历程 ...... 22
- 第二章 对外汉语教师及课堂教学过程 ...... 36
  - 第一节 对外汉语教师的专业素养 ...... 36
  - 第二节 课程教学前的准备工作 ...... 50
  - 第三节 课堂问题行为管理与教学机智 ...... 59
- 第三章 对外汉语课堂教学设计 ...... 69
  - 第一节 教学设计简介 ...... 69
  - 第二节 课程的组织 ...... 73
  - 第三节 教学内容的呈现 ...... 101
- 第四章 语音教学 ...... 108
  - 第一节 汉语语音的基础知识 ...... 108
  - 第二节 语音教学的重要性、任务与内容 ...... 118
  - 第三节 语音教学的基本原则 ...... 121
  - 第四节 语音教学的常用方法 ...... 123
  - 第五节 语音教学的重点、难点 ...... 130
- 第五章 汉字教学 ...... 155
  - 第一节 汉字的基本特点 ...... 155
  - 第二节 汉字教学的性质及任务 ...... 158
  - 第三节 汉字教学的基本原则 ...... 160
  - 第四节 汉字教学模式及教学法 ...... 165
  - 第五节 汉字教学环节与讲练技巧 ...... 170
  - 第六节 汉字教学的难点与重点 ...... 178
- 第六章 词汇教学 ...... 183
  - 第一节 汉语词汇的特点 ...... 183
  - 第二节 词汇教学的性质及任务 ...... 186
  - 第三节 词汇教学的基本原则 ...... 190
  - 第四节 词汇教学模式及教学法 ...... 194
  - 第五节 词汇教学的难点与重点 ...... 213

## 第七章　语法教学 218
第一节　汉语语法的基本特点　218
第二节　语法教学的性质及任务　221
第三节　语法教学的基本原则　222
第四节　语法教学模式及教学法　228
第五节　语法教学环节与讲练技巧　232
第六节　语法教学的难点与重点　244

## 第八章　综合课（精读课）教学 249
第一节　综合课的性质和任务　249
第二节　综合课教学的基本原则　251
第三节　综合课的教学内容和教学方法　254
第四节　综合课的教学环节与讲练技巧　265
第五节　综合课教学的重点与难点　274

## 第九章　听力课教学 280
第一节　听力课教学的基本认识　280
第二节　听力课教学的主要模式　287
第三节　听力课的教学环节与讲练方法　290
第四节　听力课教学的重点和难点　299

## 第十章　口语课教学 317
第一节　口语课教学的基本认识　317
第二节　口语教学的主要模式　320
第三节　口语课的教学内容与教学方法　329
第四节　口语课的教学重点与难点　340

## 第十一章　阅读课教学 354
第一节　阅读课的性质与定位　354
第二节　阅读的过程与障碍　358
第三节　阅读课的教学任务　364
第四节　阅读课的教学环节和教学方法　370
第五节　阅读课的教学难点和教学策略　374

## 第十二章　写作课教学 388
第一节　写作课教学的基本认识　388
第二节　写作课教学的主要模式　393
第三节　写作课教学的环节、方法与技巧　398
第四节　写作课教学的难点与重点　417

## 后记 427

# 第一章　对外汉语教学法概述

新中国的对外汉语教学事业始于20世纪50年代,"对外汉语教学"这一名称的提出是在1978年,但其真正作为一门学科确立下来则是在1984年。[①] 该名称形成之初,主要指针对来华外国学习者的汉语教学,但这一名称不够严谨:因为它既无法涵盖针对我国少数民族人士的汉语教学,也无法囊括针对海外本土学习者(包括华裔)的汉语教学,因此,后来建议改用"汉语作为第二语言教学"的呼声甚高。然而直到今天,人们仍广泛沿用"对外汉语教学",其原因一是多年来约定俗成不易改变,二是相对来说"汉语作为第二语言教学"这一称谓不够精练,于是学界形成了"对外汉语教学"与"汉语作为第二语言教学"所指基本相同的局面。

在具体讨论教学法之前,有必要首先明确几个概念,即"母语"和"第一语言"、"外语"和"第二语言"、"本族语"和"目的语"。

所谓"母语",是从一个人民族身份的角度来看待其语言归属的,从这个意义上说,"母语"等同于"本族语",即本民族的语言。所谓"第一语言",则指的是一个人出生以后最早接触、习得的语言,它可能是母语,如一个中国的汉族人出生在中国,最先接触、习得的自然是汉语;也可能是非母语,如一个出生在美国的华人最先接触、习得的当地社区语言是英语。

所谓"外语",指的是"外国的语言",即非本国人所使用的语言,它是从国家的角度对语言所作的界定。如对中国人来说,英语就是外语。而"第二语言",则指的是一个人在获得了第一语言之后通过学习掌握的其他一种或几种语言,如一个中国人通过学习掌握了英语和法语;或者一个中国维吾尔族人通过学习掌握了汉语。可见,"第一语言""第二语言"是从个体语言获得先后顺序的角度来加以界定的。所谓"目的语"则指的

---

[①] 参见赵金铭:《对外汉语教学概论》,商务印书馆2005年版,第5页。

是学习者正在学习并试图掌握的外语或第二语言。

概括说来，"汉语教学"既包括汉语作为母语的教学，如我国汉族地区针对中小学生的"语文教学"；也包括汉语作为外语的教学，如在海外本土环境下的汉语教学；还包括汉语作为第二语言的教学，如我国少数民族地区的汉语教学，以及针对来华的外国学习者所进行的汉语教学——也就是我们所说的对外汉语教学。本书所归纳和介绍的汉语教学法主要指的是目的语环境下的对外汉语教学法。

## 第一节　对于教学法概念的理解

什么是语言"教学法"？对于这个问题，国内外学者基于不同的角度及认知有不同的理解与界定。

在西方，对于外语/第二语言"教学法"的内涵一直以来就存有不同的阐释。早在1958年，美国应用语言学家弗里兹（C.C.Fries）在其《关于口语法》中提出了教学法两层次说，即approach-method，认为method是指教学方式、方法和教学技巧，而approach则是指达到教学目的的途径、路子（path或road）和理论（theory）。[①]1963年，美国语言学家安东尼（E.Anthony）提出了教学法的三层次说，即理论—方法—技巧（approach-method-technique）。也是把approach理解为较宏观、抽象、具有方法论指导意义的首要层面。20世纪80年代，美国语言教学专家理查德（J.C.Richards）则主张由method统领"教学法"概念，其下位也包含三个层面，即理论—设计—步骤（approach-design-procedure）。在这里，approach依然指理论层面，实践层面则增加了教学设计与实施步骤。令人不解的是，他把method置于其上位层面，而在书中具体论述的时候，又常常会出现"approaches and methods"这样的表述，其间的关系显得有些混乱。[②]90年代，美国语言教学专家塞尔斯·莫西亚（Celce-murcia

---

[①] 章兼中主编：《国外外语教学法主要流派》，华东师范大学出版社1983年版，第91页。

[②] Jack C. Richards, Theodore S. Rodgers：《语言教学的流派》（Approaches and Methods in Language Teaching），王才仁导读，外语教学与研究出版社2012年版，第14页。

Marianne）在其《作为第二语言的英语教学》一书中，则把历史上所出现的所有教学法均称之为 approach。显然，对于将 approach 作为教学法的第一层面，学者们是有基本共识的；而对其他层面的内涵界定则有所分歧。

从历史上看，西方教学法流派对于"法"的称谓是变动不居的，有时称为"method"，如"The Direct Method"（直接法）；有时称为"approach"，如"Cognitive Approach"（认知法）；有时又称为"way"，如"The Silent Way"（沉默法）。我国学者盛炎从各流派产生的年代上加以区分指出："在国外过去的教学法都称为 method，而 60 年代以后的教学法称为 approach，这二者是不同的。前者重在方法、技巧，后者重在路子。"① 无论是 approach、method，还是 way，汉语均以"法"对译，因为汉语的"法"既可以指"法则"，又可以指"方法"，还可以指"技法"。或许正是这种一对多的语义阐释造成了我们对"教学法"一词的多重解读：它既可以被理解为教学原则及教学理念；也可以被理解为教学法体系及教学模式；还可以被理解为教学技巧及教学手段。

在国内，学界前贤对于"教学法"的界定更是始终难以统一，就像有人指出的那样："'教学法'是外语教学领域经常使用的语汇，但却是一个混乱的概念。它有时被用来指教师独特的教学风格，有时用来指教学的技巧，有时用来指教学的理念，有时用来指教学的原则等等。"② 在学术界，有人把教学法定义为一门"科学"，有人把它视为一个"学科"，还有人把它指代为语言"教学的流派"③。总的来说，无论是外语教学界还是对外汉语教学界，人们普遍认为教学法是一个含有多层语义的概念，人们按自己的理解对这些层次进行了划分：前者如王才仁，曾借鉴国外研究成果，就"外语教学法多层次概念的界定"发表了自己的"五层次框架"说，即 methodology-approach-strategy-method-technique，他将其译为教学法总称—实验性教学法—教学策略—课堂方法—技巧。④ 后者如吕必松，

---

① 盛炎：《外语教学法流派的发展趋势与汉语教学理论研究》，《语言教学与研究》1989年第1期，第68页。
② 常俊跃：《外语教学法的发展及其对我们从事外语教学的启示》，《国外外语教学》2006年第4期，第1页。
③ 常俊跃：《外语教学法的发展及其对我们从事外语教学的启示》，《国外外语教学》2006年第4期，第1页。
④ Jack C. Richards, Theodore S. Rodgers：《语言教学的流派》（Approaches and Methods in Language Teaching），王才仁导读，外语教学与研究出版社2000年版，第12—13页。

早在90年代初，他"为了区分处于不同层面上的'教学法'概念，主张分别用教学原则、教学方法、教学技巧三个术语来表达"①。后来，在其专著《汉语和汉语作为第二语言教学》一书中，又在原有的三个术语基础上增加了"教学路子"（approach），并就教学原则、教学路子、教学方法及教学技巧等四个层面进行了区分，认为"教学原则"就是"教授语言的法则"；"教学路子"是指"经过人工设计的为实现某种教学目的而进行知识传授和技能训练的途径和方式"；"教学方法"是指"在教学原则的指导下，在教材编写和课堂教学中进行知识传授和技能训练的具体方法"；"教学技巧"则是指"任课教师在课堂上进行教学的技巧"②。除此之外，还有人将教学法简化为两个层面，如我国学者任远指出："'对外汉语教学法'实际上包含两方面的内容：从宏观上说，它是教学理论的一个完整体系，处理教与学各类关系的一系列指导性原则；从微观上说，它又是贯彻这些理论、原则的一套方法和各种技巧。"③

尽管学界对"教学法"这一概念仁者见仁，本书比较认同的是三层次说，即认为教学法应该包括宏观上的"教学理念"，中观上的"教学方法"及微观上的"教学技巧"：从教学理念层次看"教学法"，就要从语言观、教学观，以及语言教学的目的、原则、路径等理论层面加以关注和研究；从教学方法层次看"教学法"，就需对世界范围内相继出现的各种教学法流派、教学模式等进行系统化的对比与考察；从微观层面看"教学法"，就要对语言要素及语言技能的课堂教学手段和运用技巧进行归纳和总结。

本书所讨论的"教学法"也涉及"教学理念""教学方法"和"教学技巧"三个层面，但着重点在第三个层面，即主要介绍对外汉语教学中语音、汉字、词汇、语法诸语言要素，以及综合、听力、口语、阅读、写作各技能课程的教学方法和教学技巧。总结教学实践经验，注重教学法的实用性，探讨教学手段的丰富性，是本书的主要特点。

---

① 任远：《对外汉语教学法研究的回顾与展望》，《语言教学与研究》1994年第2期，第92页。
② 吕必松：《汉语和汉语作为第二语言教学》，北京大学出版社2007年版，第93—97页。
③ 任远：《从对外汉语教学法研究的回顾与展望》，《语言教学与研究》1994年第2期，第92页。

# 第二节　外语／第二语言教学法流派回顾与展望

就像有的学者所指出的那样，教学法"虽然作为一门科学，但至今未有一个公认的统一的理论模式，而是以一定的流派的形式存在的。一部外语教学法的历史，在某种意义上可说是一部外语教学法流派的竞争史。"[1]的确，外语教学法的结构性特点，集中体现在使教学理念、教学范式、教学手段得以系统展示的教学法流派上，因此，有必要首先对教学法流派的历史沿革有基本的了解。

## 一、外语／第二语言教学法流派回顾

世界范围内的现代外语／第二语言教学迄今已有100多年的历史。在一个多世纪的发展过程中，曾出现过大大小小几十种教学法流派。关于教学法流派的分类，国内学者有不同的划分标准，大致说来有以下几种分类法：

一是"两类"说，认为各教学法流派可以总体划分为"实证主义（经验主义）和唯理主义"两大类，前者如直接法、听说法、功能法（交际法）；后者如语法翻译法、自觉对比法和认知符号法等。[2]

二是"三类"说，认为各教学法流派基本可归入传统派、改革派和折中派三大类：传统派如语法翻译法、自觉对比法；改革派如直接法、听说法、视听法和功能法（交际法）；折中派如自觉实践法、认知法等。[3]

三是"四类"说，认为各教学法流派可以分为"（1）强调自觉掌握的认知派，如语法翻译法、自觉对比法和认知法；（2）强调习惯养成的经验派，如直接法、情景法、听说法、视听法等；（3）强调情感因素的人本派，如团体语言学习法、默教法、暗示法等；（4）强调交际运用的功能派，如交际法等。"[4]

随着外语／第二语言教学的不断发展，新的教学法流派层出不穷，因

---

[1]　王铭玉：《新编外语教学论》，上海外语教育出版社2008年版，第80页。
[2]　章兼中主编：《国外外语教学法主要流派》，华东师范大学出版社1983年版，第1—6页。
[3]　王铭玉：《新编外语教学论》，上海外语教育出版社2008年版，第81—82页。
[4]　刘珣：《对外汉语教育学引论》，北京语言文化大学出版社2000年版，第236页。

而还会有更多的分类标准出现。本书对上面所提到的各种教学法流派不拟做详细介绍，而是选取几种对我国对外汉语教学的发展产生过重要影响的流派进行简要回顾，以期为我国的对外汉语教学厘清发展脉络，寻找创新源泉。

### （一）语法翻译法

语法翻译法是产生于欧洲的一种最古老、最传统，而生命力也最持久的外语教学法。早在中世纪，这种教学法用于教授欧洲贵族子弟学习古希腊文和拉丁文，而采用此法的目的主要是训练读和写，而非听和说，"教养"的目的远远大于"实用"的目的。到了18世纪末和19世纪初，欧洲各国注重普及中小学教育，学校开始开设英语、法语、意大利语等现代外语课程。如果说，学习拉丁文、希腊文是学习"死"的语言，那么学习当时其他国家的民族标准语，则属于学习"活"的语言，对学习者来说，都属于第二语言，教学规律有某些相同之处。语法翻译法能用来教授"死"的语言，也应当可以教授"活"的语言，因此，在尚未找到更有效的教学法之前便沿用了这一教学法。该派代表人物是德国语言学家奥朗多弗（H.Ollendorff），"他主张学外语先要背熟语法规则和例句，然后通过翻译练习巩固语法规则。他认为只有在理解语法规则的基础上才能阅读、翻译外语原文。"[①]直到20世纪中期，语法翻译法又改良为"近代语法翻译法"，持续发挥着它的影响力。

尽管语法翻译法经历了漫长的发展与演变，但其教学原则并没有实质性的改变。主要体现在以下几个方面：

（1）借助学习者的母语，运用翻译手段进行教学；

（2）注重对语法知识的系统性讲解；

（3）主要采用演绎法说明语法规则；

（4）偏重读、写及翻译能力的培养，忽视听、说等交际能力的训练。

（5）强调学习规范的书面语，教学材料主要取自经典文学名著。

教学中主要采用如下步骤：教师运用翻译法讲解词语、语法→用翻译方式逐句讲解课文→学生朗读课文→学生分析课文材料，并进行母语与外

---

① 章兼中主编：《国外外语教学法主要流派》，华东师范大学出版社1983年版，第9页。

语的对比→通过将母语译成外语或外语译成母语的方式操练和巩固所学语法规则。

语法翻译法的优点是：强调语法知识的认知与学习；重视学习者的理性思考及智力开发；充分利用学习者的母语训练翻译能力；注重书面语读写能力的培养。这些均符合成年人学习第二语言的特点。

该教学法的缺点也是显而易见的：过分利用学习者母语，不利于养成运用外语进行思维的习惯；过分强调读写能力的培养，忽视听说能力的训练；过分注重语法知识的系统性学习，不利于培养学习者的言语交际能力。

## （二）直接法

直接法产生于19世纪末20世纪初。随着欧洲工业革命的发展，各国之间商贸往来和文化交流日趋频繁，语言不通成为最大的障碍。一方面，现代社会对外语人才，特别是口头交际人才的需求日益迫切；而另一方面，传统的语法翻译法又难以满足这一需要。所谓物极必反，为克服语法翻译法的缺点，直接法应运而生。

直接法的代表人物是德国的语言教育家菲埃托（V.W.Vietor）、贝力子（M.D.Berlitz），以及法国语言教育家古安（F.Gouin）等。他们抨击语法翻译法只重书面语言及语法规则、轻视口语交际能力培养的弊端，声称"翻译作为掌握外语的一种手段，被彻底摈弃"，主张"随时随地只用外语"[1]。他们从幼儿学习母语的过程中得到启示，声称"直接法"是"幼儿学母语的心理过程的系统应用"[2]。代表性教材为英国艾克斯利（C.E.Eckersley）编写的《基础英语》。

直接法的主要特点是：

（1）主张"用外语教外语"，尽量不使用学习者的母语，不借助翻译手段；

（2）教学辅之以直观手段，充分调动学习者的听觉、视觉、言语动觉，以加强理解与记忆；

---

[1] 章兼中主编：《国外外语教学法主要流派》，福建教育出版社2016年版，第42页。
[2] 章兼中主编：《国外外语教学法主要流派》，福建教育出版社2016年版，第42页。

（3）强调听说，特别是口语能力的培养；

（4）主要采用归纳法说明语法现象，不注重语法知识的体系性教学；

（5）重视句型学习，"熟能生巧"，让学习者通过反复模仿和记忆掌握句子。

教学中主要采用如下步骤：教师用实物或动作展示所教词语、句子→在教师领读下学习者反复朗读→以问答形式解决课文中的难点问题→模仿造句、训练口语表达。

直接法的出现打破了语法翻译法的垄断地位，注重当下日常生活用语的学习，注重口头交际能力的培养，重视外语思维能力的训练，强调直观的情景化教学，这些理念都被后来的听说法、视听法所继承和发扬。

当然，该派的缺点突出表现为对语法翻译法的抗衡与纠偏所带来的"矫枉过正"：过分排斥学习者的母语，对母语缺乏合理而科学的运用；过于忽视读写的训练，难以培养全面发展的人才；过于偏重经验与感性认识，忽视了学习者的理性、自觉、能动性；混淆成年人学习第二语言与幼儿习得第一语言的区别，忽视了成年人特有的学习心理及学习方式。

**（三）听说法**

作为直接法的继承与发展，听说法产生于20世纪40年代的美国。当时的美国已是世界大国，与各国经贸文化交往密切。随着第二次世界大战的爆发，美国为派遣军队出国作战急需掌握外语的速成型人才，外语教学改革势在必行。语言学家布龙菲尔德（L.Bloomfield）等受政府委托研发出培训军人外语听说能力的"军队法"，这种强化式、沉浸式教学方法获得了很大的成功。第二次世界大战战后，美国一些语言机构及语言教育家及时总结经验，于50年代将其命名为"听说法"加以推广，在世界范围内产生了深远的影响。其代表性教材是《英语900句》。

听说法的主要特点是：

（1）教学中排斥或限制使用学习者母语，不用翻译手段，主张用外语思维；

（2）注重对学习者母语与目的语进行对比，主要采用归纳法说明语法要点；

（3）以句型教学为核心，强调"刺激—反应—强化"的学习过程，在反复模仿与操练中掌握句型；

（4）重视听说能力的训练，听说为主，读写为辅；

（5）及时纠错，有错必纠，以免形成习惯。

教学中主要采用如下步骤：教师展示词语、句型及课文→学生听课文录音→在教师领读下学生反复跟读模仿，进行角色对话→进行各类句型的练习（包括替换词语、句型转换等）→师生及生生之间运用所学词语及句型互相问答→反复操练句型，由机械性模仿到交际性表达。

该教学法注重目的语和母语之间的对比，注重语言结构的描写性分析，注重句型教学的类推作用，这使它与直接法相比具有更为深厚的理论基础，科学性也更强。当然，其缺点也很明显：过分注重刺激—反应的行为主义心理学模式，忽视了成年学习者的主动性和能动性；过于关注语言的结构形式，忽视其语义内涵和语用功能；过分强调机械化、形式化的句型操练，易使课堂枯燥乏味。

### （四）视听法

视听法产生于20世纪50年代的法国，它是在直接法、听说法的基础上发展而来的。20世纪中期，西方工业文明发展迅速，声光电等现代科学技术日新月异，语言教学的手段也急需改进。在这种时代背景下，法国圣克卢高等师范学院首创了"视听法"，代表人物是古布里纳（P.Guberina）和古根汉（G.Gougenhein）。随着教育技术的不断进步，视听说法也与时俱进，其优势日趋凸显。代表性教材是70年代出版的《新概念英语》。

视听说法的主要特点是：

（1）调动学习者的听觉器官与视觉器官，综合利用幻灯、录音、影像等现代教育技术进行教学；

（2）采用归纳法教学，主张利用上下文语境理解课文，掌握语法和词汇；

（3）注重情景化教学，强调语言教学的实用性；

（4）以听说能力培养为主，读写能力培养为辅；

（5）如果有必要，不排斥使用学习者的母语。

教学中主要采用如下步骤：教师先给学习者听录音或放映幻灯、影像材料，要求学习者边听边记要点→教师讲解课文中的重点词和句→再放录音或幻灯，让学习者对重点句型或句段重复、模仿、记忆、问答→学习者基于录音和图像材料叙述课文内容、进行角色扮演或自由发表见解，由机械操练过渡到有意义的练习。

视听说法使教学更加直观而形象，进一步开拓和完善了听说法的教学理念；对情景教学的重视，给后来的交际法带来启示；同时，新的教育技术的利用丰富了教学手段，提高了教学效率，为今天的多媒体教学提供了经验和教训。

其不足之处是：过分强调视觉与直观，难以表达抽象的语义；重听说而轻读写，难以培养各项技能全面发展的外语人才；重整体感知与综合训练的结果是，忽视对语言结构的具体分析和单项训练。

### （五）认知法

认知法产生于20世纪60年代的美国。这一时期美苏处于冷战时期，资本主义国家之间的竞争除了体现在政治、经济、军事等领域之外，更体现在科技领域，具有良好外语水平的高精尖科技人才十分紧缺。美国当时的外语教学普遍采用的是听说法，但这一方法的缺点正在日益暴露出来。要满足时代的需要，必须改革教学法。在这种情况下，著名的心理学家卡鲁尔（J.B.Carroll）1964年在其《语法翻译法的现代形式》一书中提出了"认知法"。之所以称为"语法翻译法的现代形式"，是因为认知法的某些观点可以追溯至语法翻译法，既对后者有所继承，又有发展和变化，因而认知法也被称为新的语法翻译法。

认知法的主要特点是：

（1）强调外语教学要以学生为中心，重视学生的学习心理；

（2）注重语法规则教学，引导学习者发现、理解和内化语法规则；

（3）主张听说读写齐头并进，全面发展学习者的语言能力；

（4）提倡运用演绎法教学；

（5）教学中不排斥使用母语。

教学中主要采用如下步骤：

教师展示语言学习材料→引导学习者结合已有知识发现新的语言规则→讲解和分析语言规则→学习者通过理解基础上的操练，达到对语言规则的创造性运用。

自直接法创立以来，经听说法到视听法，都强调直观、感知、刺激、反应、联想、强化以及习惯养成，因而被统称为"经验派"教学法。认知法的出现是对经验派教学法所存不足的反拨，它对语言规则的重视，对人的认知能力的尊重，都在某种程度上体现了对语法翻译法的回归，却又并非简单回潮。以学习者为中心，关注学习心理，标志着外语教学从重视"教"转向重视"学"；对听说读写能力的全方位重视，使外语人才的培养更加科学。

当然，认知法也有不足：相对来说，它未能像听说法那样对语言内部结构体系予以重视，因而在教学实践中显得缺乏系统性和可操作性；对语法规则的重视若不能很好地与对交际能力的培养结合起来，也会重蹈传统语法翻译法的覆辙。

### （六）交际法

产生于20世纪70年代的欧洲，中心是英国。第二次世界大战战后，西欧各国决定走联合发展的道路，经过长期酝酿，逐步实施，最终形成了一个政治、经济一体化的国际组织：欧洲共同体。为了更好地开展合作与交流，必须克服各国之间的语言障碍，于是，语言教学界提出了新的教学法理念：交际法，又称功能法。代表人物是英国的威尔金斯（D.A.Wilkins）、亚历山大（L.G.Alexander）等，代表性教材是《跟我学》。

交际法的主要特点是：

（1）以学生为中心，一切从学习者的实际需要出发；

（2）培养交际能力既是语言教学的目的，也是教学的手段；

（3）语言是用来"做事"的，强调语言教学的实用性；

（4）从意义表达入手，以功能—意念教学为纲；

（5）以话语为教学单位，重视语篇能力的培养。

教学中主要采用如下步骤：展示学习材料，一般为自然的对话和真实的语言形式→就课文相关问题进行问答，让学习者对学习要点做出归纳和说明→就教学材料中的重要语法点和表达法进行范例模仿练习→提供交际情景，通过做游戏、讲故事、角色扮演、分组辩论等丰富的形式，让学生模拟真实环境，运用所学知识进行自由表达。

交际法的优点是：注重语言的社会功能，从学生的实际需求出发，重视其语言交际能力的培养，教学内容和教学过程都努力做到交际化，教学手段丰富而实用，可以充分调动学习者的积极性与能动性。

其不足之处是：功能项目的选取与教学顺序的制定难以做到科学合理；如何协调功能与结构之间的关系也是一个难题；过于注重功能而忽视结构，不利于学习者对语言知识的掌握。此外，该法对不影响交际的语言错误采取宽容态度，这也势必会影响语言表达的准确性。

### （七）任务法

任务型教学法兴起于20世纪80年代，是在交际法的基础上发展而来的一种新型教学法，也有人认为它只是交际法中的一种教学模式。[①] 早在70年代，英籍印度语言学家蒲拉布（N. S. Prabhu）在印度南方班加罗尔地区对8—12岁的小学生进行了一项历时5年的交际法实验，把教学内容设计成各种交际任务，要求学生通过完成任务进行学习。实验所得出的结论是，语法知识可以而且必须在交际活动中"学得"。在他设计的任务大纲中，主要有三种类型的任务：一是信息差任务，要求用目的语进行信息传递；二是推理差任务，要求借助已知信息通过推理与概括获得新信息；三是意见差任务，要求能评判和表达自己的观点和态度，这些方法在后来的任务法教学中得以传承。80年代至90年代中后期被称为"任务的年代"，任务法逐渐广泛用于外语或第二语言教学。

任务型教学法的主要特点是：

（1）强调语言材料、情景设置、任务内容的真实性；
（2）任务的设计注重形式与功能的结合；
（3）突出任务教学的层次性，由简到难，逐步递进；
（4）强调做中学、用中学，注重交际能力的培养；
（5）以学生为中心，注重培养学生之间的合作能力。

教学中主要采用如下步骤：任务前阶段，教师介绍话题，布置真实性任务目标，说明训练要点→任务实施阶段，要求每个学生或以小组为单位做出计划、实施任务并进行汇报→任务后阶段，聚焦语言点，通过语言材

---

[①] 马箭飞：《汉语教学的模式化研究初论》，《语言教学与研究》2004年第1期，第17—22页。

料的分析和学习，指出需掌握的结构和功能。

任务型教学经过多年的实验和研究，已逐渐形成一种具有自身特点的范式：语言教学不是从语法和词汇出发，而是始终围绕任务组织和开展，目的是使用和学习语言，而不仅仅是学习语言项目。与传统的教学法相比，它尤其注重信息的沟通与学生之间的交流，教学活动不仅真实而且量大。由于任务的设计贴近学生的实际生活，可以增强学生的学习兴趣，激发学生的参与意识。

若说不足，主要的问题是任务大纲的设计：任务选取的标准，功能项目的教学顺序，与语言形式的结合，操练环节的掌控等，都需要科学而合理的谋划，否则便会流于随意和无序。

## 二、外语/第二语言教学法发展展望

如果将世界范围内百年以来的现代外语/第二语言教学法的发展进行阶段性划分，那么20世纪60年代是个关键点：60年代之前，各类教学法的实验主要围绕着如何"教"展开；60年代之后，教学法则开始从关注"教"转向重视"学"，除了最具代表意义的"交际法"之外，还出现了诸如"团体语言学习法""全身反应法""暗示法""沉默法"等新兴教学法流派。它们尽管在教学手段上各有不同，但体现了基本一致的教学理念，即强调一切以学生为中心的原则。教学中，或者通过师生、生生之间的合作与互动促进情感交流，或者通过舒适的教学环境的设置缓解学习者的心理压力，尽可能弱化教师的威严感，激发学生的积极性，努力使教学过程充满温情与趣味，这些都是人本主义思潮在外语/第二语言教学领域的体现和反映。只是这些教学法的创新意识常常有意无意地"稚化"了教学过程，而且对教学者、教学对象和教学环境要求较高，因而其影响力十分有限。

进入90年代，教学法的作用问题开始受到质疑，进而有人提出了"后方法时代"说。这一概念由美国应用语言学家库玛（B.Kumaravadivelu）于1993年提出，其主要理念集中反映在其《理解语言教学——从方法到后方法》一书中。在该书中，"作者首先批判了方法的局限性和关于方法的虚妄之词（myth）。基于这些'虚妄之词'，作者认为方法已经死亡，

'后方法'时代到来。"① 此学说在欧美产生了广泛影响,被认为开启了语言教育理论的新时代。"外语教学的后方法转向发生于20世纪90年代。这一转向具体表现为对单一方法有效性的怀疑,对方法多元性、开放性、相对性和特定性的强调,以及对那些曾经被忽略、而对课堂教学实践产生巨大影响的因素,如学习者身份、教师信仰、教学道德和当地文化等问题的特别关注。"② 简而言之,"教无定法",人们不再追求"放之四海皆准"的"最佳教学法",转而提倡方法的多元性、开放性、综合性;人们不再把教学视为简单的活动过程,转而发掘学习者心理、教学环境乃至社会文化等复杂因素对教学所产生的作用。于是,中国的外语教学和对外汉语教学领域,也不断听到"后方法时代已经到来"的呼声。

应当指出的是,在教学法发展史上,一种新教学法的出现并非意味着旧教学法的消亡:新教学法在借鉴传统的基础上大胆创新,旧教学法也在反思功过中与时俱进。有人曾以"钟摆"效应形容教学法流派的发展:某个流派此一时或许日薄西山,而彼一时又会东山再起。事实也说明了这一点:21世纪伊始的2001年,在中国教育学会外语教学专业委员会年会上,学者刘骏报告了他所做的一项抽样调查,结果表明:当时60个国家的外语教师正使用着十种外语教学法,其中就包括了从语法翻译法到交际法等传统教学法流派的五种,占一半之多。③ 可见,传统教学法在新形势下依然发挥着作用,不过可以肯定的是,所谓"钟摆"绝非原地踏步、故步自封,而是革故鼎新、螺旋递进。可以预见,21世纪各种教学法依然会在新形势下谋发展、在竞争之中求生存。对教学者来说,最重要的是顺应全球化的时代潮流,根据具体的教学环境,秉承科学的教学理念,采取适切的教学方法。既善于"拿来",又勇于创新,融会贯通,兼收并蓄,充分发挥自身优势,为教学法的发展贡献力量。

---

① 常海潮:《教学法"死亡"了吗?——论外语教学中教师中心角色的回归》,《外语界》2011年第3期,第37页。
② 陈力:《外语教学法的"后方法"时代》,《基础英语教育》2009年第3期,第4页。
③ 杨小鹏:《外语教学法的继承与发展》,《课程·教材·教法》2004年第11期,第73页。

## 第三节　外语／第二语言教学法的理论基础

作为一门交叉性、边缘性极强的科学，教学法的理论基础也是跨学科的。哲学、语言学、心理学、教育学、文化学、人类学等学科的研究成果在教学法的形成过程中都不同程度地产生过影响，其中，语言学、心理学和教育学被公认为是最重要的理论基础。

### 一、语言学理论基础

有什么样的语言观，就会有什么样的教学观。语言学对语言教学具有认识论与方法论的指导意义，历史上各种语言学流派的产生与发展，往往直接或间接地影响着语言教学的走向，外语／第二语言教学也不例外。"现代语言学是语言教学理论体系的最直接的理论基础，从现代外语教学史上看，多年来，语言学理论直接或间接地指导着外语教学实践。语言学对语言教学的各个环节（包括课程设计、教材编写、课堂教学和测试等）都有影响，但影响最大的是对教学法流派的形成。"[①] 要考察语言学理论对教学法流派形成的影响，就不能不结合语言学的发展历史揭示两者的关系。

众所周知，语言学的源头始于欧洲。但在相当长的历史时期内，语言学一直作为哲学的附庸存在，自身并没有独立的地位。直到19世纪，这种现象才发生本质性改变，其标志就是历史比较语言学的诞生，而语法翻译法乃至后来直接法的某些教学原则在某种程度上也受其影响。进入20世纪之后，从结构主义语言学到转换生成语言学再到社会语言学和功能语言学，现代语言学的发展推动着外语教学法的变革，听说法、视听法、认知法、交际法和任务法的教学理念，无不体现了上述语言学流派的语言观和语言实践观。下面我们简略地加以回顾。

所谓历史比较语言学，是采用历史比较的方法，通过对不同语言之间进行系统性对比，考察它们的渊源关系，解释语言的发展和演变规律。早在18世纪末，英国学者琼斯（W.Jones）首先提出了梵语和古希腊语、拉

---

① 盛炎：《语言教学原理》，重庆出版社1990年版，第8页。

丁语同源这一观点；19世纪初，欧洲的语言学家们在广泛调查的基础上，通过对词形以及语音等对应性比较，发现和论证了更多语言的"亲缘"关系。德国语言学家施莱歇尔（A.Schleicher）更是在前人研究的基础上提出了"谱系树"理论，勾勒出了由原始母语演变为不同语系的历史发展轨迹。19世纪后半期，德国莱比锡大学的一批学者，即后人所说的"新语法派"，将以往研究成果上升到理论高度加以总结，有力地促进了历史比较语言学的发展。语法翻译法的发展时期正是历史比较语言学兴盛之时，后者的语言学观念对前者教学理念的形成产生了一定的影响：首先，历史比较语言学注重对语言之间亲缘关系的研究，认为尽管每种语言各有特点，但这些特点是可以通过比较而寻到共同来源的。语法翻译法强调语言之间可以互译，正是基于语言之间有某些共同的发展规律，许多语言现象可以类比这一认识。其次，历史比较语言学十分注重对语法结构的研究，认为语言之间的亲属关系是通过比较各种语言不同时期的语法特征来确定的。同样，语法翻译法也将语法结构作为主要教学内容，认为学习者对于语法规则的掌握有助于对于语言现象的理解。至于直接法的语言学理论依据，曾有人指出亦可追溯至"新语法学派"的影响。[①]

20世纪初，瑞士语言学家索绪尔（F.Saussure）的《普通语言学教程》诞生，标志着现代语言学时代的到来。与历史比较语言学注重对语言的历时研究不同，索绪尔重视的是语言的共时性分析。他把语言视为一个具有层级和结构关系的系统，语言中的每个成分只是由于与系统中其他成分的关系而存在，系统内部包含音位、词汇、句子等各个层面，每个层面的结构关系都可以独立地进行分析。他对语言和言语、内部语言和外部语言、组合关系和聚合关系等一系列概念的区分，为结构主义语言学的发展奠定了基础，其思想被追随者所继承，其中美国的布龙菲尔德更是将其结构主义思想发扬光大，进而成为独具特色的描写语言学派的代表人物。语言学理论的发展也在教学法上有所反映，从直接法开始已经比较注重对语言结构的描写和初步对比，并且采取句本位原则进行教学。作为直接法的发展，听说法更加重视句型操练，注重两种语言结构的对比，强调语言习惯的养成，这

---

① 章兼中主编：《国外外语教学法主要流派》，华东师范大学出版社1983年版，第26页。

些都集中体现了布龙菲尔德的语言学思想。至于视听法,则既沿用了直接法、听说法的教学理念,又在此基础上有所发展:与以往采用"音位(或字母)—词—句子—课文(或篇章)"这一自下而上的教学顺序相反,视听法采用的是"话语—句子—词—音位"这一自上而下的顺序教学,把强调句型操练的"句本位"观发展为重视"话语""语境"作用的整体观,丰富和发展了"经验派"的教学思想。

20世纪五六十年代,结构主义语言学的偏颇与不足日益暴露,促使美国语言学家乔姆斯基(N.Chomsky)发起了一场"语言学革命"。在他看来,人先天具有一种学习语言的能力,可称之为"语言习得机制"。人脑的初始状态应该包括一切语言共同具有的特点,即"普遍语法",经后天经验的触发,就可拥有语言能力。"我们把语言能力和语言行为从根本上区别开来,前者指说话人——听话人所具有的关于他的语言的知识,后者指具体环境中对语言的实际使用",[①]而他的学说则注重的是前者。他认为人的学习不是被动地刺激反应,而是可以理性地认识与主动地掌握。其转换生成语法理论指出,语言是以有限的手段作无限的运用,语法可以使人生成无限的、以前没有听见(或看见)过的、合乎语法的句子,因而学习语法规则比单纯模仿更为重要。认知法的教学观,既是对语法翻译法注重语言理性分析传统的继承,也是对转换生成语言学理论学说的实践。它对于以听说法为代表的教学法提出质疑,认为它们将语言教学过程机械化,不注重语法规则的学习,过分依靠"刺激—模仿"的被动式教学,忽视了成人的主观能动性,因而它主张充分发挥学习者的先天智力因素,强调在理解语法规则的基础上创造性运用语言。

20世纪60年代,社会语言学在美国兴起,作为一门边缘学科,它将语言学和社会学相结合,一方面探讨社会语境对语言的影响,另一方面通过语言的变化考察社会的变革,标志着语言学从以往关注语言内部结构转向了注重语言外部运用的研究路径。社会语言学家海姆斯(D.Hymes)提出"交际能力"学说,认为一个具有交际能力的人,应该懂得"对什么人

---

① 乔姆斯基:《句法理论的若干问题》,黄长著、林书武、沈家煊译,中国社会科学出版社1986年版,第2页。

在什么场合和什么时间用什么方式讲些什么和不讲什么"①，即能够根据社会情境因素恰当地运用语言，这对语言教学无疑具有重要启示。作为社会语言学的分支，语义学、语用学的崛起，更是开拓了语言研究的疆域。70年代，功能语言学在英国崛起，以韩礼德（M.A.K.Halliday）为代表的语言学家，把语言看成交际的工具，把语言当作"做事"的手段；认为研究语言应从功能入手，然后去研究语言形式："西方语言学史历来采用的都是这一视角：先研究词形（形态学）；然后，为了解释词形，语法学家便转向句子形式（句法）；形式一旦确立，他们就问：'这些形式的意义是什么'？""但在功能语法中，研究视角倒转过来了，语言被解释为一个意义系统，伴随着可以体现意义的形式。有关问题应该是：'这些意义是如何表达的？'这样就把语言形式放到了一个不同的视角下：它是实现目的的手段，不是目的本身。"②从关注语言的静态描写到关注言语的动态发展，从注重语言形式的教学转向注重语言交际能力的培养，主张语言是做事的手段，强调语义、语用与结构并重，重视语言和语境、语体、文化之间的关系，这些新的语言学思想在交际法和任务法的教学原则中得到了充分的体现。如果说交际法的核心原则是"学会用语言"，那么任务法的核心原则则是"用中学语言"，这是它们有别于单纯"学语言"的传统教学法之处。

外语/第二语言教学是语言学研究的具体应用，语言学研究的理论成果都需要在教学实践中得到检验；而教学中发现的新问题，又会成为语言学研究的新课题从而推动它的发展。二者相辅相成，因此，从事语言教学不能不对语言学有所了解；而研究语言也不能不结合教学实践。

## 二、心理学、教育学理论基础

教学法的重要理论基础除了语言学，还有心理学与教育学，而从两者的关系来看，心理学又是教育学的理论基础。从学习层面来讲，语言学习

---

① 黄国文：《Chomsky的"能力"与Hymes的"交际能力"》，《外语教学与研究》1991年第2期，第35页。
② [英]韩礼德：《功能语法导论》，彭宣维、赵秀凤、张征等译，外语教学与研究出版社2011年版，第31—32页。

过程与个体学习者的问题"都属于心理学的范畴",如动机、记忆、学习策略、学习风格等,都"涉及许多心理学研究课题",因此,"有影响的教学法流派都以一定的心理学为理论基础"[①]。从教学层面来说,教学目标、教学原则的确立,总体设计、课程设置的谋划,教学大纲、教学内容的制定,以及教学模式、教学方法的选取,都要遵循教学的规律,要受到教育学原理的指导,因此,各个时期教学法流派的主张也无不体现着当时的教育学观念。

从现代心理学的发展历程来看,行为主义心理学、认知心理学和人本主义心理学是影响最大的心理学流派,在此基础上形成的三大学习理论也是教育心理学的主要研究内容。考察其发展过程,有助于我们了解各派教学法的心理学及教育学理论来源与产生背景。

早在17—18世纪,在唯理论与经验论哲学基础上,形成了两大心理学思潮,即官能心理学和联想心理学,它们分别成为语法翻译法和直接法的心理学理论基础。前者的特点是注重人的官能训练,包括训练人的知觉、想象、记忆、注意、悟性等。在语法翻译法的倡导者看来,把外语译成母语,注重语法规则的学习,无疑是进行智力操练、培养语码转换及逻辑思维能力的良方;后者的特点是将人的一切心理活动归结为感觉与联想,人的经验都是感觉或观念的联结,这与直接法主张"概念、思想同外语说话、声音直接联系"[②],以及偏重感官体验、习惯养成的理念都是一脉相承的。它认为语法翻译法会助长学习者依赖"心译"的不良习惯,因而主张培养学习者用外语思维并直接进行口头交际的能力。从教育学层面来看,语法翻译法体现了将语言教学作为一种发展智力的教育活动的宗旨;直接法则反映了近代教育家从捷克的夸美纽斯(J.A.Komenský)到德国的赫尔巴特(J.F.Herbart)所主张的教育要适应自然,强调"直观""联想""新旧知识联结"等教育理念。

19世纪下半叶实验心理学产生,标志着心理学从哲学体系中独立出来。20世纪初,行为主义心理学成为影响最大的流派。早期"古典行为主义"

---

① 盛炎:《语言教学原理》,重庆出版社1990年版,第39页。
② 章兼中主编:《国外外语教学法主要流派》,华东师范大学出版社2015年版,第42页。

代表人物是美国心理学家华生（J.B.Watson），后期"新行为主义"代表人物是美国心理学家斯金纳（B.F.Skinner）。华生的理论主张基于俄国生物学家巴甫洛夫（I.Pavlov）的经典条件反射学说，以客观的实证的方式观察和研究人和动物的行为，认为其行为都是由刺激—反应的联结构成；斯金纳则在此基础上提出了操作性条件的作用，强调刺激—反应之后的强化意义。由此形成的行为主义学习理论，其基本假设为：行为是学习者受到环境的刺激而做出的反应，反应之后需受到强化、巩固，从而完成学习过程。布龙菲尔德为代表的美国结构主义语言学在发展过程中深受行为主义心理学的影响，他曾指出"知道语言是如何工作的是很有用的，但是光知道这一点还没有什么意义，除非是将各种形式反复练习，直到能毫不费力地很快说出来。抄下这些形式，大声朗读，再背下来，然后一天一天反复练习，直到它们变得完全熟悉而自然。"① 听说法与视听法都主张语言学习就是习惯的养成，因而注重形式操练而忽视内容分析，语法教学也主要靠归纳性类推而排斥演绎性解释，感知、模仿、记忆、操练成为其主要教学手段，学生在教师的操控下只能被动地接受、反应，从而形成教师为中心的教育传统。不同的是，视听法除了吸取行为主义心理学之外，还受到认知心理学之格式塔学派完型理论的影响，注重感知经验的整体性，注重语言要素的综合训练，因而一定程度上克服了听说法之弊端。

行为主义心理学的最大缺陷是将人等同于动物，忽视人具有的主观能动性，忽视人的理性思维能力，因而难以解释复杂的学习与习得心理。随着科学技术的发展，20世纪50—70年代，认知心理学派崛起，代表人物有瑞士心理学家皮亚杰（J.Piaget）、美国教育心理学家布鲁纳（J.S.Bruner）、奥苏贝尔（D.P.Ausubel）、加涅（R.M.Gagne）等。相比而言，行为主义心理学主张研究可观察的外部行为，而忽视人的内部心理过程；认知心理学则把研究重点转移到了作为人类行为基础的心理机制上。它反对把人视为被动的刺激反应器，认为人具有先天的认知能力和后天的发现与构建知识的能力。需要指出的是，当时乔姆斯基的转换生成语言学对认知心理学

---

① [美]罗勃特·W·布莱尔编著：《外语教学新方法》，许毅译，北京语言学院出版社1987年版，第2—3页。

是有影响的，特别是普遍语法及语言习得机制学说有力地推动了认知心理学的发展。在认知心理学基础上形成的认知主义与建构主义学习理论认为，学生不是被动的知识接受者，而是积极的信息加工者与知识建构者；学习是个体对事物经由认识、辨别、理解，进而改变原有认知结构从而获得新知的过程；强调学习应主动探索、发现意义——"发现学习"（布鲁纳）、"有意义学习"（奥苏贝尔）等教育理念由此影响深远。这些主张为认知法所吸收，其教学理念的突出表现就是：强调学习者的主观能动性，注重理性分析能力的培养；强调语法教学的作用，认为掌握语法规则比单纯的模仿来得重要；强调学生的新旧知识转化与建构能力，力主学生要在理解的基础上创造性地应用语言。

与认知心理学派同时兴起，并在70—80年代得到迅速发展的，是人本主义心理学思潮，其代表人物马斯洛（A. H. Maslow）和罗杰斯（C. R. Rogers）等既是心理学家又是教育家。他们从自然人性论、自我实现论出发，主张心理学应该重视对人的本性和潜能的研究，强调尊重人的价值，提倡全人教育和情感教育。由此而形成的人本主义学习理论提出了以学生为中心的教育原则："在以学习者为中心的课堂上，教什么、怎么教、什么时候教和怎样进行评估等这些重要的决定都是在充分考虑到学习者的基础上做出的"[①]，认为教育的作用就在于提供安全、自由、充满人情味儿的教育环境，进而强调社会文化对学习者人格的塑造与潜能的发挥所具有的重要作用。与此同时，功能主义语言学强调语言与社会的关系，注重语言的交际能力，重视语言的功能表达，也有力推动了"学生为中心""合作学习""做中学"等教育理念的生成，这些思想在各种新兴的教学法流派中得到了体现，如"交际法""任务法"，特别是"团体语言学习法""全身反应法""暗示法""沉默法"等流派，主要教育思想就是从重视"教"转向重视"学"，遵循着学生为中心的原则，努力创造良好的教学环境，挖掘学生的学习潜能，激发他们的学习动力，使其想象力与创造力得到充分发挥。人本主义心理学也为"后方法时代"的教学法实践者所推崇，在

---

[①] [英]纳南（David Nunan）：《第二语言教学与学习》（Second Language Teaching & Learning），北京师范大学出版社2009年版，第9页。

其影响下，外语/第二语言教学展现出了更为开放、多元的新气象。

吕必松先生曾说过，语言教学必须综合运用三个方面的规律，即语言规律、语言学习规律和语言教学规律。[①]注重语言规律，就不能不了解语言学特点；注重语言学习规律，就不能不了解心理学内容；注重语言教学规律，就不能不了解教育学原理。如果说语言学、心理学是语言教学的基础理论，那么教育学则是对语言学和心理学的实际应用。

## 第四节　对外汉语教学法的发展历程

对外汉语教学法是世界第二语言教学法发展史的一个组成部分，在短短的几十年中，国外流行的各种教学法都曾被介绍到国内来，但影响有大有小。无论在教学环境还是教学内容上，汉语作为第二语言教学毕竟有其独特之处，教学法不可能完全照搬国外，因而必然有借鉴，也有创造，但至今我国尚未出现产自本土的、成熟的教学法流派。尽管如此，我们的对外汉语教学还是有许多来自教学实践的教学理念值得总结，从而为今后的发展提供经验和教训。

### 一、教学法发展概览

新中国的对外汉语教学事业自20世纪50年代初开创以来，距今已有60多年的历史。在这期间，教学法的发展经历了如下几个阶段：

（一）初创阶段：50年代初—60年代初

"这个阶段的教学法在教学指导思想上具有明显的语言学倾向，侧重从语言规律出发，强调系统语法知识的讲授。教学内容以词汇教学和语法教学为中心，教材以音素和语法为纲，采用语法翻译法和演绎法进行教学。"[②]受语法翻译法的影响，这时的教学或者采用教师与翻译人员一同授课方式，或者由会外语的教师直接用外语授课。教学者大都注重语言知

---

① 吕必松：《汉语和汉语作为第二语言教学》，北京大学出版社2007年版，第20页。
② 赵金铭主编：《对外汉语教学概论》，商务印书馆2004年版，第112页。

识的讲授,对语言实践的重要性重视不够。值得一提的是,对外汉语教学初期人们就意识到教外族人汉语和教本族人汉语的不同,1953年周祖谟发表了中华人民共和国成立后第一篇对外汉语教学论文《教非汉族学生学习汉语的一些问题》,其最大贡献就是将对外族人的汉语教学与教本族人的语文教学区别开来。同一年,北京大学外国留学生中国语文专修班在其制订的《教学计划》中也明确指出,外国留学生学习汉语的目的是掌握汉语基本知识,具备运用汉语听、说、读、写四方面基本能力,因此对语言的综合训练给予了一定的重视。可以说,中国的对外汉语教学从开创伊始就避免在教学法上走极端,尽管有所侧重,但其"综合"特点贯穿始终。

**(二)改进阶段(60年代初—70年代初)**

经过50年代的摸索与实践,进入60年代,对外汉语教学法有了进一步的发展。这个时期的突出变化就是:意识到以往教学过于偏重语言知识讲授,因而开始强调实践性原则,提倡精讲多练;在讲解方式上,过去主要采用演绎法,现在开始结合归纳法,从感性语言材料入手,引导学生总结语言规律;在教学法的使用上,过去主要是"语法翻译法",本时期开始吸收直接法,但并不完全照搬,而是结合教学实际将其演变为"相对直接法":"即在吸收直接法的同时,不排除翻译法的某些环节,如生词翻译,适当地用外语指点一下语法"[1]。本时期虽说从整体上看并未从根本上改变以传授语法系统为中心的局面,但在教学理念上已经有所突破和改进。

**(三)探索阶段(70年代初—80年代初)**

由于"文化大革命"的爆发,"从1966年直到1972年,中国停止接受外国留学生长达6年之久"[2],1973年才重新恢复招生。此后,我国的对外汉语教学法进入探索期。受到结构主义语言学和语言交际观的影响,突出听说技能训练、强调实践性原则,成为该时期提倡的重要教学理念。这期间,"《英语900句》等体现句型教学特点的教材在国内广为流行,引起了对外汉语教学界的兴趣"[3],于是句型教学的引进成为这一时期的

---

[1] 赵金铭:《对外汉语教学法回视与再认识》,《世界汉语教学》2010年第2期,第245页。
[2] 程裕祯主编:《新中国对外汉语教学发展史》,北京大学出版社2005年版,第42页。
[3] 吕必松:《中国对外汉语教学法的发展》,《世界汉语教学》1989年第4期,第196页。

主要教学特色。不过应当指出的是，尽管引进了听说法，却并不意味着将其全盘接受，比如重视听说，也并不忽视读写；引进句型操练，依然重视语法知识的系统教学；同时，也并不排斥利用学生母语辅助教学等等。

### （四）改革阶段（80年代初—90年代初）

随着70年代末改革开放时代的到来，中国向世界打开了封闭已久的国门，随之而来的，是对外汉语教学事业的快速发展。1984年，对外汉语教学被学术界和政府教育部门确认为一个专门的学科，从此，学科理论的建设日益加强，在学科的性质、学科理论基础、教材的编写、水平考试研发等诸多方面都取得了重要的成果，特别是对教学法的探讨，也出现了新的气象。"这一时期，一方面广泛吸收和引进了国外一些有影响的第二语言教学法，另一方面对自己的教学法进行了创造性的试验和自觉的归纳，教学法呈现出多种并举、丰富多样的态势。"[1]。受到国外功能语言学和交际法（功能法）的影响，对外汉语教学从关注语言结构转向重视语言功能，从注重语法知识的传授转向强调语言交际能力的培养。在借鉴外来教学法的同时，开始探索适合本土国情的教学路子，先后产生了以功能为主、兼顾结构的"功能—结构"教学法和以结构为主、兼顾功能的"结构—功能"教学法。这一时期，随着全社会对文化的重视，对外汉语教学也将文化因素纳入重要的教学内容之中，并最终形成了"结构—功能 文化相结合"的综合教学路子。

### （五）发展阶段（90年代初—21世纪初）

长期以来，我们的对外汉语教学关注点是"教"，对学习者如何"学"比较忽视。90年代之后，受到国外习得理论的影响，学界开始重视学习者的学习规律问题，语言习得理论成为学科的基础理论之一，"学生是学习的主体，教为学服务"的意识对教学法也产生了影响。这一时期，任务型教学法在国外十分流行，就像R.Ellis（2003）所说的那样："任务，在当前第二语言习得研究和语言教学法中占有中心地位。"[2] 于是，我国对外汉语教学界也纷纷借鉴与尝试：理论界在探讨任务法的模式构建与大纲制

---

[1] 赵金铭主编：《对外汉语教学概论》，商务印书馆2004年版，第115页。

[2] 转引自李泉主编：《对外汉语课程、大纲与教学模式研究》，商务印书馆2006年版，第188页。

定问题，教学界也在纷纷尝试任务法的课程设置（如用于长期教学还是短期教学问题）和教学方法问题。尽管任务法受到重视，但这一时期"后方法时代"论也一定程度上波及我国，对教学法的选取人们采取了更加包容、务实的态度。

### （六）壮大阶段（进入21世纪以来）

进入21世纪，随着我国国力的增强、国际地位的提升，学习汉语的人数迅速增加，对汉语教学的各方需求也日益迫切。2004年，由国家汉办承办的旨在推广汉语和传播中国文化的"孔子学院"首先在韩国挂牌开办，自此，世界各地的孔子学院如雨后春笋蓬勃发展。在这种新的形势下，对外汉语教学又有了质的飞跃，其最突出表现就是，从以往的"请进来"方式，即教师在国内执教，所针对的教学对象主要是来华留学生，是在学习者目的语环境下的"对外汉语教学"；转变为与"走出去"并存的方式，即教师还要出国任教，针对的教学对象为海外本土学习者，是在学习者母语环境下的"国际汉语教学"，随之而来的，是许多新的问题需要面对。正如吴勇毅所指出的那样："21世纪蓬勃发展的汉语作为第二语言教学（TCSL）、汉语作为外语教学（TCFL），与以往相比呈现出几个显著的变化：一是去中国学习的留学生人数仍在继续大幅增长，但与此同时，世界各地，或者说各国'本土'的汉语教学持续升温，可谓'遍地开花'；二是学习汉语的对象由过去主要是成人变为有越来越多的青少年开始学习汉语；三是华侨、华裔子弟汉语学习的'回归'。第一个变化使得我们开始注意到汉语作为第二语言与汉语作为外语教学的差异，第二个变化使得我们更加注重成人学习汉语和青少年学习汉语之间的差异，第三个变化使得我们清楚地意识到华裔学生和非华裔学生汉语学习的不同，也从另一个角度认识到对外汉语教学不等于华文/华语教学。"[①] 面对复杂的教学环境、教学条件以及教学对象，"三教"问题（教师、教材、教学法）成为首当其冲急需改进的问题。

现代科学技术的发展，日益加剧了全球化进程；网络技术的发达，使

---

① 吴勇毅：《汉语作为第二语言/外语教学模式的演变与发展》，《华东师范大学学报（哲学社会科学版）》2009年第2期，第89页。

信息交流更为便捷，国外新的教育理念和教学法发展动态能够及时与国内对接，从而迅速产生影响。如今，对于教学法人们基本达成共识的是，以更加宽容、开放、多元的心态，整合各种教学法，针对特殊情况进行优化处理。从国外汉语教学来看，这种趋势已十分明显；而对于一向秉持"综合"传统的国内汉语教学法来说，"教无定法，贵在得法"的观念更是深入人心。一方面，有的研究者主张汉语教学法应多样性存在，指出"对多样性的深刻理解，有助于解决理论建设当中有争议的问题，有助于推动学科研究的健康发展"[1]；另一方面，有的研究者继续探讨综合法教学的合理性，指出："汉语综合教学法不断发展、完善与创新，至今已成为汉语作为第二语言教学法之主流。这种教学法生发于汉语自身，在教学中成型，既有汉语教学特色，也符合世界第二语言教学法发展趋势。"[2]

## 二、以教学法为中心的学科理论构建

对外汉语教学学科理论包括基础理论和教学理论，而"从原则上说，语言教学理论就是被称为'语言教学法'的那种系统的理论部分"[3]，因此要构建学科理论就不能不重视教学法的研究。60多年来，我们的对外汉语教学一直在借鉴和吸收国外教学法理论的基础上发展自己，而"真正把对外汉语教学作为一个专门的学科，从学科建设的高度开展教学理论研究，是从80年代初开始的"[4]。80年代之前，对外汉语教学在科学化和规范化方面重视不够，因而在教学设计、教材编写、课程设置、课堂教学以及测试标准等方面均存在着一定的盲目性及随意性。80年代之后，人们开始意识到，要改变这种局面，必须从学科理论建设高度对待这个问题，必须从整体上将纷繁的教学元素加以协调与统一，理顺各种关系，构建科学而合理的教学体系。就像吕必松在《对外汉语教学发展概要》一书中所指出的那样："当前最重要的任务是在总结经验的基础上进行科学的总体设计，制订出至少包括词汇大纲和语法大纲的教学大纲。这是编写或修改教材所

---

[1] 刘颂浩：《对外汉语教学中的多样性问题》，《暨南大学华文学院学报》2006年第4期，第1页。
[2] 赵金铭：《对外汉语教学法回视与再认识》，《世界汉语教学》2010年第2期，第243页。
[3] 任远：《对外汉语教学法研究的回顾与展望》，《语言教学与研究》1994年第2期，第92页。
[4] 程裕祯主编：《新中国对外汉语教学发展史》，北京大学出版社2005年版，第154页。

必不可少的前提条件,也是为建立科学的教学体系和进一步提高教学质量而必须迈出的关键的一步。"① 下面,我们就分别从总体设计、教学大纲、教材编写以及教学模式四个方面,探寻在学科理论建设中教学法所发挥的重要作用。

### (一)"总体设计"的提出

"总体设计"是80年代之后学界讨论的一个热点问题。1986年,吕必松在其《试论对外汉语教学的总体设计》一文中,对"总体设计"进行了如下概说:"对外汉语教学的总体设计的基本任务就是根据语言、语言学习和语言教学的一般规律,结合汉语和汉语教学的特点,确定教学指导思想和总的教学法原则;根据教学对象的学习目的确定培养目标和教学要求,并据此确定教学内容和教学途径,使整个教学过程和全部教学活动成为一个统一的、协调一致的、科学的整体。"② 其总体设计理念内含丰富,包括了对教学对象的分析,教学目标的设立,教学内容的确定,教学路子的规划,教学课程的设置,教学阶段的划分以及教学方法的选取。总之,要下好一盘棋,必须统筹谋划、合理布局,只有这样才能按部就班地达到目的。后来在《汉语和汉语作为第二语言教学》一书中,吕必松又进一步加以概括,指出总体设计"就是在全面分析各种主客观条件、对各种可能的教学措施进行比较和优选的基础上提出整体教学方案"③。他把语言教学分为四个环节,即总体设计、教材编写、课堂教学、成绩测试,而统摄各个环节的则是教学法原则:"教学法原则不但指导总体设计本身,而且要指导教材编写、课堂教学和测试设计等其他教学环节"④,可见教学法在教学理论体系的构建中始终是占有重要地位的,可以说,有什么样的教学法原则,就会有什么样的总体设计思路、教材编写风格、课堂教学方法以及成绩测试手段。

总体设计理念一经提出,引发了人们对教学规律的探寻和理论建设的

---

① 吕必松:《对外汉语教学发展概要》,北京语言学院出版社1990年版,第91页。
② 吕必松:《试论对外汉语教学的总体设计》,《语言教学与研究》1986年第4期,第7页。
③ 吕必松:《汉语和汉语作为第二语言教学》,北京大学出版社2007年版,第98页。
④ 吕必松:《试论对外汉语教学的总体设计》,《语言教学与研究》1986年第4期,第13页。

重视。"总体设计理论的提出在当时是具有学科前瞻意识的,对丰富学科理论和促进教学的正规化、科学化和规范化建设具有深远的意义。"[1] 多年来,遵循这一理念,对外汉语教学从无序状态逐渐纳入科学的轨道,教学体制也不断得到健全和完善。

(二)大纲的研制

在总体设计理念的推动下,80年代后期开始,各类大纲陆续研发并出台。大纲作为一种具有定性、定位、定量功能的纲领性文件,在教材的编写、教学目标的设立,教学课程的设置,教学内容的安排,教学途径的选取,教学成绩的评估等方面,发挥着全方位的指导作用,而大纲的研制也无不体现着教学法的思想。下面我们选取三部最具代表性的大纲简要说明。

1.《汉语水平等级标准和等级大纲》,简称《水平大纲》。1988年由北京语言学院出版社初版,1996年修订。该大纲共包括五部分:《汉语水平等级标准》(试行)、《词汇等级大纲》(试行)、《语法等级大纲》(试行)以及《功能、意念等级大纲》(试行)和《文化等级大纲》(试行)(后两个大纲迟迟未能出台)。《水平大纲》是"对外汉语教学总体设计、教材编写、课堂教学和课程测试的基本依据",也是"中国汉语水平考试——包括HSK(初、中等)和HSK(高等)——的主要命题依据"[2],它的出台无疑使对外汉语教学在标准化、科学化和规范化上又迈进了一大步。

《水平大纲》在编制之初就注重突出中国特色的教学法理念,"明确地提出把'结构—功能—文化相结合'的教学原则作为制订《标准和大纲》的指导思想"[3]。然而,由于当时"我们对功能的研究还相当薄弱","甚至对什么是功能,功能的立项标准是什么,功能的范围到底有多大,功能与结构的关系如何,怎样为功能分类,结构、功能和文化三者如何结合,等等,都还没有形成共识"[4],导致了"功能、意念等级大纲"和"文化等级大纲"的难产,因而"结构"为主仍是水平大纲的主要特色,它对不

---

[1] 赵金铭:《对外汉语教学概论》,商务印书馆2004年版,第28页。

[2] 刘英林、李明:《〈语法等级大纲〉的编制与定位》,《语言教学与研究》1997年第4期,第83页。

[3] 程棠:《对外汉语教学的一项基本建设——〈汉语水平等级标准和等级大纲〉读后》,《语言教学与研究》1989年第2期,第25页。

[4] 李泉主编:《对外汉语课程、大纲与教学模式研究》,商务印书馆2006年版,第167页。

同阶段的汉字、词汇和语法所提出的定性、定量要求，为以后各类大纲的研制奠定了结构性的基础。

2.《高等学校外国留学生汉语教学大纲》，简称《教学大纲》，2002年由北京语言文化大学出版社出版。该大纲包括长期进修、短期强化以及汉语言专业三种教学类型。如果说水平大纲并不针对具体门类的课程教学，而是用于衡量所有汉语学习者所达到的水平，适用范围更广，是一种静态的描述；那么教学大纲则立足教学实际，根据教学对象的不同层级特点和技能训练要求做出细化规定，可操作性更强，具有动态的性质。

《教学大纲》中对语言要素的编排体现了一贯的注重结构的教学法原则，对于不同等级需掌握的语言知识点做出了细致的量化规定；而其技能训练要求，尤其是110个"功能项目"的增设，则体现了对"功能""交际"教学原则的重视。因此，结构为主、功能为辅是该大纲的基本特色，也是一种进步。许多年来，该大纲一直是我们实施教学活动所遵循的纲领性文件。

3.《国际汉语教学通用课程大纲》，简称《课程大纲》，2008年由外语教学与研究出版社出版，2014年修订。该大纲是"为顺应世界各地汉语教学迅速发展的趋势，满足各国对汉语教学内容规范化的需求"而研制的。

进入21世纪，世界各国纷纷开始制订本国外语教学的大纲和标准，欧盟推出《欧洲语言共同参考框架：学习、教学、评估》、美国推出《全美21世纪外语教学标准》，它们的共同特点是从学习者出发，以行动为导向，以任务实施为手段，以培养语言交际能力为目的；同时，注重学习策略的运用，注重跨文化意识的养成。在我国，为适应国际汉语教学的新形势，国家汉语国际推广领导小组办公室（简称"国家汉办"）组织研制并于2007年出版了《国际汉语能力标准》，它既试图与国际上的二语教育理念接轨，又注意突出本国的特色。上述国内外新的语言标准的确定，为《国际汉语教学通用课程大纲》的研制提供了借鉴。

该大纲将课程内容的划分与汉语水平考试（HSK）的层级保持一致。它从国际汉语教学的新形势和新要求出发，对课程目标、学习者所应具备的语言技能、语言知识、学习策略和文化能力等方面，进行了详细的分级分类描述。不仅如此，还在"附件"中提供了"教学话题""教学模式"

等具体参考建议，突出了实用性及示范性。该大纲指出："语言综合运用能力由语言知识、语言技能、策略、文化意识四方面内容组成。其中语言知识和语言技能是语言综合运用能力的基础；策略是提高效率、促进学习者自主学习和发展自我能力的重要条件；文化意识则是培养学习者具备国际视野和多元文化意识，更得体地运用语言的必备元素。"[1]可以看出，它不仅注重教，而且注重学；不仅重视结构、功能，而且增加了文化内容，真正体现了结构—功能—文化相结合的教学法原则。

### （三）教材的编写

教材是开展课堂教学的基础和必备条件，每个时期的教材，也充分体现了那个时期的教学法理念。参照上一节我国对外汉语教学法的发展脉络，我们选取几个时期的典型教材加以说明。

初创阶段的代表性教材是由邓懿主编、1958年由商务印书馆出版的《汉语教科书》，该教材带有较浓的语法翻译法的特点，教学内容以语法为纲，课文和练习都围绕语法点展开，重视语言知识的分析与描述。该教材首次构建起汉语语法教学体系的基本框架，为对外汉语教学语法体系的进一步建立打下了基础，并且"成为对外汉语教学从母语教学中分离的一个重要标志"[2]。

改进阶段的代表性教材是由赵淑华、王还编写于60年代、1971年由商务印书馆出版的《基础汉语》，该教材的特点是带有"相对直接法"的特点，"范句代表语法点，以范句开头，是要求通过范句使学生掌握汉语的语法规则，以减少语法知识的传授"[3]。另外，压缩了大量语法项目，增加了生活用语，更有利于贯彻实践性的教学原则。

探索阶段的代表性教材是李德津主持编写、1977年商务印书馆出版的《汉语课本》。该教材突出了听说法的教学特点，"在实践性原则的指导下引进了句型教学法，语法仅作必要的解释而不作系统讲解，编排采用了

---

[1] 国家汉语国际推广领导小组办公室：《国际汉语教学通用课程大纲·说明》，外语教学与研究出版社2008年版。

[2] 赵金铭：《对外汉语教学概论》，商务印书馆2004年版，第113页。

[3] 程裕祯：《新中国对外汉语教学发展史》，北京大学出版社2005年版，第63页。

句型、课文、语法注释相结合的体例,第一次把句型及替换练习方式引入了对外汉语教材","在语音阶段采取了从语流入手,以语流带音素,在语流中教语音的作法"①,这些都在对外汉语教材编写史上具有开创性意义。

改革阶段的代表性教材是由刘珣等编写、1981年商务印书馆出版的《实用汉语课本》。该教材的主要特点是"培养学生在实际生活中运用汉语进行交际的能力","力求从汉语本身的特点出发,吸取不同的外语教学法的长处,通过句型替换、功能项目操练、语法分析等综合性的训练,来达到这一目标";"尽可能将语言和文化结合起来,通过有关中国社会、历史、名胜古迹、风土人情等题材学习汉语。"②可以说,该教材很好地体现了"结构—功能—文化"相结合的教学理念。

1987年,由多校联合组成的教材研究小组就教学法问题所做的报告指出:"集传统法、听说法、句型法、直接法、功能法等理论与实践于一身的、互为补充的、以结构和功能相结合为主的方法,对于汉语作为第二语言教学来说,从理论到实践,看来是可行的。三十多年来,我们始终是沿着这条路子前进的,而且路子越走越宽。"③

至于"发展阶段"较为典型的教材,应该是中国国家汉办推出的规划教材《体验汉语》(高等教育出版社2006版),它是"以交际任务为主线编写的教材,其特色是努力激发学习者的参与意识"④。该教材根据体验式教学理念和任务法教学思想而设计,以基本的日常生活需要为依据,强调用中学、做中学、体验中学。该教材面向国际汉语教学,有力地促进了汉语与中华文化的世界性传播。

进入21世纪之后,随着学习者类型的复杂化,需求的多样化,教学法的开放性与丰富性使教材的开发呈现出更加多元立体的发展势头。

### (四)教学模式的构建

教学模式可以说是教学法理论与实践的桥梁,属于教学法研究的中观

---

① 程裕祯:《新中国对外汉语教学发展史》,北京大学出版社2005年版,第65页。
② 北京语言学院编、刘珣等编著:《实用汉语课本·前言》,商务印书馆1985年版,第1—2页。
③ 赵金铭:《对外汉语教学法回视与再认识》,《世界汉语教学》2010年第2期,第246页。
④ 赵金铭:《汉语作为第二语言教学:理念与模式》,《世界汉语教学》2008年第1期,第96页。

层面内容。对外汉语教学在发展过程中，对课堂教学模式也进行了有意义的探讨。

众所周知，最早提出"教学模式"这一概念的是美国的乔伊斯（B.Joyce）和韦尔（M.Weil），他们在1972年出版的《教学模式》一书中将教学模式界定为可用来设置课程、设计教学教材、指导课堂或改进其他场合的教学的计划或类型。我国教学理论界对教学模式的研究始于20世纪80年代中期，虽然对教学模式这一概念的界定表述各异，但基本达成的共识可概括为：教学模式是基于一定的教学理论，有特定的教学目标及结构框架，遵循一定的教学程序及评估方式，简明、稳定而易于掌握的教学范式。

我国的对外汉语教学界从50年代初即进行教学模式的探索，但发展到今天，尽管各种模式层出不穷、名目繁多，却大都不够完善，缺乏稳定性，真正被学界所广泛认可，具有推广价值的教学模式并不多见。下面我们仅从教学过程与教学结构两个角度考察对外汉语教学模式的建构状况。

从教学过程出发，主要考察的是基于对课堂教学方法的探索而形成的教学范式。为探索具有本土特色的新型教学模式，学界前贤曾进行过一些有益的尝试，摸索出几种富有特色的教学模式，如针对汉字教学中语与文之关系的"语文并进"和"语文分开"教学模式；针对语法教学的"句型教学模式"；针对词语教学的"词汇集中强化教学模式"；针对语言技能教学的"实况视听教学模式"等。具体内容在下面各章中还会有所介绍，此处不再赘述。

这里，我们主要从教学结构出发，以基础汉语课的课程设置为例考察汉语教学模式的变迁。对此，学界一致认为主要存在着三种教学模式：

1. "讲练—复练"模式（50年代初—70年代末）

该模式的基本特点是两个教师合教一个班，一个上"讲练"，一个上"复习、练习"。基础阶段只开设一门融语音、语法、词汇为一体的综合课，使用一部教材；听、说、读、写综合训练，不分技能训练[1]。但在教学"安

---

[1] 李培元：《五六十年代对外汉语教学的主要特点》，见《第二届国际汉语教学讨论会论文选》，北京语言学院出版社1988年版。

排上,"实践课"必须适当划分阶段——语音为主的阶段,语法词汇为主的阶段,巩固扩大词汇、提高听、说、读、写的阶段,等等。"① 受到结构主义语言学的影响,这种模式鲜明地体现了语言知识为纲的理念,同时又具有语法翻译法和相对直接法的某些特点,基本上属于"结构驱动的(以结构为纲的)综合教学模式"。②

2."讲练—复练+小四门"模式(80年代初—80年代中期)

受到国外听说法及功能—交际法的影响,70年代末对外汉语教学模式出现了改革的新气象,"讲练—复练+小四门"便是一种新的尝试。"这种模式是'讲练—复练'模式的发展,即在上述课程设置和教学方法的基础上,为应付学生刚到中国的急需,开设少量的实用口语课、听力课,稍后还开设了阅读课(包括文学阅读课、历史阅读课)、写作课。"③这一模式的产生,缘于人们对旧有模式的检讨:"考虑如何在有限的一年时间里,加强学生的语言能力的培养,改变教学以语言知识为纲的状况"④。从注重语言知识的系统掌握到开始注重听说读写各项能力的发展,体现了对语言交际能力培养的重视。

3."分技能教学"模式(80年代后期至今)

以综合课为核心,实行分技能设课教学。该模式可以看作是"讲练—复练+小四门"的进一步发展与完善。赵金铭总结说:"在探讨综合教学法的同时,加强对单项语言技能的训练,实现了分技能语言教学,主张用不同的方法训练不同的技能,从而把'小四门'的教学发展到相当水平,明确了培养语言交际能力是汉语作为第二语言/外语教学的根本目标。"⑤在综合教学的基础上强调听、说、读、写单项技能的训练,该模式确立以

---

① 钟梫:《十五年汉语教学总结》,《语言教学与研究》编辑部编:《对外汉语教学论集(1979—1984年)》,北京语言学院出版社1985年版,第46页。

② 吴勇毅:《汉语作为第二语言/外语教学模式的演变与发展》,华东师范大学学报(哲学社会科学版)2009年第2期,第90页。

③ 崔永华:《基础汉语教学模式的改革》,《世界汉语教学》1999年第1期,第4页。

④ 鲁健骥:《口笔语分科 精泛读并举——对外汉语教学改进模式构想》,《世界汉语教学》2003年第2期,第84页。

⑤ 赵金铭:《对外汉语教学理念管见》,《语言文字应用》2007年第3期,第13页。

后沿用至今，成为国内各院校的主要设课范式。

教学模式的演进，体现的是教学理念的发展。过去的模式是以教为主，因而主要是教师唱独角戏，教师的任务是传授知识，注重学生的分析与理解力，却忽视学生的表达与运用能力。改革后的模式从关注教到关注学，从重视知识讲解到关注学习者交际能力培养，强调听说读写全面发展，从而使课堂真正成为师生互动的交际场所，使我们的教学向着更加科学而高效的目标奋进。

## 本 章 小 结

在本章，我们首先对教学法概念的诸家界定进行了辨析；其次，通过对世界范围内教学法流派的梳理，考察了教学法产生的源头及流变过程；再次，通过对教学法与语言学、心理学、教育学之关系的阐发，揭示了教学法的理论基础；最后，通过对对外汉语教学的发展进行历史性回顾，考察了我国教学法的沿革历程。

作为世界第二语言教学的一部分，对外汉语教学既受到国际教学法思潮的影响，同时又具有自身的发展逻辑。然而"相当长时间以来在教学法的研究和探索方面显得非常沉闷。完善教学法体系，首先必须进行教学法改革"[1]。我们一方面应及时了解国外教学法的发展动态，汲取其经验和教训；同时，也应在教学法的本土化建设上下功夫，努力构建基于汉语自身特色的教学法体系。汉语难，主要难在文字上。以"字"为中心的汉语体系与以"词"为中心的西语体系自然不能等量齐观，因而在教学方法上也不能完全照搬。

时至今日，全球范围内"汉语热"现象不断升温，国际汉语教学势头正劲。"眼下的境外汉语学习者已经是国不分大小，人不分老幼，学未必求专，用未必求深"[2]，如果说，我们以往所实施与积累的主要是面向来

---

[1] 刘珣：《对外汉语教育学引论》，北京语言文化大学出版社2000年版，第406页。
[2] 李如龙：《论汉语国际教育的国别化》，《语言教学与研究》2012年第5期，第11页。

华留学生的具有专业性、系统性、规范性的教学方式，那么今天面对背景不同、身份各异、年龄参差、需求多样的学习者，以往的经验显然远远不够。如何在新形势下积极探索适用于海外和国内不同环境的汉语教学法，是我们今后的奋斗目标。

**思考题**

1. 谈谈你对"教学法"这一概念的认识。

2. 试从国外教学法诸流派中选择一种加以评述，谈谈对对外汉语教学的借鉴意义。

3. 从注重教到注重学，第二语言教学理念发生了重大改变。你认为作为一个教师在教学中应如何贯彻"学生为中心"的原则？

4. 为什么作为一个语言教师，不仅应该掌握语言学，而且应该了解心理学和教育学？

5. 我国对外汉语"结构—功能—文化"相结合的教学法理念是如何形成的？谈谈你对这一教学路径的理解。

6. 从"对外汉语教学"到"国际汉语教学"，你认为我们的教学法需要在哪些方面进行改革和创新？

 第一章推荐阅读

# 第二章　对外汉语教师及课堂教学过程

## 第一节　对外汉语教师的专业素养

有很多人认为，对外汉语教学就是教外国人汉语，是一件很小儿科的事情，是个中国人就能干。真的是这样吗？要成为一名合格的对外汉语教师，应该具备哪些专业知识、教学能力及人格素养呢？

### 一、对外汉语教学实践中遇到的问题

在教外国学生汉语时，经常会遇到一些问题或困惑。下面是对外汉语教学实践中可能会遇到的情况。如果你是老师，你会怎么办？

案例一：韩国学生常把"房间"说成"旁间"，日本学生说"他很胖"时听上去像"他很棒"，问题出在哪里？如何给学生进行辨析？

案例二：让留学生用汉语造句，经常造出这样的句子："他是一个优良的学生。""你明天比赛，祝贺你成功！""他是我的旧老师。"这些句子对吗？为什么？怎么告诉学生？

案例三：课文中出现这样两个句子："我做作业了。"和"我喝了半斤白酒。"学生有点儿奇怪：这两个句子中的"了"有什么不一样？为什么一个放在句子最后，一个放在句子中间？为什么不能说"我喝半斤白酒了"？

案例四：学生学了一些汉字，但书写时常常把"礼、福、祖"的左边多加一个点，而把"衬、衫、裤"的左边少加一个点。教师应如何给学生辨析？

案例五：课文中有这样的句子："骑自行车，十分钟就到了。""他开车去五分钟就到了，我骑自行车十分钟才到。"学生问老师：同样骑车用了十分钟，为什么前一个句子用"就"、后一个句子用"才"？

案例六：学生看电影《人在囧途》，电影中反复出现一个词——"乌鸦嘴"，就问老师，什么叫"乌鸦嘴"？另一个学生在阅读中文报纸时候，看到一个词语——"脱颖而出"，就问老师，这个成语是什么意思？

这些案例，都是我们在对外汉语教学实践中遇到过的真实事例。要解释和解决这些问题，需要对外汉语教师具备相应的专业素养。

## 二、对外汉语教师的专业知识

并不是任何一个会汉语的中国人，都能教外国人汉语。要成为一名合格的对外汉语教师，应该具备以下五个方面的专业知识。

### （一）汉语本体知识和语言学基本理论

对外汉语教师"应掌握汉语语音、词汇、语法与汉字基本知识，并具备良好的汉语听、说、读、写技能"。[①] 具体要求包括：能对普通话话语进行识音辨调、语流切分；能用较为纯正的普通话以正常语速进行口头交际；能准确、流利、清晰、简洁、符合逻辑地用汉语表达自己的意图，阐述自己的观点；能对汉语拼音有一定的了解，并具备一定的辨音和正音能力；能快速阅读不同文体的书面语材料，获取文章的主旨和重要信息；能理解和掌握汉语各种文体的结构特点，并能运用于阅读理解；能基本理解文言文和古典诗词；能清楚、准确、合乎逻辑地进行书面语表达，能正确使用标点符号；等等。

对外汉语教师，应掌握汉语的基本知识，不论语音、词汇、语法或汉字，都应准确、规范，不允许有错误存在，而且要对汉语有更细致、更深入的理解，更深刻地领会汉语词语的意义和用法，更准确地把握汉语的语法规则和使用条件，这样才能恰如其分地解释外国学生提出的各种汉语问题。

除了汉语本体知识以外，对外汉语教师还应掌握语言学的基本理论，例如句子成分分析法与层次分析法、语言的主观性问题、话语分析、句子功能理论等，这有助于分析、解释汉语中的一些语言现象。

上文中案例一涉及汉语语音的问题。韩国学生把"房间"说成"旁间"，

---

① 国家汉语国际推广领导小组办公室：《国际汉语教师标准》，外语教学与研究出版社2007年版，第3页。

是因为不能准确区分"f"和"p"两个音有发音部位的不同;而日本学生说"他很胖"时听上去像"他很棒",是因为不能准确区分"b"和"p"两个音有送气与不送气之分。在帮学生纠正发音时,要从发音部位、发音方法等方面加以解释说明,这就需要用到汉语语音方面的知识。

案例二中,学生错用了"优良""祝贺""旧"这三个词,是因为他们对这三个词的意义和用法掌握得不准确、不全面。"优良"有评定等级的含义,一般和"品种""产品""作风""品格"等词语搭配,不直接形容人。别人成功、胜利或取得好成绩时说"祝贺",如果事情还没发生,一般用"祝"。"旧"一般用于物品,如"旧衣服""旧自行车",一般不用于人,正确的说法应为"以前的老师""原来的老师"等。

案例三则涉及汉语语法的问题。"了"字看起来很简单,却涉及很复杂的语法问题,很多学者对这个"了"进行研究,却仍然难有定论。简单来说,"我做作业了"和"我喝了半斤白酒",是两种不同句式:"S+V+O+了""S+V+了+NM+O"。第一种句式中的"了",带有"确定"的语气,表示某事已达成、实现;第二种句式中的"了",表示动作完结。第一种句式更突显"已做";第二种句式更突显"O"(什么)和"NM"(多少)。第一种句式对应的问句是"S+V+O+了吗?";第二种句式对应的问句是"S+V了+什么?"或"S+V了+多少+O?"。要更详细、准确地解释这个问题,需要对"了"所涉及的汉语语法进行更深入的研究。

案例四涉及汉字知识的问题。"礼、福、祖"的左边与"衬、衫、裤"的左边是两个不同的偏旁,一个是"示字旁",一个是"衣字旁",前者常常与祭祀有关,后者常常与衣物有关。在教留学生汉字时,要向学生解释汉字的组成结构、笔画顺序,以及汉字背后的文化知识。

在案例五中,"就"和"才"的区别涉及语言的主观性问题。"就"表示说话者认为事情发生得"早"或者"快","才"表示说话者认为事情发生得"晚"或者"慢",传递出的是一种主观信息。同样是"九点上课",如果说话者认为"早",可以说"九点就上课";如果说话者认为"晚",可以说"九点才上课"。这两个词表达了说话者的态度、评价等信息。

对外汉语教师应掌握的汉语本体知识,既不是个人凭经验、感觉做出的分析和判断,也不同于语言学家研究出来的复杂抽象的理论知识,应该是一种基于第二语言教学的汉语本体知识,是为教师"教"和学生"学"服务的,要便于教授和习得,要对词汇的意义和用法、语法规则等进行更加细化、条理化的分析,并尽量用浅显、易懂的方式将其呈现出来。这种知识的获得,既需要理论上的研究和探索,也需要在教学实践中不断总结和提炼。

### (二)教育学与心理学相关知识

对外汉语教师从事的是教育活动,需要掌握教育学的基本知识,要对教育发展历史、各国教育现状等有一定的了解,掌握课程教学和班级管理的原理和知识,理解教师的职业价值与劳动特点,了解国家、社会、学校、家长对教师的期望和要求,了解学生学习和发展的一般规律以及法律赋予学生的各项权益,熟悉并遵守相关的法律法规、工作纪律和职业道德。

对外汉语教师还需要掌握心理学的相关知识,对行为主义、认知主义、人本主义、建构主义等心理学流派的理论观点有基本的了解。心理学知识可以帮助教师理解学生的学习过程和学习障碍,了解学生的心理状态和情感变化,采取更灵活、更有针对性的教学方法和教学策略,提高教学效率,改善教学效果。此外,教师可以利用心理学知识鉴定学生和自己的心理健康状况,进行适当的心理辅导。

### (三)第二语言习得的理论知识

掌握第二语言习得研究的理论知识,对外汉语教师能更好地理解学习者学习汉语时的心理过程与影响因素,知道哪些策略和方法能帮助学生学好汉语,从而更有针对性地进行教学。例如,第二语言习得研究普遍认为,大量的可理解输入与互动练习,是二语习得的重要途径与条件,所以对外汉语教师应该精讲多练,为学生提供更多的语言输入和练习机会。

掌握第二语言习得的理论知识之后,对外汉语教师应该能够:了解母语学习与第二语言学习的异同,了解母语在二语学习过程中的影响和作用;了解并解释影响语言正负迁移的各种因素,分析和解释学习者在汉语学习过程中的语言迁移现象;对比并发现汉语与其他语言之间的异同;分析和解释学生汉语学习过程中的"僵化"现象;理解输入和互动对二语习得的影响;根据学习者的特点因材施教,改进教学方法,提高教学质量;了解和分析学生的学习方法和学习策略,对教学对象进行适当的汉语学习策略培训，根据学生的学习方法和学习策略调整教学方法。①

### （四）中华文化知识与当代国情

对外汉语教师应该了解和掌握中国文化和中国国情方面的基本知识，包括历史文化、哲学宗教、文学艺术、民俗传统、当代国情等多个方面，并将相关知识应用于教学实践，激发学习者对中国文化的兴趣，使其在学习汉语的同时，了解中国文化的丰富内涵和中国的基本国情。

对外汉语教师应了解中国历史上的重大事件、重要人物，了解中国的传统节日，对儒学、佛教、道教、古代文学、书法、绘画、园林等有基本的了解，对中国传统的饮食文化、服饰文化、习俗禁忌等有一定的了解。在当代国情方面，应知道中国的民族地理、政治体制、经济改革、教育概况、社会发展等基本内容，对中国现当代的文学作品、影视作品、音乐作品，以及各地的名胜古迹、特色产品、地域民俗等有一定的了解。②

在案例六中，"乌鸦嘴"这个词就涉及中国文化，反映了中国人对动物的认识和观点；"脱颖而出"这个成语的背后也有一个历史故事。教师了解这方面的文化知识，才能更好地为外国学生解释这些问题，甚至可以以此激发外国学生学习汉语、了解中国文化的兴趣和动力。

除了课堂以外，学生也会从很多其他途径获得关于中国的知识、信息，他们可能会问老师："中国有多少个省？""中国有多少个民族？"，也可能会问老师："春节的时候为什么火车票特别难买？"等。教师需要足够的知识储备，才能答疑解惑、沉着应对。

### （五）中外文化比较与跨文化交际知识

对外汉语教师也需要了解中外文化的异同，了解当今世界的重大时事，掌握跨文化交际的常识、基本原则等，这样才能更好地与外国学生进行交往、交流。

对外汉语教师应了解中外文明的不同特点及发展历史，了解中外政治体制、法律体系的主要异同，了解世界主要宗教派别、世界历史中的

---

① 参见国家汉语国际推广领导小组办公室：《国际汉语教师标准》，外语教学与研究出版社2007年版，第30—36页。

② 参见国家汉语国际推广领导小组办公室：《国际汉语教师标准》，外语教学与研究出版社2007年版，第15—20页。

重大事件与重要人物、重要文化遗产、国外重要节日等，及时了解当今世界的时事要闻。对外汉语教师还应了解文化与跨文化交际的主要概念，对文化的多重性、文化休克、文化敏感与文化距离等内容有比较深入的理解。①

对外汉语教学的对象，是来自不同文化背景的学生，对外汉语教学本身就带有跨文化交际的性质。教师掌握中外文化比较与跨文化交际的知识，才能更合理地掌控自己的言和行。例如，在教学中尽量避开属于文化禁忌、可能引起文化敏感的话题；在师生关系方面，不以师道尊严的中国传统去要求和对待外国学生；理解和尊重不同的文化习俗，如欧美人把宠物视为家庭成员、穆斯林关于饮食和服饰的禁忌等；对初来乍到的来华留学生，给予更多的关怀、照顾，帮助他们克服文化休克，尽快适应环境；被派往国外任教时，更要入国问禁、入乡随俗，了解、尊重和适应当地的文化习俗，实现与当地人的良好的跨文化交际。

### 三、对外汉语教师的教学能力

与其他科目的教师一样，对外汉语教师应具备以下六种能力，才能顺利开展教学活动：

#### （一）教学预见能力

教师需要有"先见之明"，即在教学活动开始之前，对教学过程中可能出现的状况有一个相对准确的判断，最大限度地保证教育活动的顺利进行。包括某个词语或语法，学生能否准确理解其意义和用法？学生使用这个词语或语法的时候，可能出现哪些错误？给出的问题，哪些学生能回答正确，哪些学生可能会出错？如果组织学生讨论或做实践练习，学生是否会积极参加？如果学生不积极参加，应该如何引导？准备的教学内容、教学活动，大致需要多长时间才能完成？如果超出或低于预期，应该如何调整？等等。

教学预见能力，是在教学活动开始以前，对教学对象、教育内容、教

---

① 参见国际汉语国际推广领导小组办公室：《国际汉语教师标准》，外语教学与研究出版社2007年版，第21—28页。

学过程与影响因素、教育效果等的预计和判断能力。具备教学预见能力，教师才能做到上课前胸有成竹，上课时从容不迫。教学预见能力，一方面要求教师在课前做充分的准备工作，另一方面也要求教师不断反思教学、总结经验教训。

### （二）教学讲解能力

对外汉语教师的一个重要职责，就是为学生讲解各种生词、语法以及其他知识内容，这就要求教师有较强的教学讲解能力。

教学讲解，大部分是通过语言来完成的。一般的课堂教学不存在语言问题，师生使用的教学语言是其共同的母语，或者是双方都已掌握的某种媒介语，教师需要解决的是教学内容和方法问题。而对外汉语教师的教学语言是汉语，或以汉语为主，是学生正在学习、还未完全掌握的语言，教师的教学语言受到学生汉语理解和表达能力的限制。

对外汉语教师在课堂上使用的汉语有其特点，比如，语速相对较慢，停顿较多，一般只使用基本词汇和基本句型，话语的重复和解释多，有时会夹杂英语等媒介语，附带大量手势、动作和表情等。教师要能够用外国学生已经掌握的、相对浅显易懂的汉语，讲解抽象复杂的语言项目或知识内容，这应该是对外汉语教师的专长之一。例如，在组织外国学生旅游参观时，导游的讲解他们常常听不懂；而经过教师转化后的讲解，他们大部分就能听懂了，这也属于对外汉语教师的专业能力之一。

除了使用语言进行讲解外，对外汉语教师还应该能用动作、图片、视频等多种方式进行讲解。例如，通过动作示范，让学生明白"开门""关窗""进""出"等词语的意思；出示图片或照片，让学生理解"堵车""壮观"等词语的意思；用视频演示，让学生明白"一喝就醉""一看书就想睡觉"中"一……就……"的含义等。如果教师会画简笔画，也能对教学起到很好的辅助作用。

### （三）教学内容组织加工能力

对外汉语教师，不是简单地把教材中的内容搬到学生脑子里，而是需要对教学内容进行必要的加工和处理，以便更好地适应学生的水平，帮助学生更好地掌握教学内容。

如果课文太长，一次课讲不完，教师需要把课文分成几个部分，一部分一部分地进行讲解练习；生词太多，教师需要对生词进行归类、分组，让学生一组一组地掌握、消化；有关联的词语，教师还要通过串讲将其联系起来；同一语法项目（如比较句），有不同的形式、意义和用法，教师需要确定讲解的顺序和步骤；在学习新词语或新语法时，将已经学过的词语或语法在例句中复现出来；能将枯燥的教学内容变成有趣的教学活动，如用卡通形象展示"忙""作业很多"等；把教学内容与学生实际生活中的情境、事件等结合起来，既有助于学生理解、掌握，也有助于活跃课堂气氛。这些都体现出教师对教学内容进行组织、加工的能力。

### （四）教学过程监控能力

教学过程监控能力，指的是教师及时观察、了解学生学习情况，注意教学进展与教学用时情况等信息，并根据所得信息调整教学，引导教学活动按照预期的方向发展。

在教学过程中，教师需要及时了解三方面的信息：

1. 学生学习的信息

教师要注意观察学生的思想动向、情绪变化以及对教学内容的理解和掌握情况，并采取相应的措施。如果学生注意力涣散，想办法让其集中注意力；如果学生表现得很疲劳、不在学习状态，要适当减轻学习压力；如果学生缺乏兴趣或有厌学情绪，要想办法活跃课堂气氛、激发学习兴趣；如果学生有迷惑不解的表情，则要弄清学生的迷惑之处，进一步进行讲解、练习。

2. 教学进展的信息

课堂教学时间是有限的，教师需要在有限的时间内完成教学环节、达到教学目标。有经验的教师对每个教学环节的时间量都有一个大概的估计，超出或低于预期就要进行调整，可能要对教学内容进行增删或更改。有些教学环节可能要省略，也可能要临时增加一些教学活动或教学环节。

3. 教师教学的信息

例如，是否出现了笔误、口误？讲解是否清晰、准确？例句是否恰当？是不是讲得太多了？有没有给学生足够的练习时间？语言中有没有对学生的冒犯之处？有没有表现出良好的精神状态，带动学生努力学习？等等。在此基础上，调整自己的言行，以更好地开展教学活动。

### （五）运用现代教育技术的能力

以多媒体和网络为特征的现代科学技术，为对外汉语教学提供了新的教学手段和方法，掌握和利用现代教育技术也成为对外汉语教师必备的能力。教师要能够熟练运用常见的办公软件完成教学资料的编写和制作，能根据教学需要制作多媒体课件，还要能够使用电子邮件、论坛、QQ、微信等，与学生及时交流，上传、下载教学资源等。

### （六）教学评价与研究能力

在上完课之后，对外汉语教师还应对自己的教学效果进行评价和反思：是否达到了预期的教学目的？学生的反应如何？学生是否满意？自己是否满意？对教学中的精彩之处，要及时总结、提炼，使其成为教学经验；对教学中存在的问题或不足之处，要分析原因、探索改进办法。

在教学评价和反思的基础上，对外汉语教师还应有一定的学术研究能力，不但要教好书，还要搞好科研。对外汉语教师长期在教学第一线，经常会遇到各种问题，既有汉语本体方面的，也有学生习得和教学方法方面的，应该利用自己的教学经验，结合相关的理论研究，进行深入的探究，使自己成为"专家型"教师。

除了上述六种通用的教学能力之外，对外汉语教师还应具备以下五种具体的教学能力：

### （一）理解和掌握外语教学的一般原则，熟悉汉语作为外语教学的基本要求

对外汉语教师应该理解汉语作为外语教学的一般原则，并能运用实例对其进行阐述；能够将教学原则应用于汉语教学实践，对教学案例进行解释和分析；了解不同的语言教学法流派，理解其不同的理论背景、教学模式与教学目标，能辨别不同教学环境中的教学途径与方法，能根据教学目标与教学对象选择不同的教学途径与方法并说明其合理性。

对外汉语教学不同于其他科目的教学，要求教师最大限度地为学习者提供汉语学习的机会，突出学生在教学中的主体地位；注意激发学习者汉语学习的兴趣，培养学习者直接用汉语思维的能力；在教学中能合理设置典型情景，帮助学习者理解，培养学习者的综合汉语技能和自主学习汉语的能力，提高学习者的汉语交际能力。

**（二）掌握汉语语音、词汇、语法、汉字的基本教学原则和方法及听、说、读、写的基本教学原则和教学技巧**

对外汉语教学，包括语音、词汇、语法、汉字四种语言要素的教学，也包括听力、口语、阅读、写作四种语言技能的教学，对外汉语教师应了解不同语言要素、不同语言技能教学的基本原则，并具备相应的能力和技巧。

不同语言要素与语言技能的教学原则和技巧，将在本书后面的章节中进行详细论述。

**（三）具备基本的外语交际能力，能利用外语辅助教学**

对外汉语教师应至少掌握一门外语（一般是英语），掌握外语的语音、语调、词汇、语法等方面的基本知识，并具备基本的外语理解与表达能力。

对外汉语教师的外语听力能力、口语与书面语表达能力，应能满足日常教学的基本要求，特别是要熟练掌握课堂用语，能用外语辅助教学，能读懂在工作、生活和社会交往中常见的外语材料，能在国际互联网上浏览查询所需信息。

对外汉语教师常常被派到国外教授汉语，这就对其外语能力提出更高的要求。对外汉语教师的外语听力能力，应能满足国外日常生活、一般社会交往的需要，能通过各种媒体获取相关信息；在口语表达方面，要能满足日常工作需要，能就所熟悉的话题在正式场合用外语作简短发言，表达比较清楚，语音、语调基本正确，并能在外语交谈中使用基本的会话策略；在阅读能力方面，要能读懂在工作、生活和社会交往中常见的应用文体材料，能读懂报纸、杂志上的一般性文章；在书面表达方面，要能用外语完成日常工作和社会交往中需要的一般性写作任务，能书写便条、通知、书信等应用文。

教师如果掌握一些外语知识，可以将汉语与外语进行对比分析。第二语言习得研究认为，学习者会把母语的特征迁移到目的语中，对两种语言及其文化进行系统对比，有助于预测学习者的学习难点，预防学习者的语言偏误，提高第二语言教学的效率。例如，在教学实践中发现，外国学生常犯"见面朋友""结婚玛丽"这样的错误，是因为"见面""结婚"是属于汉语中的离合词，这种词一般不能带宾语。留学生的母语中可能没有这种类型的词语，如果他们把"见面"等同于英语中的"meet"，把"结婚"

等同于英语中的"marry",就会出现"见面朋友""结婚玛丽"之类的错误,因此对离合词应该进行重点讲解和练习。

**(四)根据不同的教学目标和教学需要,进行汉语测试与教学评估**

语言教学离不开语言测试,在对外汉语教学过程中,教师经常需要通过测试衡量学生汉语水平、评估教师教学效果。这就要求教师了解各种测试与评估的作用和方法及其适用性和局限性,根据不同目的选择合适的评估手段或测试方法;能根据不同的教学目标和教学需要,编写课堂测试与评估试题;能按照程序,客观、公平地评定学习者的学习成绩和进步情况;能从测试结果中获得反馈信息,为改进教学提出意见和建议;能对试卷、试题进行分析和评价,改进测试与评估的效果。

**(五)根据教学环境的实际需要,进行课程设计,选用或编制教材与辅助材料**

针对本国人的教学,在统一的语言、政治、文化与教育背景下,其课程设置、教学大纲、教材与教辅材料一般是相对稳定的,或者差异不大;而对外汉语教学,面向的是不同国别的学生,其语言文化背景不同,政治制度与教育体制不同,这就要求教师根据实际需要进行课程设置,选用或编制教材与辅助材料。

不管是在国内还是国外,对外汉语教学很多是以教学项目的形式开展的,例如来华留学生预科项目、国际学生汉语夏令营、汉语与中国研究班等,这就要求教师能够确定并协调各类汉语教学项目的目标,了解各种汉语教学项目的模式特点与差异,了解教学项目的总体要求和课程安排,能够和项目组织者团结协作,共同改善教学环境和改进教学。

不同的教学项目,面向的学习者不同,教学目标也不同,这就要求教师合理地进行课程设置,制定符合项目预期、切实可行的教学大纲。教师要能够根据教学对象的实际情况确定教学内容,制定教学目标,安排教学计划,设计教学任务和活动。随着汉语国际教育事业的发展,对外汉语教学对象日益多样化、复杂化,学习汉语的外国人中,有年轻人,也有中年人,还有老人、儿童,有大学生,有教师,有职员,还有公务员、校长、家庭妇女等,每一类教学对象都有其各自的学习需求、学习特点等,这就要求对外汉语教师有更强的灵活应变能力,及时调整教学方案,不能因循守旧、一成不变。

不同的教学项目，使用的教材和辅助材料也会不同，教师应该能够对汉语教材进行分析和评价，根据教学目标和教学环境选择适当教材，根据实际情况灵活地使用教材，根据学生的实际水平和需要对教材的使用进行调整，能选择和利用相关的教学资源和教辅材料进行教学。如果没有合适的教材或辅助材料，教师需要根据项目的特点与要求，编制教材和辅助材料，与其他教师合作，探讨教材和辅助材料的开发、取舍和整合，实现资源共享。

**四、对外汉语教师的人格素养**

教学既是教师讲授、学生获得知识和能力的过程，也是师生之间的互动和交往过程。要成为一名称职的对外汉语教师，除了专业知识和教学能力以外，还应具备相应的人格素养。具体而言，包括以下七个方面：

**（一）有较高的道德修养**

教师这一职业，要求"以身作则""为人师表"。对外汉语教师应该遵纪守法、爱岗敬业，要严格遵守各项教学规定，在"遵纪""守时"等方面为学生做好表率，不断提高自身的教学能力和业务水平。教师应该公平公正地对待所有的学生，对人种、国别、性别、出身、智力、个性、相貌以及关系密切程度不同的学生，都能够一视同仁、平等对待，不以个人的私利和好恶为标准。还要自觉树立集体合作的观念，能够与同事互帮互助、团结协作。

**（二）有良好的风度、仪表、教态、谈吐**

对外汉语教师面对的是外国人，要特别注意自己的个人形象，更要维护国家形象。在服饰上，要做到整洁高雅；在神态上，要做到亲切愉快；在言谈上，要做到谦逊文雅；在举止上，要做到稳重端庄；在待人处事上，要做到真诚热情。

在课堂上，教师也要表现得亲切、友好。比如，讲练过程中教师应适时走动，缩短与学生的情感距离；提问要照顾全班，不要总是集中于某几个人；对于学生的良好表现，要不吝赞美、及时鼓励；对待学生的错误，要适时纠正但不伤害其自尊心；了解每位学生的性格特点，能够察言观色，了解学生的心理需求；有幽默感，善于调节气氛，激发学生热情。

### （三）尊重、理解学生，心胸开阔、豁达

在与学生交往时，对外汉语教师既不能"高高在上""唯我独尊"，也不用刻意地去讨好学生、迁就学生，应该持一种相互平等、相互尊重的心态，这样才能真正赢得学生的尊重。

教师还应该理解学生，客观地认识学生，不要戴有色眼镜去看待学生。要容纳学生与自己有不同的看法与见解、思想与情感以及价值观念，以包容的心态对待身体、智力、感知、社交及情绪上各有不同的学生。

对外汉语教师的学生来自世界各地，不同的文化环境形成了不同的价值观念及民族性格，当他们来到中国以后，无论社会环境还是教学环境，都需要有一段适应的过程，在此期间所发生的各种文化碰撞、心灵冲击，会或多或少地体现在课堂上。作为教师，应当具备良好的跨文化交际能力，具有海纳百川的胸怀，理解包容、平等相待，善于沟通、及时疏导，了解学生心理，运用策略化解学生的各种不良情绪。

### （四）有移情能力，能够与学生和谐相处

教师要有移情能力，能够将教师与学生的目的、看法和情感连接起来。在学生产生某种需要、情感、冲突以及困扰时，教师要能感受到，并做出相应的反应。教师也要以自己对工作的热情和投入，去感染学生，激发学生的学习动机和学习兴趣。

对外汉语教师要能够与学生和谐相处。教师要待人真诚、不虚伪，应该尽量帮助学生，尊重学生的观念和选择，而不是一心只想影响和改变学生。教师还要有一定的交往技能，懂得如何与学生相互交流，在潜移默化中影响学生。

### （五）以促进学生发展为己任

不想帮助学生进步的教师，肯定不是好教师。教师应该对所有学生都持积极的态度，要认真了解每个学生的特点，发现他们的长处，对每个学生都怀有积极的期望，相信所有学生都有发展的潜能和意愿。对所谓的差生，更要多加鼓励，对他们追求进步的任何态度和举动，要及时发现，并及时给予鼓励和强化。

根据教育心理学的相关研究，教师会根据学习成绩、学习行为、人格特征等信息，形成对某个学生的期望，这种期望会在教学行为中表现出来，

如提问时的区别对待、有意无意的暗示等，而学生会感受到教师的期望，逐步向着教师期望的方向发展。所以，教师对学生的积极态度，会促进学生的发展；而消极态度，则可能使学生自暴自弃，表现越来越差。

（六）积极参与专业团体、学校与社区的各项活动

对外汉语教师不能"闭门造车""孤军奋战"，要通过学术会议、学术论坛、职业培训、专题讲座等方式，与同行进行交流。

在学校任教，对外汉语教师还需要了解学校的组织形式、校纪校规、重大活动等，适应学校环境。如果学生是非成年人，教师需要与学生家长保持沟通，了解家长的期望，寻求家长的支持与帮助，督促学生的课外学习。

如果是在国外任教，对外汉语教师还需要了解并尊重当地社区的信仰、风俗习惯、价值观和宗教取向，与社区成员友好相处，参与社区活动，与社区建立良好的合作关系。

（七）有积极的自我意识和乐观的态度，有较强的抗压和心理调节能力

与任何工作一样，教学也不会总是一帆风顺，总会遇到问题、困惑，甚至挫折、失败，对外汉语教师要有积极的自我意识和乐观的态度，才能正确地应对这些问题。如果教师对自己总是没有信心，就很难在课堂上表现从容、游刃有余，学生也不会喜欢总是悲观、郁闷的教师。

一名合格的对外汉语教师应该相信，凭借自己的能力和努力，一定能解决教学中的困难和问题，顺利完成各种教学任务。一名好的对外汉语教师，应该以乐观、积极的心态和精神面貌感召学生，与学生一起享受教学带来的愉悦感和成就感。

对外汉语教师要提高自己的抗压和心理调节能力，积极面对教学、社会和家庭等各个方面出现的挑战和困难，做好随时应对各种压力与冲突的心理准备。能从不成功的教学经历中吸取教训，而不是自暴自弃，了解自己的性格特点，能随时调整自己的情绪，保证以最佳状态投入教学。

## 第二节　课程教学前的准备工作

作为一名对外汉语教师，在接受一门课程的教学任务后，就要为授课做准备。那么，在开始教学之前要做哪些准备工作呢？

### 一、课程开始前的分析与准备

#### （一）分析课程的类型、特点与要求

首先要明确：承担的课程属于哪种类型的课程？这一类型的课程有哪些特点？在教学方法上有哪些要求？学生上完这门课程后，应该在哪些方面得到锻炼和提高？如何考核、评价这门课程的教学效果？如果对这些问题不能给出明确的回答，或者有些方面不是很确定、很清楚，可以请示教学主管，或者向有经验的教师请教，让他们给予更多、更详细的指导。

不同的课型有不同的教学要求，有不同的职责与分工。例如，综合课更强调对语言点的细致讲解，教师讲的稍多一些；口语课则强调学生口语交际能力的提高，教师讲的少，以学生的口语练习为主；而阅读课是为了提高学生的书面阅读能力，以阅读速度、阅读技巧、阅读理解能力等方面的练习为主。明确了课程的类型、特点与要求，才能有针对性地开展教学，避免把课上错，如把口语课上成综合课等错误。

#### （二）分析课时数与教学安排

每门课都有规定好的课时数，需要清楚：这门课总共有多少课时？每周有多少课时？每周有几次课，每次上几节课？一共上多少周？等等。还要了解什么时候上第一次课？什么时候有期中复习考试？什么时候期末考试？根据这些情况，制定出学期教学计划和每周的教学计划。

另外，还要看一下课程被安排在哪个时间段。不同的时间段，学生的精神状态和表现可能是不一样的。如果是早上八点上课，学生迟到、旷课现象可能会比较严重，可以先进行复习、朗读等活动，重要内容的讲解稍后进行；如果是十点上课，学生的精神状态较佳，可以优先安排重点内容。总之，要根据教学的时间段，适当调整教学节奏、教学顺序等。

### （三）分析教学对象

教师在新学期正式上课之前一般会先拿到一份学生名单，需要了解这些学生的国别分布、性别比例、汉语水平等信息，因为这些都会影响到教学。例如，欧美学生可能更喜欢互动式、参与式的教学，而日韩学生可能更关注具体的教学内容和教学收获。男生和女生在课堂上的表现会有不同，男女生的比例可能会影响课堂整体氛围。学生的汉语水平，决定了可以使用哪些教学语言，所准备的例句、讲解都要适合学生的汉语水平。

### （四）分析教材或教学资源

如果所教课程有教材，首先要阅读教材的前言部分，里面有教材的设计理念、词汇数量、编写体例、主题安排等内容，还会给出教学建议；然后浏览教材的目录，了解教材的整体编排；最后，翻阅第一课的内容，了解生词数量、课文长度、练习设计等。阅读和分析之后就可以大致了解教材的特点、优点和不足之处，对如何使用这本教材进行教学，也就有了大致的想法或框架。

如果所教课程没有教材，需要自己选择和组织教学资源，就要根据课型要求和学生特点等，确定自己可以选择哪些教学资源，再根据课时数与教学安排，将其分为不同的主题或教学单元，分配到每一周、每一次的教学计划中。选好教学资源后，还要根据教学需要对其进行加工。可以去图书馆或网上查阅，有没有合适的或可以参考的教材、教学用书；也可以向有经验的教师请教，从他们那里获取教学资源。

### （五）分析教学场地、教学设施等

教师也需要了解教学场地，包括教室大小、桌椅安排等。还要仔细分析：教室是否与学生人数匹配？是否会有拥挤或容纳不下的情况？如果要给学生个别指导，能否走到学生身边？桌椅是否可以移动？教室的墙壁上是否可以张贴教学安排、学生作业？等等。

如果要使用多媒体进行教学，需要确认授课教室里有电脑、投影等电子设备，而且这些设备可以正常使用；还要确认已经掌握了这些设备的操作方法，知道操作时如遇到问题可以向谁求助。

做好以上五个方面的分析，对整门课程就有了大致的认识，也会有一个整体的教学方案和教学安排，为实际教学做好了初步的准备。

## 二、了解课堂教学的一般过程

教学是一种有目的、有计划、有组织的活动，为了使教学活动顺利进行，并达到预期的教学效果，在实际进行课堂教学之前，需要了解课堂教学的一般过程。

从第二语言教学特点出发，对外汉语课堂教学一般包括以下几个阶段：

### （一）组织教学

教师准备好教学用具，按照规定的时间，宣布开始上课，安定教室秩序；师生互致问候；检查学生出席情况；宣布本节课的教学内容和教学任务，正式开始教学。这一环节用时较短，一般在3分钟左右，主要目的是安定学生心绪，为之后的教学做好准备。

### （二）复习检查已学内容

这一环节的目的，是了解学生对已学内容的掌握情况，为新知识的学习打好基础。常用方法有：检查、订正上次课的作业；复述上次课所学的词语、语法、课文等；用提问、练习等方式检查学生掌握情况。对复习检查中发现的问题，要进行弥补性教学。这一环节的用时一般在10分钟左右。

### （三）讲练新内容

这是课堂教学中的重要环节，要占用整个课堂教学时间的80%左右。如果新内容很多，不能一次全都教给学生，要进行分组，例如7—8个生词作为一组新知识，一个重要的、复杂的语法点作为一组新知识。讲练完一组新知识后，再进行下一组新知识的讲练。

根据教育心理学的相关研究，学生学习新知识，至少经过感知、理解、巩固三个步骤。因此，这一阶段又分为三个环节：

1. 感知新知识

在这一环节，语言知识通过视、听、读等途径被学生感知，进入大脑形成表象。对外汉语教学课堂上经常进行朗读，读生词时，学生会对词语的音、形、义有一个感性认识；读课文时，学生会对某些句子的结构、语法规则有一个感性的认识。有的教师，会把词语、句子、语法项目等直接呈现在黑板、白板或PPT上，让学生认读。朗读和认读，是让学生先感知到新知识，在这一环节，教师要注意引导学生关注重要信息，例如领读课文时，通过有意的停顿、断句、复读等方式，突显重要的词语搭配、句子结构、语法项目等。

2. 理解新知识

在对语言知识有了感性认识之后，教师要对新知识进行讲解，使学生能够更深入地理解新知识。在这一环节，教师要通过大量例句和细致讲解，讲清词语的含义、搭配、使用条件，讲清语法点的结构形式、意义、使用细则等。在这一环节中，可以设计一些问题或练习，但主要目的不是让学生应用新知识，而是帮助学生理解新知识。

3. 巩固新知识

学生理解新知识后，教师要采取措施，让学生及时巩固所学知识。最简单的方式是复习，把刚学的词语、语法点再重新认读一遍。教师也可以设计一些应用性的练习，如让学生用刚学的词语、语法造句，或者给出情境，让学生用刚学的词语、语法完成对话等。

经过上述三个环节，确认学生已经理解新知识并进行了适当的巩固之后，再进入下一组新知识的讲练。

### （四）结课、布置作业

所有新知识讲练完之后，一般也到了快要下课的时候。这时，教师应该用较短的时间，复习、归纳本课所学的新词语、新语法，使学生了解、确认本次课的收获。之后要布置作业，作业的数量和难度要适中，内容要与讲练、巩固的内容相配合。课程作业可以帮助学生巩固课堂所学内容，督促学生及时复习旧课和预习新课。在布置作业时，要明确作业的要求，提醒学生教师下次课要检查作业。

上述是对外汉语课堂教学的一般过程和主要环节。在每次上课前，还需要制定更为细致周密的教学计划，包括复习、检查哪些内容？怎么给新内容分组？怎么讲解新内容？需要提供哪些例句？需要设计哪些问题或练习？怎样帮助学生理解和巩固新知识？布置什么样的作业？把这些都写入教案或课件之中，成为上课的依据和抓手。关于教案撰写和教学设计，本书第三章将会做详细的阐述。

### 三、把握课堂教学的基本原则

课堂教学有一些基本原则，把握住这些基本原则，可以使教学保持在正确的方向，不出现重大的偏差。

#### （一）因材施教原则

因材施教原则，是指教师要从学生的实际情况、个别差异出发，进行有针对性的教学。欧美学生、日韩学生、非洲学生、拉美学生、西亚学生、中亚学生都有各自的特点，教师要针对他们的特点采取不同的教学策略和教学方法。有些学生是自费学汉语，有些学生是以交换生的身份来学汉语，有些学生是拿着中国的奖学金来学汉语，对这三类学生，我们的教学要求和教学模式也会有差异。

#### （二）可接受性原则

可接受性原则，是指教学的内容、方法、分量和进度要符合学生的实际情况，是他们能够接受的，又要有一定的难度，需要经过努力才能掌握。教师在选取语言点、设计例句和练习、组织教学活动、确定教学进度时，一定要考虑学生的实际水平，既是他们可以接受的，又可以带动他们提高、进步。

#### （三）直观性原则

直观性原则，是指教师尽可能用实物、图片、动作、视频、事例等方式，讲解相对抽象的生词或语法，以便于学生理解。例如用实物或图片，告诉学生什么是"馒头""包子""饺子"；用图片或视频的方式，让学生知道"炒、煮、炸、烤"的不同；用具体的事例，让学生明白"没面子"的意思等。

#### （四）互动性原则

在某种程度上可以说，语言是"学"会的，而不是"教"会的，对外汉语课堂教学特别强调师生互动，强调发挥学生的主动性，要让学生动起来，不能把课堂变成教师的独角戏。要增加互动，需要教师设计更多的提问、练习、活动，把更多的时间和表现机会交给学生，适当克制自己要讲的冲动。

#### （五）巩固性原则

巩固性原则，是指教师要引导学生在理解的基础上，不断复习、巩固已学知识，使其长久地保持在记忆中。教师讲练完一个或一组语言点，要进行适当的巩固，完成一课或一个教学单元，也要安排复习。要经常通过提问、做练习、测验等方式，检查学生对知识的掌握情况，引导他们不断巩固所学知识。没有复习、巩固，学过的知识在脑子里留不住，很快就会忘掉。

### （六）联系实际原则

将所学知识与学生的实际生活联系起来，更能激发学生的学习兴趣，也更有利于他们理解和掌握。在选取语言点的时候，教师要思考：学生在实际生活中会不会用到？如果用到的话，会怎么用？能不能根据学生生活中实际发生的事例，设计例句或练习？当学生发现所学知识可以在实际生活中使用，学习的意愿会更强，对知识的掌握也会更牢固。

### （七）循序渐进原则

循序渐进原则，是指教学要按照知识的逻辑系统和学生发展的顺序逐步进行。例如，汉语"把"字句的一般结构是："把+O+V+其他"，"其他"可以是"了"，可以是前边动词的重叠，而最常用的是补语，所以，要先教"动补结构"，再教"把字句"。再比如，一个词可能有多个义项，不能一下全教给学生，要从简单的、容易掌握的义项开始，再逐步引入其他义项。我们对学生的要求，也要"循序渐进"，不能一开始就要求学生发音特别标准、汉字写得完全正确、句子没有一点语法错误，而是要一点一点地引导他们改进、提高。

### （八）目的性原则

教学是一种有计划、有目的的活动，不是随意的、随性的行为。在进行教学设计、开展教学活动时，要问自己：为什么要这样做？例如，为什么用这个例句？这个例句能否帮助学生理解和掌握对应的生词？为什么要呈示这张图片？用这张图片，我可以做什么？学生可以做什么？如果能够回答这些问题，所做的准备和活动才是有价值、有意义的。教学进行时和完成后，也可以据此判断是否达到了预期。

## 四、如何上好第一堂课

"良好的开端是成功的一半"，上好第一堂课，能为之后课程的顺利进行打下基础。"第一堂课"的种类很多，有新教师走上工作岗位的第一堂课，有新学期的第一堂课，有新课型的第一堂课，有给新班级上的第一堂课。本文重点讲的，是新教师如何上好自己的第一堂课。

对于没有实践经验的对外汉语教学新手来说，在上第一堂课之前，难免会有不确定感，内心忐忑不安。有的新教师上课时眼睛不知往哪儿看、手脚不知如何放、头脑不清、讲话语无伦次。由于缺乏教学经验，对能不能完成预定的教学计划、按要求上好课，心里没底。

那么，如何才能上好第一堂课呢？我们给出以下建议：

### （一）认真做好课程开始前的分析和准备工作

在正式上课前，要认真分析课程的类型、特点与要求，分析课时数和教学安排，分析教学对象，分析要用的教材或教学资源，分析、了解要用的教室和教学设备，然后发挥教育预见能力，预测在课程教学过程中可能会发生的情况，可以怎么应对。做好这些分析和准备工作，心里也就"有底"了，也就有了一定的信心。

### （二）备课要细致、充分

在上第一堂课之前，一定要做一个细致的教学设计，撰写一份详细的教案，把上课时要用的例句、讲解用语、要提问的问题、要做的练习都准备好。如果对学生接受程度和教学用时没有把握，可以多准备一些教学内容，多准备一些例句、问题、练习，以免在课上临时现想。在准备具体的教学细节时，问自己三个问题：我要做什么？我预期的学生反应是什么？如果学生反应与我预期不一致，我怎么办？解决了这三个问题，对自己的课堂掌控能力就更有信心了。

### （三）把第一次课当成师生间相互熟悉、适应的过程

上第一堂课之前，师生之间可能并不了解，所以第一次上课时，教师和学生一般都会做一个简单的自我介绍。教师应该注意观察，了解每个学生的特点，包括他们的水平、学习态度、学习习惯、性格特点等，根据学生情况适当调整教学用语和教学设计。教师也要让学生熟悉、适应自己，包括自己的性格特点、教学风格等。最后，教师要向学生介绍课程的类型、特点与要求，给学生说明本学期的教学计划、考勤要求、考试安排等规定事项，让学生知道每次课大概的环节和步骤。

对一个学期的课程来说，第一堂课类似于每次课开始时的组织教学阶段，主要作用是为之后的教学打下基础、做好铺垫。

**（四）展示专业知识、教学能力和人格素养，建立信心**

在成为对外汉语教师前，应该接受过专业培训，并具备相应的专业知识、教学能力和人格素养。在第一堂课上，应该把这些专业素质展示出来，包括教学用语规范、简洁，发音标准，语速适中；讲解准确、清楚，深入浅出，设计的问题和练习要能调动学生的积极性；教学环节清晰、连贯；着装、仪态等能体现出教师的人格素养。这不仅有助于教师建立自信心，也让学生对教师有信心，信任教师，在以后的教学中更好地配合教师。

**（五）上完课后，及时反思、总结、调整**

上完第一堂课后，对学生、课程、教学都有了更加深入、全面的了解，要及时地对课堂教学进行评价、反思，根据实际情况对之前的教学计划、教学设计等进行调整。对教学中的成功之处、精彩之处，要进行总结，积累经验，树立信心；失败之处或不足之处，要反思原因，探索改进办法；教学中出现的意外情况，例如学生出乎意料的回答、提问等，也要写入反思日记，以完善以后的教学设计。

在第一堂课上，新教师应该重点完成三项任务：

1. 拉近师生距离

第一堂课，往往是师生之间的第一次接触，教师要解决的第一个问题，就是将陌生的师生关系拉近。教师首先做自我介绍，然后让学生自我介绍、相互熟悉。

在陌生人面前做自我介绍，学生很可能用一句话、两句话敷衍了事，也很可能不清楚其他同学说了什么。教师可以加以引导，比如让每个学生介绍几个方面：姓名、国籍、学习经历、兴趣爱好等；在学生自我介绍完之后，再让旁边的同学复述一遍："他叫什么名字？他是哪国人？他学了多长时间汉语？他有什么兴趣爱好？"这样，学生之间会比较快地熟悉起来，课堂气氛也会更活跃。

拉近师生距离的一个重要事项，是教师要有意识地记住学生的名字，以及国籍、性格特点、兴趣爱好等个人信息。准确地叫出学生的名字，会让学生产生亲切感，如果学生发现教师不知道自己的名字，会有失落感和疏远感。在第一堂课就记住所有学生的名字，这很难做到，一种常用的方法是制作简易的名牌：在纸上写下学生的中文名字（初级班可以加上拼音），再把纸叠成三棱体，放在桌上，名字朝向教师。这样在互动时，教师就可以准确地叫出学生的名字。学生看到和听到自己的中文名字，也会有一种兴奋感。

2. 提供课程学习的愿景

第一堂课一般不会直接进入教学内容，而是首先对课程做一个总体介绍。在做课程介绍时，教师要注意向学生描绘出一个美好的愿景：学完这门课以后，你可以达成哪些目标。例如，你会掌握多少个生词和语法点，你能完成哪些口语交际项目，你的阅读速度和理解能力会有怎样的提高，你会用汉语进行哪些书面表达，你的汉语会达到 HSK 几级水平，在这门课上，会组织哪些有趣的活动，等等。愿景让学生对课程的教学内容、教学目标有了清楚的认识，也能提高学生的学习兴趣与学习动机，让学生满怀期待地开始学习。

3. 让学生信服自己

在第一堂课上，要让学生感受到，自己是一位认真敬业、有知识、有能力、有素养的教师，是可以信服的好教师。要做到这一点，除了课前的细心准备外，还要应对一些突发或意外情况。在第一堂课上，可能出现的意外状况有：

（1）准备的内容过多或过少。上课时要注意时间，评估教学内容用时是否与预期一致。如果内容过多，就减掉不重要或者难度太大的部分；如果内容过少，就适当增加复习和练习的时间。在备课时，准备一些时间可长可短的练习，如提问、讨论等，上课时根据实际情况安排用时，如果实在没有时间做，可以将其变成课后作业。

（2）准备的内容过易或过难。如果发现准备的内容非常简单，学生很快就掌握了，就适当加快教学节奏，可以增加活用性练习，比如用给定的词或语法，写一个句子或一小段话。如果发现准备的内容过难，学生很难掌握，就适当延长讲解时间。如果学生实在难以掌握，或者教师发现自己准备不充分、有些问题难以解释，可以告知学生：先进行后面的内容，学完后面内容后，这一部分会更容易理解。这样，就把难题推到下一堂课，又不会损害教师的专业形象。

（3）学生的积极性过高或过低。备课时设计的讲解或练习，很多需要学生的配合才能完成，这就要求学生有一定的积极性。对外汉语教师一般喜欢积极、活跃的学生，但是，如果学生过于活跃，不停地发言、活动，会影响教师对课堂的掌控和教学进度的把握。这时教师要因势利导，在保护其积极性的同时，给他制定一些规则：不影响他人发言，不抢答别人的问题，控制自己的发言时间和次数，等等。如果学生缺乏积极性，太不活跃，教师就需要引导、激励，用提问的方式迫使学生发言，一些开放性的、让学生自由回答的练习，可以给出更多的信息或限制条件，引导学生说出来。

教师对课堂上可能发生的意外状况做好预案，能及时、有效地处理，不仅让学生更信服自己，也让教师对自己能上好课更有信心。

上好第一堂课，为之后教学的顺利开展打下了基础。但是，如果第一堂课没上好，也不用过于沮丧、担心，因为还有补救的机会。只要具备了对外汉语教师应有的专业知识、教学能力、人格素质，课前做了细致、充分的准备工作，并能根据实际教学情况及时进行反思、总结和改进，不断提升自己的专业素养，就一定能成为一名合格的乃至优秀的对外汉语教师。

## 第三节 课堂问题行为管理与教学机智

在课堂上，教师除了进行教学以外，还要进行课堂管理，要预防和制止课堂问题行为，以免影响教学活动的顺利进行。

### 一、课堂问题行为的特点与类型

课堂问题行为[①]，是指在课堂中发生的，违反课堂规则、妨碍及干扰课堂活动的正常进行或影响教学效率的行为。

在对外汉语教学课堂上，教师有时会遇到以下状况：

案例一：早上八点上课，教室里只来了不到三分之二的学生，过了

---

[①] 施良方、崔允漷主编：《教学理论：课堂教学的原理、策略与研究》，华东师范大学出版社1999年版，第290—292页。

10—15分钟,其他学生才陆陆续续来到教室,教室的门开开关关,影响教学。

案例二:老师在讲台上讲得兴趣盎然,下边的学生却无精打采,有的趴在桌上睡觉,有的心不在焉,有的在看手机,有的在看与课程无关的书。

案例三:教师在上面讲,两名同学在下面窃窃私语,声音越来越大,甚至盖过了教师的声音。一位同学的手机响了,他旁若无人地拿起电话,大声通话。

案例四:在教室上课,有的学生想开窗通风,有的学生怕冷,不想开窗,双方起了争执、发生冲突。

上述情况都属于课堂问题行为,会影响教学秩序或教学效率。课堂问题行为具有普遍性,大部分课堂、大部分学生都会出现问题行为,但是大多是轻度问题行为,严重的问题行为,如在课堂上打架斗殴等,非常少见。一般来说,对外汉语教学课堂上,学生严重违反纪律的现象较少,常见的是交头接耳、思想开小差、做其他事情、发生争执、打瞌睡等。

按照课堂问题行为的影响范围,可以分为外向性和内向性两类:

外向性问题行为是直接干扰课堂正常教学活动的行为,不仅影响自己,而且影响他人,包括:相互争吵、高声喧哗、随意走动、破坏课堂秩序、出怪声、做怪相、语言粗俗、顶撞老师,等等。

内向性问题行为,是对课堂教学活动正常进行不构成直接威胁的问题行为,具体包括:注意涣散、心不在焉、害怕提问、拒绝回答问题,在书上胡乱涂画,做与教学无关的事情但保持安静,等等。

## 二、课堂问题行为产生的原因

对课堂问题行为,应该具体情况具体分析,不能只责怪学生,要从教师、学生、环境三方面寻找原因。只有找出根源,才能有针对性地采取措施。

### (一)教师的因素

有些问题行为的发生,应该归咎于教师。例如,有的教师教学态度不端正,没有认真备课甚至根本不备课;有的教师教学方法呆板、枯燥乏味,不善于激发学生的积极性;有的教师对学生缺乏了解,教学内容过难或过易,讲课速度过快或过慢;有的教师表达能力较差,语言和要求含糊不清;有的教师缺乏活力,精神不振,懒懒散散等。在这样的课堂上,学生要么觉得索然无味、没有意思，要么想听也听不懂、想学也学不会，发生问题行为就很正常了。

也有的教师只管教学，忽视课堂管理，没有形成课堂规则和教学秩序，没有对出现的问题行为及时加以制止，也是课堂问题行为发生的原因之一。

（二）学生的因素

有的学生学习动机不强，上课只想混日子，不认真、努力学习；有的学生性格外向活泼，但过于好动、容易注意力涣散；有的学生受自己国家文化的影响，课堂上自由散漫，不注意控制自己的行为；有的学生性格内向，害怕出丑，不敢回答老师的问题；有的学生表现欲很强，总是故意制造麻烦以引起注意。这样的学生容易发生问题行为，教师应该特别加以管控，预防和制止其不良行为。

有些学生发生问题行为，可能有一些特殊原因，例如，生病、身体不舒服，生活中发生了一些变故，对周围的环境不适应，处于文化休克期，等等。对于这样的学生，教师应该给予关心、疏导和帮助，不能只是简单的批评、制止。

（三）环境的因素

外部环境因素也可能会诱发学生的问题行为。例如，教室里温度过高或过低，通风不好、空气差，人太多、过于拥挤，在这样的环境里学习，发生问题行为的可能性更大；而干净、整洁、舒适的教学环境，则容易让人安下心来学习。

座位安排也可能有影响，如果两个学生坐在一起总是交头接耳，教师可以要求他们分开坐。

还有一些外部因素，也可能会影响学生的课堂表现。例如，重要节假日前后，学生可能会自发组织一些聚会或活动，学院、学校也可能会举办一些文体活动，这些活动会占用学生的精力。有些学生甚至把大部分心思都花在这些活动上，影响其在课堂上的表现。

三、课堂问题行为的预防

对课堂问题行为，最好的办法是防患于未然，采取措施，事先预防问题行为的发生。具体做法包括：

### （一）制订课堂规则

制订课堂规则，是使课堂行为有法可依的基础。教师在上课时，应该告知学生学校、学院的规章制度，如考勤制度等，并提醒学生违反规定的后果。教师也可以针对自己的班级、课堂，制订一些课堂规则。例如，为了惩戒迟到的学生，有老师制订这样的规则："迟到15分钟以上的学生，要在课间的时候为大家表演一个节目。"关于上课时接电话的问题，教师可以制订规则，如果是重要电话、必须要接，应该在征得老师同意后，到教室外面去接，不能影响其他同学上课。

制订课堂规则的目的，是为了规范课堂行为，维持课堂秩序，促进课堂学习。制订的课堂规则，应该明确、合理、必要、可行，否则很难执行下去。课堂规则需要通过教师与学生的讨论、商议，经学生同意后再开始执行。课堂规则不能太多，也不用太复杂，要根据实际需要及时制定与调整。

### （二）树立教师的权威

在课堂上，学生一般会听从教师的安排。比如，教师让学生读生词，学生就要读生词；教师让学生做练习，学生就要做练习。在课堂上，学生要配合教师的要求，这是教师权威的一种体现。如果教师没有权威，学生不听从教师的安排，课堂混乱无序，教学和课堂管理就无法进行。

教师要树立自己的权威，要借助外在和内在两方面的力量：

1. 外在力量

一般社会文化都要求给予教师比学生更高的地位，要求学生尊重教师。学校有规章制度和奖惩办法，按照教师要求的去做，更容易得到表扬、奖励；而不按照教师要求的去做，则很可能招致批评、惩罚。教师有对学生进行考查、评价的权力，为了获得更高的分数或评价，学生也倾向于听从教师安排。比如，有的学校有严格的考勤制度，出勤率低的学生会被取消考试资格甚至被开除。有的老师规定，课堂表现会按一定比例计入课程成绩，这些都会让学生感受到压力，认可教师的权威地位。

外在力量，赋予教师一种制度性的权威，只要处在教师的位置，就拥有这种力量和权威，这是教师进行课堂管理的基础。但是，如果单靠外在力量进行课堂管理，学生的听从可能只是表面的，并没有从内心里真正信服。对那些不在乎奖惩、不在乎分数的学生，这种外在力量也可能会失效。

2. 内在力量

有威信、有魅力、有知识、有能力的教师，会让学生产生敬重感和信服感，成为学生心目中的权威。如果教师知识渊博，教学安排合理，讲解准确清楚，让学生既感兴趣又有收获，对学生的疑问能给予合理的解答，对课堂上出现的问题能及时有效的解决，面对这样的教师，学生会怀着敬重和信服的心态上课，问题行为自然就少了。如果教师有较高的道德修养和人格魅力，而且真心热爱学生、关心学生，学生也会感受到教师的这种情感，也就不会故意在课堂上捣乱、和老师对着干了。

这种由于知识能力、情感态度、道德修养、人格魅力等产生的影响力，属于教师的内在力量，能在学生内心树立教师的权威地位，是教师进行教学和课堂管理最有力的"武器"。

教师要树立自己的权威，外在力量只是基础，内在力量才是根本保障。教师要不断自我修炼，提升知识能力与人格素养，增强自身的内在力量，这是预防和减少课堂问题行为的最重要途径。

**（三）提高学生的课堂参与度**

有的教师备课、上课都很认真，真的想把课上好。可是在他的课堂上，学生还是会走神、开小差、打瞌睡、交头接耳等，原因很可能是教师没有给学生提供参与的机会，把课堂变成了个人的"独角戏"。

如果教师只顾自己上课，学生烦闷枯坐，就可能异想天开、搞点小动作。如果让学生参与进来，让他们感受到课堂是师生共同的舞台、自己也是主角，他们就会更积极地投入教学活动。在备课时，教师不能只考虑自己要做什么，还要考虑学生要做什么，给学生安排一些正事去做，他们就没有时间和精力去做那些问题行为了。

提高学生的参与度，是预防课堂问题行为的重要举措。常用的提高学生参与度的方法有：课堂提问、分组讨论、模拟表演、问题抢答、小组竞赛等。这些方法给学生提供了更多的练习和互动机会，不仅教学效果好，学生也更喜欢。学生积极参与教学活动，问题行为就少了。第二语言教学强调讲练结合，那种满堂灌的讲解式教学效果差，没有吸引力，学生问题行为就比较多。

### （四）鼓励和强化良好行为

教育心理学研究发现，与批评、惩罚违纪行为相比，对差生的良好行为及时给予表扬奖励，教育效果更好。教师鼓励和强化学生的良好行为，使其逐渐成为习惯，问题行为就会相应减少。当所谓的"问题学生"做出良好行为时，教师可用面部表情、肢体动作、语言等多种方式对其进行鼓励，如微笑、轻拍学生的背、表扬称赞、给予物质奖励，等等。

如果学生积极良好的表现得到教师的肯定，他就会产生信心和自豪感，并有进一步表现和学习的愿望，因此，教师要经常在语言上给学生表扬和鼓励，比如"不错""很好""太好了"等。在学生的作业本上，教师可以写一些温馨的评语，如"加油""很好""继续努力""汉字真漂亮"等，使学生感到亲切、温暖，也会激励学生更努力学习。

### （五）建立和谐的师生关系

教师与学生之间，既是工作关系，也存在人际关系。每个人都不能孤立地生活，都需要与他人交往。在课堂教学中，教师和学生不仅在完成教育任务，也使他们交往的需要得到一定的满足。师生之间良好的人际关系，有助于他们在教学过程中相互配合、协调一致，从而减少问题行为的发生。

很多外国学生会和老师谈论一些生活中的事情，这是他们希望和老师有更多交流、更多交往的表现。教师也应该以多种方式，与学生建立良好的人际关系。例如，课下遇到学生时主动和学生打招呼，经常和学生聊天，了解学生的闲暇爱好、生活习惯，参加学生的生日聚会等活动，与学生分享生活中有趣的事情，等等。还有的教师，通过网络聊天工具，与学生保持密切的联系。

教师也要注意，不能让师生间的人际关系干扰正常的教学工作，不能因为私人交情影响对学生的考勤、成绩评价等。要让学生知道，有些事情必须公事公办，为了迁就、讨好学生而丢掉原则，这样的教师是不会得到学生真正的尊重和爱戴的。

## 四、对课堂问题行为的处理

当课堂上出现问题行为时，教师应该分析其原因、评估其影响，再采取适当的处理办法。

## （一）不同问题行为的处理办法

如果学生是故意要引人注意，教师可以选择有意忽视，让学生自感无趣，自己终止问题行为。如果学生因为身体原因，或者确实太累，趴在桌上打瞌睡，在不影响教学秩序的前提下，教师也可以选择忽视。

如果学生上课时随意走动，或者打电话、交头接耳，影响他人学习和课堂秩序，教师可以先用一些方法提醒他。例如，提问他或他旁边的同学，用眼神暗示，突然的语言停顿，轻轻咳嗽一声，走到他的旁边敲敲桌子，一般情况下，这些方法会奏效，学生会心领神会，自觉停止问题行为。如果学生执迷不悟，教师就要直接制止，告诉他这样会影响其他同学，在课堂上不能这么做。

如果学生因为想法、意愿不同，在课上发生争执甚至冲突，教师要及时平息，避免矛盾激化。上文案例四中关于开窗还是不开窗的争执，教师可以给出解决方案：窗户不要开得太大，想通风的学生坐到旁边，怕冷的同学坐到风吹不到的地方。如果实在难以两全其美，教师可以给出自己的决定，赞同一方，请另一方谅解，这其实是利用教师的权威地位，要求另一方让步，使争执不再继续、不再激化。

对经常出现问题行为的学生，教师可以在课后把他单独叫到办公室，对他进行批评教育。如果情况特别严重，教师可以向负责学生管理工作的老师反馈，给予更严厉的警告和处分。

## （二）处理问题行为的注意事项

教师在处理问题行为时，有以下注意事项：

（1）避免以下误解：学生越安静，学习效果越好；教师的命令，学生必须无条件地服从；有问题行为的学生，一定不是好学生。

（2）教师要确认，自己处理的是学生所表现的行为，而不是学生本身；自己只是不喜欢他的这种行为，而不是不喜欢他这个人。

（3）在进行批评教育时注意措辞，不能伤害学生的自尊心，更不能进行人身攻击。

（4）尽量采用轻松、幽默的处理方式，越严厉的惩罚措施必须越少采用，否则可能会失去其威慑作用。

### 五、教师的教学机智

预防和处理课堂问题行为的各种方法，不是学了以后就能完全掌握的，更多地要借助教师的教学机智。同样的课堂问题行为，有经验的教师能以看似轻松幽默的方式一笑化之，这就是教学机智的体现。

教学机智，是教师成功地处理教学中各种意外事件的能力，是教师知识、经验、能力和教学艺术的反映。课堂教学是千变万化的，即使教师做了十分周密的安排，还是难免发生各种意外状况。在课堂中发生意外时，教师能因势利导、随机应变，要靠自己的教学机智。下面三个案例中，教师处理问题的方法显然都有不妥之处：

案例一：一位教师在上课，有位学生突然问道："老师，听说中国的饭店都用地沟油做饭，是真的吗？"老师回答："是啊，大家在中国生活都要特别小心！"……同学们听后面面相觑。

案例二：在一次口语课上，老师想让学生们做个游戏，她把自己设计的游戏意图告诉学生后，有位学生拒绝参加，老师问其原因，学生说："这个游戏很无聊，我觉得是浪费时间！"老师恼羞成怒地说："你不想做可以不做，你不能代表别人！你别以为自己水平高就看不起这样的活动……"，全班愕然。

案例三：有位教师在精读课上讲解词语"晒"，她先以"晒被子"为例："这个词的意思是把被子放在太阳下面。那么我再问一个问题，要是老师站在太阳下面，应该怎么说？"学生们争先恐后地回答："晒老师。"老师哭笑不得地说："不对！是'晒太阳'！"学生们满脸狐疑："太阳…怎么晒？"老师一时不知如何解释，只得回答："汉语就是这么说，这是我们习惯的说法。"

教学机智，要求教师有丰厚的知识和经验储备，有敏锐的观察力和准确的判断力，有快速的反应和处理突发问题的能力。这种机智，不单是从课程中、从书本中、从其他教师那里学来的间接经验，更多的是从教学实践中总结、提炼出的直接经验。"纸上得来终觉浅，绝知此事要躬行"，要成为一名优秀的对外汉语教师，这种在实践中的学习和提高是必不可少的。

# 本 章 小 结

作为一名对外汉语教师,应当具备良好的专业素质,其中包括扎实的专业知识、过硬的教学能力及深厚的人格素养。

对外汉语教师应该具备的专业知识包括:汉语本体知识与语言学知识、教育学与心理学相关知识、第二语言习得研究的理论知识、中国文化知识与当代国情、中外文化比较与跨文化交际知识等。

对外汉语教师应该具备的教学能力包括:教学预见能力、教学讲解能力、教学内容组织加工能力、教学过程监控能力、测试与评估能力、运用现代教育技术能力、科学研究能力等。

对外汉语教师应该具备的人格素养包括:有较高的道德修养;有良好的风度、仪表、教态、谈吐;尊重、理解学生,心胸开阔、豁达;有移情能力,能够与学生和谐相处;以促进学生发展为己任;积极参与专业团体、学校与社区的各项活动;有积极的自我意识和乐观的态度,有较强的抗压和心理调节能力。

当一名对外汉语教师接受了某门课程的教学任务之后,应该充分做好课程教学前的准备工作,了解课堂教学的一般过程,把握课堂教学的基本原则。在教学过程中,还应当具有处理和应对课堂问题行为的管理及教学机智。此外,如何上好第一堂课,也需要教师高度重视并精心谋划。

## 思考题

1. 对外汉语教师应具备哪些基本素质?
2. 如果让你承担一门对外汉语课程,你需要做哪些准备工作?
3. 作为学生,你曾经做过或遇到过哪些课堂问题行为?如果你是老师,你会如何处理这些问题行为?
4. 你有没有观摩过留学生的课堂教学?他们的课堂教学与中国学生有什么不同?
5. 面对多元文化背景下的对外汉语教学课堂,教师需要具备哪些跨文化交际能力?

6. 如果你被派到一些落后国家或地区从事汉语教学工作,你是否愿意接受?如果你接受的话,你需要做好哪些知识、能力、心理和物质上的准备?

第二章推荐阅读

# 第三章　对外汉语课堂教学设计

## 第一节　教学设计简介

### 一、教学设计概说

自20世纪60年代以来，诸多学者从不同角度尝试对教学设计下过多种定义。加涅（R.M.Gagne）认为对资源和程序做出有利于学习的安排就是教学设计（R.M.Gagne,1988）；肯普（J.E.Kemp）则认为，教学设计是运用系统方法分析研究教学过程中相互联系的各部分的问题和需求，在连续模式中确立解决它们的方法与步骤，然后评价教学成果的系统计划过程[1]。

在汉语作为第二语言教学领域，我国学者崔永华在其《对外汉语教学设计导论》一书中指出，教学设计以优化教学效果为目的，依据教育学、心理学、传播学和相关学科的理论，运用系统方法，分析教学系统中各个要素及要素之间的联系，据此确定教学目标，建立不同层次的教学方案。设计的对象包括课程计划、课程标准、教材、多媒体课件、课堂教学方案等[2]。

赵金铭教授曾提出，"教学设计"即一般所称的"课程设计"，是对与语言教学相关的内外部因素进行综合考虑，并对教学的实施进行的全面设计，是对语言学习的性质、目的、过程、评估、教师和学生的作用等问题作出一般的规定和描述[3]。

---

[1] 何克抗、林君芬、张文兰编著：《教学系统设计》，高等教育出版社2016年版，第2页。
[2] 崔永华编著：《对外汉语教学设计导论》，北京语言大学出版社2008年版，第3页。
[3] 赵金铭主编：《对外汉语教学概论》，商务印书馆2004年版，第23页。

综合各家观点，可以将教学设计做如下界定：教学设计是实施课堂教学行为的蓝图，是教师对教学方法、教学程序的预先设计和编排，能起到优化教学过程、协调配置各教学要素、提高教学效率与教学质量的作用。

根据内容，教学设计可分为宏观教学设计、中观教学设计和微观教学设计三类。宏观教学设计是对某个专业的课程设置或某门课程的课程标准、教材利用、教学实施进行的设计；中观教学设计是对一个教学单元或一整课进行的设计；而微观教学设计是指以一次课为单位，对教案、课堂教学过程进行的设计。

在进行教学设计时，教师应遵循以下原则：

**（一）科学性原则**

教师应以教育主管部门颁布的教学大纲（如《国际汉语能力标准》《国际汉语教学通用课程大纲》）为依据进行教学设计，确保设计思路、设计方法的科学性。同时，教学设计的内容应具有较强的可操作性，能指导具体的教学实践。

**（二）以学生为中心的原则**

遵循以学生为中心的原则，就是在进行教学设计时充分考虑学生的主观条件（如年龄特点、已有知识等），发挥学生的主体性与主动性，满足学生的实际需求，重视其能力的培养。具体到对外汉语教学上，就是以培养学生的汉语运用能力为核心，采用语言规则与交际原则相结合的教学方法。

**（三）符合学科教学规律的原则**

授课内容的差异决定了不同专业应遵循不同的教学规律。对外汉语教学是一门实践性较强的学科，在教学性质、教学对象、教学内容上都有鲜明的特色。对外汉语教师应做到突出分技能课型的特点，在教学中贯彻精讲多练的原则，注重例句练习的实用性，并具有一定的跨文化交际意识及技巧。

## 二、教学设计环节

关于教学设计的环节（流程），国内多位学者提出了诸多名称，如教学需求分析、教学内容分析、学习者分析、教学对象分析、教学情境分析、阐明教学目标、教学目标制订、课程组织、制订教学策略、教案设计、选择教学媒体、学习测试、教学评估、评价设计成果等[①]。本书将教学设计归纳为以下七个环节：分析教学对象、了解教学环境、确定教学内容、制订教学目标、撰写教案、命制学习测试与进行教学评估。

### （一）分析教学对象

分析教学对象，就是对教学受众与教学密切相关的个人信息进行深入的分析，为教学设计提供参考，使教师可以有的放矢，设计的教学内容更有针对性。不预先进行教学对象分析，教师的教学设计便无法满足学生的需求，教学效果也会不尽理想。在分析教学对象时，应综合考虑学生的年龄、性别、国别、身份（职业）、数量、母语、现有汉语水平、学习动机、学习风格、学习经历、文化背景等因素，使教学设计更加周全，满足受众的学习需求。

### （二）了解教学环境

在对教学对象进行分析之后，教师还应了解汉语课程的教学环境。教学环境主要包括课程性质、教学时间、教学设施、教学资源等因素。课程性质是指汉语课程是必修课还是选修课，在学校课程体系中处于何种地位，有无测验要求等；教学时间是指汉语课程的总课时、周课时、周课次等；教学设施是指有无专用的中文教室、教室的空间大小与座椅摆放形式、是否有黑（白）板及多媒体设备、教室采光情况等；教学资源是指有无指定的教材及教学参考工具书、有无专职教务人员、领取教学用品的地点等。

### （三）确定教学内容

确定教学内容是在宏观层面确定教材的使用、编排教学顺序、制订课程大纲、编写教学计划等。具体来说，就是教师根据对教学对象的分析及教学管理部门的要求确定教材；随后按照学校课程设置的要求制订课程大纲，规范各项教学因素；最后以一次课、一周或一个教学单元为单位编制教学计划。

---

① 参见崔永华编著：《对外汉语教学设计导论》，北京语言大学出版社2008年版，第7页；廖建玲：《国际汉语教学设计》，高等教育出版社2013年版，第11页。

### (四）制订教学目标

教学目标应当包括语音、汉字、词汇、语法等语言要素的目标以及听、说、读、写、译等语言技能的目标。教学目标多以"能……"的句型叙述，内容应具体且可以衡量。例如：

- 发音准确，书写正确率达90%以上。
- 能用比较的方式，描述衣着、环境与行动，基本没有语法错误。
- 在没有提示的情况下，能流利地复述课文。

### （五）撰写教案

在对教学对象、教学情境、教学目标进行分析后，教师即可根据教学内容撰写教案、实施教学了。在教案中教师应对教学课时进行合理的安排，对整个教学过程进行细致的设计，对教学方法、教学组织形式、教学媒体进行合理选择。本章第二节将详细介绍教案的撰写方法。

### （六）命制学习测试

为了解学生的听课效果及对所学知识的掌握程度，教师应在不同阶段进行不同形式的学习测试。学习测试应为成绩测试，即学什么考什么，试题内容与教学内容紧密相关。学习测试的时间可根据教师的教学计划于每次课结束前、一个教学单元结束后、学期中、学期末举行。命制试题时，教师需注意试题对所学内容应有较高的覆盖率，并及时更新试题。平行班之间应保证测试题目、评卷标准的统一，各项成绩在学生学期总成绩中所占的比例应合理。

### （七）进行教学评估

教学结束后，教师应组织学生针对授课过程进行教学评估，收集反馈意见，改进教学实践。教学评估是教学过程的重要组成部分，主要以问卷调查和访谈的形式进行，内容以了解学生是否已经掌握所教内容、对教师的教学活动有何评价为主。教学评估的频率可由教师自行决定，可以一个教学单元为单位，也可以一次课为单位。

## 第二节　课程的组织

### 一、课程的设计

#### （一）教学计划的制订

教学计划是教育机构为保证教学质量和人才培养规格而制订的重要文件之一，是组织教学过程、安排教学任务、确定教学编制的基本依据[①]，一般由授课信息（如教师信息、教材信息等）、教学要求、考查方式、教学进程等部分组成，为教师组织开展教学提供依据，为学生呈现详尽的课程信息，起到规范教学管理的作用。教学计划一般公布于学校教务网络平台，为学生修学课程提供参考。汉语教学计划一般用汉语撰写，基础教学班因学生语言水平有限，可后附英语译文。以下提供一份教学计划供读者参考。

"中级汉语精读"（2）教学计划

- **课程名称**：中级汉语精读2
- **任课教师**：×××

　　　　　　Email：×××

　　　　　　办公室：×××
- **使用教材**：《新阶梯——中级汉语教程（中）》，北京大学出版社
- **授课时间**：星期一　09:00—11:40

　　　　　　星期二　15:00—16:40

　　　　　　星期三　08:00—09:40

　　　　　　星期四　13:00—14:40
- **授课教室**：×××
- **上课资料下载方式**：

上课的资料可以在每天下课后在网上下载，网址是：×××.×××.×××。

---

[①] 赵金铭主编：《对外汉语教学概论》，商务印书馆2004年版。

**· 考试方式：**

本门课满分 100 分，由以下三部分组成：

1. 平时表现（10%）

   根据听写和作业表现给出分数。

2. 平时成绩（50%）

   笔试一共 4 次，分别是第 1—2 课、第 3—4 课、第 5—7 课、第 9—10 课测验。

   小组报告（Group report）1 次，每个小组的题目：

   第一组：你相信命运吗？

   第二组：家人间如何保持好的关系？

   第三组：你的国家大都市最近几年有什么变化？

   第四组：我在中国旅行

   第五组：年轻人找工作

   第六组：准备 HSK 考试的好办法

   第七组：如果我丢了工作……

   第八组：生活中需要微笑吗？

   **小组报告的要求：**

   （1）2—3 人一组，一起准备，一起报告（可使用 PPT）。

   （2）报告时长：15 分钟左右。

   （3）内容要求：应使用学过的生词及语法，如果有生词，需用 PPT 讲解。

   （4）提交要求：小组报告的内容应提前一周发给老师，老师修改后再报告；报告后应将最终版本发给老师。

   （5）评分标准：内容分占 50%，各小组成员一样；报告分占 50%，根据报告的情况各成员有不同的分数。

3. 期末考试（40%）

   考试内容为本学期全部学习内容；出勤率达到 70% 的可以参加期末考试。

   **期末考试时间：××××年×月×日—×月×日**

・考试题型：

一、填写汉字，完成词语（共10个题，每题1个空，每空1分）：10%

  1. 他站在招聘者面前，滔滔不_____地介绍着自己。

  ……

二、选词填空（共20个空，每空1分）：20%

  1. 只要还有一____希望，他就会坚持不放弃。

  A. 帮　　B. 阵　　C. 副　　D. 丝

  ……

三、词语搭配（共10个题，每题1分）；10%

  （一）给下面的动词写出宾语。

  1. 物色_____

  ……

  （二）在下面的形容词后加上合适的名词。

  1. 深刻的_____

  ……

四、选择正确的词义解释（共10个题，每题1分）：10%

  1. 老师微微点了点头，似乎对他的报告比较满意。

  A. 以为　　B. 始终　　C. 更加　　D. 好像

  ……

五、给词语选择合适的位置（共10个题，每题1分）：10%

  1.今天的活动可以A随便参加，B你们C不来D没多大关系。（也）

  ……

六、给下列句子排出正确的顺序（共5组，每组1分）：5%

  1. A. 脸色看起来也非常不好

    B. 他已经一连几天没吃饭了

    C. 他的病一定很严重

    D. 不用说

  ……

七、语篇填空（共2段语料。每段150—200字，5个空，每空1分）：10%

  1. 窗外下着小雨，来接孩子的家长们很（1）地抱起孩子往外走。

    "妈妈，我不要你抱，我自己能走。"孩子对妈妈说。

    妈妈摇摇头："不行！外边正下雨，衣服湿了要感冒的。"

    "不会的，我有小雨伞。您要是不同意，我就不回家了！"孩子认真地（2）着。
（1）A. 冷漠　　B. 激动　　C. 熟练　　D. 自然
（2）A. 答应　　B. 坚持　　C. 奢望　　D. 诉苦
……

八、找出错句（共5组，每组4句话，其中有1个错句）：5%
1. A. 真奇怪，每次我一不带伞准下雨。
   B. 三星手机是销路最好的三个品牌。
   C. 对朋友，他恨不得把心掏出来。
   D. 他毕竟去过很多国家，有丰富的旅游经验。
   ……

九、用括号中给出的词语改写下面的句子（共5个句子，每句2分）：
1. 请按照最容易的方法做吧！（怎么……怎么……）
   ……

十、用词造句（共5个句子，每句2分，形式不限）：10%
1. A：今天晚上去酒吧跳舞吧！
   B：快期末考试了，我得好好复习，_____。（免得）
   ……

### （二）教学进程的设计

教学进程是教师对一定时间范围内的教学内容所做的预先安排，是教学计划重要组成部分之一。教学进程的设计一般分学期进程、周进程、课进程三种类型，教师可根据课程类型的不同选择恰当的呈现形式。一份课程进程设计主要包括教学时间、教学内容、课后作业等要素，详细展示每次课具体的教学内容、课后作业及提交时间，使学生及时了解授课信息，做到心中有数，有章可循。此外，学期教学进程中还应包含各次平时测验的时间、节假日放假安排等信息，方便学生提早安排私人行程。制订课程教学进程时，教师应充分考虑课型特点，确保课程进程具有科学性及可操作性。以下提供三份课程进程设计供读者参考。

· 学期进程设计

"中级汉语读写"（2）教学进程

| 次数 | 时间 | 教学内容 | 作业 |
|---|---|---|---|
| 1 | 3月3日 | 第一课<br>文章一、三、四 | 1. 第一课　文章二<br>2. HSK 写作训练1 |

续表

| 次数 | 时间 | 教学内容 | 作业 |
|---|---|---|---|
| 2 | 3月10日 | 第二课<br>文章一、二、四 | 1. 第二课 P13 全国人口普查<br>2. HSK 写作训练2 |
| 3 | 3月17日 | 第四课<br>文章一、三、四 | 1. 第四课 P27 招募博物馆讲解志愿者<br>2. HSK 写作训练3 |
| 4 | 3月24日 | 第五课<br>文章一、二、三 | 1. 第五课 文章四<br>2. HSK 写作训练4 |
| 5 | 3月31日 | 1. 平时考试一<br>2. 写作训练：简单介绍自己的经历 | 选择一个题目，写一篇作文<br>（1）我的旅游经历<br>（2）我的求学经历<br>（3）我的恋爱史<br>4月14日把作文交给老师 |
| | | 4月7日清明节放假 | |
| 6 | 4月14日 | 第七课<br>文章一、二、四 | 第七课 P51 食品包装袋 |
| 7 | 4月21日 | 第八课<br>文章一、二、三 | 1. 第八课 文章四<br>2. HSK 写作训练5 |
| 8 | 4月28日 | 1. 平时考试二<br>2. 写作训练：谈谈对……的看法 | 选择一个题目，写一篇作文<br>（1）我对第一印象的看法<br>（2）我对海归派的看法<br>（3）我对就业难的看法<br>5月12日把作文交给老师 |
| 9 | 5月5日 | 第九课<br>文章一、三、四 | 第九课 文章二 |
| 10 | 5月12日 | 第十课<br>文章一、二、三 | 1. 第十课 文章四<br>2. HSK 写作训练6 |
| 11 | 5月19日 | 第十三课<br>文章一、二、三 | 1. 第十三课 文章四<br>2. HSK 写作训练7 |
| 12 | 5月26日 | 1. 平时考试三<br>2. 写作训练：介绍人物 | 选择一个题目，写一篇作文<br>（1）我最好的朋友<br>（2）我的_____（一个家人）<br>6月9日把作文交给老师 |
| | | 6月2日端午节放假一次 | |
| 13 | 6月9日 | 第十四课<br>文章一、二、四 | 1. 第十四课 P109 微博<br>2. HSK 写作训练8 |
| 14 | 6月16日 | 第十五课<br>文章二、三、四 | 第十五课 P118 新汉语水平考试报名通知 |

## · 周进程设计

**"中级阅读课"第三周教学进程**

| 次数 | 时间 | 授课内容 | 作业 |
|---|---|---|---|
| 1 | 3月17日<br>8:00—10:00 | 第四课<br>文章一、三、四 | 第四课　P27招募博物馆讲解志愿者 |
| 2 | 3月19日<br>13:00—15:00 | 第五课<br>文章一、二、三 | 第五课　文章四 |
| 3 | 3月21日<br>10:00—12:00 | 1. 平时考试一（第一、二、四、五课）<br>2. 写作训练：HSK五级看图写话训练 | 选择一个题目，写一篇作文<br>• 我的旅游经历<br>• 我的求学经历<br>• 我的恋爱史<br>4月14日把作文交给老师 |

## · 课进程设计

**"中级口语"（2）第三课教学进程**

一、教学内容：《发展汉语》（中级口语Ⅰ）第三课《家乡》

二、功能项目：描述地点

三、教学话题：介绍家乡（位置、特产、自然条件、人文环境、经济状况等）

四、教学时长：7—8课时

　　第1—2课时课文一

　　第3—4课时课文二

　　第5—6课时课本练习

　　第7—8课时小组活动、检查口头作业

五、生词及语言点：

（课文一）

- 谈论、各自、圈子、来历、优越、算是、中等城市、出……（出名人、出美女）、气候、湿润、干燥
- 说实在的
- ……也好/罢，……也罢，都/总……

（课文二）

- 观光、适宜、发达

- ……位于……
- 可以说
- 是……中心

六、口头作业

模仿课文内容介绍你的家乡

## 二、课堂教学环节的设计

教学环节是整个教学过程的有机组成部分，所谓课堂教学环节的设计，简单来说就是安排教学步骤，确定教学行为的顺序，即先教什么，后教什么。根据学科的差异，教学环节不尽相同，对外汉语教学也有与之相适应的教学流程。以综合课（精读课）为例，一堂完整的汉语课程一般由热身导入、知识讲练、处理课文、整理复习等环节组成，本节将依据教学实例对这四大教学环节的设计进行详细描述。

### （一）热身导入环节

热身导入是教学流程的初始环节，在这一环节中，教师应稳定课堂秩序、组织教学，并在对旧课进行全面复习的基础上，通过多种形式导出新课内容，提示课文信息，引起学生的兴趣。

1. 组织教学

组织教学的方法主要有整顿课堂秩序、师生互致问候、查看出勤情况、谈论天气情况、谈论近期生活、谈论社会新闻等。该环节用时约为 2—3 分钟。

2. 复习旧课

复习旧课是汉语教学过程中必不可少的环节，也是教师检验教学效果，学生进行查漏补缺的重要形式之一。复习的形式多种多样，教师应根据复习的内容选择适当的形式。复习环节用时约为 15—20 分钟。

（1）听写。

初级班可从听写拼音、汉字、词语入手，逐渐过渡到词组与短句；中高级班可将听写的难度由句子提高到段落。设计听写时，教师应在一个句子中融入多个新学生词，提高听写效率；听写过程中，教师应掌控听写进程，限制朗读遍数（如最多 3 遍），避免一味迎合学生占用过长课堂时间。

（2）提问。

提问的形式分两种。一种形式为让学生说出某个词或语言点的意思，例如：

大卫，请说一说"聪明"的意思。

另一种形式为教师提问，学生用给出的提示词回答问题或教师的问题中含有需复习的词语，学生回答问题。例如：

你觉得北京怎么样？（印象）

什么工作比较稳定？

（3）随堂练习。

教师还可通过随堂练习的形式检查学生对学习内容的掌握程度。如：

- 选择正确的答案：

　　在中国每天都有不同的安排，日子过得很＿＿＿＿。

　　A. 丰盛

　　B. 富裕

　　C. 充实

　　D. 充足

- 给括号中的词语选择合适的位置：

　　还没等A放假，B很多同学C就D回国了。（陆续）

- 用所给的语法改写句子：

　　妈妈的收入和爸爸差不多，可能还比他多一点儿呢。（不比）

- 用词造句：

　　A：这几年他的变化特别大。

　　B：对啊，＿＿＿＿＿＿＿＿＿＿＿＿＿＿＿＿＿。（简直）

（4）朗读词组。

教师可让学生齐读含有所学生词的词组，起到加深理解与记忆的作用。例如：

## 读词组

- 炎热的天气
- 四大火炉
- 号称五岳之首
- 高达42摄氏度
- 一上市就大受欢迎
- 畅销全世界
- 大赚一笔
- 销路不畅
- 一喝酒准脸红
- 一紧张准出错
- 充足的货源
- 布置房间/战术
- 按照常规
- 反正我不会放弃
- 反正衣服已经湿了

（5）检查作业。

教师通过作业完成情况了解学生对所学知识的掌握程度。例如，作业是用所学词语或语言点造句，教师可让学生读出自己的句子，然后进行讲评。

（6）朗读课文回答问题。

学生朗读旧课课文，然后根据课文内容回答老师提出的问题。例如：

P31 读课文 回答问题

1. 几年前，什么是人们的奢望？（属于）
2. 那时人们怎么上班？（不是…就是…）
3. 现在为什么买辆私家车不是稀奇事儿了？（随着…的…）
4. "有车族"的队伍有什么变化？（一…比一…）
5. 赵先生买得起车吗？（承受）

3. 新话题导入

在正式开始新课教学前，教师通过图片、问答等导入形式激活学生关于该课的背景知识，从而激发学生的学习兴趣，熟悉并预测教学内容，进

81

入学习状态。该环节用时约为5分钟。

（1）图片或视频导入。

展示与课文内容相关的图片或视频，围绕图片或视频提出要讨论的问题，以生动、形象的方式引导学生进入新课学习。

例如在进行《新阶梯—中级汉语教程（中）》第三课《都市新变化》一课教学时，教师可使用上海三十年前后变化对比图（见图3–1）进行导入，引导学生将两幅图片进行对比，并通过提出的问题，让学生表达自己观察到的身边的变化。

热身话题

最近十几年，我们的城市都有哪些变化？

图3–1　上海三十年前后变化对比示意图

（2）热身问题导入。

教师提出与学生生活紧密联系并涵盖新课内容的问题，引导学生思考并表达，根据学生的回答适时引出新课内容。例如，《新阶梯—中级汉语教程（中）》第十课《微笑精神》一课是关于一名推销员不放弃任何成功的希望、一直保持微笑并最终签单成功的故事。在导入此课时，教师可通过下列问题引入新课：

我们在哪儿常常可以见到推销员？

当推销员需要具备什么能力？

什么样的推销员会让你花钱买他的东西？

（3）头脑风暴导入。

在进行某一主题教学前，教师可让学生说出关于这一主题所能想到的词语、表达方式或自己的观点，为后续课程提供内容支持。例如：在进行以"租房子的利与弊"为题目的写作教学前，教师可让学生以"租房的好处"与"租房的坏处"两个主题分别进行头脑风暴，列出所能想出的全部理由，为后续写作环节提供思路。

### （二）知识讲练环节

1. 知识讲解环节

知识讲解环节是对外汉语课堂的主体环节。在该环节中，教师通过多种形式及方法对词语及语言点进行展示与讲解，重点提示词语及语言点的意思、用法结构、常用搭配、语用限制等，并通过典型、丰富的例句输入使学生建立语言概念。[①]

2. 练习环节

练习环节应遵循由易到难的学习规律，依次进行控制性练习、半控制性练习以及开放性、活用性练习。

（1）控制性练习。

控制性练习是一种非交际性的、以形式为中心的练习，其目的是通过快节奏、高频率、多反复的操练，加深学生对所学词语及语言点的印象。由于该类练习带有强化的特征且学生没有自我发挥的空间，所以练习形式应以全班齐唱为主，时间不宜过长，并注重练习内容的趣味性。

① 替换朗读练习。

教师对语言结构中的部分内容进行多次有意义的替换，丰富语言情境，起到加深学生对语言结构理解的效果。例如：

越_____越_____

    跑         快

    着急     说不清楚

    不运动   发胖

---

[①] 本书第六章、第七章将对词汇教学、语法教学中如何进行知识的讲解进行详细的阐述。

② 车轮问答练习。

学生在回答完同学提出的问题后，再向另一名学生提出同样的问题，同时练习提问与回答两种形式。例如：

A：你最喜欢什么运动？

B：我最喜欢打篮球。（对C）你最喜欢什么运动？

C：我最喜欢游泳。（对D）你最喜欢什么运动？

D：我最喜欢爬山。（对E）你最喜欢什么运动？

E：我也最喜欢爬山。

③ 句型转换。

老师说出一个句子，学生按照老师的要求将句子变换形式。例如练习动词的否定形式时可进行下面的操练：

老　师：我去过北京。用"没有"怎么说？

学生A：我没有去过北京。

老　师：我吃过烤鸭。用"没有"怎么说？

学生B：我没吃过烤鸭。

（2）半控制性练习。

在半控制性练习中，学生在输出的内容上受到部分限制，但存有一定的自我表达空间，只要输出的内容与教师提供的信息保持一直，不存在语法错误即可。半控制性练习强调理解与意义并重，因此进行练习时教师可适当放慢教学速度，同一个情境请多名学生作答，重视答案的多样性。

① 看图说话。

教师展示图片，学生用所学词语或语言点造句（见图3-2）。例如：

（……是……，可是……）

图3-2　看图说话示意图

② 交际问答。

教师提出含有所学词语、语言点的日常交际问题，学生回答。例如：

你是一个好发火儿的人吗？

冬天的时候，你好感冒吗？

你好丢东西吗？

③ 完成句子（对话）。

学生使用教师给出的词语或语言点把句子或对话补充完整。例如：

听力考试的时候耳机突然坏了，_____（害）。

A：他的听说能力比读写能力强得多吧？

B：_____（不比），只能聊聊日常生活方面的内容。

④ 情境造句。

教师给出句子情境，学生用所学内容造句。例如：

上中文课的时候，我们应该努力只说中文。用"尽量"怎么说？

喝可乐对牙不好，我们希望小孩子少喝可乐。怎么用"尽量"告诉他？

（3）开放性练习。

开放性练习是交际性的、以内容为中心的练习，其目的是引导学生在真实的语境中自由地、正确地运用所学知识。设计开放性练习时，教师应特别注意以下几点：

① 科学分配组员。

分组时，教师应考虑国籍、性别、性格、汉语水平等因素，保证小组成员多元化，并有1—2名学能较强的学生在小组中起到引领的作用。

② 学生任务明确。

教师可通过分发任务单的形式明确每个小组成员在任务中所扮演的角色，如主持人、记录者、汇报者等。

③ 提供参考用词。

虽是开放性练习，但学生练习的内容不应脱离课本。教师应为学生提供可能用到的已学词汇或表达方式，并提出使用数量的要求。例如：

分组讨论题目：高等教育应不应该免费？

要求：先决定是否同意下面五个观点，然后再讨论。

| 收学费可以提高教育的质量 | ☐ 同意　☐ 不同意 |
|---|---|
| 免学费让所有的人受教育的机会都一样 | ☐ 同意　☐ 不同意 |
| 免学费让政府的负担太大 | ☐ 同意　☐ 不同意 |
| 收学费可以让学生珍惜学习的机会 | ☐ 同意　☐ 不同意 |
| 大学教育和研究生教育都应该免学费 | ☐ 同意　☐ 不同意 |

可用词汇（最少使用10个）：

- 两面、权利、义务、前途、呼声、目的、技能
- 理所当然、心甘情愿、犹豫、实用、光明、公平
- 支持、缴、舍得、取消、培养、白 v.、补贴、抱怨
- 毕竟、似乎

④ 规定练习时长，掌控课堂进程。

教师应对练习各个环节的时间予以限制，并在练习进行中提醒剩余时间，避免因学生无法自我掌握导致练习时间过长。

下面以初、中、高三个层次为例，以教学流程的形式展示可供选择的开放性练习类型。

A. 角色扮演

【"购物"主题教学流程】

- 在讲授完"买东西"这一主题的生词、语言点基础上，老师带领学生总结购物时常用表达形式（如下）（8分钟）：

```
卖方：                          买方：
① 欢迎光临！要买什么？          ① 我想买____。
② 在这边，请跟我来。            ② 这种____真____。请问，____多少钱？
③ _____。                    ③ 我要_____。给你钱。
④ 找你钱。
```

- 全班半数同学当售货员，坐成一排，摆好所卖物品的桌签。
- 另外半数学生当买者，与售货员一对一模拟购物。
- 1分钟以后，买者集体平移一个位置，与第二卖家模拟购物。
- 1分钟后，买者再次平移，同时买者和售货员角色互换，进行新一

轮对话。
- 1分钟后，买者再平移一次，对话完成后活动结束。
- 总结阶段：

抽取3组同学，表演刚才买卖物品时的对话。（6分钟）

询问活动中每位学生各买了什么物品，选出买东西最多者。（5分钟）

B. 完成任务

【"谈论天气"主题教学流程】
- 给学生一张带有天气情况的中国地图（城市名用拼音标注）。
- 复习天气预报的表达方式。

> ＿＿＿城市名＿＿＿，＿＿＿转＿＿＿，＿＿＿度到＿＿＿度。天气＿＿＿，有／没有（雨／雪／风）。

- 将学生分组，每组6—7人。
- 提出要求：1人负责开场语和结束语，其余每人介绍一个城市的天气，合作完成一个天气预报。
- 学生准备2分钟后，各小组接力完成天气预报，用时最少的小组获胜。

C. 小组讨论

讨论题目：大学毕业生应选择就业还是创业？为什么？

要求：

每个小组选择一个求职方向，并准备3—5个理由，准备时间10分钟。

每个小组1名同学汇报，汇报时间3分钟。

备选词汇及语言点（最少使用10个）：
- ▶ 政策、环境、职业、资金、竞争、信心、压力、能力、危机感
- ▶ 满足于、炒（掉）、制订、发挥、支持、依靠
- ▶ 激烈、重重、否则、至少
- ▶ 一……比一……、A没有B……

（三）课文教学

课文教学阶段是指在对生词及语言点进行讲练之后所进行的处理课文内容的阶段。该阶段主要通过朗读课文、根据课文内容回答问题、复述课文等形式，使学生在课文中感知生词及语言点的用法，理解课文内容，加

强成段表达的能力。课文教学环节用时约为整次课的四分之一。

1. 朗读课文

在朗读课文环节中，初中级教师应重视领读的作用。领读中，教师的发音应有别于日常交际，做到字正腔圆、发音饱满，给学生正确、标准的听觉输入。初次领读时，教师的断句不宜过长，以10个字以内为宜；在慢速领读课文1—2遍后，可以正常语速再次领读课文。

学生朗读课文的形式也多种多样，主要有全班齐读、分角色朗读、分性别朗读、按座次朗读、接力朗读等。学生朗读时，教师需适时适度地纠正学生的发音。

2. 回答问题

在朗读课文的同时，教师可设计多组问题检查学生对课文内容的理解情况。设计问题时，应注意问题的层次性，由易到难，由关注课文的整体到课文内容的细节。随着学生在朗读过程中对课文内容理解的加深，教师的每一组问题都应比前一组更具体。下面以《博雅汉语·初级起步篇Ⅱ》第一课为例简要说明。

玛丽：李军，李军。

李军：玛丽，是你呀。

玛丽：你一进门我就看见你了。来接人？

李军：对，来接我姐姐。她坐下午的飞机回北京。你呢？

玛丽：我刚送我父母回国。

李军：你父母来北京了？

玛丽：对，他们在北京玩儿了三天，今天回国。你姐姐的航班几点到？

李军：应该是两点半。奇怪，时间都过了，怎么飞机还没到？我去问问。（问服务员）请问，小姐，从泰国来的飞机到了吗？

服务员：我查一下儿，还没到。这次航班晚点了二十分钟。

第一组问题：

- 他们在哪儿？
- 他们在这儿做什么？
- 李军的姐姐来了吗？

第二组问题：
- 玛丽的父母在北京做了什么？
- 李军姐姐的航班应该几点到？
- 为什么还没到？

第三组问题：
- 玛丽走进机场以后很快就看到李军了吗？
- 李军看到飞机还没到，有什么感觉？
- 服务员帮李军做了什么？

3. 复述课文

第一遍复述：

此次复述中，空出的内容以本课重要的生词为主，检查学生对生词的理解与运用，以增强学生成段表达的能力，同时将对话体课文改写为叙述体。

玛丽：李军，李军。

李军：玛丽，是你呀。

玛丽：你一进门我____看见你了。来____人？

李军：对，来接我姐姐。她坐下午的飞机回北京。你呢？

玛丽：我刚____我父母回国。

李军：你父母来北京了？

玛丽：对，他们在北京玩儿了三天，今天回国。你姐姐的____几点到？

李军：应该是两点半。奇怪，时间都____了，怎么飞机还没到？我去问问。（问服务员）请问，小姐，从泰国来的飞机到了吗？

服务员：我____一下儿，还没到。这次航班____了二十分钟。

（李军说：）

今天姐姐坐飞机回北京，所以我去机场____她。在机场，我遇到了玛丽。她去机场____她的父母。她的父母在北京玩儿了三天，今天回国。我姐姐的____应该两点半到，可是时间都____了，飞机还没到。服务员说这次航班____二十分钟。

第二遍复述：

此次复述重点考察主要生词及语言点的用法，学生应根据提示词补全课文内容。同时，改写的叙述体课文可改变叙述的角度。

玛丽：李军，李军。

李军：玛丽，是你呀。

玛丽：S1 一……S2 就……。来接人？

李军：对，来_____（接）。她坐下午的飞机回北京。你呢？

玛丽：我刚_____（送）。

李军：你父母来北京了？

玛丽：对，他们在北京玩儿了三天，今天回国。你姐姐的航班几点到？

李军：应该是两点半。奇怪，_____（都），怎么飞机还没到？我去问问。（问服务员）请问，小姐，_____（从）的飞机到了吗？

服务员：我_____，还没到。_____（晚点）了二十分钟。

（玛丽说：）

　　父母在北京玩儿了三天，今天回国。我去机场_____他们。我一进机场_____。他姐姐今天坐飞机回北京，所以他去机场_____姐姐。姐姐的_____应该两点半到，可是时间_____，飞机还没到。服务员说这航班_____二十分钟。

第三遍复述：

　　此次复述空出的内容进一步加长，学生应根据提示说出较长的词组或短句。

玛丽：李军，李军。

李军：玛丽，是你呀。

玛丽：_____（一……就……）。来接人？

李军：对，来_____。她坐下午的飞机回北京。你呢？

玛丽：我刚_____。

李军：你父母来北京了？

玛丽：对，他们在北京玩儿了三天，今天回国。你姐姐的航班几点到？

李军：_____两点半。奇怪，_____（都……了），怎么飞机还没到？我去问问。（问服务员）请问，小姐，_____（泰国）到了吗？

服务员：我_____，还没到。_____（20min）。

（李军说：）

今天姐姐坐飞机回北京，所以我_____她。在机场，我遇到了玛丽。她去机场_____。她的父母在北京_____，今天回国。我姐姐的航班_____（2:30），可是时间_____，飞机还没到。服务员说_____（20min）。

## （四）整理与复习

整理与复习是汉语课程最后一个环节，教师采用精炼的语言和典型的例句对所学知识进行小结。主要包括词语及语言点用法的总结、课文主题的总结等。此环节一般以教师领读的方式进行，使所学知识在学生大脑中再次得到强化，从而加深记忆。整理复习环节用时一般为5分钟。

## 三、教案的撰写

教案是教师在全面吃透教材的基础上，为了顺利而有效地开展教学活动，以章节或课时为单位，对教学内容、教学步骤等内容进行完整设计的教学方案，是教师授课的主要依据。撰写教案是教师备课阶段必有的环节，完善的教案可起到规划教学内容、设计教学方法、规范教学实施步骤、控制教学节奏和教学进程的作用。

从形式上看，教案主要分直叙式与表格式两种。直叙式教案，是指将教学要素依次罗列，教学步骤以课时为单位进行详细描述的教案（见图3-3）；表格式教案，是将各教学要素的具体信息填入既定表格中的教案（见表3-1）：

```
1. 课程名称
2. 教学对象：
3. 教学内容与目标：
4. 教学内容与要求：
5. 教学重点与难点：
6. 课时安排：
7. 教  具：
8. 教学步骤：
   第一课时
   第二课时
   ……
9. 教学后记：
```

图3-3　以课时为单位的教案示意图

表 3-1[①]　表格式教案示例

| 结构要素 | 具体内容 | | | | | |
|---|---|---|---|---|---|---|
| 课程名称 | | | | | | |
| 教学对象 | | | | | | |
| 教学目标 | 认知领域 | | | | | |
| | 技能领域 | | | | | |
| | 情感 | | | | | |
| | 策略 | | | | | |
| 教学内容 | | | | | | |
| 教学重点难点 | 教学重点 | | | | | |
| | 教学难点 | | | | | |
| 教学方法 | | | | | | |
| 教学时间 | | | | | | |
| 教学步骤 | | 时间分配 | 教具 | 教师活动 | 学生活动 | 备注 |
| | 组织教学 | | | | | |
| | 复习旧课 | | | | | |
| | 学习新课 | | | | | |
| | 小结 | | | | | |
| | 布置作业 | | | | | |
| 板书 | | | | | | |
| 教学后记 | | | | | | |

从结构上看，教案所涉及的内容主要为以下 11 大条目：

| 序号 | 项目 | 内容 |
|---|---|---|
| 1 | 课程类型 | 教学层次及课程名称，如"初级1班口语课" |
| 2 | 教学对象 | 对学生的层级、数量、国别、修学汉语的时长、性质作详细的描述 |
| 3 | 所用教材 | 教材名称 |
| 4 | 教学内容 | 具体教学内容，如"第一单元第三课对话二" |

---

[①] 姜丽萍：《谈初级阶段综合课的教案设计》，崔希亮主编：《对外汉语综合课课堂教学研究》，北京语言大学出版社2010年版，第35—36页。

续表

| 序号 | 项目 | 内容 |
|---|---|---|
| 5 | 教学目标 | 分要素（语音、汉字、词汇、语法）、分技能（听力、口语、阅读、写作）列出本课所要达到的目标 |
| 6 | 教学重点与难点 | 教学重点是学生须掌握的基础知识与技能，应根据汉语的特点而定；教学难点为学生不易理解、掌握的知识或技能，一般与学生的国别有关 |
| 7 | 教学安排 | 分多少课时完成以及每一课时的大致安排 |
| 8 | 教具设计 | 教学过程中用到的所有教学用品 |
| 9 | 教学步骤 | 教案的主题部分。以课时为单位，对组织教学、复习旧课、讲练知识、整理总结、布置作业等教学环节的内容进行完整设计，并注明参考时长 |
| 10 | 板书设计 | 对教学板书进行预先设计 |
| 11 | 教学后记 | 对整个教学活动进行总结与思考，记录教学任务完成情况及突发教学情况，提出优化策略 |

由于各类课程在教学内容、教学目标、教学对象等方面存在差异，教案并没有一成不变的统一格式，但教师在撰写教案时应追求教案具有较高的可操作性，有随机应变的空间，并可在调整中不断完善。

**教案范本**

### 初级汉语综合课教案

【课程名称】初级汉语综合课

【教学对象】只学了1个月汉语的初级混合班留学生

【选用教材】《公务汉语》

【教学内容】第三单元第三课《你打球打得真好！》

【教学目标】

1. 掌握本课生词与重点语法项目，熟练使用并交际。
2. 在熟练掌握课文的基础上，能运用本课词语及句式结构描述自己或别人的某种爱好，训练成段表达能力。
3. 掌握赞美别人、回应赞美的方法。

【教学内容与要求】

1. 五个生词、四个语言点，要求全体学生掌握并能运用于日常交际中。

2. 一段课文，要求全体学生能完整复述，并能转换成叙述体进行复述。
3. 语言点：
   （1）情态补语
   （2）真
   （3）教
   （4）会
4. 使用副词"真"赞美别人，并能对别人的赞美做出应答。

**【教学重点与难点】**
1. 情态补语
2. 副词"真"
3. 动词"教"
4. 能愿动词"会"

**【课时分配】** 2课时，90分钟

第一课时：
1. 组织教学
2. 复习前课内容，点评作业
3. 情态补语
4. 副词"真"
5. 动词"教""经过"
6. 能愿动词"会"

第二课时：
1. 处理课文
2. 整理复习
3. 布置作业

**【教具】** PowerPoint课件、拍生词玩具手、图片、视频

**【教学步骤】：**

一、组织课堂（3分钟）
1. 师生问好
2. 教师点名

3. 询问昨天下课后做了什么,有没有打篮球、跳舞……引出复习内容。

## 二、复习(7分钟)

1. 询问学生的爱好,图片展示四个学生的照片及其爱好,并请学生说出汉语。

2. PPT依次展示上次课生词,学生一起读出生词。

3. 请一位男生、一位女生站在屏幕前进行比赛,在座的学生依次说出一个生词,前面两位学生根据同学读出的生词,用手拍屏幕上的生词,又对又快者得一分,最后得分高的胜利。

4. 教师领读生词,同时进行搭配的训练,学生跟读。生词搭配如下:

   爱好:你的爱好是什么?

   跳舞:我的爱好是跳舞。

   上网聊天:我的爱好是上网聊天。

   做运动、喜欢:我喜欢做运动。

   唱歌、非常:我非常喜欢唱歌。

   还、玩网络游戏:我还喜欢玩网络游戏。

   听音乐:我喜欢唱歌,还喜欢听音乐。

   最:最喜欢听音乐。

   累、太:太累了。

   休息:太累了,我想休息。

   有/没有时间:我想休息,可是没有时间。

5. 检查作业

   找两名学生用学习的生词和语法说一说姚明的爱好。

## 三、学习新课

(一)生词、语言点讲练(35分钟)

1. 情态补语

   (1)给学生展示一段姚明扣篮的视频。

   (2)引导语言点

   (问学生)姚明在做什么?【打篮球】怎么样?很好吧?

   【很好】

（两句并在一起，展示例句）姚明打篮球打得很好。

（展示班里爱打篮球的学生照片，引导学生根据上面例句尝试说出）

明钧打篮球打得很好。

（3）语言点讲解①

情态补语：

（归纳句型）S+V+O+V+ 得 + _____。

（提示注意点）

① 动词需要重叠

② "得"应该在动词后，"姚明打篮球得很好"是不对的。

③ 否定形式：李老师打篮球打得不好。

（用"？"盖住例句中的"很好""不好"引导特殊疑问句）

S + V + O + V + 得 + 怎么样？

（4）语言点练习①

图片展示三名学生的爱好，让学生使用情态补语说句子。

（5）语言点讲解②

由练习①引出例句：

索菲尔唱歌唱得很好。

李老师唱歌唱得不好。

用"？"盖住例句中的副词"很""不"，引导正反疑问句形式：

S+V+O+V+ 得 +A 不 A？

（6）语言点练习②

PPT展示一名学生的爱好，引导学生使用正反疑问句形式提问。

引导学生想出描述这个爱好可以用的形容词，如"好""快"等。

PPT展示另外四个情境，引导学生想出描述这些情境可以使用的形容词。

给出学生操练模板：

```
A: S1 V + O +V 得怎么样？ / S1 V + O +V 得 A 不 A？
B: _____。_____？
C: _____。..........................。
```

每两位同学在进行操练的时候，教师应该指定其训练内容。

2. 真

(1) 从情态补语引导语言点

（你知道吗？）姚明打篮球打得很好。-姚明，你打篮球打得真好！

教师用不同语气朗读上述例句，让学生体会"真"与"很"的区别。

(2) 语言点讲解

"真"表达自己的感觉（她真漂亮！今天天气真热！中国真大！），"很"也可以是告诉别人一个信息（今天天气很热。中国很大。）。

如何回应别人的赞美？（谢谢！哪里哪里！……）

(3) 语言点练习——【用"真"赞美别人】

要求学生用"真"表达赞美的话：先找一个学生，让其他学生赞美他，作为例子，每个学生说一个句子，用"真"赞美自己的同学，被赞美者要回应。

3. 教

(1) 语言点导入

（引导）老师说汉语说得很好，老师给同学们上汉语课，老师的工作是什么？

（例句）李老师教汉语。

（引导）李老师教谁汉语？

（例句）李老师教同学们汉语。

(2) 语言点讲解①

（总结句式）S1 教 ___n.___。

S1 教 S2 ___n.___。

（3）语言点练习①

PPT展示两名学生的照片，照片旁边是学生的母语，让学生用句型表达图片内容。如：

俊培教安娜韩国语。

安娜教俊培俄罗斯语。

（4）语言点讲解②

（引导）例句"安娜教俊培俄罗斯语"中，"俄罗斯语"前可以有动词"说"："安娜教俊培说俄罗斯语。"

（总结句式）S1 教 S2 (V.) +O。

（5）语言点练习②

展示三个同学、老师的照片和爱好，让学生用句型表达图片内容。如：

志香教费索尔做韩国菜。

明钧教李老师打篮球。

4. 会

（1）语言点导入

（引导）以前：李老师不知道怎么打篮球。

明钧教李老师打篮球，李老师学习打篮球。

现在：李老师知道怎么打篮球。

李老师会打篮球。

（2）语言点讲解

（讲解）会 + V.的意思是：学习了以后，知道了怎么V，这个时候，你会做这件事。

（引导）同学们刚来中国的时候，不知道"a\o\e""你好"，怎么说？

同学们不会说汉语。

（引导）同学们学习了汉语，现在呢？

同学们会说汉语。

（总结句式） S1（不）会 V（+O）。

（3）语言点练习

（引导）问不同的学生，使用一般疑问句（会……吗）和正反疑问句（会不会……？）

让学生按照下列模板进行操练：

```
A: S1 会 V 吗？ / S1 会不会 V？
B: _____。 _____？
C: _____。 ……………………。
```

5. 经过

PPT 动画展示意思。

用 PPT 动画作出下列语境，引导学生说出下列句子：

从上海到北京，经过济南。

从北京南站到北语，经过西直门。

从宿舍到教室，经过篮球场。

（二）处理课文（38 分钟）

1. 看一遍课文 DVD（无声），让同学们猜一猜他们在说什么。
2. 再看一遍课文 DVD（无声），两人一组，准备为视频配音。需使用下列语言点：

   真、S+V+O+V+得+_____、会、教
3. 老师选择两组进行小组汇报。
4. 看课文原声 DVD。
5. 教师朗读课文两遍，学生分角色朗读课文。
6. 老师根据课文内容提问，学生回答问题。问题如下：

   （1）课文中有几个人，他们是谁？

   （2）Eric 帅吗？

   （3）你觉得他们在哪儿？

   （4）Eric 打球打得怎么样？

   （5）陶陶喜欢打球吗？

   （6）她会打球吗？

   （7）现在他们要去做什么？

7. 老师再找两位学生朗读课文，然后带着学生以陶陶的口吻看着叙述体提纲复述课文 2 遍。
8. 给出学生难度低的复述提纲，学生两两练习。
9. 两个学生复述课文，然后一个学生以 Eric 的角度看着叙述体提纲复述课文，全班再说一遍。
10. 给两个学生难度较大的复述提纲，第三个学生看着叙述体提纲复述课文，全班再说一遍。
11. 四名学生根据真实情况看着课文提纲说课文，全班同学一起看着叙述体提纲复述课文。

四、复习（5 分钟）

1. S 真_____。
   你真帅！
2. S+V+O+V+ 得 + _____。
   Eric 打球打得真好！
3. S（不）会 V（+O）。
   陶陶不会打球。
4. S1 教 __n.__ 。
   S1 教 S2 （V.） + O。
   Eric 教陶陶打球。

五、布置作业（2 分钟）

1. 经过篮球场的时候，赞美一个朋友打篮球打得很好，记下他的回答。
2. 准备表演。
   （1）两人一组。
   （2）说一说你们的爱好。
   （3）商量一起去做一个运动。

【教学后记】

1. 复习领读环节个别句子过长，致使学能较差的学生无法重述出句子。
2. 有学生提问"会"与"能"的区别，教师并未做充足准备，应当进行后续练习。
3. 复述课文环节稍显复杂，应寻求更高效、更有趣的复述形式。

## 第三节　教学内容的呈现

### 一、板书的设计

所谓板书，是指教师以黑板为载体，用符号和文字演绎知识的一种"最基本的教学辅助手段"①。板书是一门艺术，是课堂教学的重要组成部分，在对外汉语教学中尤为如此。汉字"音形义"之间的结合程度弱于拼音文字，这种特殊性决定了汉语教师应当用好板书这种调动学生视觉的重要手段。好的板书不仅可以突出教学重点，系统呈现语言点的规则，还可以随时展示课前预测之外的字、词、句；不仅可以以此为媒介聚焦学生的注意力，还可以利用板书进行知识的整理与复习。在计算机技术不断发展的今天，很多教师摒弃了传统意义上的书写式板书，仅使用幻灯片教学，这并不科学，传统板书现场示范汉字书写的作用理应受到足够的重视。

教师在设计及书写板书过程中，应考虑到以下几个方面：

#### （一）板书的空间设计

上课前，教师应对板书进行总体规划，即明确黑板各个位置应呈现什么内容。一般来说，可把黑板分为左中右三部分（见图3-4），其中中部为主体，两边部分略窄。左边的部分用于书写本课教学计划，提示本课重点生词及语言点，可于课前书写；中部为教学内容，展示生词、语言点、例句等；右侧部分用于书写授课过程中遇到的生词及该课的作业。

| 左 | 中 | 右 |
|---|---|---|
|  |  |  |

图3-4　板书分布示意图

对黑板进行分区后，教师还应对板书的主体部分（中间部分）作进一步的设计。首先，应充分利用黑板的上下空间，尽量避免由于集中使用中

---

① 蔡整莹：《对外汉语教学中的板书设计》，《暨南大学华文学院学报》2001年第2期，第22页。

部空间而在授课过程中反复擦拭，影响课程的连贯性以及下课前的整理复习；其次，应对主体部分的行数及栏数进行规划，使板书内容疏密适中；最后，对于某个词语或语言点，设计时应预留足够空间用于展示拼音、词性、搭配及例句等。

**（二）板书的内容设计**

（1）板书内容应在课前备课阶段精心设计，合理选择，不应在课上随想随写，临时决定。

（2）板书应遵循少而精的原则，做到在项目完整（如词语的拼音、词性、搭配及例句）的基础上重点突出、内容简洁。板书内容切不可是教案的翻版，不做区分全部照抄。还需注意的是，所展示的例句应为完整的句子，不可误以为学生能够自行补充所缺部分就将内容缩写、略写，致使学生产生混乱。

（3）教师应正确处理板书与幻灯片的关系。如果授课中使用幻灯片，板书只应起到补充的作用，而不应完全再现幻灯片内容，避免时间的浪费。

（4）板书内容应多次重复利用。授课时的板书可用于下课前的整理与复习；复述课文时教师给出的提示内容可随着学生对课文内容理解的加深有选择地逐步擦掉，锻炼学生成段表达能力。

**（三）板书的时间**

根据内容的不同，板书可于课前和课中分别书写。提前书写的板书一般包括本课的教学计划、需讲解的词汇及语言点等，为整课板书谋篇布局。此外，为节省上课板书时间，教师可于课前将设计好的例句制作成粘贴性板书，需要时可直接展示或替换。授课时，教师将设计好的板书适时呈现，书写时应同时自述或领读所写内容，不打断课堂的连贯性。

**（四）板书的呈现**

（1）汉字应写得规范、标准，不连笔、不潦草。书写时，笔顺应准确，字号大小适中。若使用白板笔板书，应及时添加笔水，保持字迹的清晰。

（2）板书的内容应作颜色的区分，如红色为重要内容，蓝色为词语的搭配，黑色为一般内容等。颜色的使用应形成规律，不可随意更换，保持课程的统一性。

（3）除文字类板书外，还应借助时间轴（见图 3–5）、对比图等多种表现形式，使板书更具有美感，更有系统性。

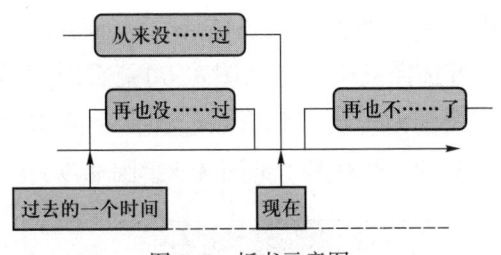

图 3-5　板书示意图

## 二、课件的设计

随着计算机技术的不断发展，多媒体课件已在对外汉语教学中得到了普遍应用，并且发挥着重要的作用。

多媒体课件是指教师针对一节课或教学的某一具体内容而设计制作的计算机多媒体教学软件，是教学人员利用计算机辅助完成教学过程的一种教学方法和手段[①]。设计合理的课件能起到减轻教师工作强度、提高教学效率、丰富教学内容、调动学习积极性的作用。

教学对象的特殊性要求对外汉语教学课件需要符合汉语教学的规律，体现学科特点。在设计制作教学课件时，应重点关注以下内容：

### （一）课件的模板

Powerpoint软件各版本均带有形式多样的课件模板，高级别版本还可自行更改已有模板的色彩搭配。在选择课件模板时，首要原则是简洁大方，避免过于鲜艳及晦暗。不同国家的学生对颜色的喜爱各有不同，但颜色浓艳的课件使学生容易产生视觉疲劳，且与教师的职业定位不相符；而过于沉闷的颜色又与强调互动的汉语课堂不协调。

此外，同一课件应保持前后模板的统一。不少教师为追求课件的美观，一堂课使用多个模板，甚至每张课件使用一个模板，这只会事倍功半，让学生眼花缭乱。模板仅是一个外在的表现形式，形式应服务于内容，教师应将关注的重点放在课件的内容上，以内容取胜。

### （二）课件的内容

1. 文本内容

课件文本内容不应是教案的翻本，应简明扼要，有目的、有选择性

---

① 赵鑫：《对外汉语课堂教学的多媒体课件设计与应用研究》，陕西师范大学硕士学位论文，2011年。

地展示，避免出现长篇说明性、叙述性语言，如语言点、语义及语用的讲解等。必要时，可选择流程图（见图3-6）、图表（见图3-7）等形式代替文字描述，使教学内容更生动形象。课件中的练习，不论练习形式和难易程度，都应全部给出答案（见图3-8、图3-9），以供学生参考。

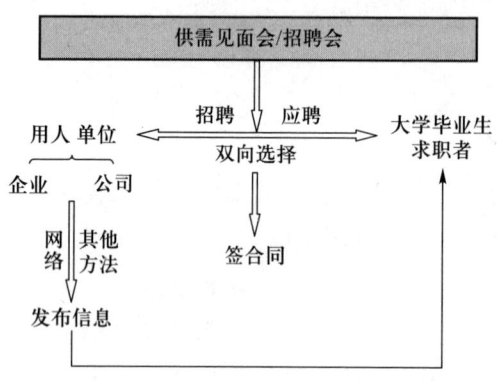

图3-6　流程图式课件示意图

| 与工作有关系的词 | | | | |
|---|---|---|---|---|
| 职 | 求职 | | | 辞职 |
| 聘 | 招聘 | 应聘 | | |
| 业 | | | 就业 | 失业 |
| 岗 | | | 上岗 | 下岗 |

炒鱿鱼
辞退

图3-7　流程图式课件示意图

持续　一连　继续　陆续

▶ 就业难的情况还会_____<u>持续</u>_____十年左右。
▶ 星期二我们没讲完第十课，今天_____<u>继续</u>_____讲。
▶ 快放假了，同学们已经开始_____<u>陆续</u>_____回国了。
▶ _____<u>持续</u>_____的低温让很多花草都冻死了。
▶ 这种药你得_____<u>一连</u>_____吃三周，病才能好。
▶ 最近几年，来中国旅游的游客在_____<u>持续</u>_____增长。
▶ 为了准备考试，他_____<u>一连</u>_____几天都没睡。

图3-8　分析答案课件示意图

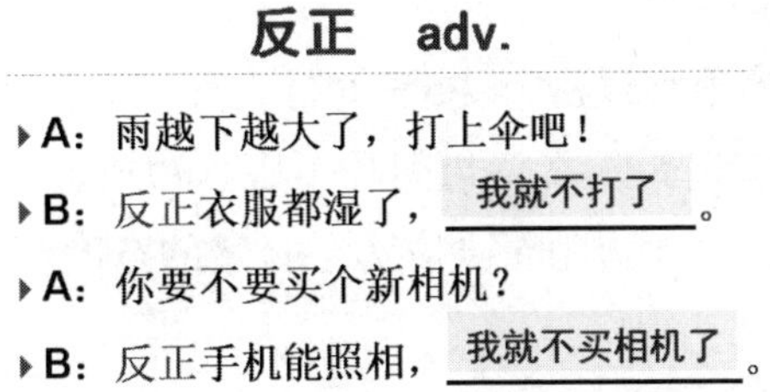

**反正 adv.**

▶A：雨越下越大了，打上伞吧！
▶B：反正衣服都湿了，我就不打了。
▶A：你要不要买个新相机？
▶B：反正手机能照相，我就不买相机了。

图3-9 分析答案课件示意图

2. 课件中的文字

（1）字体。

在初级阶段，学生接触汉字的时间并不长，尚处于构建文字概念的阶段，教师应为学生在视觉上输入更接近书写体的汉字。在电脑设置的字体中，除楷体外，其余字体大多对笔画做了一定的变体，如走之旁，楷体形式为"辶"，而宋体和黑体分别为"辶""辶"，故此阶段课件的字体应以楷体为宜。

在中高级阶段，学生大多在头脑中建立起了汉字的概念，而在现实生活中，学生接触的汉字也不仅以楷体的形式呈现。此时教师可在教学课件中适时使用多种字体训练学生认读汉字的能力。需注意的是，运用某些字体时，在文本加粗的情况下，邻近的笔画会连成一片，给学生造成认读障碍。

（2）字号。

课件文本字号大小应适中，以28—36号字为宜，并做到课件内容前后字号统一。对重点内容，如每页的标题栏，字号可适当扩大，使用40—44号字。

（3）字色。

字色应选择对比明显的基本色，如黑色、红色、蓝色等。应避免选择淡黄、淡绿、天蓝等浅色，以防因投影设备老化或室内阳光充足致使汉字模糊不清。一般来说，一名教师课件文本的字色应形成一定的规律，不可随意更换。例如，黑色可用于表示一般文本内容，红色为重点内容，蓝色为启发性信息或复现的旧词，绿色为词语常见搭配，灰色为病句，彩色文本框用于词语和语言点的用法结构等。

（4）间距与边距。

每页课件的内容不宜过密，以5—6行为宜，行间距一般为1.5倍行距。上下左右四边应留有边距，文字与图片不宜顶边放置。为保证后排学生能看清完整的课件内容，下边距至少应为一行字的宽度。

3. 课件中的图片

用于课件的图片应清晰可视，像素不宜过低；图片在版面中的大小应适中，与文字的搭配具有一定的美感，不应遮盖文字内容；图片的数量应适当，避免过度使用或完全不使用。

4. 课件的动画设计

为使课件内容起到聚焦学生注意力的作用，课件中每页的内容应分行设计动画，合理安排出现顺序，分步展示。整页内容不宜一次性全部呈现。在动画的选择上，应选择"出现""淡出""擦除"等动作幅度较小的动画，不宜使用诸如"回旋""缩放"等动作幅度大、占用时间长的动画。

# 本 章 小 结

教学设计是教师对教学方法、教学程序的预先设计和编排。根据内容，教学设计可分为宏观、中观和微观教学设计三类。在进行教学设计时，教师应遵循科学性、以学生为中心、符合学科教学规律的原则，对教学对象、教学环境、教学内容、教学目标、撰写、学习测试与教学评估等七个环节进行设计。

在设计汉语课程时，教师首先应制订教学计划，再按照热身导入、知识讲练、处理课文、整理复习等四个环节进行汉语课堂的设计。

热身导入环节的形式主要有组织教学、复习旧课、新话题导入等；在知识讲练环节中，教师通过多种形式及方法对词语及语言点进行展示与讲解，同时配合控制性练习、半控制性练习以及开放性练习；处理课文环节包括朗读课文、根据课文内容回答问题、复述课文等内容；整理复习是汉语课程最后一个环节，教师采用精练的语言和典型的例句对所学知识进行小结。

从形式上看，教案主要分直叙式与表格式两种。从结构上看，教案应涉及课程类型、教学目标、教学重点与难点、教学步骤、教学后记等多个方面。

板书是用符号和文字演绎知识的一种教学手段。教师在设计及书写板书过程中，应从板书的空间、时间、内容及呈现形式等几个方面进行设计。而在制作多媒体教学课件时，教师应重点关注课件的模板、内容及动画设计，为学生呈现更为直观的教学形式。

## 思考题

1. 所谓"教学设计"主要包括哪些内容？
2. 进行教学设计时应注意哪些主要环节？
3. 课堂教学主要有哪些步骤？针对每个步骤应如何设计？
4. 板书与课件设计应注意什么？
5. 你觉得衡量一份教案是否优秀有哪些标准？
6. 请根据下面的课文，撰写一份完整的教案：

   李军：大卫，好久不见，最近忙什么呢？

   大卫：找房子呢，我想搬到外面去。

   李军：　住在学校里不好吗？你看，学校里有商店、食堂，还有邮局和银行，多方便呀。离教室也很近，每天可以多睡会儿懒觉，而且房租也比外面便宜。

   大卫：　可是，学校的宿舍没有厨房，房间里也没有卫生间，生活有些不方便。最主要的是，周围都是留学生，对练习汉语没好处。

   李军：你说的也是。

   大卫：你帮我注意一下儿有没有合适的房子。

   李军：没问题，我的一个朋友就在中介所工作。①

 第三章推荐阅读

---

① 选自李晓琪主编的《博雅汉语·初级起步篇II》第三十二课《我想搬到外面去》。

# 第四章 语音教学

本章是对外汉语教学法的语音教学部分,将介绍对外汉语语音教学的基本原则,并结合外国学生的学习难点,有针对性地介绍一些常用的教学方法。

## 第一节 汉语语音的基础知识

本节将介绍发音器官、语音的物理属性、汉语语音系统等。

### 一、发音器官

教、学汉语语音需要对人类的发音器官有所了解,下面是汉语普通话发音所涉及的发音器官图(见图4–1):

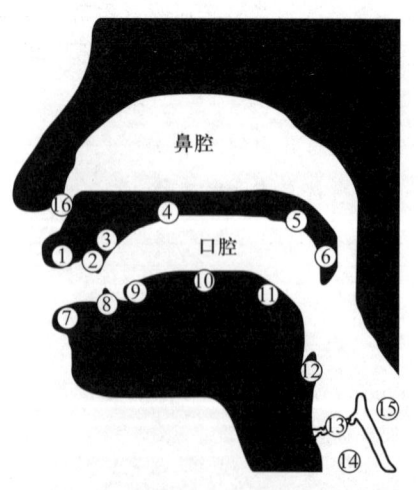

1. 上唇
2. 上齿
3. 上齿龈
4. 硬腭
5. 软腭
6. 小舌
7. 下唇
8. 下齿
9. 舌尖
10. 舌面
11. 舌根
12. 会厌(喉盖)
13. 声带
14. 气管
15. 食道
16. 鼻孔

图4–1 发音器官示意图

其中喉头和声带是声源器官；口腔、鼻腔、咽腔是共鸣器官，同时也是发辅音（特别是清辅音）的重要器官，口腔的作用尤其重要；气管、支气管和肺则是动力器官。

## 二、语音的物理性质

语音的物理性质具有四个基本要素：音高、音强、音长、音色。

1. 音高

即声音的高低，是由发音体振动的快慢来决定的。语音的高低，则跟声带的长短、厚薄、松紧有关，同一个人发音时声带的松紧不同，声音也有高低之别。汉语的声调，主要是由不同的音高构成的。

2. 音强

即声音的强弱，是由声波振幅的大小决定的。音强在汉语中有区别词义的作用，比如"地道"中的"道"，分别读为轻声和非轻声时，所表示的意思是不一样的。

3. 音长

即声音的长短，是由发音体振动时间的长短决定的。音长在语句感情的表达上有一定作用。此外汉语的轻声音节也涉及音长，例如，读"明亮"与"月亮"时，后者的"亮"音长较短。

4. 音色

即声音的特色，是由声波的不同形状决定的。它是所发声音的本质，也叫音质。在任何语言中，音色是区别意义的最重要的要素。

## 三、汉语语音的基本情况

### （一）音节、音素、音位

音节是听觉上自然感到的最小的语音单位。除儿化外，汉语一个音节写成一个汉字，一个汉字的字音就是一个音节，即一字一音。

音节从音色的角度可进一步切分出更小的音素。音素可以分为元音和辅音两大类：元音是气流振动声带，在口腔、咽头不受阻碍而形成的音；辅音是气流在口腔或咽头受阻碍而形成的音。

音位是一个语音系统中能够区别意义的最小语音单位。在一种语音里，音素往往要远远多于音位。例如，在普通话里，音位 /a/ 代表着四个不同的音素 [a]（安、爱）、[ɛ]（严、远）、[A]（啊、牙）和 [ɑ]（昂、王），这些不同的音被称为音位变体。音位与音位变体的关系是类别与成员的关系。

**（二）汉语的声母、韵母、声调**

按照汉语传统的分析方法，一个音节可分析成声母和韵母两部分，还有一个贯通整个音节的声调。

声母，指音节中元音前头那部分，大多是音节开头的辅音。韵母，指音节中声母后面的部分。声调，指的是音节中具有区别意义作用的音高变化格式。

1. 普通话声母

普通话辅音声母有 21 个。汉语拼音方案用如下符号表示：

b、p、m、f、d、t、n、l、g、k、h、j、q、x、zh、ch、sh、r、z、c、s。声母的不同是由发音部位和发音方法的不同决定的。

按发音部位划分，普通话声母可分为双唇音（b、p、m）、唇齿音（f）、舌尖前音（z、c、s）、舌尖中音（d、t、n、l）、舌尖后音（zh、ch、sh、r）、舌面音（j、q、x）、舌根音（g、k、h）7 类。

按发音方法划分，普通话声母可以分为塞音（b、p、d、t、g、k）、擦音（f、s、sh、r、x、h）、塞擦音（z、c、zh、ch、j、q）、鼻音（m、n）、边音（l）5 类。

以上 5 种不同的发音方法都是根据发音器官形成阻碍的方式区分的，除此之外，还可以根据发音时声带是否振动和除去阻碍时气流是否强烈对这 21 个音加以区分：（1）清音和浊音，汉语普通话的辅音以清音居多，浊音声母只有 m、n、l、r；（2）送气音和不送气音，塞音和塞擦音都有送气和不送气的区别。

此外，汉语中有一些音节没有辅音声母，习惯上被称为"零声母"。

2. 普通话韵母

韵母可以从不同角度分类或考察。

（1）按照韵母内部结构的特点，可分为单韵母、复韵母和鼻韵母。

① 单韵母。

由单个元音构成的韵母（只有韵腹没有韵头、韵尾的韵母）叫单韵母。

普通话中共有十个单韵母：a、o、e、ê、i、u、ü、-i[ɿ]、-i[ʅ]、er，其中[ɿ][ʅ]是舌尖元音，er是卷舌元音，其余是舌面元音。下面是舌面元音舌位唇形图（见图4–2）：

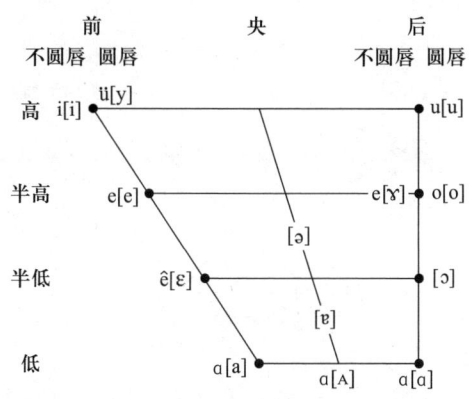

图4–2 舌面元音舌位唇形示意图

② 复韵母。

复韵母由复元音构成。普通话有 ai、ei、ao、ou、ia、ie、ua、uo、üe、iao、iou、uai、uei 十三个复韵母。复韵母发音时，几个单元音的响度（开口度越大响度越大）不一样，根据响音的位置，可分为前响复元音韵母、后响复元音韵母和中响复元音韵母三类。

③ 鼻韵母。

鼻韵母由元音和鼻辅音韵尾构成。普通话有 an、ian、uan、üan、en、in、uen、ün 和 ang、iang、uang、eng、ing、ueng、ong、iong 十六个鼻韵母。鼻韵母又叫带鼻音韵母、鼻音尾韵母。根据鼻辅音韵尾的不同，鼻韵母可分为带舌尖鼻音 -n 的前鼻音韵母和带舌根鼻音 -ng 的后鼻音韵母。

（2）按照韵尾分类，可分为无韵尾韵母、元音韵尾韵母和鼻音韵尾韵母三类。

3. 汉语声调

汉语音节除了声母、韵母两个部分外，还有一个贯穿整个音节的音高升降变化格式，这就是声调（见图4–3）。声调也叫字调，它是汉语音节结构中不可缺少的成分，具有区别意义的作用。通常采用五度制声调表示法：先画一条竖线作比较线，分成四格五点，分别用1、2、3、4、5表示低、

111

半低、中、半高、高，在竖线的左边用横线、斜线、曲线表示声调的音高变化。

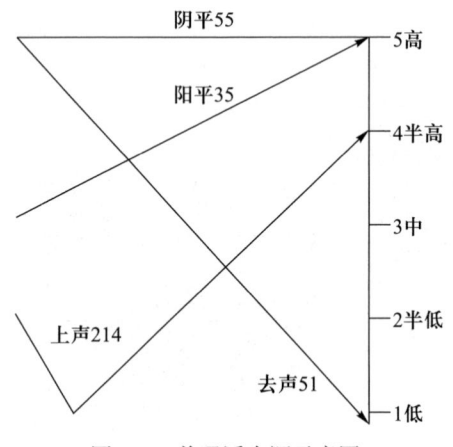

图4-3 普通话声调示意图

### （三）汉语的音节及音变

**1. 汉语的音节**

（1）音节结构。

汉语普通话的音节一般由声母、韵母和声调三部分构成。韵母可以分成韵头、韵腹和韵尾三部分，可以没有韵头和韵尾，但不能没有韵腹（主要元音）；充当韵腹的元音有ɑ、o、e、ê、i、u、ü、er、-i（[ɿ]）-i（[ʅ]），可以充当韵头的只有高元音i、u、ü，可以充当韵尾的只有元音i、u和鼻音n、ng。

（2）音节的拼写规则。

① y、w的用法。

在汉语拼音中y、w不是声母，只是起隔音作用的字母。

A. i开头的韵母，在零声母音节中，如果i后面还有别的元音，就把i改为y；如果i后面没有别的元音，就在i前面加y。例如：iè-yè，（"叶"）ì-yì（"意"）。

B. u开头的韵母，在零声母音节中，如果u后面还有别的元音，就把u改成w；如果u后面没有别的元音，就在u前面加上w。例如：uài-wài（"外"），ú-wú（"无"）。

C. ü 开头的韵母，在零声母音节中，不论 ü 后面有没有别的元音，一律要在 ü 前面加 y，加 y 后，ü 上的两点要省去。例如：üè-yuè（"越"），ǔ-yǔ（"雨"）。

② 隔音符号的用法。

"a、o、e"开头的音节连接在其他音节后面的时候，如果音节的界限发生混淆，要用隔音符号（'）隔开，例如：pí'ǎo（"皮袄"）。

③ 省写。

A. 韵母 iou、uei、uen 的省写。

韵母 iou、uei、uen 前面加声母的时候，写成 iu、ui、un；自成音节时不能省写，仍用 y、w 开头，写为 you、wei、wen。

B. ü 上两点的省略。

ü 行韵母单独成音节时，在前面加 y 并省去 ü 上两点；ü 行韵母与声母 j、q、x 相拼时，ü 上两点也省去。例如：yǔxù（"语序"），nǔxu（"女婿"）。

④ 标调法

A. 声调符号要标在音节的主要元音上。如 mā、kāi、xià、miào、fāng。

B. 在 iu、ui 这两个韵母中，声调符号应标在后面的 u 或 i 上。如 duī、xiù。

C. 如果调号恰巧标在 i 的上面，那么 i 上的小点要省去。如 tī、míng 等。

D. 轻声音节不标调。如 zhuōzi、wǒde 等。

2. 汉语的音变

汉语音变主要涉及变调、"啊"的音变、儿化和轻声等音变。

（1）变调。

① 第三声的变调。

第三声的变调规律如下：

A. 第三声 + 第三声 → 第二声 + 第三声。如"好米""马场"等。

如果三个第三声相连，有时前两个变成近似第二声的调值，如"展览 / 馆""洗脸 / 水"等；有时第一个音节要变"半三声（211）"，如"纸 / 老虎""小 / 组长"等。这与词语内部语法结构有关。

B. 第三声+非第三声（第一、二、四声）→半三声（211）+非第三声。如"很高""老王""伟大"等。

C. 第三声字后如果是轻声音节，这个上声字一般要根据它后面轻声字原来的声调来变化。具体如下：

（a）第三声+轻声（非第三声字）→半三声+轻声。如"喜欢""你们""晚上"等。

（b）第三声+轻声（第三声字）→第二声+轻声。如"老虎""洗洗"等。

但是有两类"第三声+轻声（第三声字）"的词是按"第三声+轻声（非第三声字）"的规律变化的。这两类是：

（b1）第三声+"子"（轻声）→半三声+"子"（轻声）。如"斧子""板子"等。

（b2）亲属称呼中第三声字的重叠→半三声+轻声。如"姐姐""姥姥"等。

② "一"的变调。

"一"的变调有三种情况：

A. 在阴平、阳平、上声前读去声。如"一天""一年""一起"等。

B. 在去声前读阳平。如"一定""一样"等。

C. 在重叠的单音动词中间读轻声。如"想一想""听一听"等。

③ "不"的变调。

"不"的变调情况有两种：

A. 在去声前读阳平。如"不论""不对"等。

B. 夹在词语中间读轻声。如"来不来""出不去"等。

（2）语气词"啊"的音变。

"啊"的音变是一种增音现象，即在 a 前增加一个音素。在不同的语音环境中，"啊"的读音有不同的变化形式。"啊"的音变规律如下：

前面音节收尾音素是"a、o、e、ê、i、ü"时，"啊"读"ya"，汉字写作"呀"或"啊"；

前面音节收尾音素是"u"（包括 ao 和 iao，因为 ao 中的 o 的实际读音是 u）时，读作"wa"，写作"哇"；

前面音节收尾音素是"n"时，读作"nɑ"，写作"哪"或"啊"；

前面音节收尾音素是"ng"时，读作"ngɑ"，写作"啊"；

前面音节收尾音素是舌尖前元音"-i[ɿ]"时，读作"[zA]"，写作"啊"；

前面音节收尾音素是"-i [ʅ]"、er 或儿化韵时，读作"rɑ"，写作"啊"。

概括起来，"啊"的音变有两类：第一类，前一音节末尾音素如是 a、o（ao、iao 除外）、e、ê，就在"啊"前加上一个 i，成为 ya，上面第一种情况属于此类；第二类，把前一音节末尾的音素或近似音素加在"啊"（ɑ）前，上面所列第一种情况的部分及后五种情况属于此类。

（3）轻声。

汉语中有些音节在词或句子里失去了原有的声调，变得又轻又短，这就是轻声。轻声没有固定的调值，其调值由它前面音节的声调决定：第三声后面的轻声字音最高(半高调、4度)，第一声、第二声阳平后面的次之( 中调、3 度)，第三声后面的最低（低调、1度）。

汉语里哪些词要读轻声，很大一部分可以从语法上加以确定。轻读的情况大体有："的、地、得""着、了、过"等助词，"吧、吗、呢、啊"等语气词，"子、儿、头、们"等词缀，"上、下、里、边、面"等表示方位的成分，"来、去、出来、进去、下来、起来"等用在动词后表示趋向的词，叠音名词和重叠动词的第二个音节。

在汉语普通话里，有时轻声与否有辨别词义和区分词性的作用。如"孙子"中的"子"读第三声和轻声在词义方面有很大差异。

（4）儿化。

汉语普通话中卷舌动作附加在相关音节的后面连成一体，从而改变了原来音节韵母的读音，使前面音节的韵母成为卷舌韵母，这种现象叫儿化。

儿化的性质是使原来音节的韵母带上卷舌动作。儿化音的发音要领是：

① 不能把儿化韵拆开来读，而把它当作一个韵母来读。如"头儿"tóur 不能读成 tóu er，而要把 tóur 合在一起读。

② 儿化音节读到最后时只要将舌尖轻轻地卷起即可，舌头不能太硬，动作不要过大。

在汉语普通话里，有时儿化与否有区别词义或区分词性的作用，如"头—头儿"；有的儿化具有表达细小、亲切、喜爱感情的作用，如

"棍—棍儿"。

**（四）汉语的语调**

短暂而集中的语音阶段只是完成了汉语音素、声母、韵母、声调、音节的基本语音训练。跟语音学习有关的不少项目在学生进入中高级课程之后才能全面理解、掌握，到高级课程之后还有很多问题要解决，最重要的问题就是语调。

不少外国学生说汉语，一个字一个字发音没有什么问题，但连成句子就会出现"洋腔洋调"。语调偏误是造成外国学生洋腔洋调的重要原因，但语调教学是汉语教学中的薄弱环节，这既与教学的重视程度有关，也与汉语语调研究的难度和进度有关。

汉语语调涉及停顿、重音和句调（升降）三部分，下面依次予以介绍。

1. 停顿

停顿是指说话或朗读时，语句中间、后头以及段落之间出现的间歇。

为什么要停顿呢？一是句子结构上的需要。段落之间、句子之间、句中有标点的地方都需要停顿。二是语意表达上的需要。停顿会影响语意内容的表达，不同的停顿往往表达不同的语意。此外，停顿有时是为了满足人的生理需要。句子——特别是长句——有时要分成几段来说，好让说话的人换换气，并让听的人有时间领会说话人传达的内容。

由此停顿可主要分为两类：

一是语法停顿。语法停顿反映语句中的语法关系，在书面语里往往表现为标点，语法停顿时间的长短同标点大致相当，"句号（问号、叹号）＞分号、冒号＞逗号＞顿号"；段落之间的停顿一般比句间的停顿长。此外，一些没有标点的地方也常需语法停顿，主要是较长的主语和谓语之间，动词和较长的宾语之间，较长的附加成分和中心语之间，较长的联合成分之间等。

二是强调停顿。强调停顿是为了强调某事物、某语意或某情感，是由说话人的意图和感情决定的。

2. 重音

所谓重音是指语句中念得比较重、听起来比较突出的音。重音一般通过增加声音的强度来体现。从类别角度看，重音大致可分为两种：

一是语法重音。指根据语法结构的特点把句子中某些成分读得重一些的现象。常见的情况有以下几种：句中的谓语部分，动宾结构的宾语，名词前的定语和谓词前的状语，动词后面的非单音节补语，有些疑问代词、指示代词等。

二是强调重音。指为了表示特殊的思想和感情而把句子里的某些成分读得特别重的现象。语句中什么地方该念强调重音，往往由说话的目的来决定：同样一句话，说话的目的不同，强调重音也就不同。例如：

谁在学汉语？——'我在学汉语。

你在学什么？——我在学'汉语。

需要注意的，语法重音的强度并不十分强，只是与句子中的其他部分相比读得比较重一些而已；而强调重音的强度大于语法重音。

3. 句调

句调是指句子声音高低升降的格式，是语句音高变化的格式。句调和声调不同：声调指单个字的调子，功用在于区别单音语素或词的意义，也叫字调；句调指贯穿整个句子的调子，功用在于表达整个句子的意思和感情，也叫语调。

句调的升降虽说贯穿整个句子，但往往只是在句末音节（句尾最后一个非轻声音节）上表现得特别明显。

汉语句调可分为四种：升调、降调、平调、曲调。

（1）升调。即前低后高，语势上升。升调一般用来表示疑问、惊异等语气，还用于表示号召、鼓动、反问、设问等。此外句中暂停的地方一般也用升调。例如：

人呢？↑怎么都走了？↑

（2）降调。即前高后低，语势渐降。例如：

月季花谢了。↓

济南真美啊！↓

降调一般用于陈述句、感叹句和祈使句，表示肯定、坚决、赞美、祝愿等感情，最为常用。

（3）平调。即全句语势平直舒缓，没有明显的升降变化。例如：

我家后面有一个很大的园，相传叫做百草园。

他永远离开了我们。

平调用于不带特殊感情的陈述和说明,还可以表示庄严、悲痛、冷淡等感情。

(4)曲调。即全句语调弯曲,或先升后降,或先降后升,往往把句中需要突出的词语拖长着念,中间有升降,这种句调常用来表示讽刺、厌恶、反语、意在言外等语气。例如:

谁敢得罪你啊?

你可真行啊!

第一例是凹曲调,重音出现在句首和句尾两端;第二例是凸曲调,句子的重音出现在句子的中间。

需要注意的是,汉语句子中有字调也有句调,句调会对字调产生一些影响:句子是升调的时候,字调要升高一些;句子是降调的时候,字调就要再低一些。

## 第二节　语音教学的重要性、任务与内容

### 一、语音教学的重要性

语音是语言的物质基础,语音教学无疑是对外汉语教学的重要组成部分,对于学生和教师都有着非同寻常的意义。

**(一)对于学生的重要性**

1. 语音与汉语听、说技能的培养有着直接的关系

学习一门语言是从学习这门语言的语音开始的,学习者学会较为标准的语音后,才能进行有效的交际,减少交际中的错误。目前,汉语教学初始的2至4周一般都会将汉语拼音教学作为教学重点,这一段时间即是通常所说的汉语语音学习阶段。该阶段形成的语音面貌,特别是一些发音缺陷,在以后的学习中往往难以改变。语音学习是整个汉语学习的基础,关系到学习者此后的汉语交际。

2. 语音有时不仅仅是语音本身的问题,它与词汇、语法甚至汉字都有密切的联系

词汇和语法等都是通过语音得到体现的,只有学好发音,才能把所学的语言材料以正确的形式在头脑里储存下来,以正确的形式使其重现从而加强对汉语的感受,更有效地掌握汉语的词汇、语法,更好地提高实际使用汉语的能力。比如轻声,"地道"会因"道"是否轻声而产生名词和形容词的差别;再比如语音停顿,不同的停顿位置会造成不同意义的理解,如"咬死了猎人的狗"会因停顿位置的不同而分别表达"狗咬死了猎人"("咬死了猎人 / 的狗")和"猎人的狗被咬死了"("咬死了 / 猎人的狗")等不同的意义。语音的缺陷往往会影响学生对汉语词汇、短语、句子的学习,进而影响学生的日常交际等。

　　语音甚至还会影响到记录汉语的汉字的学习。现代汉字绝大部分是形声字,能准确地认读形声字的声旁无疑会促进对整个汉字的识读,对汉字的学习产生强有力的促进作用。

　　3. 语音能力的发展有助于提高阅读速度

　　阅读时,记录汉语的书面符号——汉字会在学生的头脑中自动转换成相应的声音形象,这些声音形象也会唤起语义的联想,这时形码激活音码的速度和准确性决定着学生的阅读速度和质量。阅读时,言语输入必须经过短时记忆的存储及认知处理,才能与长时记忆产生整合作用,短时记忆的能力决定着对言语输入的认知处理情况。如果学生的短时记忆弱,语言输入就会在未认知处理之前消失,成为无效输入,而语音能力的训练对短时记忆来说是必不可少的。无疑语音能力的发展能促进学生对汉语书面词汇的辨认,对汉语阅读能力的培养会产生促进作用。

　　4. 语音能力的发展还能助推学生认知能力的发展

　　对语言来说,语音是第一性的,有着不可替代的作用。语音学习的结果促进了语言动觉能力的发展,这一能力的发展又会促进认知能力的发展。在语言学习中,通过视觉或听觉等获得的语言输入,是以语音作为中介的,然后经过短时记忆的存储及处理,才与长时记忆产生整合作用,而后发展为内部语言。有研究发现语音编码能力在语言学习的初级阶段特别重要,因为把声学输入转变为可认知加工的信息内容是极其重要的,在这方面的失败可能意味着语言学习机会的丧失,导致无输入信息可加工。语音编码能力对用于认知学习的可理解的输入的获得会产生重要的影响,学习者接触声学刺激之后所获得的语音编码能力越强，随后可用于分析的材料内容就越丰富，也就越能促进认知能力等其他能力的发展。

**（二）对于汉语教师的重要性**

外国学生洋腔洋调的发音问题往往与汉语教师对汉语语音的不恰当或不充分的讲解以及训练有一定关系。语音既是汉语学习的根本，也是汉语教学的基础。因此，专业教师的语音教学就显得非常重要。专业教师的教学有利于学生更好地掌握汉语的语音，帮助学生更好地了解汉语的语音特点并准确地加以运用。语音教学不但会影响到学习者日后发音习惯的养成，也是帮助学习者打破旧有发音定式的良好机会。

要想成为一名合格的国际汉语教师，应该了解汉语语音教学的基本原则，具备将汉语语音知识传授给学习者的能力和技巧（见《国际汉语教师标准》6.3）[①]，这些能力和技巧获得的重要途径就是语音教学实践。

## 二、对外汉语语音教学的任务和内容

语音教学的任务是让学习者掌握汉语语音的基本知识，掌握汉语普通话正确流利的发音，为汉语口语交际打下基础。

汉语语音教学的内容往往涉及声母、韵母、声调、音节，以及音变（变调、轻声、儿化等）、语调等。

一般来说，教学初始阶段2至4周的语音学习阶段将汉语拼音的教学作为教学重点，主要涉及声韵母的发音和声调教学，要求学生做到发音大致正确。同时学界强调语音教学要贯穿对外汉语教学过程的始终，更高阶段的语音教学在内容上应有更大的拓展：首先是短语连调教学，此时说汉语不再是一个字一个字地单独发音，而是存在变调等音变问题，要求学生做到发音基本正确；其次是篇章诵读训练中的语调教学等，这是对外汉语语音教学的最高阶段，要求学生做到语篇发音清晰、准确，流畅、自然。

---

[①] 参见国家汉语国际推广领导小组办公室：《国际汉语教师标准》，外语教学与研究出版社2007年版，第41页。

## 第三节 语音教学的基本原则

### 一、对外汉语语音教学的总则

为提高教学的效率,对外汉语语音教学需要遵循对外汉语教学的一些总体原则。这些原则归纳起来主要有以下几点:

#### (一)准确性

作为学生的重要模仿和学习对象,教师能否正确地发音并科学地指导发音直接影响学生的学习效果。在对外汉语语音教学的课堂上,教师要保证自己发音的准确性,要遵循语音规律,使用正确适当的方法教学。

#### (二)直观性

直观教学在加深学生的印象、提高学习效率上有明显的作用。汉语教师要使自己的教学易懂、明了,避免学生一开始就对学汉语产生畏难情绪。为此可充分利用一些直观的教具,如图表、画片、实物等,也可以运用一些直观的手段,如手势、动作、多媒体动画等。

#### (三)趣味性

兴趣对于学好一门语言至关重要,教师要找到学生感兴趣的切入点,在愉快的气氛中开展教学以激发学生学习的动力,充分发挥学生的主观能动性。

如在语音基础知识教学时,教师应将机械性练习与有意义的练习结合起来,可运用儿歌、诗歌、谜语等素材增加趣味性,也可以学念歌词、再教唱,趣味性更强。

#### (四)渐进性

在汉语语音教学内容的安排上,应遵循从易入手、由易到难,以旧引新、以新带旧的原则。

汉语语音有其内在的系统,教师可利用语音系统的规律来进行语音教学。如在教以 u 开头的合口呼韵母时,先复习开口呼韵母 a、o 等,然后在这些韵母前加上韵头 u,就成了 ua、uo 等,这样就由学生学过的开口呼韵母引出合口呼韵母来,既复习了旧知识,又学到了新知识。

此外对外国学生而言，汉语有些音比较难，这就需要先教容易学的音，再教难音。如单韵母应先教 a、i、u，再教 e、o，最后教 ü。

### （五）实践性

汉语学习是一个反复实践的过程，要掌握汉语发音必须经过反复模仿和操练。如何帮助外国学生充分利用有限时间，加快汉语学习的进度，深化对汉语的掌握，则需要教师做到精讲多练，合理利用并创造机会让学生多使用汉语。教师的指点为辅，学生的模仿和练习为主。

### （六）对比性

教师可比较学生母语（或者媒介语）与汉语的发音，以及相似音、正误音等，充分利用对比法来提高教学效率。

外国学生在学习汉语时，其母语及已掌握的其他语言会发生迁移作用，在教授汉语语音时，应加强汉外对比，充分利用学生的语言背景，恰当地选择参照语言。此外，还可以从汉语本身的要素中选取适当的参照物。

### （七）针对性

为提高汉语语音教、学效率，要针对学生学习中的普遍难点及不同国别学生的学习情况进行教学，这就需要教师了解学生汉语语音学习中的问题，对不同的情况进行区别对待，分别用力。如大部分学生都感到困难的韵母 -i[ɿ]、-i[ʅ]、ü 及声调等应处理为教学的重点。

### （八）持续性

对外汉语语音教学，需要一个短期集中教学的阶段，让学生打好汉语语音基础。但单靠语音教学阶段几个星期的时间是不可能达到语音语调准确、自然、流畅的程度的，所以要把语音训练贯穿于整个基础汉语教学阶段。

总之，对外汉语语音教学具有长期性、艰巨性的特点，需要将短期集中教学与长期训练相结合。

## 二、对外汉语语音教学的具体原则

### （一）先听后说，听说结合

首先要能听辨清楚某个音，然后才能发准它。在教学习者发出某个音以前，要注意训练学生的听音能力，训练其对汉语语音的敏感度，在此基础上才能进而指导学生正确、流利地说好汉语。

**（二）音素教学与语流教学相结合**

音素教学（指在语言教学中从单个的音素教学开始，然后过渡到音节、词语、短句、会话等）和语流教学（指通过话语来教语音，即从会话等入手，然后分解音节，进行声、韵、调的教学）两种方法各有利弊。从音素入手，可较扎实地打好音素的发音基础，对学生较快地掌握发音有利，但声、韵、调的单项训练容易让学生觉得枯燥，会影响学习的积极性；从语流入手，即学即用，见效快，可激发学生的学习兴趣，但如果把会话练习过多地提前到语音教学阶段，无疑会占用声、韵、调单项训练的时间，不利于学生打好语音基础。

在实际教学中，应将两种方法结合起来，根据具体情况灵活应用，使二者相辅相成。

**（三）音段教学与非音段教学相结合**

音段教学（也称发音教学，涉及声母教学、韵母教学和声韵教学等）与非音段教学（也称韵律教学，涉及声调教学、音变教学、语调教学和课文朗读教学等）虽然内容不同，但是二者不是截然分开的，要将两者的教学紧密联系起来。

# 第四节　语音教学的常用方法

对外汉语语音教学的主要目的就是在最短的时间内帮助学生正确掌握汉语语音，学习进度、学生背景、教学设施等的不同会影响具体教学方法的使用效果，这就需要教师根据教学的情况灵活采取适当的教学方式来帮助学生学习汉语语音。因此，语音教学的方法不是一成不变的。下面选取几种常用的教学方法加以介绍。

**一、导入或展示语音的方法**

**（一）发音示范**

语音教学说到底是口耳教学。听音是基础，所以教师正确的示范在教学中发挥着重要的作用。

在入门阶段，教师一定要不厌其烦地带领学生做好跟读模仿的练习，教师可适当地延长发音时间，以帮助学生更好地把握住发音要领。

**（二）口型展示（口型示范）**

即向学生展示发音的口型。汉语有些音在别的语言里没有相对应或相类似的发音，面对这种情况教师可提醒学生注意观察教师的口型变化，然后去模仿。

**（三）教具演示**

即借助板书、图表等教具，把要学的语音展示给学生。这种方法直观、生动、具体，效果往往比较明显。常见如下：

1. 板书

这种展示方法应用起来非常方便。如音节拼读教学时，可以用不同颜色的笔把声母、韵母、声调区别开来。

2. 挂图

语音挂图具有图文并茂、拼音书写规范、便于识记等优点，对照图表一些容易混淆的音也可以迎刃而解，可以省去对发音原理（如发音部位、发音方法等）的枯燥描述，可以省时省力地展示汉语发音。

声母教学中可运用发音部位图，韵母教学中可运用元音舌位图，声调教学中可运用五度标调法，音节教学中可运用普通话声韵配合表。

3. 实物演示

即借助实物等说明发音原理。

如为了帮助学生尽快找到发送气音的感觉，可使用吹纸片、吹灭蜡烛等方法展示送气（p、t、k、q、c、ch）、不送气（b、d、g、j、z、zh）两组声母气流的强弱。用一张薄纸或蜡烛贴近嘴前，发音时有气流明显冲出、吹动纸片或蜡烛火焰的即是送气音，无此现象的即是不送气音。

4. 体态模拟法

指运用身体体态模拟发音部位帮助发音。这种方法既直观又方便，不受教学设施的限制，既有利于学生形象地记住各发音要领，又能轻松地纠正发音错误。

（1）手势模拟。

如讲塞音 b、p、d、t、g、k 时，可将左右手并拢，并上下置放，然后迅速打开双手（保持两手腕关节处并拢）；同样，讲塞擦音 j、q、zh、ch、z、c 时，两手先并拢，然后放开一条窄缝；讲擦音 f、h、x、sh、s、r 时，两手非常靠近但不并拢，中间留有一条缝隙。

演示的同时最好要配合教师或者学生的发音练习，这样才会有更好的效果。

（2）头势法。

借助头部摇动帮助展示语音。如在声调教学中可用该法来帮助学生体会四声的变化：第一声，头部由左向右平行移动；第二声，头部由左向右上上扬；第三声，头部先下垂下巴接近胸部，再慢慢上扬；第四声，头部由左向右下用力摆动。

5. 利用语音教学软件

随着电脑的普及，各种语音教学软件也纷纷问世，好的教学软件多通过声音、图像以及文字信息的交互反应辅助教学，可形成声像并茂的语言教学环境，可大大强化汉语语音教学的效果，且有利于学生自主学习。

**二、指导发音的方法**

**（一）从指导发音的方式划分**

1. 模仿法

模仿法是对外汉语语音教学中最基本的方法。

可以让学生重复教师或录音的发音，可灵活采取集体或个别模仿的形式。可以直接模仿，教师或录音怎么说，学生就怎么说；也可以是自觉模仿，学生要综合听觉、视觉的作用，听音、观察、比较、分析，进而模仿，模仿时往往需要教师积极地引导学生进行观察、分析、比较。

2. 描述法

用最简单的语言解释发音要点，如描述发音部位、发音方法等，使学生了解正确的发音方法。

运用描述法时，教师可用学生的母语讲解，还要尽可能做到生动形象，非语言学专业的学生往往对枯燥的语言学术语不感兴趣，因此要做到通俗易懂。如讲 a 时可提醒学生舌头要下去，嘴巴要张大，要用力。

3. 观察法

提示学生借助镜子等观察自己的发音口型，指导或纠正学生发音。

4. 触摸感知法

指导学生用手指等触摸感知发音部位、发音方法。

如帮助学生练习翘舌音，可指导学生将食指伸进口中，用食指尖顶住舌尖背面，然后用牙齿轻轻咬住食指的第一关节处。又如可用手指触摸喉咙，指导区别清浊音，发音时如果触摸到声带振动的是浊音，反之则是清音。

5. 检测法

利用测音软件等工具、设备检测、纠正学生发音。

（二）从具体的指导技巧划分

1. 渐进法

即以旧带新法，操作的方法是用已学过的音带出另一个相关的新音，或一个易发的音带出另一个相关的较难的音，又名带音法。这种方法对学生的汉语学习很有帮助。

（1）在声母教学中的运用。

如 r 是不少外国学生比较头疼的音，当学生会发 sh 不会发 r 时，可以用带音法，让他们发 sh，然后保持发音部位不动，拖长发音，声带振动，就会发出 r。

（2）在韵母教学中的运用。

指导单韵母发音时，可以先发 a，嘴巴张得很大、嘴不动，圆唇以后就可以带出 o 的音；发 o，拉长发音，嘴角往后拉，使嘴变扁，这样就发出了 e。又如很多语言里没有的 ü，在学生会发 i 的基础上，延长 i 的发音，在此过程中，逐渐收拢嘴唇，从扁到圆，这样 ü 的音就会轻松地带出。

（3）在声调教学中的运用。

如可用第一声带第四声，然后用第四声带出第二声。如：fāngxiàng、huāshào、dìtú、liànxí。

2. 夸张法

在发音上进行适当地夸张，目的是突出汉语某些语音的发音特点。教发音与平时说话有不少差别，平时说话时即使含混不清，也能达到交际目的。教发音则不同，为突破语音难点，不但要发音清晰，而且常需加以适当的夸张。常见的夸张法，如：

（1）夸张板书。

如指导复韵母发音时，可结合发音口型把主要元音写得大一点、粗一点或颜色鲜艳一点，如"iɑo"。

（2）夸张口型。

夸张口型和发音部位，让学生模仿。

如f、h，发f时，可故意将上齿紧贴下唇，气流从缝隙中流出；发h时，舌头后缩，有意将舌根与软腭接触成阻。

（3）夸张音长、音强法。

如指导轻声发音，可将轻声前的音节故意拖长、加重，以便学生尽快掌握发音要领其后轻声的发音特点。

3. 增音法

如指导后鼻韵母ing发音，可在ing中加一个过渡音e，变成ieng。

4. 声韵配合法

教声母时，可以加韵母配合；教韵母时，可以加声母配合；教声调时，可以加声母或韵母配合。如四声可分别在声韵组合"bā、dá、shǎ、là"中教授。

5. 整体认读法

如zhi、chi、shi、ri、zi、ci、si最好整体认读，免得跟单韵母i相混。

6. 对比法

即对比听辨法。可将学生的母语与汉语进行对比，或者将汉语的不同语音进行对比。

（1）汉外对比。

为了有针对性地教好发音，教师应对汉语和学生母语的语音加以对比，找出异同，对于正迁移的因素要加以利用，对于负迁移的因素要加以防范。

如英语母语背景的学生容易将汉语的声母h[x]发成英语的[h]，这就需要将英语中的h[h]（home）跟汉语中的h[x]（hé）进行比较，其实[h]的发音部位比[x]后得多，[x]声音响亮并能拖长，[h]声音不响也不能拖长。了解它们之间的区别，能更好地帮助学生发出正确的音来。

（2）汉语内部对比。

即将汉语内部不同的音进行对比。

如指导 r、l 发音时，可通过对比让学生明确发 r 时舌尖抵硬腭前，发 l 时舌尖抵齿龈。

### 三、语音练习的方法

#### （一）课堂操练法

1. 认读法

即读出由拼音字母拼写的书面材料的方法。一般可采用如下练习方式：领读——教师示范，学生跟读；指读——教师用手势指明由哪位同学来读；轮读——学生一个一个地读；齐读——所有学生一起读。

需要注意的是，教师在课前要做好准备工作，练习时要照顾到每一位同学，尽量保证每位学生课堂上练习的机会均等。通过学生读音可以很好地发现他们的问题。

2. 分辨法

听教师读或者听录音，由学生来辨音，主要练习学生对相似音的辨析。该练习法一般可以采用下面的练习方式：

（1）指辨、选择。

如教师或录音发出的某个音（如 dàyì），要求学生从备选答案（如 dàyì、dàyi）中指出或选出听到的音。

（2）判断正误。

如教师或录音发出的某个音（如 bàn），给出学生一个音（如 pàn），要求学生判读是否是该音，是则打√，错则打 ×。

（3）填空。

如教师或录音发出的某个音（如 zhèngshì），给出学生题目（_èng_ì），让学生补充填上相应的空缺音。

（4）排序。

学生将教师或录音中念到的音，按顺序排出来。

（5）分组。

将教师提供的所有的音素或音节按其不同加以分组。

（6）听写拼音。

可重点听写如下音：声母、声调相同，韵母不同的音；韵母、声调相同，声母不同的音；声母、韵母相同，声调不同的音。

## 3. 功能场景结合法

单纯的枯燥的发音练习很容易使学生厌倦甚至产生疲劳感。如果把拼音练习放在一些有意义的功能场景中去，不但练习了发音，而且可以使学生学会一些日常汉语会话，既增强了实用性，又可以提高学生学习的积极性。具体操作时，可把难读的音素放在音节中去操练，把有难度的音节放在词语中去操练。

## 4. 练读绕口令

绕口令将声、韵、调容易相混的字组合成反复绕口的句子，有利于训练发音器官的灵活性。绕口令短小精悍，生动活泼，诙谐有趣，既可以提高学生的学习兴趣，又能帮助学生锻炼吐字辨音，掌握发音要领。

练习时要考虑学生的实际水平，不能操之过急，要由慢到快循序渐进。此外，绕口令练习贵在坚持，如果可以的话，在每次上课之前做几分钟的绕口令热身练习，坚持下去，效果会更加明显。

## 5. 唱四声

对于声调，可采取唱四声的方法。开始的时候，由教师带领学生由第一声起调，四声连读，重复练习多次，这样可以使学生对四声形成一个感性的认识，并习惯于四声的高低起伏，进而能够熟练发四声。

## 6. 游戏法

如把字母制作成若干图片，发放到学生手中，教师说出一个字母，然后手持该字母的学生举起来；或者教师说出一个音节，然后让持有声母和韵母的学生同时举起来并拼读出来。

又如拼音词汇接龙游戏法，对于初级学生，可让一名学生在黑板上随意写下一个词语的拼音，如"qiánmén"，让第二位学生利用 mén 组词，接在 mén 后，写出拼音，如"ménkǒu"，其余学生依次接续。若中间有人想不出来时，老师可以代拟一个，以便使龙身不断，一直做到学生轮完一圈或两圈为止。该游戏练习法可帮助学生复习拼音及词汇、提高联想能力、活跃思维。

### (二)学生自我练习法

**1. 录音法**

即利用录音设备,进行听说训练。

学生要想尽快地提高自己的汉语水平,一定要多听多说,尤其是在入门阶段,光靠教师课堂的讲解是远远不够的,课堂上记住的音,很有可能下课以后马上又忘了。

首先,可建议学生在课堂中间利用一些现代化的工具,如手机、录音笔等把老师的发音录下来,在课后反复听、反复练。

其次,教师可在课前把一些容易混淆的音素和音节录下来,再让学生课下听、辨。上课时对学生无法分辨的音予以适当指导。

除此之外,教师可把学生的发音录下来,让学生自己听,然后来分辨自己的发音是否正确,是否到位。

**2. 互助法**

可组织学生成立互助组或由学生自愿,由已掌握发音要领的学生帮助未掌握发音要领的学生练习发音,共同提高、共同进步。

## 第五节 语音教学的重点、难点

### 一、声母教学的重点与难点[1]

#### (一)平舌音 z、c、s 的问题

有的外国学生不能区分舌尖前音(z、c、s)和舌面前音(j、q、x)。

---

[1] 关于外国学生的发音偏误,本章在写作时参考了一些文献,如赵金铭:《对外汉语教学概论》,商务印书馆2005年版;丁崇明、荣晶:《现代汉语语音教程》,北京大学出版社2012年版;王若江:《汉语正音教程》,北京大学出版社2005年版;国家汉语国际推广领导小组办公室:《汉语语音与语音教学》;杨婷:《对外汉语语音教学与偏误简析》;陈珺:《韩国学生韵母偏误的发展性难度和对比难度分析》,《云南师范大学学报(对外汉语教学版)》2007年第2期;余诗隽:《韩国人学习汉语语音的偏误分析及其对策》,华中师范大学硕士学位论文,2007年;李善熙:《韩国学习者构建汉语元音音系范畴程序及特点》,北京语言大学博士学位论文,2010年。为行文方便,并限于篇幅,本章不再一一标注,在此对相关文献的作者一并表达谢意。

对此可采用演示法等将 z、c、s 的发音部位告诉学生。另外，为防止学生受后接字母 i 对 z、c、s 的影响，还应采用 zi、ci、si 整体认读的方法，并在教学一段时间后告诉学生 z、c、s 后接的 i 是舌尖前元音 -i[ɿ]，而不是舌尖后元音 -i[ʅ]。

此外，有的欧美学生会用英语母语印象发音，将 c 发出 [ s ] 或 [ k ]，对此可采用对比法加以区别。

**（二）翘舌音 zh、ch、sh、r 的问题**

1. zh、ch、sh 的问题

很多语言中没有与 zh、ch、sh 相同的音，所以这三个音几乎是外国学生共同的学习难点。

（1）zh、ch、sh 读成 z、c、s。

不少学生存在把舌尖后音 zh、ch、sh 发成舌尖前音 z、c、s 的情况。

教学策略：

① 强调发音部位。这两组音的差别主要是平、翘舌的区别，发 zh、ch、sh 时，舌尖向后向上翘起，和硬腭前部接触或靠近；而发 z、c、s 时舌尖靠前抵住上齿背，舌头平伸。

② 带音法。训练翘舌动作，可以让学生先做出发 x 的口型，再卷舌可变为 sh。

③ 手势法、对比法。可用一只手模拟上颚，另一只手模拟舌头，使学生明白舌尖前音和舌尖后音的发音部位不同。

④ 触摸感知法。让学生触摸感知翘舌音的发音部位，用食指顶住舌尖背面，然后用牙齿轻轻咬住食指的第一关节，这种办法可以使学生更切实地感受到翘舌音的发音。

⑤ 自主练习[①]。还可利用视觉帮助发音，口对着镜子练习发音，发 z 组音成阻时可看见舌尖，发 zh 组音时，在镜子中看不见舌尖。

练习材料如：

A. 对比辨析：

sīrén（私人）— shīrén（诗人）　　tuīcí（推辞）— tuīchí（推迟）

---

① 王若江：《汉语正音教程》，北京大学出版社2005年版，第75页。

chūxīn（初心）— cūxīn（粗心）　　mùchái（木柴）— mùcái（木材）

zhǔfù（主妇）— zǔfù（祖父）　　zīshi（姿势）— zhīshi（知识）

B. 学说绕口令：

十是十，四是四；

十四是十四，四十是四十；

别把四十说十四，也别把十四说四十。

（2）zh、ch、sh 读成舌叶音 [dʒ][tʃ][ʃ]。

有些语言，如英语没有 zh、ch、sh，但有与之近似的舌叶音 [dʒ][tʃ][ʃ]（如 o<u>r</u>ange、<u>ch</u>air、ca<u>sh</u>），英语背景的学生易将汉语里的 zh、ch、sh 发成英语里的舌叶音。日本人发 zh 组音像 j 组，发 j 组音像 zh 组，其实发的也是舌叶音，是将 zh 组音和 j 组音读成了舌叶音 [tʃ][1]。

教学策略：

首先要明确两组音发音部位存在差别。发 [dʒ][tʃ][ʃ] 时，舌面中部向硬腭抬起，舌叶（舌尖后部、舌面前部）向上齿龈靠近；舌叶音较之翘舌音部位靠前，舌头与齿龈、前硬腭接触面大。

其次要引导学生找准翘舌音的发音部位并正确发音。实际教学中不必过多讲解舌叶音，但要讲清翘舌音的发音部位，并正确引导学生找准这一部位即可。可先让学生把舌尖抵住上齿背，然后舌头向后向上移动，一过齿龈，即是前硬腭，这时舌尖保持不动，双唇略向两旁展开（不能向前突出），立即发音，就可以发出标准的卷舌音。

（3）zh、ch、sh 读成 j、q、x。

有的外国学生（如泰国学生）会出现将 zh、ch、sh 组和 j、q、x 组音混淆的偏误，如将"出来"发成"去来"。对此，需要向学生强调前者是舌尖后音，后者是舌面音，发音原理不同。具体教学中，可采用演示法或对比法。

（4）翘舌太过。

在教学中，由于教师的反复强调，学生可能会将 zh、ch、sh 的发音部位发得过于靠后，出现翘舌太过的矫枉过正的情况。这种情况也要有所注

---

[1] 王若江：《汉语正音教程》，北京大学出版社2005年版，第75页。

意，要指明正确的发音部位。

2. r 的问题

很多语言中都没有汉语中的舌尖后浊擦音 r [ ʐ ]，外国学生常会出现误读。

外国学生会出现 r、l 混淆的误读。针对该类偏误可采用如下教学对策：

（1）明确汉语 r 的发音原理（发音部位和发音方法），必要时运用对比法讲清 r 与近似语音的区别。有一个简便的检验发音对错的方法，即发音时舌尖与上齿龈相碰与否：如果相碰，就是 l；如果不碰，就是 r。

（2）在教学安排上，可在学生学会 sh 后再教 r 这个音，保持 sh 的动作，发音时振动声带可发出汉语 r。

（3）将有 r、l 的词放在一起加强练习。

外国学生还易将汉语的 r 读成小舌颤音 r [ r ]，或读成闪音 [ ɾ ]，要告诉学生发 [ ʐ ] 时要控制住小舌、舌尖等发音部位，不要动。还有外国学生会将汉语中的浊音 r 发成清音 r，教师可通过夸张法和让学生不断模仿正确读音来解决。

**（三）舌尖中音 n、l 混淆的问题**

日本学生常出现分不清 n、l 的情况，在韩国学生听起来 n、l 也比较相似。

n、l 的差别在于 n 是鼻音，l 是边音。教 n 时要强调发音时舌前部堵住口腔通道，气流从鼻腔通过；教 l 时要突出边音特点，让学生舌尖顶住上齿龈不要离开，舌的两边自然松弛，留有空隙，然后体会气流从舌头两边通过的特点。

建议通过捏鼻子法来感知这两个音的区别，捏住鼻子对 l 没有影响，但对 n 则有很大影响，至少感到发音别扭。此外还可以让学生们从较熟悉的媒介语——英语中的 lee 等开始发起，然后再发汉语的 l 音节。

n、l、r 对比辨析材料如：

liúniàn（留念）— liúliàn（留恋）　　hǎilán（海蓝）— hǎinán（海南）

niúrén（牛人）— liúrén（留人）　　nǎozi（脑子）— lǎozi（老子）

lètiān（乐天）— rètiān（热天）　　lìlùn（立论）— lìrùn（利润）

### （四）舌面音 j、q、x 的问题

东南亚语言中没有与汉语舌面音 j、q、x 相同的音，这一组音是东南亚不少学生学习普通话语音的难点。为此，首先需要跟他们讲清正确的发音部位和发音方法，告诉学生 j、q、x 是舌面音，发这一组音时舌头前伸、舌面上抬靠近硬腭；其次要教会他们发音，可先教会学生发擦音，然后引导学生将擦音的发音部位完全闭塞，再挤出一条缝隙发出塞擦音来。

韩语也没有这几个音，有的韩国学生发不准 j、q、x，主要问题是舌尖后移，不与下齿龈相抵。教学时可以先让学生发 i 音，发准确以后，再引导学生发 ji、qi、xi，即让学生保持 i 的舌位，让上颚稍降与舌面前部成阻，再除阻，即可发出 j；保持 j 的舌位，呼气即发出 q；保持 q 的舌位姿势，舌面不要接触硬腭，稍留缝隙，使气流摩擦而出则发出 x。

日语没有舌面音和舌尖后音，但有舌叶音 [tʃ]、[ʃ]。如前所述，日本学生发 j 组音时像 zh 组，发 zh 组音发得像 j 组，其实发的是舌叶音，是将 zh 组音和 j 组音读成了舌叶音 [tʃ] 等。需要告诉学生：j 组音舌面和硬腭接触，发音时会感到整个舌头上举，比 zh 组音用力。此外，还要注意送气与不送气的问题。

### （五）舌根音 h 的问题

韩语没有汉语的 h[x]，h 后跟 u 时，韩国学生容易将汉语 h 发成双唇送气擦音 [ɸ]，听起来有点像 [f]，如读"户"听起来接近"复"，日本学生也存在类似情况。此外日语没有汉语的 h（舌根清擦音），但有发音相近的喉清擦音 [h]（发音部位较汉语 h 靠后），日本学生常用 [h] 来代替汉语的 h，英语背景学生也有类似问题。

教学策略：

用描述法或者演示法说明 h 的发音部位和发音方法，教师应该告诉学生汉语的 h 是舌根音，声音响亮，而且可以拖长，与双唇吹气音不同；与喉音 h 也存在差异，喉音 h 的位置靠后，声音不响也不能拖长，就像喘气一样。

### （六）唇齿音 f 的问题

1. f 发成双唇音

韩国学生在这个问题上比较典型，比如他们常会把"房间"读成"旁间"。讲解 f 的发音时可先让学生把 f 和 b、p 的发音部位区别开，还要在发

音方法上强调擦音 f 唇齿之间是有缝隙的，气流是从缝隙中摩擦而出，引导学生把气流从唇齿缝隙中缓缓摩擦而出的特征发得明显一些。

在教学方法上可用夸张法，夸张发音部位和口型，让学生模仿。组织学生操练时，除了多练习 f 为声母的音节外，还应该把 f 作声母的音节与声母是 b、p 的音节混放在一起练习，让学生反复体会 f、b、p 的发音部位和发音方法的不同。

2. f 与 h、[Φ] 的混淆

日语中没有与 f 相对应的音，不少学生会把 f 开头的音发成了 h。f 和 h 的发音方法相同，差别在于发音部位，前者的发音点在前（唇齿间），后者的发音点在后（舌根软腭间）。针对该偏误可采取如下教学措施：

（1）有学者认为①，可先强化听力训练，再进行发音训练，体会二者口型（成阻部位）上的差别；严格按照二者的发音部位和发音方法进行练习，开始时可以夸张地显示发音部位，先摆好发音姿势，然后再发音。

（2）可先让学生发容易的 fa，再慢慢发 fu 这样容易与 hu 相混的音，由易到难。

此外，日语中有与 f 发音相近的双唇清擦音 [Φ]（发音的时候双唇之间留下一道狭窄的封口，然后向外排气），成阻部位较 f 靠前，从而容易产生负迁移，日本学生也常用以代替汉语的 f，教学时要引起注意。

h、f、p 练习材料如下：

（1）对比辨析。

f-p: pēnfā（喷发）—fēnfā（分发）　　zìfèi（自费）—zìpèi（自配）

f-h: fèihuà（废话）—huìhuà（绘画）　　fùshāng（富商）—hùxiāng（互相）

（2）学说绕口令。

红凤凰，绿凤凰，粉红凤凰，黄凤凰，一片凤凰落花旁。

**（七）清音发成浊音的问题**

有的外国学生会出现将汉语的清音（如 b [p]、d [t]、g [k]）发成浊音（如 [b]、[d]、[g]）的错误。

---

① 王若江：《汉语正音教程》，北京大学出版社2005年版，第38—39页。

如何纠正学生以浊代清的发音偏误呢？

首先，应该指导学生辨别清浊的差异。

（1）教学中一种最简单、实用的办法就是让学生轻轻地按住喉头的外部，发音时如果感觉到喉头内部振动，那么发的音是浊音；如果没有感觉到振动，那么发的音就是清音。

（2）可以用学生母语中相近的音进行引导。如用 spy、stay、sky 引导汉语清音声母 b、d、g 等。

其次，要加强清、浊音练习。

弄清楚清、浊的差异之后，可以选用清浊相对的擦音，让学生进行清浊音连读的练习，因为擦音可适当延长便于练习。如可按下列矩阵图连读：

清音—[ f ][ s ][ ʂ ]

浊音—[ v ][ z ][ ʐ ]

最后，可再让学生辨别送气音和不送气音。

### （八）送气音与不送气音的问题

汉语有六组送气与不送气声母：b、p, d、t, g、k, j、q, zh、ch, z、c。汉语送气与不送气音成对出现，具有区别意义的作用，而外国学生不好区分。

在送气音与不送气音的教学过程中，应该注意两种情况：

1. 有些学生因母语里没有送气音不会发送气音。

对于不会发送气音的学生，教师要设法教会他们。送气与不送气是发音方法的区别。所谓送气音，就是辅音除阻后有一股较强的气流送出，这股气流实际上就是同部位的摩擦音，不过这种摩擦音和一般单发的摩擦音不同，由于发送气音时口腔里蓄气较强，压力较大，所以喷出的气流带有冲力。如果把送气成分延长，就会失去送气的色彩，变成摩擦音。

可采用如下教学方法：

（1）描述法。

用最简单的语言描述，必要时也可以用学生母语解释。要解决外国学生发不好送气音的问题，先要给他们建构起送气段。譬如发 ta 这个音节，很多外国学生因为把握不好送气特征而发成 da，这个时候可以顺势教他们，将 ta 拆分为 d[ t ]＋h[ h ]＋a，通过 h 这个喉部摩擦音和 d 配合，可实现发出类似送气 t 的效果。然后给学生加以总结：送气音＝对应的不送气音＋摩擦（＋韵母）。

（2）加音法。

在进行声母教学的时候不能单纯只教声母，这样不容易发现问题，可在声母后加入单元音韵母，进行声韵相拼。可以全部用第一声，也可先练习第四声，因为第四声的力气最足，学生容易掌握用力点，然后再练习其他声调。训练材料如：bà — pà, dà — tà, gāi — kāi, jì — qì。

（3）典型音感知法。

在教学中要注意送气音的特点，即气流有冲力，但不能延长。可以让学生先学较容易的双唇音 [$p^h$]，发 [$p^h$] 时闭上双唇，适当延长持阻时间，使口腔内充分蓄气，然后突然张开双唇，使气流爆破而出，一出即止，这样就可以突出送气音的特点。待 [$p^h$] 学会以后，再学其他送气音就比较容易了。

（4）气息感应法。

把手放在嘴前，或者在嘴前放一张薄纸条，或者通过吹灭蜡烛、火柴等，都会有助于学生在轻松愉快的氛围中学会如何送气。

（5）以气带音。

在发送气音时，先是用气流冲破阻碍，有意让爆破气流持续（主要是塞音），或者与阻碍部位摩擦（主要是塞擦音）片刻后才发出后面的元音。姑且不论这种方法是否有根据，但是在实际教学中确实能起到帮助学生训练好发音的作用。

2. 许多学生不能区分送气音与不送气音。

一种情况是，原来不会发送气音的学生，学会发送气音后，由于母语语音的影响，还是会经常出现不能区分送气音和不送气音的现象。

另一种情况，一些国家的学生（如英语和日语背景的学生）虽然会发送气音，但因其母语中送气和不送气不具有区别意义的作用，也会出现不能区分送气和不送气音的现象。

如何解决这一问题？

首先，针对这一现象，在教学中要注意强调汉语中送气音与不送气音的严格区别，讲明这两种发音特征的区别意义的重要作用。

其次，要有针对性的训练。经过训练学生是能够将这两种音分清楚的。比较好的训练方法是成组练习。将送气音和不送气音放在一起对比练习，发送气音时有意识地将送气时间拖长一点，然后再接韵母，这样可以比较容易地体会二者的区别。①

练习材料如下：

（1）对比辨析。

kǔtòng（苦痛） —gǔdòng（鼓动） piànzi（骗子） — biànzi（辫子）
kōngqì（空气） — gōngjì（功绩） pèngdiào（碰掉） — bèngtiào（蹦跳）
zhúzi（竹子） — chúzi（厨子） tōngqì（通气） — dōngjì（冬季）

（2）学说绕口令。

八百标兵奔北坡，炮兵并排北边跑。炮兵怕把标兵碰，标兵怕碰炮兵炮。

## 二、韵母教学的难点与重点

### （一）单韵母教学中应注意的问题

总体来看，外国学生会感到单韵母 a、i 容易，e、u 有点儿难，ü、o 更难。

#### 1. a 的发音

汉语的 a [A] 和日语的 [A]，虽均属舌面、央低、不圆唇元音，音值相近，但汉语 A 的开口度略大于日语的 [A]，从而造成响度上的差异特征，如日本学生发汉语的"大"时听起来会像"得"（de）。为此在教日本学生发汉语的 a 时，应提醒他们注意，口要张得比母语 A 更大，口腔肌肉也要更紧张。

#### 2. e [ɤ] 的发音

单韵母 e 是一个较难发好的音，发音时容易出现舌位过高或舌位偏前的情况。

有的学生会把它发成接近舌面、后、高、不圆唇元音 [ɯ]，对此要提醒学生发汉语 e 时舌位比发 [ɯ] 时低一点，肌肉放松一点。纠正方法是加大开口度，使上下齿之间能容下个手指的距离，这样舌位也就跟着下降。

日语没有汉语 e [ɤ] 音，日本学生在发这个音时读得有点像 [A]，如

---

① 王若江：《汉语正音教程》，北京大学出版社2005年版，第59页。

把"和"读成"哈"。在教这个音时，可以让学生从母语中与它邻近的[ʌ]出发，嘴要张得开一些，同时嘴角要用力向两边展开；也可以让学生先发 o[o] 这个圆唇音，然后再展唇微笑，便可发出 e 来。

韩国学生会将 e[ɤ] 误读成 [ʌ]。德语没有这个音，德国学生会出现翘舌或舌位靠前的现象，可能是受德语中只出现在轻声音节中的 [ə] 的影响。

此外，外国学生还易出现将 e 读成 ɑ 与 e 之间音的偏误。ɑ 的开口度要大，e 则是嘴角稍向左右咧开，在发音示范 e 时要让学生明显地看到唇型的不同，教师也可在黑板上以图示意等。

还有学生会把汉语 e 发成复合元音 [ei]。针对这类学生，要提醒他们 e 是单韵母，发音时要自始至终保持舌位不移动，唇形不变；而 [ei] 是复韵母，发音时由第一个元音向第二个元音滑动，舌位、唇形都在变化中。

3. o 的发音

"o"的发音很难。

学生发出的常常是复合元音"ɑo""ou"或"uo"。出错的重要原因应是学生听不准老师的发音，不了解 o 的发音原理（口型不变）。因此，第一要让学生听准发音，二是让他们知道单元音的嘴唇稍微拢圆，但嘴唇不能动。

有的学生发出的是单元音，但发音不太标准。日本学生会出现开口度大、圆唇度不够的情况，日语的 o 是舌面、后、中、圆唇元音，汉语的 o（舌面、后、半高、圆唇元音）比日语的 o 开口度要小半个扁指，圆唇度则要高得多；韩国学生则相反，发汉语 o（汉语普通话的 o 唇形有些扁）唇太圆。为此指导日本学生发汉语的 o 时，要引导他们将口张得比发母语 o 小一些，嘴唇要拢得比母语 o 更圆，并向前突出；而对韩国学生发音指导则正相反。

o、e 练习材料如下：

（1）发音体验。

　　xìnggé（性格）　　guǎngbō（广播）　　lǚkè（旅客）

　　shìhé（适合）　　zhémó（折磨）

（2）朗读诗歌。

鹅鹅鹅，曲颈向天歌，白毛浮绿水，红掌拨清波。

4. i [ i ] 的发音

日语的 i 与汉语的 i [ i ] 音值接近，同属舌面前、高、不\圆唇元音，但汉语的 i 比日语的 i 更高、更靠前。日本学生发汉语的 i 时听起来让人觉得不怎么清晰。教日本学生发汉语 i 时应提醒他们，上下齿间的缝隙要比其母语的 i 小，舌面要更靠近硬腭，嘴角要向两边展得更宽更有力。

5. -i [ ɿ ]、-i [ ʅ ] 的发音

汉语拼音字母 i 代表三个音。除了 i [ i ] 之外，位于 z、c、s 后的 i 受舌尖影响变为舌尖前音 -i [ ɿ ]，位于 zh、ch、sh、r 之后的 i 受翘舌音的影响变为舌尖后音 -i [ ʅ ]。一般元音是用舌面的高低来节制气流，而这两个元音是靠舌尖起作用的，因此要学生单发这两个不圆唇舌尖元音 -i [ ɿ ]、-i [ ʅ ] 是非常困难的。对此，教学中可以考虑整体认读，-i [ ɿ ] 与声母 z、c、s 一起教，-i [ ʅ ] 与声母 zh、ch、sh、r 一起教；并要提醒学生这两个音是与前面声母同部位的较高位置的元音，在声母发完之后舌头要继续保持紧张状态。

练习材料如下：

发音体验：

rìjì（日记）　　zìsī（自私）　　zhīchí（支持）　　qīzi（妻子）　　lìxī（利息）

cìjī（刺激）　　yǐzi（椅子）　　qíjì（奇迹）　　　shīcí（诗词）　　yìsi（意思）

6. u 的发音

日语有一个舌面、后、高、不圆唇元音 [ ɯ ]（发音时双唇不撮起，口型扁平，很放松），与汉语 u [ u ]（舌面、后、高、圆唇元音）相似却又不同，二者的差异在于圆唇与非圆唇，虽然如此，但日本学生较难分辨出"湖"与"河"，发 u 时常会发成 [ ɯ ]。有的日本学生会忘记舌头后缩，把 u 发成舌尖元音 [ ʮ ]。为此，教学中要引导学生双唇用力向前突出，中间形成一个小圆孔，像吹口哨一样，同时抬高舌根，扩大口腔，缩小咽腔。

韩国学生会将汉语 u 误读为 ü，还存在发 u 比汉语母语者更靠前或矫枉过正把 u 发得太靠前的偏误。这时就需要将 u 正确的唇形、舌位告诉学生。

欧美学生发"r + 以 u 开头的韵母"组合成的音节时常会出现偏误，如 ran 发成 ruan，ren 发成 run。引起偏误的原因有人认为是外国学生在发韵母时出现了问题，但事实上外国学生往往能准确地单发 r 和 an，在拼合音节之后才出现错误：r—an → ruan。现代音系学将普通话音节结构划分

为首音和韵两个部分，其中首音是"声母+介音"，韵则包含韵腹（韵核）与韵尾。外国学生之所以出现偏误，问题不是出在韵上，而是出在首音上，即声母带有了一个不该出现的特征，不管后面出现的韵母是什么，某些学生都做好了圆唇的准备，因此"r（扁唇）—an"会误发成"ru（圆唇）—an"。

7. ü 的发音

汉语中的 ü[ y ] 是个舌面前、高、圆唇元音。很多语言中没有 ü，所以 ü 对很多外国学生而言存在一定难度。

很多学生会将 ü[ y ] 读成前、高、不圆唇元音 i[ i ]，如将 ju（ü）、qu（ü）、xu（ü）发成 ji、qi、xi，将"学校"发成 xiéxiào，经过一段时间学习还会出现圆唇程度够了、但舌位前后发音不稳定的情况。有的学生圆唇过晚将 ü 读成 [ iy ]，有的学生因舌位向后移动将 ü 读成 [ iu ]。

教学策略：

可采用综合演示法、对比法、带音法、低头法等方法。最常用的就是带音法，用 i[ i ] 或 u[ u ] 来引导学生发 ü[ y ]：可让学生先发 i，保持舌头不动，然后圆唇，就可发出 ü；或让学生先发 u，保持嘴唇形状不变，然后将舌尖前送（可将头低下帮助舌头前移），可帮助发出 ü 来。

u、ü 练习材料如下：

对比辨析

wánquán（完全）— yuánquán（源泉）　ruǎnfà（软发）— rǎnfà（染发）

xiéhuì（协会）— xuéhuì（学会）　　yuèdú（阅读）— yèdú（夜读）

jǔlì（举例）— zhǔlì（主力）　　　　wúqián（无钱）— wúquán（无权）

8. er 的发音

印尼语、泰语、日语等语言中没有汉语中的卷舌韵母 er，这些国家的学生学习该音有一定困难。

教学时可以让学生从 o 出发，在保持开口度不变的情况下，把舌面往后缩，使舌尖脱离下齿并向上卷起，指向硬腭与软腭的交接处，同时嘴角用力向两边展开。有的外国学生在发这个音时，因为舌头过分紧张，会导致还未发音舌头就已经卷起来，在训练时要强调发音应该放松，从舌头平放、中部稍稍隆起这个动作开始。

### （二）复韵母教学中应注意的问题

相对来说，复合韵母的发音比较容易。单元音的发音是基础，基础打好了，复合韵母的发音就比较容易：从开始的元音不间断地向第二音（第三个音）滑动，开口度大的重读，最后自然地读成一个复合音。

虽说如此，还是有一些问题需要注意。

1. 注意韵母发音的动程

首先，要明确复韵母的发音不是几个单元音的简单相加，而是从一个元音向另一个元音逐渐滑动，气流不中断，听起来像一个整体。也就是说，发复韵母时，舌头、嘴唇和整个共鸣器的形状是逐渐变动的、连续的，而外国学生的问题往往就出现在这个动态变化的过程上。因此需要提醒学生，复韵母的发音特点是口形、舌位均有变化。教师示范发音时要让学生看到这个动态变化过程，并要求学生辨别和体会相应的动程。

其次，要掌握复韵母发音动程的特点：韵腹清晰响亮，韵头、韵尾模糊轻短。

由于掌握不好汉语复韵母的发音动程，外国学生常会出现发音偏误。

（1）泰国学生在发以 i、u、ü 作为开头复韵母时常会出现问题：

A. 汉语中以 i 开头的韵母中的介音 i 读得很短，但因泰语里 i 常读长音，学生容易读成长音，听起来比较奇怪。

此外，ia — ie 是泰国学生容易混淆的复韵母。如"谢谢"易发成"xiàxia"。

B. 汉语中以 u 开头的韵母介音 u 读得很短，同样因为泰语里 u 有长音，学生容易读成长音，介音读长了影响后面的韵腹，结果韵腹读得非常短，一带而过了，如"花"会读成"huō"，这也是 ua 与 uo 相混淆的重要原因。

（2）日本学生发汉语复合元音时经常出现的问题是不能把两个音素糅合在一起，如给 ai 中两个音素 a 和 i 同样的时间和强度，实际上汉语中的 ai 是一个不可分割的音节，且前音长后音短，前音强后音弱。还有汉语三合元音的发音方法是后响双元音与前响双元音的结合，每个元音都受其他因素的制约而发生一定的变化，特别是中间的元音变化明显，形成独特的音，需要多加注意。

（3）韩国学生会出现复韵母的介音太短，不能确保足够的音长，比较模糊，出现听起来像是脱落了介音的偏误；还有的韩国学生会出现丢失韵尾的偏误，如汉语 ou 发成单元音 [ o ]。

（4）英语国家学生发 ou[ ou ] 时，[ o ] 舌位偏高偏后，而且唇较不圆。

2. 注意由音位变体造成的读音错误

音位常会有不同的音位变体，汉语复元音韵母中的各个元音的读音常与相应字母所代表的单元音的读音存在差别。如字母 e 代表四个不同的音位变体：单念时是 e[ ɤ ]，在韵母 en 中发 [ ə ]，在韵母 ei 中发 [ e ]，在韵母 ie 中发 [ ɛ ]。泰国学生容易将 e、ie、üe 中的 e 混淆，这就提醒教师要在教学中把这些不同的变体向学生交代清楚，以免造成误读。

3. 汉语拼音方案等引起的误读

《汉语拼音方案》拼写规则规定，三合元音 uei、iou 省写成 ui、iu。ui、iu 易被误读成二合元音，如韩国学生就容易将汉语三合元音 ui[uei] 发成二合元音 [ ui ] 或 [ ei ]，日本、泰国等学生也存在此问题，这与汉语拼音方案特定拼写规则的影响有很大关系。

为提高复韵母教学的效果，教学中可综合采用对比法、以旧带新法、夸张法、改进《汉语拼音方案》、语音测试、利用先进的技术等方法或手段。

**（三）鼻韵母教学中应注意的问题**

鼻韵母的发音难点主要是前鼻韵母中的"-n"和后鼻韵母中的"-ng"的混淆。外国学生会出现对前、后鼻音的差异不敏感，将二者相混、发音不标准的偏误。

教学策略：

1. 应明确前、后鼻音的发音部位。

在教授带鼻音韵母时，主要是让学生掌握前鼻音"n"和后鼻音"ng"的发音部位的区别：前鼻韵母发音时舌尖起作用，要抵住上齿龈；后鼻韵母发音时舌根起作用，要抬起，抵住软腭。为方便教学，可引导学生注意二者发音口型的不同：发前鼻音时，上下门齿是相对的，口形较闭；发后鼻音时，上下门齿离得远一点，口形较开。

2. 注意综合利用各种方法

（1）低头、仰头法。

训练时可通过外部动作加强口腔内的控制：发前鼻音时，将头稍稍向前低下，让舌自然下垂，以更容易地发出前鼻音，发音结束时，舌尖仍然与上齿龈相抵；而发后鼻音时，将头稍向后仰起，舌会自然后缩，以更方便地发出后鼻音，发音结束时，从外部看不到舌尖①。

（2）带音法。

教前鼻韵母时，可以由发音部位相近的复元音韵母引入，再带出鼻音来。如教 an 前先复习 ai，然后发 an，因为 i 和 n 的发音部位很接近。

（3）夸张法。

如教后鼻音时可夸张一些，将舌头伸到上下齿中间以帮助发音。

（4）引衬法。

用后面的音节配合帮衬，促成前面的鼻韵母归音到位。n 与舌尖中音发音部位相同，ng 与舌根音发音部位相同。

（5）成组对比练习法

练习材料如下：

yǐnzi（引子）　　　— yǐngzi（影子）

chángzhēn（长针）— chángzhēng（长征）

tiāntán（天坛）　　— tiāntáng（天堂）

shēnshǒu（伸手）　— shēngshǒu（生手）

wǎnshang（晚上）　— wǎngshang（网上）

jiǎnhuà（简化）　　— jiǎnghuà（讲话）

除了前后鼻音混淆的情况外，外国学生会出现将鼻音韵母中元音读错的问题。泰国学生容易按照字母发音而发错 ong、iong，其实它们的实际发音是 [ uŋ ]、[ yŋ ]。有的韩国学生发 un 音时会丢失其中的主要元音 e 发成 [ un ]，这其中有受《汉语拼音方案》拼写规则影响的因素；还有韩国学生会将 un 误发成 [ yn ]。对此，一方面要把汉语拼音的特殊拼写规则告诉学生，另一方面要向学生讲明鼻韵母从元音的发音状态逐渐过渡为鼻音的发音方法，即鼻韵母与复元音韵母一样，也是从一个音的发音动作向另一个音的发音动作连续滑动变化而成的，所不同的是复元音韵母是由元音收尾，而鼻韵母是由鼻音收尾的。

---

① 王若江：《汉语正音教程》，北京大学出版社2005年版，第122页。

### 三、声调教学的难点和重点

外国学生洋腔洋调的发音很大程度上是因为声调的问题。很多语言中没有声调,声调对于大多数外国学生来说陌生而难学。

声调教学是汉语语音教学的重点和难点。教师在进行声调教学中应注意以下几个问题:

**(一)从语言理论和语言实践的角度让学生重视声调的存在和使用**

汉语声调具有区别意义的作用,对于熟悉的语言中没有声调的学生来讲,首先要让他们充分重视汉语声调的作用和意义。

**(二)尽可能从各个方面向学生解释声调的发音原理**

1. 从物理方面解释

声调的变化取决于音高,而这种音高变化是滑动的,不是跳跃的。区别特征理论对声调教学可能有更大的启发作用,该理论把普通话阴平特征定为高,阳平定为升,上声定为低,去声定为降,据此在声调教学中就可以用这四个特征分辨四个调类。上声之所以定为低调,是因为它在单独发音或者在词语的最后一个音节时才会发出完整的 214,但当上声在词语的前一个音节时,它的 214 调值往往会随着语流而弱化为 211。如从方便教学的角度,可把 211(低调)定为第三声的基本调值,把 35、214 处理为变调[①]。

2. 从生理方面解释

人的声带的松紧变化导致了音高的变化:声带松,发音低;声带紧,发音高。声调有由高而低的,也有由低而高的,相应来说就是声带有由紧而松的,也有由松而紧的。以此来解释说明声调及指导声调训练会让学生感觉浅显易懂。

**(三)了解外国学生学习汉语声调的难点**

1. 第一声(阴平)的问题

(1)第一声起调过低,导致第三声、第四声低不下去。

(2)与上面的情况恰好相反,有的学生第一声起调会过高,导致第二

---

[①] 王若江:《汉语正音教程》,北京大学出版社2005年版,第22页。

声升不上去。

（3）还有外国学生（如韩国学生）在第一声时音高常出现下降，导致一声与四声或半三声相混的情况出现，如将"他们"说成"踏门"，"拖鞋"说成"妥协"等。

2. 第二声（阳平）的问题

（1）第二声起调不准、升不上去。

阳平起调也很重要，起调比阴平低，然后逐渐升高。外国学生常出现第二声升不上去的情况，从而发不好第二声。

学生往往由于声带放松得不够，使起点太高，以致终点高不可攀，升不上去，有时会导致第二声近似一声，如"镯子"说成"桌子"。对此可以利用四、二声连读的双音节词语，让学生先读前边的第四声全降调使声带放松，然后再逐渐拉紧声带，发出后边的第二声。

还有些学生起点和终点都不够高，且低音持续过长、高音过短。对此可以借助音乐的道理来引导学生学习声调，让学生用唱歌的方法把四声哼出来。

（2）第二声升得太高。

与上一情况相反，有的学生（如越南、泰国学生）会出现二声升得太高、超过阴平的情况。

3. 第三声（上声）不会拐弯

第三声是先降后升，是四声中最难掌握的一种。要从半低音降到低音，然后再升到半高音，其调值为214。但上声字很少单念，一般连调时读211调值，所以可把211作为基本调型。

第三声的特点是前长后短，有的外国学生的毛病恰恰是前短后长，往往在前半段还没降到最低点就急于上升，造成曲折度不够，这样容易与第二声相混。

教学中可以用去声带上声，利用四、三声连读的词语，如"太好了""不好了"等，让学生朗读时先把声带放松，然后再拉紧，帮助他们练好第三声。

4. 第四声（去声）降不下来

第四声从高音降到低音，起点比较高，猛然降到最低，调值最短。

外国学生（如韩国、泰国、日本学生）发四声时常出现起点欠高、终点欠低而近似一声的情况。

还有学生会将第四声念成接近 53 的高降调，出现这种情况的原因是声带始终较紧没有放松。在教学中可以适当拉长第四声的长度，给学生放松声带的时间，这样有助于学好全降调。还有学生会将第四声念成接近低降调 31，出现这种情况的原因是开始发音时声带不够紧并始终保持较松的状态，在教学中可用第一声来引导，让学生多练习一、四声连读的词语。因为第一声是高平调，声带保持紧张状态，然后紧接着发第四声，就能发出全降调。

### （四）合理地进行教学处理

1. 多途径展示、训练声调

除采用常用的"五度声调调型图""手势法或头势法"外，还可综合采用如下方法：

（1）声带控制法。

55，拉紧声带并始终保持紧张；35，声带呈不紧不松状况后，很快地拉紧；214，放松声带并保持松弛；51，声带突然拉紧，然后逐渐放松。

（2）对比法。

用外国学生熟悉的语言中的近似音可辅助声调发音，如英语中的"Let's go！"中的"go"很像汉语第四声发音，对英语国家或懂英语的学生，可让他们加以对比和参照。

（3）慢咏加指挥方法。

将正确的声调放慢、拖长加以吟咏，并以手势对声调的高低起伏加以指示，可使学习者明确地体会到该声调的确切音高。"妈妈"读成"骂骂"类的偏误，若采取慢咏加指挥的方式可收到立竿见影的效果。

（4）唱四声。

加强四声操练的一个重要方法就是唱四声的方法。可齐唱、独唱，也可分组轮换唱，如第一组学生唱第一、三声，第二组唱二、四声。

（5）连调训练。

① 为克服第一声调值不够高，可采用"第二声＋第一声"的连调训练组合。如爬山、明天、房间、国家、前天、昨天、时间。

② 为克服第二声调值升得不够高，而起点又偏高，可采用"第四声＋第二声"的组合训练。如去年、作文、教学、画图、外国。

③ 为克服第三声发音不准、同第二声相混淆，可以在第三声音节前面加上一个去声音节，构成"第四声＋第三声"组合。如汉语、字典、跳舞、电脑。

④ 为克服第四声调值起点不够高，可以在第四声音节前加一个第一声或第二声音节，组成"第一声/第二声＋第四声"的连调组合。如书架、吃饭、格式、全部。

2. 合理调整声调教学的顺序

传统的第一声、第二声、第三声、第四声的教学顺序在对外汉语教学中可调整为第一声、第四声、第二声、第三声的顺序。

（1）第一声先教。

为什么要先教第一声？一方面，第一声是一个高而平的调子，中间没有升降的变化，对外国学生来说比较容易学。另一方面，第一声具有给另外三个声调定基调的作用。如果第一声念得太低，就会使第三、四声低不下去；如果第一声念得太高，第二声就无法升上去，因为第二声的终点其实比第一声还要高些。

第一声的调值是55，可先教学生发11的低平调，再发33的中平调，再发55的高平调，然后反过来从高平到低平练习。通过这种练习，学生可以明显地感觉到声带松紧变化的不同，从而逐渐能够有意识地控制声带的松紧。

（2）第四声顺序提前。

为什么第四声要提前教授？

首先，第四声是个全降调，也是较容易学的。它的调值是51，从最高点5度降到最低点1度。

其次，学会了第四声可更好地引导学生发好较难的第二声（阳平）、第三声（上声）。上面讲过第二声和第三声很多学生都存在发音问题，如果适当调整教学顺序，利用先教的第四声，用四、二声连读的双音节词语和四、三声连读的词语，可有效地帮助学生练好第二声和第三声。

### 四、音变教学的注意事项

**（一）音变教学的总体原则**

1. 严格把握音变教学内容的范围

教师、教材应严格掌握教学内容，减轻学生的学习负担。对于那些可变可不变的不要教，对于那些没有辨义功能的轻声和儿化不要教。

2. 从音变规律切入进行教学

在音变教学中要以音变规律为切入点，一个规律一个规律地讲解，这样一旦学生记住了音变规律，就会正确地进行音变。

**（二）具体音变的教学处理方法**

1. 变调

第三声是个曲折调，又比较长，在快速连读时常常会挤短、扯直，不是把开头的下降部分挤掉，就是把末尾的上升部分挤掉。

（1）教第三声的方法。

A. 单练法。

B. 对比法。

练习材料如下：

我的生活很美好。／做的米饭还没好。

海上有一座美丽的海岛。

你点菜了吗？——已经点好了。

C. 配合法

如在第三声后分别配以其余的三个声调的音节，然后一组一组地练习。

练习材料如下：

演出　指挥　粉丝、　检查　委员　旅行、　法律　武器　手续

（2）第三声本调和变调的调整。

将211（半三声或半上声）定为第三声的本调，并且先教；将214处理为第三声的变调，后教；35在教学处理上保持不变。理由是全上声的调型214很容易与阳平相混淆，不利于学生掌握，而且实际话语中较少出现214，211调值则出现较多；至于另一变调35，学生只要记住变调规则学会第二声加第三声的发音即可。

## 2. 轻声

普通话的音节组合在一起时，在一个词内部，不同音节并非平均用力。汉语普通话二字词中，一般后字较前字要重一些，是为中重型轻重音模式，如"汉语"等；还有一种模式是重轻型，如"客气""爸爸"等，即一般所说的"轻声"。

与汉语不同，有些语言如英语中主导轻重音的不是音强，而是音高。如'subject 和 sub'ject。说英语的人学汉语的双音节词语，最容易在重音上受到母语的干扰。

教学策略：

（1）讲明音理法。

在轻声教学中，要告诉学生把它念得又短又轻。

（2）夸张法。

教师可运用适当的夸张，发准并适当延长前边音节，同时把握好后一音节的声调，然后轻轻一带，便发出轻而短促的声音，这就是轻声。这种夸张法将视听印象放大、强化，有利于学生正确认识与把握轻声的发音。

（3）结合词汇朗读法。

由于轻声音节的音高是由前面音节决定的，因此要结合词汇通过朗读加以练习，多朗读一些含轻声的组合练习，如一些亲属称谓"爸爸""妈妈""哥哥""姐姐""弟弟""妹妹"等。

（4）对比练习法

练习材料如下：

shítou（石头）— táitóu（抬头）　　yìngfu（应付）— zhīfù（支付）

xiāoxi（消息）— zhìxī（窒息）　　dòngjing（动静）— ānjìng（安静）

shēnghuó（生活）— mánghuo（忙活）　　biǎobái（表白）— míngbai（明白）

## 3. 儿化

很多语言没有汉语这样的卷舌韵母 er，所以不少外国学生读儿化韵有一定的困难。汉语儿化韵很难学好，规律也较零碎，其实许多中国人也发不准确儿化，在许多地区儿化也很少使用。因此在对学生学习儿化的要求上不应过于严格，对实在难以掌握的外国学生，只要求他们能在原来韵母后加一定的卷舌色彩并读成一个音节即可。但同时汉语的有些儿化韵有分辨词义和词性的作用，还具有一定的语用功能，表示不同的感情色彩，如"画—画儿""盖—盖儿""头—头儿"等，对外汉语教师又要尽可能教会学生发儿化音，这就需要把重点放在那些能够区别词性或区别词义的儿化上。

**五、语调教学的注意事项**

汉语有自己韵律节奏方面的规律，但在语音教学中这方面的内容常被忽视。如果教师注意这方面的教学，就能较好地避免学生听力上的缺陷和语音上的洋腔洋调。

**（一）注意汉语对比重音的教学**

汉语重音是外国学生的难点之一。汉语句中处于对比地位的两个词，如果有相同语素，其重音位置会发生变化。如"汉语"这个词单独出现时，或在没有对比的情况下，或有对比但对比的词没有相同语素时，其重音在第二个音节"语"上；有对比又有相同语素时，重音位置会转移到处于对比位置的词的不同语素上。试比较：

我学汉'语。（无对比）

我学汉'语，他学音乐。（有对比，无相同语素）

我学'汉语，他学英语。（有对比，有相同语素）

有些语言，如英语则没有这种情况，以英语为母语的学生或很容易读或说错此类重音，在教学中如发现此类偏误，教师要及时予以对比说明并纠正。

**（二）注意汉语音节的发音时长**

汉语双音节和三音节的词在发音时长上有相对的等时性，绝大多数的三音节中间一个音节相对弱化，如"汉语—汉语课"。外国学生在念三音节词时往往一个音一个音地念，给三个音节分配相同的时间，一听就知道是外国人在说汉语；而当中国人用相当于说双音节的时间去说三音节的时候，就会造成外国学生汉语听力上的困难。如果将汉语这一节奏规律告诉学生，并加以操练，就能使他们避免语音上的洋腔洋调。

**（三）注意句子的语法关系，避免停顿错误**

停顿也是外国学生学习的难点之一，他们往往难以找准停顿的位置，常犯的错误有：停顿的颠倒、停顿过少或过多、会出现词内停顿。

其实外国学生的停顿问题常出现于句中停顿，即词或词组间的停顿。如果在不该停的地方出现了停顿则是不可接受的。那么到底哪些地方不能停顿呢？主要包括以下情况：词或固定短语内部；正反疑问句的"正＋反"之间；联合结构中连词的后面（带连词的联合结构如要停顿，应在连词之前停顿）；修饰语＋中心语，尤其是单音节或双音节的短中心语，如"这么快"等；结构助词"的""地""得"之前以及动态助词"着""了""过"前；结果补语、趋向补语、可能补语前。

在语调教学中，应提醒学生注意句子的语法关系，避免停顿错误。

**（四）读准句调**

汉语既有声调又有语调，说话时二者是结合在一起的，既不能用声调代替语调，也不能将其他语言的语调直接照搬至汉语[①]。

在句调方面，学生容易产生的错误突出表现为两个问题。

1. 为表达语气的需要抛弃了声调。

进入语句层面后，学生的声调错误率明显上升，其中的一个重要原因就是不能理解语调与声调的关系，在语流中很难把握调值的变化，常屈从于语调的升降变化而抛弃声调。

句调偏误常见于疑问句。其中欧美学生就比较有代表性，他们常将疑问句中最后一个字的声调发成阳平。还有不少国家的学生会将"你卖（mài）不卖（mài）？"读成"你买（mǎi）不买（mǎi）？"

外国学生还会搞不清楚汉语降调句中第一声和第二声是要读原来的平调和升调还是要变为降调，学生会将降调句"我不跟你结婚。"中第一声的"婚"读成第四声。如欧美学生就常将陈述句中最后一个字的声调发成阴平或去声。

汉语的语调不能太夸张，它主要表现在语句末尾的音节上，但不能因为语调改变字调。对于句尾的相应音节，只是在原有字调的基础上，稍稍表现出上扬或下降的态势即可[②]。

---

[①] 王若江：《汉语正音教程》，北京大学出版社2005年版，第156页。
[②] 王若江：《汉语正音教程》，北京大学出版社2005年版，第156页。

2. 外国学生将自己母语的语调放至汉语句子上。

如法国学生升调特别多，韩国学生常用降调，日本学生常用轻飘飘的平调。

为了使语调自然，句子的前部要作相应的铺垫：如果是上扬调，句子前部要处于低平语调状态；如果是下降调，句子前部则要处于稍显高平语调的状态[1]。

## 本 章 小 结

语音教学是对外汉语教学的重要组成部分，语音的面貌直接反映外国学生的语言面貌。对外汉语语音教学需要一个短期集中的教学阶段。该语音教学阶段是对外汉语教学的初始阶段，也是最基础、最重要的阶段，它为外国学生以后的深入学习奠定基础，在该阶段教师对学生要严格要求。同时语音教学阶段也是学生树立信心的重要阶段，教师的要求又不能太过苛刻，否则学生容易产生畏难情绪，丧失继续学习汉语的勇气和决心。而且对外汉语语音教学具有长期性、艰巨性的特点，需要教师做好对学生长期训练的准备，具备扎实的教学能力。因此，掌握正确的对外汉语语音教学原则和方法对对外汉语教师来说十分重要。

本章比较系统地介绍了对外汉语语音教学基本原则和常用方法，并结合教学实际概括了外国学生在声母、韵母、声调、音节、音变、语调等方面的语音偏误，还就其中的一些学习难点提供了教学对策。但教无定法，具体的对外汉语教学实践需要教师好好理解相应的教学原则，并恰当地运用相应的教学方法，根据学生的不同情况，在教学条件允许的情况下采取灵活多样的教学方式来帮助学生学习汉语语音。

---

[1] 王若江：《汉语正音教程》，北京大学出版社2005年版，第159页。

## 思考题

1. 对外汉语语音教学有哪些常用的教学方法？
2. 你如何看待语素教学与语流教学的关系？
3. 对于声调教学，你认为可以采用哪些有效的手段？
4. "你说的是他啊！""我都十八岁了，还小啊！"中的"啊"该如何发音？
5. 日本学生会把"坐在船上"说成"坐在床上"，韩国学生会把"学习"说成"xié习"，请结合汉语语音知识，设计有效的教学方法指导其纠正错误。
6. 有的外国学生将"小孩儿""照片儿"中的"儿"发成了"ér"，请判断一下读得对不对，并说明理由。
7. 请就声母 zh、ch、sh、r 进行教学设计。

第四章推荐阅读

# 第五章　汉字教学

对于大部分非汉字文化圈的外国学生来说，汉字是学习汉语过程中较大的障碍之一。在大部分的汉语课堂上，词汇和语法是教学的重点，汉字和语音都处于从属地位。有学者认为，词汇教学取代了汉字教学[①]，真实地反映了课堂的现状。在学习的初期，很多学生愿意跟着老师一笔一画地写，可常常感到很茫然。随着学习的深入，很多人开始感到记忆像图画一样的汉字很困难，而教师忙于讲解词汇和语法，不再花时间教如何写汉字。汉字成了需要学生自己去解决的问题，成了完成作业的工具。一些学生在学习语法和口语时很积极，可一看到汉字就感到一种无形的压力。他们中的很多人逐渐放弃了汉字，想依靠拼音学下去，可后来发现不知为何学不下去了。其实，无法深入学习的原因之一就是不会汉字。从汉语本身的特点看，字跟词和句有很紧密的联系，学会汉字，可以大大提高学习效率，也能够从根本上理解汉语的词法和句法。因此，汉字是汉语教学中不可分割的一部分。

## 第一节　汉字的基本特点

目前，世界各国所使用的文字多为拼音文字，如英文、法文等。而就产生的时间而言，汉字也不是最古老的文字，古埃及的圣书字和古巴比伦的楔形文字都比汉字早，但汉字的生命力有目共睹。汉字的特点决定了它能够冲破时间和地域的限制，流传至今。

---

[①] 刘询：《对外汉语教育学引论》，北京语言文化大学出版社2000年版，第322页。

首先，汉字的音、形、义相统一。只有掌握了一定量的汉字，才能感受汉字音、形、义相统一的特点。而且，这种统一是相对的，很多刚刚学习汉语的外国学生认为汉字的字形跟发音没有关系，而学习了一些形声字以后又觉得很多形声字的声旁跟整个汉字的发音不一致，例外很多。这主要是由于汉字的发音在漫长的历史演变过程中发生了一些变化，所以按照古音来读是形声字，按照现在的发音读就不是形声字了。而那些从图画文字发展而来的汉字，其中的很多仍能看出与意义的联系，如"山""人""日""月"等。形声字的形旁具有表义功能，但不能将其推而广之，认为每一个含有这个形旁的汉字都含有这个意思。例如，"氵"跟水有关，学习"江""河"等比较容易记忆，但是在解释"演"时就比较困难，因为"演"的本义是长流，长远之流与现代汉语中根据事理推广发挥、依照程式练习、不断变化和把技艺当众表现出来等义项已经没有太直接的联系了。形声字的声旁表音率也是有限的，按照周有光先生统计的结果，有效表音率为39%。[①] 值得注意的是，学生需要记忆声调，而声旁的声调有时与整字不一致。例如，"方"组成的"芳""防""访""放"，四个声调都有。因此，汉字音、形、义的统一，对于学习者来说，不是马上可以体会到的。

其次，汉字的同音字、多音字较多，这一特点是由汉语的音节数量决定的。普通话有400多个基本音节，加上四声，就构成了1200多个音节。现代汉语通用字有7000个，这些字从产生来看，来源于不同时代和地区，因此出现同音或多音的现象是不可避免的。由于语音的演变，古时不是同音的字，到了现在也成了同音字。此外，语音也是汉字用以区别不同语素义的方法，如"校"这个汉字有两个读音，读"xiào"表示专门进行教育的机构，也用于表示跟军衔相关的内容；而读"jiào"的时候则表示比较或者查对。这对于以汉语为母语的中国小学生来说都不容易，对外国学生来说就更是一个难点。

再次，汉字的笔画变化比较多。将汉字的笔画分开来看并不复杂，但是笔画和笔画组合以后，就容易造成偏误，这跟字形本身的复杂程度没有

---

[①] 周有光：《现代汉字中声旁的表音功能问题》，《中国语文》1978年第3期，第173页。

直接联系。例如，"贝"字，很多学生会写成"见"字，而"见"字也常被写成"贝"字，这就是对笔画的认识不清造成的。又如，"盆"的"皿"字底，很多学生会将中间的两个竖写成两个横；而"暑"的"日"字头中的横，又会被写成竖。另外，"扌"旁的最后一笔，往往被写成"丿"，产生这类问题的主要原因是对笔势没有概念。汉字的笔画变化多端的特点，成就了优美的汉字，但也给对汉字不够了解的学习者造成了很大的学习负担。如果在学习的初始阶段没有培养学生正确的辨认笔画的习惯，日后再进行纠正就很困难了。

最后，汉字的结构较复杂。拼音文字是线性分布，而汉字总体上是方块字，7000个通用汉字的平均笔画是10.76笔，从结构上说可以分为左右结构、上下结构、左中右结构、上中下结构、全包围结构、半包围结构等。留学生在学习的初期往往对汉字的结构没有清晰认识，因此常常会出现忘了某一个笔画，或者把上下结构的汉字的两个部分对调等情况。建立正确的结构类型概念，对于长期学习来说是至关重要的。然而，即便是基础较好的学生，也会在写汉字的过程中出现结构偏误。因此，教师在教学过程中对汉字结构的强调应该是由始至终的。

汉字虽然数量巨大，但是常用字并不多。根据《现代汉语常用字表》的统计，供语文教学和辞书编纂使用的常用汉字共3500个，其中常用字2500个，次常用字1000个。2500个常用字的覆盖率为97.97%，3500个常用字的覆盖率为99.48%[1]。周有光先生曾指出，汉字效用是递减的，最高频的1000字的覆盖率大约90%，以后每增加1400字大约提高覆盖率十分之一[2]。因此，掌握3000左右的汉字不仅对外国人，对一般的中国人来说也基本可以满足生活和学习的需要了。由于最常用的汉字仅为1000个左右，教师完全可以在教学的初始就告诉学生，目的是让他们对学习的目标有明确的认识，不会因为汉字数量太多而在一开始就产生畏难情绪。

---

[1] 国家语言文字工作委员会汉字处：《现代汉语常用字表》，语文出版社1988年版，第7页。
[2] 周有光：《中国语文的时代演进》，清华大学出版社2009年版，第63页。

## 第二节　汉字教学的性质及任务

　　一般说来，汉字教学包括两种形式，一是知识型汉字课，集中讲授汉字知识（如专门的汉字课。目前大部分高校的对外汉语教学课程都不设单独的汉字课，一部分高校开设了帮助初级阶段留学生记忆汉字的选修课）；二是其他课型（如精读课/综合课、口语课、阅读课等）中的汉字教学。我们这里所说的主要是后者。

　　汉字教学在面向母语非汉语的学习者时，其性质是语言教学而非语文教学，汉字教学的目的并不是让外国学生将注意力都集中在写汉字上。文字是记录语言的符号，因此，除了致力于研究汉字的外国学生，一般学习者学习汉字的目的是为了更好地学习、理解汉语这种语言。随着电子设备（如电脑和手机等）的高度普及，很多中国人在用笔书写时也会频繁出现提笔忘字的情况。不少外国学生注意到了这一现象，提出是否可以使用电脑做汉语课的作业，参加考试。他们认为很多汉字连中国人都不会写，他们更不必要花时间去记忆如何写。要解决这个问题，需要首先厘清语文教学和语言教学的差异。语文教学，也就是面向汉语作为母语的学习者，采用的是先语后文，即已经会说，学习的目标是会写。而语言教学，也就是面向汉语作为第二语言的学习者，语法、口语、听力和书写都是语言教学中不可分割的有机组成部分。提出使用电脑的学生自然不会采用五笔输入法，而在应用拼音输入法时，由于只知道发音，因此要面对大量声母、韵母相同的汉字，用于辨认的时间会较长，并不能提高学习效率。现在，很多输入汉字的软件都有拼音的整句输入方式，但仍无法保证得到的句子是完全正确的。可见，想要绕过书写汉字进行学习，并不能节约时间，尤其是在学习的初始阶段。不书写带来的更大的问题是，没有明确的书写概念，就无法建立汉字的形与音、义的联系；而缺少这种联系，就无法顺利进行下一阶段的学习。

　　汉字教学所占的比重，对于学生和教师来说都是一个需要思考的问题。无论是母语为汉语的中国小学生，还是学汉语的外国学生，在学习的初期都是从拼音入手。国外的一些初级汉语教材也是用拼音编写的，目的是先解决听说的问题。但如前所述，学习者要想达到中级甚至高级水平，离开汉字几乎是不可能的。对于汉字要教到什么程度，也就是能够认读还是要达到会熟练书写，不同的教师在不同的教学环境和教学条件中会有不同要求，而不同的学生对自己也有不同的要求。例如，目标是要进入中国的大学进行本科专业学习的外国学生，需要通过相应等级的 HSK 考试，教师和学生都会重视汉字的书写。而对于准备来华短期旅游的外国人来说，会写汉字就没有那么重要，认识几个跟生存相关的汉字就可以了，口语才是他们学习的重点。不少在本国大学学习了若干年汉语的外国学生，来到中国的高校想继续提高听说读写能力，却发现自己只能进入层次较低的班级，心理落差很大。除了在国外的学习不够系统，缺少语言环境等因素外，汉字能力不过关是一个很主要的原因。因此，对于想学好汉语的外国学生而言，汉字是无法回避的、需要花时间花精力去解决的问题。由于汉字是形、音、义的结合体，因而在掌握了一定数量的汉字以后，学习者才会逐步具备对汉字的读音和意义进行猜测的能力，进而大大提高学习效率。

　　不同课型中的汉字教学，应该有不同的侧重点。精读课/综合课中的汉字教学，与语法和词汇紧密相连，学生需要会读、会写，并且保证较高的正确率。而口语课、阅读课等其他课型，教师可以根据学生的接受能力，指定一部分需要熟练掌握的汉字，让学生做到会写。但是，这些课程中出现的大部分生字，还是应该以认读为主，避免因为需要掌握的汉字量过大而使学生将注意力全部集中在写上，忽略了课程的主要教学目标。现在，一部分高校开设了汉字选修课，这对于处在各个阶段的学生来说都有好处。然而，大部分的汉字选修课都是面向零起点的学生开设的，事实上，已经过了零起点阶段的学生更需要汉字课，因为他们急需扩展自己的阅读量，从而扩大词汇量，培养语感。阅读是要以较大的汉字认读量为基础的，基于精读课/综合课的汉字教学量，往往无法满足阅读需求。汉字课应该将侧重点放在体现汉字的系统性上，将文字学的研究成果和已经为数不少的汉字课教材结合起来。无论是学生还是教师，都需要将注意力的一部分从语法、词汇和口语转移到汉字上来，学习汉字的构造和发音规律，让学生在短时间内成批地认读汉字，起到事半功倍的效果。

## 第三节　汉字教学的基本原则

尽管汉字教学在大部分汉语教师的课堂中尚处于从属地位，但他们都有意或无意地依照一些基本原则讲解汉字。因此，虽然汉字比较难，但还是有不少学生能够深入下去。

### 一、层次原则

层次原则不是最重要的原则，却是教学中需要首先考虑的原则。这里所说的层次，包含两方面的内容：一是学生的层次，二是运用汉字的层次。

就学生写汉字的能力而言，可以分为两类：日韩学生和欧美学生。这是两个层次的学生，在教学时应该加以区分。日韩学生在学习汉语之前大多已经接触过汉字，但在写的时候，往往会出现一些小问题。尤其是日本学生，由于很多日文汉字的写法和中文的写法不同，需要特别注意二者的区别。例如，汉语的"压制"在日文中写成"圧制"，因此，日本学生在写汉字的时候会出现很多类似的负迁移现象。而日文汉字跟中文的汉字差异越小，学习的难度就越大。听写的时候，日韩学生也常常写别字，用同音字来代替自己写不出来的汉字。这是由于他们往往通过词义来记忆汉字的发音和字形，而听到不熟悉的词时，因为失去了对意义的把握，也就无法写出正确的汉字。此外，日语和韩语中有一些跟汉语发音相近但是又不完全相同的词，日韩学生往往会用母语中相应的发音来替代，所以字正腔圆的日韩学生很少，反倒是一些来自欧美和非洲的学生的发音达到了听不出是外国人的程度。这种来自母语发音的干扰，也影响了一些日韩学生的汉字学习。他们在学习时面临的最主要的问题不是字形，而是意义和发音的差别。日文汉字的意义跟中文往往相去甚远；而韩文中很多借自古汉语的词，跟现在的中文在发音上有相似之处，却有细微差别，导致韩国学生想发出正确的音很困难。所以，教师在指导日韩学生学汉字时需要先了解他们的难点，再根据具体情况进行教学。相比之下，欧美学生接触的文字从线性排列的字母过渡到笔画组成的方块结构，则需要更长的时间去适应。同时，他们还需要记忆发音（尤其是声调）和意思，这种记忆负担是很大的。如果教师没有仔细考量学生的记忆量，一味地要求学生记住全部汉字，就容易引起抵触情绪。因此，学生的层次是教师在教授汉字时需要首先考虑的原则。

再说运用汉字的层次。随着学习的深入，教材中的汉字数量越来越大。在这样的情况下，学生是否需要每一个字都能够熟练的认读、书写和应用，是教师需要慎重考虑的问题。一般来说，常用的汉字，肯定会要求学生能够熟练书写、应用；使用频率相对较低的汉字，达到能够认读并且知道意思就够了。如果要求学生每个汉字都达到识、写、用，会大大增加学生的压力；而一味地迁就学生，只求能够认读就好，也不利于长期的教学。

因此，在教学中，教师需要将层次原则放在首位，在区分了学生的层次和运用汉字的层次以后展开教学，提高教学效率和学生的学习效率。

## 二、规范原则

这里所说的规范，包括两个方面：一是笔顺规范，二是讲解规范。汉字的笔顺对于书写速度和记忆汉字有很大的影响，因此教师在示范时要注意笔顺的规范性，也要及时纠正学生的笔顺错误，让他们在学习的初始阶段就养成良好的习惯。当然，一些学生在书写汉字时先写自己熟悉的部分，然后再写自己记得不是特别清楚的部分，这种情况不属于笔顺问题。关于笔顺，一些教材可能会有出入。如"小"，一般的教材都会按照先中间后两边的顺序教；但"忄"这个偏旁，有些教材是按照从左至右的顺序，有些教材是按照先中间后两边的顺序，一些学生会对此感到困惑。这时，教师需要从笔顺的总原则出发进行讲解，并且反复强调，使学生建立起正确的笔顺概念。

讲解的规范性是一个值得讨论的问题。由于很多学生学汉字时感到难以记忆，教师为了帮助他们会想办法编出一些有趣的小故事。例如，杨继洲主编的《汉语教程》第一册（上）出现的"橘子"，"橘"字结构复杂，学生又刚刚开始学习，一些教师就将这个字按照"木""矛"和"冏"三个部分，分别解释为一棵树，一个走路的人（将"矛"看作头部、伸直的双臂和两条腿）和一张不高兴的脸。这三个部分可以串成一个故事，即一个人去树下摘橘子，一无所获，因此很不高兴。鉴于学生的水平，我们当然不能按照"橘"从木、矞声去解释，可是，这种编故事的方式可能会引起学生的误解，使他们认为这个字真的是这样造出来的。况且，还有很多汉字编不出这样有趣的故事，学生遇到那些没有故事的汉字时就不愿意写了。因此，这种方法可以使用，但要慎用，在解释之前进行说明，避免产生误解。总之，尽可能让学生了解正确的字源，不乱解释。在实际教学中，并不需要对每个字都进行详细的说明，选取典型的汉字，重点讲解即可。如果教师对甲骨文、金文和篆文等有所了解，对于教学是有很大帮助的。例如，"草"字，在甲骨文中像破土萌发的叶子，与现在的"草"字并不相近。但该字在金文中有两种写法，一种与甲骨文非常类似，另一种写法则在此基础上增加了"早"字，取太阳出来时的意思。这样解释能帮助记忆，并且让学生对汉字的历史有更多了解，从而加深印象。《说文解字》是很好的工具书，只要能有所取舍地运用，会收到很好的教学效果。此外，要想引起学生的兴趣，不必拘泥于教学任务中必须讲解的汉字，也可以用一些课本上还没出现的汉字帮助学生理解汉字的构成。如"木、林、森"这三个字，可以给出"木"和"林"的意思，让学生猜"森"的含义。有些教师担心这样的例子可能会增加学生的学习负担，事实上，只要是恰当并且生动的例子，学生觉得有趣，就会终生不忘。

规范性原则是贯穿于教学始终的。坚持这一原则，才能使学生建立起正确的书写习惯，并且对汉字的产生和发展有正确的认识。

### 三、常用原则

常用原则并不是汉字教学所独有的，无论是其他语言要素的教学还是教材的编写等，都需要考虑是否常用。这里所说的"常用"程度是相对的。例如，想要到中国旅游的外国学生，生活中涉及衣食住行的词汇对他们来说就是常用的；对于想要进入化学系进行专业学习的外国学生，化学的专有名词对他们来说才是常用的，是学习的重点。又如，在同一篇课文中出现的汉字，一些是生成能力强的，可以跟很多其他汉字组成常用词语的汉字，就应该作为读写的重点。例如"牛"，可以组成"牛奶""牛肉"等词，学生到超市可以使用，在饭店的菜单上看到"牛肉盖浇饭"也知道主要的食材是什么。对于生成能力不太强，但本身是一个常用词的汉字，也应该提醒学生注意。"常用原则"有时会跟后文将提到的"由易到难"原则有冲突。例如,"谢谢"的常用度相当高,很多零起点的教材在前几课的生词表就出现了这个词,但"谢谢"却是比较难写的,尤其是中间的部分。遇到这样的汉字,可以要求学生先认读,待他们对这两个字已经熟悉了再要求写。如果一开始就要求"语文同步",那么整体的作业量就要相应地减少。因此,"常用原则"在教学中可以采取"常见"的方式,让学生先熟悉汉字,陌生的感觉消失以后再教书写就容易多了。

### 四、字与词结合原则

文字是记录语言的书写符号系统,是重要的辅助性交际工具;而词是语言中能够独立运用的最小的语言单位。汉语的词中有很多是单音节的,但这些单音节的词跟字不能画等号。汉字是形、音、义的结合,记忆汉字,并不是单纯为了达到会写的目的,而是要运用。"词"是从运用层面来说的,因此汉字教学需要让学生知道什么时候用以及怎么用,也就是了解字的意义。由于很多汉字组合成词语的能力很强,而复合词的词义有一些可以从组成的成分进行推测从而得出整个词的意义,例如,"床",可以组成"床架""床垫""床单"等,因此,在讲授汉字时,应该培养学生利用汉字的意思推测词义的能力,从而增加学习的兴趣,这对于学生扩大词汇量也有积极的作用。

与此同时,教师也需要提醒学生,很多复合词的词义并不是字义的累加,而是具有特定的含义。这些词的词义不能随意拆分,例如,"马虎"不是指"马和老虎","特色"也不是指"特别的颜色"等。此外,还要特别关注来自日本的学生。日文中有些词的词形跟汉语的词完全一样,但意义却有很大差异。例如,日文中的"暗算",对应的是汉语的"心算";日文中的"委屈",对应的是汉语的"原委、详情";日文中的"切手",对应的是汉语的"邮票"。另外,复合词中的字受到其他字的制约,例如,"嘴"和"口"是同义字,但我们可以说"口述",却不会说"嘴述"。

字与词结合原则可以提高学生学习汉字的积极性,也对教师提出了更高的要求。在教学中提醒学生字和词的关系,并引导他们加以运用,才能使学生注意到汉语本身的特性,反过来促进汉字的学习。

### 五、系统性原则

汉字是一个系统，因此教学时必然要遵循这个系统的规律。汉字的造字法，相沿有"六书"之说，即象形、指事、会意、形声、转注和假借。后两种属于用字之法，因此造字法主要是指前四种。一般的教学会从象形字入手，如"人""山""日"和"月"等。但是，很多象形字在文字演变过程中发生了比较大的变化，有些已经不太看得出来。例如"马"字，在早期甲骨文、晚期甲骨文、大篆、金文、小篆、隶书、楷书和现代汉字中的写法有比较大的差异，最开始看得出是一匹马，现在则需要猜测了。又如"车"，也是类似的情况。指事字原本就是一种比较抽象的造字法，用抽象的符号来表示汉字，例如"上"和"下"。会意字中的一部分可以用来引起学生的兴趣，例如"人"字组成的"从"和"众"，"木"字组成的"林"和"森"等。又如"休"，从"人"从"木"，指人倚靠树木休息。形声字是最能产的造字形式，形旁是比较宽泛的，使用同一个形旁的汉字在意义上不一定一致。例如，含有"日"字的形声字"晴、昭"等，跟"晚、暗"等，前者表示明亮，后者则与昏暗相关。而声旁除了标注声音以外，有时也有表义的作用，例如"包"组成的"抱"和"袍"，都有进行包裹的含义。由于汉字当中的形声字占大多数，其他三类（尤其是象形字和指事字）的数量不是很多，因此要培养学生的系统意识，也就是在教学时要有意识地引导学生注意汉字的造字法，尤其是形声字。到了中高级阶段，教师需要对形声字进行系统的分类与教学，以达到让学生在短时间内成批识读汉字的目的。

### 六、由易到难原则

事实上，由易到难原则多应用于汉字教学的最初始阶段，随着学习内容的增加，大部分汉字都不容易。对外汉语教材的编写一般会参照《汉语水平词汇与汉字等级大纲》，其中甲级字800个，乙级字804个，丙级字601个，丁级字670个。但是，这些字表是按照常用度来制定的，并没有考虑汉字本身的难易程度。例如，甲级字中有"播""戴""懂"和"橘"这类难写的字，丁级字中有"贝""川""刁"和"曰"这类很好写的字。大部分以功能或者词汇为纲的教材，无法周全地考虑汉字本身的难易程度，因此教师在使用教材时，就需要对一篇课文的生词表中出现的汉字进行分类。这种分类要注意将字的难易程度和词结合起来，如果单纯从字的难易出发进行教学，就会破坏词的整体性，学生的关注点就脱离了词。况且，除了像"一""二""三""人""大"这样的汉字，很多在中国人看起来容易的字，对于外国人来说仍然是很难的。例如，"咖啡"两个字放在一起写时，很多学生会漏写一个"口"。可见，这里所说的"易"和"难"，并不是中国人一般认为的笔画多少的问题。教师需要理解的是，对于大多数外国人来说，记忆笔画少的汉字并不比记忆笔画多的汉字容易。因此，当学生已经掌握了一定数量的汉字时，教师应更多地提醒学生关注汉字系统的特点，从而更有效率地识字。

以上六个原则，并不是孤立的，相互间有紧密的联系，在教学过程中，各原则都需要考虑。

## 第四节　汉字教学模式及教学法

### 一、汉字教学模式

汉字异于拼音文字的特性，促使国内外很多学者和一线教师努力思考与探索科学而高效的汉字教学模式。从对外汉字教学发展的历程来看，主要经历了以下三种模式：

#### （一）语文分开，先语后文

这种汉字教学模式的主要特点是在教学的初级阶段，让学生只接触拼音，不接触汉字，待到学生掌握了一定量的词汇和语法以后再引入汉字，即先听说再读写。该模式在对外汉语教学的初期（即1950年和1951年）进行过尝试，但实验并不成功。主要原因是学习者使用拼音的时间过长而失去了引入汉字的最佳时机，而在汉字集中学习阶段，没有考虑先认再写的循序渐进原则，致使学习初期虽分散了难点，后期却集中了难点[1]。

---

[1] 赵金铭：《初级汉语教学的有效途径——"先语后文"辩证》，《世界汉语教学》2011年第3期，第377—378页。

## （二）语文一体，语文同步

这种汉字教学模式指的是在语音学习阶段就安排汉字教学基本内容，在学习课文的同时认写汉字，听说读写结合，互相促进。这种模式有以下三个方面的优势：首先，让学生尽早接触汉字，减少对拼音的依赖，为之后的学习打下基础。其次，"识""写"构词能力强的汉字，对学生增加词汇量、理解汉语的构词规律有积极作用。再次，很多汉字有着丰富的文化内涵，可以引起学生对中国文化和历史的兴趣，对汉语的学习产生促进作用。然而，这种模式"使汉字教学完全处于被动和从属地位"，"汉字教学无法根据自身特点进行系统教学"[1]。换言之，该模式是以"词"为单位进行教学的，无法让汉字按照由易到难的顺序出现，很难让学生系统地掌握汉字。

## （三）语文分开，语文分进

这里的"语文分开"是指在教材编写上把口头汉语教学和书面汉语教学分开，编写专门教语言的教材和专门教文字的教材。"语文分进"是指语言教学和文字教学分开进行，分别使用不同的教学方法教授各自的内容[2]。这种模式的听说教材只用拼音，贯彻"句本位"原则，让学生迅速提高听说能力；汉字教学则贯彻"字本位"原则，教"字"的结构和构件组合系统以及文章中"字"与"字"的组合系统，介绍字形结构及其理据性，安排专门的识字教学，帮助学生建立形、音、义的联系。

值得一提的是，在国外也有学者积极探索汉字教学模式。法国汉学家白乐桑多年来倡导其"字本位"教学模式，并为此编写了教材《汉语语言文字启蒙》贯彻其教学理念。只不过该教材虽以字为起点，目的还是通过字的教学，使学习者掌握由字组词、成句、谋篇的语法规则。由于该教材主要面对非汉字文化圈的学习者，所以十分注重对汉字形体、偏旁部首乃至字源理据等特点的介绍。为减轻学习者的学习负担，也是从汉字常用度考虑，该教材仅选取400汉字作为基本字，在课文的编排、教学顺序的安排等方面围绕400字展开，充分挖掘了汉字的组合能力及以简御繁的潜力，

---

[1] 万业馨：《略论汉字教学的总体设计》，《语言教学与研究》2009年第5期，第60页。
[2] 张朋朋：《语文分开，语文分进的教学模式》，《汉字文化》2007年第1期，第64页。

这些教学理念都对我们具有一定的启发意义。

由于存在学生的个体差异、教学的环境差异等影响教学效果的因素，可以说，没有完美的教学模式。作为在一线工作的汉语教师，对汉字的重要性有深刻的认识，但是在教的过程中又不可避免地受到各种因素的影响而有意无意地放松了对汉字的要求。如果能够排除干扰，综合运用各种教学模式，就可以帮助学生突破汉字关，尽快提高汉语水平。

### 二、汉字教学法

关于汉字教学，很多专家学者提出了一系列相关的教学法，但在实际的教学中，任何一种教学法都不可能满足全部的教学需求。

汉字教学的基本内容包括基本笔画、笔顺、字形结构、部首和部件（或"构件"）所谓"偏旁"指的是构成合体字的组成部分；所谓"部首"，指的是字典，词典中根据偏旁所分的门类，具有表示意类的作用。从合体字角度来说，部首一定是偏旁，但偏旁不一定是部首。关于汉字部件，有很多学者给出了定义，这里选取费锦昌先生的定义，即"部件是现代汉字字形中具有独立组字能力的构字单位，它大于或等于笔画，小于或等于整字。"[①] 例如"箱"字可以拆分为上下两个部分，其部首为竹字头，但是下面的"相"还可以拆分为"木"和"目"。因此，"箱"字的构件有三个，即竹字头、木和目。一般来说，部件按照结构特点可以分为基础部件和合成部件，按照能否成字可以分为成字部件和非成字部件。部件在字中的位置大都比较灵活，例如"口"，可以组成"喝""兄""哲"和"和"，即在字的上、下、左、右均可；有的部件位置则相对固定，如"彐"等。基本笔画、笔顺和字形结构这三部分内容在教学初始就需要让学生有清晰的概念，要反复强调，加深学生的印象。

由于教学法有很多，这里介绍三种最基本的，也是最具代表性的教学法。

#### （一）基本字教学法

即先学一个基本字，记住这个汉字的发音和意思，然后找出由这个基

---

① 费锦昌：《现代汉字部件探究》，《语言文字应用》1996年第2期，第22页。

本字加上偏旁组成的汉字，把这一组汉字放在一起，将发音和意思进行比较。例如，"巴"，虽然在初级阶段的课文中一般不涉及这个汉字，但是它跟"父""口""扌"可以组成常用的"爸""吧"和"把"。"口"和"扌"都是常用的偏旁，学生可以较快地理解新组成的汉字的意思，也可以根据"巴"的发音顺利地记住"爸""吧"和"把"发音。又如，"分"可以跟"亻""米"和"气"组成"份""粉"和"氛"。相比较而言，"分"显然比"巴"常用，但是，在选择基本字的时候，不需要过度考虑基本字本身是否常用，教师应把关注点放在其组成的汉字是否常用上。另外，在确定基本字的时候，需要考虑很多在中国人看来是相近的读音，对外国学生来说并非如此。例如，"包"可以和"扌"和"足"字旁组成"抱"和"跑"，但是新组成的两个汉字的声母不一样，一为b，一为p。尽管可以从音韵学上解释b和p的关系，但是对刚刚学汉语的学生讲过多的音韵学知识显然是不实际的。因此，选择基本字时还要注意其发音跟新组成的汉字的发音声韵调是否相同，这样可以最大限度利用基本字的优势。当然，即便"抱"和"跑"的声母不同，教师也可以提醒学生注意右边的"包"是相同的，只是不作为一组字去进行学习。基本字教学法最大的好处是，学生可以从汉字推测出读音和意义，增加成就感。

（二）字理教学法

即从汉字组成的规律来解释汉字的字形与字义的关系。例如，"灾"，在甲骨文中实际上是"栽"的异体字，即火从房屋的下边开始烧，殃及屋顶。又如，"江""河""湖""海"等，都跟自然界中的水有关，因此"氵"可以准确地表示这些汉字的意义。再如较为复杂的"颊""额""颈"等，都含有"页"，"页"本意是头部。而象形字"日""月""火""山"等，字形在造字之初就跟字义有紧密的联系，因此教起来也相对容易。不过，字理教学法也有其局限性，毕竟汉字经历了较长时间的演变和发展，一些汉字已经不能用字理去解释。例如，"隹"，原意是短尾鸟，所以很多表示鸟类名称的汉字中含有"隹"，比如"鹰"和"隼"。但是"谁"和"难"也含有"隹"，"隹"的现代意义跟短尾鸟就没有关联了。因此，字理教学法虽然好，但不可能应用于每一个汉字，更不可为了方便学生记忆而胡乱编造字理。此外，字理教学法的应用也对教学对象有较高的要求，这种方法不太适合儿童，青少年或者成人更容易接受。

## （三）部件教学法

崔永华对《汉语水平词汇与汉字等级大纲》所用的汉字进行了分析，得出的结论是，在基础汉语教学阶段，只要掌握了甲级汉字中的330个部件和由它们构成的801个汉字，就建立起了汉字学习的基础[①]。而张旺熹对这330个部件进行进一步的分析后认为，最基本的部件只有118个[②]。国家语言文字工作委员会1998年颁布的《信息处理用GB13000.1字符集汉字部件规范》共有20902个汉字，含有393个部件；而基于现代汉语3500个常用字得到的部件数量为447个[③]。可见，尽管汉字的基数不同，切分的方法有差异，但得到的部件数量并没有太大的差异。也就是说，随着汉字数量的增加，部件的数量并没有随之大幅增加，汉字部件重复出现的频率是非常高的。因此，先掌握118个基本部件，可以在很大程度上对汉字学习起到明显的促进作用。

在进行部件教学时，需要考虑到汉字的结构理据和构形系统，不能为了切分而切分。例如，"湖"字，可以分成四个部件，即"氵""十""口"和"月"；也可以分成三个部件，即"氵""古""月"；还可以只分成两个部件，即"氵"和"胡"。在实际的教学中，究竟采用哪一种切分方法，是需要仔细考虑的。第一种切分方法的四个部件都是常用部件，但是数量偏多；第二种切分方法的三个部件中含有"古"这个常用字；第三种切分方法则可以按照形声字去解释，但"胡"字对于初级阶段的学生略显复杂。显然，三种切分方法各有利弊，在教学中采用哪一种，还需要根据学生的实际情况和接受能力来判断。

无论多先进的教学法，都无法在实际的教学中解决教师遇到的所有问题。因此，可以将各种教学法结合起来使用，在一次汉字教学中，可以使用多个教学法。

---

[①] 崔永华：《汉字部件与对外汉字教学》，《语言文字应用》1997年第3期。
[②] 张旺熹：《从汉字部件到汉字结构——谈对外汉字教学》，《世界汉语教学》1990年第2期，第115页。
[③] 晓东：《现代汉字独体字与合体字的再认识》，《语文建设》1994年第8期，第31页。

## 第五节　汉字教学环节与讲练技巧

**一、汉字教学环节**

汉字教学主要有四个环节：一是向学生展示需要掌握的汉字，二是对汉字进行讲解，三是练习，四是考查。

在展示环节，需要区分两种情况：一是零起点学生，二是非零起点学生。面对前一种学生时，无论笔画数量多少，每个汉字对学生来说都是复杂的，因此需要进行全面的、逐个的展示，让学生熟悉汉字，能够正确地读出发音，也知道意思。展示时应该按照由易到难的原则进行。例如，杨寄洲主编的《汉语教程》第一册第一课的生词表中有九个汉字，"一""五""八""大""不""口""白""女""马"，按照难易程度可以分为三组进行展示，即"一""大""口"是一组，"八""不""白"是一组，"五""女""马"是一组。分组时，不仅要考虑笔画是否交叉，还要考虑从字形和字义上说是否容易解释。"大"字是人的形状，学生很容易记住；而"八"虽然看起来简单，但因其本义是分别相背，所以对学生来说是比较难记的。而对于非零起点学生来说，逐个的展示没有必要，因为很多汉字的构件他们已经熟悉了，这时只需要选取结构特别复杂或者含有不常见构件的汉字进行展示即可。事实上，对于这类学生来说，最需要注意的是形似的部件。例如，在学习"浅"这个汉字时，很多学生经常把右边写成"戈"，可能是因为"找"这个字他们经常写，所以没有特别关注"浅"字右边的写法。又如，"考"的下半部分，经常被写成"与"，也是由于学生经常写"写"这个字，所以会习惯性地在"考"上加一横。因此，对于这类学生来说，教师在展示中提示经常出现的偏误更有价值。

在讲解环节，为了帮助学生记忆，应该首先考虑形义相结合的方式。如"约"字，绞丝旁有束缚之意，教师可以提示学生约了人要遵守时间，有合约则要遵守等。又如"药"字，上面的草字头是指治疗疾病的草，学生可以顺利记住这个部分。在遇到形声字的时候，则尽可能运用形音义结合的方法。如"株"字，做植物的量词，因此有木字旁，"朱"则提示了汉字的声音。一般来说，象形字比较容易讲解，如"日""月"等。但是像"真"这样的汉字,对学生来说,字义跟字形和字音之间没有直接的联系,比较难讲,可以采取多次展示以后再开始书写的方法。

在练习环节,要注重多样化原则。一遍一遍地反复书写,只会使学生感到疲劳。而且,有些汉字学生从第一个字开始就写错了,写得越多,错误的印象越深刻。因此,教师布置一个汉字写几遍或者十几遍这种作业要慎之又慎。练习的形式应该尽可能多样,从不同的方面加深学生对汉字的理解。例如,"杂"和"茶",可以采用找共同点的方法,让学生注意这两个汉字的下半部分有共同点;也可以采用分解的方法,让学生把这两个汉字拆分开,说出每个部分的含义;还可以采用组合的方法,教师将部件拆分,让学生使用现有的部件组合成这两个汉字。总之,形式多样,才能使学生的注意力保持集中的状态。

在考查环节,依然要注重汉字形音义结合的特征。可以采用多角度考查的方式,即考查学生对汉字发音的掌握程度,书写汉字的准确率与熟练程度,以及汉字的应用这三个角度。首先是对汉字发音的掌握,可以让学生写出汉字的拼音,也可以要求学生准确地读出汉字的拼音。一些教师在讲汉字时,更注重汉字的正确书写而忽视了发音的重要性。正确的发音对学习汉字,尤其是形声字有积极的作用。考查书写时,应该注意正确率,对偏误率较高的汉字,需要在课堂上进行强调。强调时以强化正确的写法为主,以免学生加深错误印象。书写的熟练程度也是考查的一个重要方面,这是学生是否理解汉字构造的一个重要指征。考查环节最重要的部分是应用,分为表达应用和书写应用。前者指的是看到汉字后能说出正确的短语或句子,后者指的是可以写出正确的句子,这比单纯的书写汉字要难得多,因为需要调动更多已经学过的汉字。很多教师在考查汉字时采用听写词语的方法,这不利于学生在完整的句子中判断使用哪个汉字。因此,当学生开始进行篇章的写作时,经常会出现随意使用同音汉字的偏误。所以,尽早开始以句子为单位的听写是十分必要的。

## 二、讲练技巧

### (一)"讲""练"结合

很多教师习惯于采用在课堂上讲解汉字,而将练习写的部分留给学生课后完成,这样可以最大限度地保证教学进度,完成语法和词汇的教学。事实上,汉字的练习跟语法和词汇的学习是密不可分的,教师可以随时随地进行汉字书写的指导,而不是将汉字和其他语言要素割裂开来。由于智能手机日益普及,很多学生习惯在课堂上拍下教师的板书或PPT,不愿意动笔写。造成这种情况的原因是多方面的:其一,一些教师使用PPT展示教学内容,使教学速度大大加快,学生来不及写,只好拍下来以备课后查看;其二,学生觉得汉字很难,写起来太慢;其三,参加HSK网考的学生越来越多,他们查字或词的时候已经习惯使用装在手机上的电子词典。这些情况使教师和学生都对写汉字的重要性估计不足。在电脑或手机上输入汉字的拼音时不需要输入声调,这对大部分觉得声调很难的学生来说非常方便,愿意写汉字的学生自然越来越少。汉字教学中的"练"虽然不完全是"写",但"写"是不可缺少的重要部分。因此,能在键盘上敲出来不能算是达到了教学目的,只有写出来,才算是真的学会了。当然,"写"的时间不宜过长,尤其是穿插在精读课/综合课中的汉字教学,可以将要学的汉字分成若干组,分若干次进行讲解和练习,避免使学生感到疲劳。练习的形式应该多样,尤其是在初始阶段。例如学习汉字的笔画时,可以准备一些笔画数量不同、结构简单清晰的汉字(一些是学过的,一些是从未接触过的),如"走""本""快""多""老""四""只""太""木""小""大"等,让学生将笔画数量相同的汉字归为一组;也可以将这些汉字做成卡片分发给学生,采用"找朋友"的方式,观察其他学生手中的汉字是否跟自己卡片上的笔画数量一致;还可以让持有"太"字的学生找出比"太"少一笔的汉字,或者让持有"木"的学生找出比"木"多一笔的汉字。总之,要尽可能充分利用固定的练习材料,让学生从多个角度对汉字进行观察,以达到熟练认知笔画的程度。

(二)注重"复现"

无论是简单的汉字还是复杂的汉字,都需要复习以加深印象。目前,大部分教学机构采用的教材的汉字复现率不是很理想,教材的编写者往往以语法和词汇为纲,这就需要教师注意复习汉字的频率。一般来说,对于零起点的学生,每天循环复习之前学过的汉字是非常必要的。虽然可能会占用一定的学习语法和词汇的时间,但是,对学生的心理来说有很大的好处。即便是复杂的汉字,看过很多次,即使没完全记住也不会觉得陌生了。

教师还可以采用作业的形式督促学生复习学过的汉字。例如,"月"字,教师利用图片讲解以后,先演示笔顺,然后让学生写,接着要求在作业中写若干次,第二天检查。这些只是整个教学环节的第一步。要加深学生的印象,还可以采用图片和汉字配对,从一组字中找出包含"月"的汉字等一系列练习。这些都是"反复"的形式,不断强化学习者对汉字的认识。

### (三) 适时"对比"

所谓"对比"可以有不同的角度:一是繁简之间的对比。有些国家的学生在来华学习汉语之前曾在其本国学过汉语,只不过学的是繁体字,来中国后又学习了简体字,因而很容易在繁简之间产生混淆,这就需要教师在教学中通过繁简对比使其了解两者的异同;二是像日本等国的学生,在书写汉语时往往会与日语中使用的汉字相混淆,比如"边—辺""气—気""发—発"等。这也需要教师有针对性地加以提示和辨析。三是对于一些形近的汉字和偏旁,更需要教师采用对比方法进行点拨教学。比如下面这几组都是形近字,可从不同的角度进行比较:例如,"大—天""方—万"等,可从笔画的增减上对比其不同;再如"贝—见""土—士"等,可从笔画的变化上对比其不同;又如"部—陪""呆—杏"等,可从部件位置的移动上对比其不同。总之,教师需要随时对比形近的汉字和偏旁,不要等到大面积出现偏误时才纠正。

### (四) 运用"书空"

很多学生记不住汉字,所以反复书写,有时一个汉字写几十遍甚至上百遍。这当然是一种有效的方法,但是也比较枯燥,如果能和"书空"的方法结合起来使用,效果会更好。传统的"书空"法是用手指在空气中书写,其实,也可以让学生在脑海中想象汉字,然后再看书,确定自己想的是否正确。使用书空方法,需要让学生遮挡生词表中的汉字,只看拼音。如果看过一遍汉字以后再书空,效果就会大打折扣。

### (五) 与文化相结合

文字是记录语言的符号,亦是文化的承载者。例如,"一"字,《说文解字》中的注释是"惟初大极。道立於一。造分天地。化成万物",体现了中国人朴素的自然观念,即一切都是从"一"分化出来的,"一"可以演变出天地万物。而与之相关的"天"字,是至高无上的意思。张岱年认为中国哲学中所谓天人合一，其中的一层含义是天人本来合一，也就是天人息息相通的，同时天是人伦道德之本源，人伦道德出于天。[①]看似简单的"天"字，有丰富而深刻的文化内涵，如果教师能够对这类汉字进行讲解，所起到的作用就不仅是帮助学生记忆，而是让学生从更深的层次理解中国文化。又如"男"字，从田、力，言男子力于田也，可见古人将男性看作农田劳作的承担者。再如"婚"字，《礼记》中说"娶妇以昏时"，即在黄昏时举行婚礼，这跟现在中国南方很多地区仍是傍晚或者晚上结婚的习俗一致。而这一风俗跟北方在中午举行婚宴有很大差异，可以进行比较。与文化相结合，还可以借用传统文化的形式。例如，让学生尝试用毛笔书写，可以强化笔顺概念，增强学生的笔势意识。总之，汉字中的文化信息是取之不尽、用之不竭的，如果能够好好挖掘，可以引起学生学习汉字的兴趣，起到事半功倍的效果。

### （六）加强趣味性

趣味性永远是吸引学生的法宝，不管处于哪个年龄段，学习者都希望学习内容生动有趣。教师可以采用游戏的方式进行考查，这里介绍几种常用的汉字游戏。

1. 拆部件。

教师将组成一句话、短语或者词的汉字的部件进行拆分，把学生分成若干组，让他们先将汉字组合起来，然后再将汉字组成一句话、短语或者词，速度最快的一组可以获得奖励。例如"氵""隹""宀""子""又""艮""又""亻"，可以组成"汉字很难"。也可以将汉字的部件做成卡片，分给学生，让他们找到持有能跟他们手中的部件组成汉字的卡片的同学。

2. 编故事

教师可以发挥学生的创造性，让学生互相借鉴记忆汉字的方法或者小故事。例如，有学生在学习"船"字时开玩笑说，左边是《圣经》中的挪亚方舟，右边是挪亚家的八口人。尽管这种说法并不符合字理，而且"船"字右上角并不是"八"，但是，毫无疑问，这种方法的效果是好的。这跟中国人学习英语时会用汉语的发音以帮助记忆有异曲同工之妙。

---

[①] 张岱年：《中国哲学大纲》，中国社会科学出版社1982年版，第181页。

3. 填字

这是很多学生比较熟悉的形式,在很多国家的报纸上都可以看到类似的游戏。对学生来说,使用汉字来完成填字,不仅可以增加趣味性,更重要的是,可以在写汉字的同时复习词汇,调动很多学过的知识。例如:

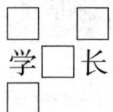

规则要求是组成五个由两个汉字构成的词。在词汇量不大的阶段,学生会填写出"同学""学习""学校""校长""班长"等词语。形式上是否对称不重要,关键是充分利用已经学过的词汇。完成以后,教师可以利用组成的词让学生扩展成短语或者句子。

4. 加一笔或者减一笔

针对形近易混字,可以使用加一笔或者减一笔变新字的游戏,还可以发展为加两点或者减两点的游戏等。例如,"人"加一笔,可以变成"大",再加一笔可以变成"太"或者"天"。教师可以选择常用的汉字进行练习("犬"这样的字可暂不考虑)。

5. 笔画组字

即给出特定的笔画,让学生组成汉字。如在刚开始学习时,给出"一""丨""丶",让学生组成"下"。随着水平的提高,教师可以对组成汉字的数量进行要求,以使学生尽力回忆之前学过的汉字。

6. 顺口溜

教师可以编一些简单的顺口溜,让学生说出来,像"有日是晴,有目是睛"等,可以大幅降低书写的偏误率。

7. 汉字迷宫

即将汉字拆分后放置于迷宫的岔口,走不同的方向会组成不同的汉字(也可能无法组成汉字),如果走得正确,那么这些汉字可以依照遇到的次序组成一句话,完成速度最快的组可以获得奖励。像"明天有汉语课"就可以拆分成"日""月""一""大""一""丿""冃""氵""又""讠""五""口""讠""果",放置在迷宫的叉路口,同时也放置其他无法组成汉字的笔画或部件,让学生尽快组成汉字,并最终完成句子。

8. 同偏旁组字

可以将一组有共同偏旁的汉字拆分,将该偏旁放在中间,然后在上下左右四个方向写出汉字的其他部分,让学生组成汉字。例如,"日"字旁,可以跟"立""音""知""门"组成"音""暗""智""间"。拆分出来的部分不一定成字,如"春"的上半部分也可以单独拆分出来让学生组合。

9. 巧识形声字

形声字由音符和义符组成,其结构关系十分复杂。到了中高级阶段,学生有了一定的汉字积累,教师应充分利用形声字,训练学生音符与义符的判断能力及两者的系联意识。比如可给出形声字六种主要结构类型,让学生做填空练习:

(1) 左形右声:诚、腹、____、____、____
(2) 左声右形:放、歌、____、____、____
(3) 上形下声:苹、氛、____、____、____
(4) 下形上声:怒、壁、____、____、____
(5) 内形外声:闷、闻、____、____、____
(6) 外形内声:园、围、____、____、____

**(七)处理好"认"与"写"的关系**

汉字教学包括认读与书写两个方面,二者是既有联系又有区别的教学任务。如何才能处理好二者的关系,学界有不同的看法:有人提出"认"和"写"应当同步,要求学生既会认又会写;也有人提出"认"与"写"可以分流,要求学生多认字,少写字。两种见解各有自己的道理,我们认为可以灵活掌握,在教学中各有侧重:对待基本字仍需"认写同步",要求会写能认,这样才能掌握基本书写规律,并在此基础上由字到词;但对一些非基本字来说,为了扩大识字量,可以"认写分开",只需认识便好,不必要求会写,从而减轻学习者(尤其是非汉字圈的学习者)负担,尽快进入阅读阶段。

**(八)适当应用多媒体**

多媒体教学是指计算机辅助教学,在教学中适当地引入多媒体,可以引起学生的兴趣,只有保持积极的心理状态,才能取得最佳的学习效果。多媒体教学可以刺激学生的视觉和听觉,比单纯地听教师讲课更能调动积极性。其直观、生动，可以减少学生对母语的依赖。这里说的多媒体，并不限于展示汉字笔顺的动画（Flash）。教师可以自己做一些课件，如拆分、组合汉字的游戏，还可以设计一些填字游戏。但是，多媒体教学只是一种辅助手段，不能完全依赖它而忽视了教师的主导作用和学生的主体作用。多媒体制作若使用不当，会使学生将注意力全部集中在画面和声音上，忽视了内容。因此，多媒体应该是为教学内容服务的。例如，教师展示了一个汉字的 Flash 以后，应该让学生动笔在纸上书写，而不是急于展示下一个汉字。过度使用多媒体，会使学生学习汉字的主动性下降，对其产生依赖。采用传统教学方式可以解决的问题，不必为了吸引学生而用多媒体。例如，用传统的方式进行语法讲解时，教师通常会在黑板上写例句，学生抄写例句是很好的汉字练习。如果用多媒体呈现，学生可能只是看，或者手机拍照，或者课后向老师索要 PPT 的副本，这就使教师讲课的速度加快，学生会失去写汉字的机会，也失去了很多思考的机会。

　　应用多媒体进行汉字教学对教师也提出了更高的要求。课前需要对教学内容进行整体规划，结合学生的层次和需求，对学生可能会出现的问题进行预测，及时针对练习中已经出现的问题进行总结和补充讲解，这样才能设计出既体现趣味性又体现知识性的课件。教师要提高自己制作、使用多媒体的能力，为学生提供学习汉字的资源，培养他们学习的主动性。目前，很多教师把多媒体课件当成了板书，没有真正发掘多媒体的用途，并未在考查、测试和纠错等一系列教学环节中利用多媒体的特性。因此，教师只有不断提高自己的业务水平，才能与时代接轨。

　　多媒体条件下的汉字教学对学生也提出了相应的要求。学生的学习动机非常重要。如果学生没有正确的学习动机，那么即便教师的多媒体资源与课堂教学高度相关，学生也只会抱着一种游戏的心态，而不去关注知识点的掌握情况。在这种情况下，无论学生做多少遍，都对学习没有太大的帮助，因为学生的关注点是多媒体所带来的感官刺激，并不在意其内容。当然，我们不能因噎废食。多媒体技术不受时间、地点限制的灵活性特征可以有效地弥补课堂教学时间不足，减少国外教学缺少语言环境所造成的问题。教师如果能够引导学生主动地使用精心设计的多媒体，可以在一定程度上弥补一些学生学习能力的不足。同时，自主学习习惯的建立所带来的成效，也可以增加学习动力，达到事半功倍的效果。

使用多媒体设备跟其他教学方式并不冲突，是教学过程的有机组成部分。多媒体不能代替教师，也无法达到和同班同学讨论所能起到的效果。因此，只有善用多媒体，才能使汉字教学更加有效。

## 第六节　汉字教学的难点与重点

### 一、初级阶段的难点与重点

对于零起点的学生而言，学习汉字的难点是建立起汉字的意识，在头脑中把汉字从图画转变为笔画的组合，转变为部件的组合。非汉字文化圈的学生要转变书写习惯，从字母到汉字笔画是一个不小的跨越。因此，让学生理解汉字的形成机理是非常重要的。从一些结构简单、容易猜出意思的甲骨文入手，可以引起学生的兴趣，让他们对汉字有初步的认识。然后，再从结构简单、构字能力强的偏旁入手，使学生建立起汉字理据的初步概念。

这一阶段的教学重点有两个：一是掌握笔顺，因为正确的笔顺是记住汉字写法的基础，也可以提高书写的效率；二是初步建立起形音义相结合的概念，为下一阶段的学习打下基础。初级阶段的学生在认读汉字时容易出现的一个问题是，已经学过的词中的一个汉字单独出现时往往会读错。例如，"学校"一起出现时，通常不会读错；但"校"单独出现时，学生会读成"xué"。这是由两方面原因造成的，一是"学"这个字是他们很早就接触到的，印象很深；二是"校"字出现的频率不高，学生在看到时可能会联想到"学校"这个词，但读的时候又在匆忙间读成了第一个汉字的音。因此，教师在初级阶段就需要培养学生的汉字意识，让他们有意识地建立起汉字之间的网络。在前述例子中，可以引导学生组成"校友""校花""校歌"等一系列词，由于"（朋）友""花"和"歌"都是常用的汉字，因此可以加深对"校"这个字的认识，以后再单独出现"校"时也就不容易读错了。

对于外国学生来说，汉字学习实际上是先难后易的。《汉语水平词汇与汉字等级大纲》（以下简称《大纲》）所规定的2905个汉字中，共有1920个形声字（占66.1%），声旁与整字读音有关系的占80%以上，但声韵全同的只有37%。甲级字中形声字的比例最低，为49.3%；而丁级字中形声字已经占到79.6%[①]。可以看出，在学习汉字之初，难度是比较大的，而且很多声旁的出现比形声字的出现要晚，例如"吧"和"爸"的声旁"巴"是乙级字。大部分教师在处理这类汉字时，往往提示学生"巴"的读音，方便记忆。但事实上，对学生来说，由于不是熟悉的汉字，"巴"提示读音的作用很弱。随着所学汉字的数量不断增加，已经学过的汉字成为新学的形声字的声旁，汉字才逐渐变得容易。

## 二、中级阶段的难点与重点

这一阶段的教学难点是对声旁和形旁的梳理。学生在教师的指导下进行声旁和形旁的区分、归类，对可以组成多个汉字的声旁和形旁进行练习。学生已经掌握了一定数量的汉字，在见到不认识的汉字时，会利用已经学过的汉字的读音和意义对新字进行推导。例如，"谆"字，学生可能会读成"xiǎng"，如果教师提示读错了，他们往往会改读"chún"。很明显，这两个发音是从"享"和"淳"推导出来的。尽管两个发音都不对，但是，我们已经可以看到利用声旁进行教学的可能性。在重视声旁的同时，也不应忽略形旁系统，虽然形旁的数量远远低于声旁。3500个常用字和次常用字中，形旁共167个[②]。这些形旁可分为三类：形旁成字、形旁是汉字的变体、形旁不成字，其中前两类104个，占全部形旁的73.2%[③]。《大纲》中构字5个以上的形旁有57个，组成的形声字占形声字总数的86.5%。构字50个以上的形旁有"扌""氵""亻"等9个，组成的形声字占形声字总数的44.9%[④]。这些字形成的字族，可以在短时间内使学生的汉字识读数量有大的突破。中级阶段的教学重点是

---

① 冯丽萍：《对外汉语教学用2905汉字的语音状况分析》，《北京师范大学学报（社会科学版）》1998年第6期，第96、97页。

② 施正宇：《现代形声字形符表义功能分析》，《语言文字应用》1992年第4期，第76页。

③ 李蕊：《对外汉语教学中的形声字表义状况分析》，《语言文字应用》2005年第2期，第107页。

④ 李蕊：《对外汉语教学中的形声字表义状况分析》，《语言文字应用》2005年第2期，第108页。

形近易混字和易混部件的区分,例如"厂"和"广"、"尸"和"户"、"疒"和"广"等。这就需要教师不断强调部件的表音、表义功能,并设计出包含这些易混汉字的篇章,让学生在阅读中加深印象。针对形近易混字和使用发音相同、相近的汉字出现的偏误,可以采用下列方法进行辨析。一是结合形音义辨析。例如,"孤"和"弧","孤"的形旁是"子",本义是年幼无父的孩子;而"弧"的形旁是"弓",本义是木质的弓。二是结合常用词辨析。例如,"厉"和"历","厉"的本义是旱石,也就是磨刀石,因此组成的词多跟严厉、严肃有关,如"厉害""色厉内荏"等;而"历"组成的词多与时间、经历有关,如"历史""日历""经历"等。

### 三、高级阶段的难点与重点

这一阶段的教学难点是挖掘汉字的表音功能。学生觉得汉字难,最主要的问题是不知道发音,这是由汉字本身"形音义"相结合的特点决定的。以拼音文字为母语的学生已经习惯了"因声求义"[①],会希望从"音"上提取汉字的字形和字义。李大遂指出汉字教学中应该增加表音偏旁的教学,让学生了解表音偏旁的有关知识,包括其局限性。在教学中的练习,应该是有层次的,例如"方"组成的汉字有"房、访、放、旁、防、仿、纺、妨、坊、芳、肪",前4个可以在初级阶段教,中级阶段可以扩大到前8个,而到了高级就应该都练习。中国儿童在学习汉字的过程中也会意识到表音偏旁的局限性,所以教留学生也不必担心。隐性的读音信息需要挖掘,例如,古代声母为重唇音的字,有的后来变成轻唇音,唇音又有送气和不送气之分,所以,现代以"非"为表音偏旁的合体字中,声母有的是 b,如"悲、辈";有的是 p,如"俳、排、徘、裴";有的是 f,如"绯、菲、啡、扉、蜚、鲱、霏、腓、诽、匪、悱、斐、翡、痱"。如果学生知道了这个规律,那么在记忆以"非"为表音偏旁的形声字时就知道,声母不是 f,就是 b,或是 p。韵母也可以找到偏旁隐性读音信息的规律。例如,鱼韵在中古还只有一个韵母,在现代北京音里分化成 u 和 ü,所以,以鱼韵的"余、午、吾、吴"等字为表音偏旁的形声字,其韵母几乎不是 u 就是 ü:余—除蜍(chu)

---

① 石定果、万业馨:《关于对外汉字教学的调查报告》,《语言教学与研究》1998年第1期,第48页。

荼途涂叙（xù）；午—杵（chu）忤仵迕（wu）许（xǔ）。此外，有些表音偏旁是多音字，其中有的音罕用，所以学生不知道是形声字，例如"区"有 qū 和 ōu 两个读音，但后者不常用，所以学生在记忆"讴、欧、呕、殴、鸥、瓯"等字时就比较困难，如果告诉学生这个字可以做姓氏，那么记忆就容易多了[1]。

　　高级阶段的教学重点是结合阅读与写作来深入学习汉字。教师往往在学生进入高级阶段以后就忽视了汉字的教学，认为学生已经认识了足够多的汉字，不需要再强调汉字的重要性。实际上，很多学生在初级和中级阶段出现的汉字偏误并未解决。但是，如果按照初中级阶段的教学方法去教高级阶段的学生，他们会觉得太浪费时间。因此，在阅读和写作中继续深入进行汉字的教学是比较理想的形式。让学生将阅读材料中不懂的汉字标记出来，一个一个地在字典上查出来。这种方法看似耗时烦琐，其实对高级阶段的学生来说不失为一种有效的学习。部首查字法是中国儿童在小学阶段就掌握的，但高级阶段的外国学生少有人能够熟练运用，尤其是笔画数量，大部分学生并不清楚，他们已经习惯用手机上的软件查汉字。而查字典，可以让学生重新深入地认识汉字。除了阅读，写作也是运用汉字最有效的方法之一。虽然教师由于要批改而增加了工作量，但是学生会受益匪浅。写文章可以最大限度地调动学过的汉字，学生可以从中看出自己的薄弱环节，从而有针对性地进行强化练习。

## 本 章 小 结

　　汉字是学习汉语过程中绕不开的困难，但也是汉语的魅力所在。汉字的特点是音、形、义相统一，同音字、同义字多，笔画变化多，结构复杂。但是，常用的汉字并不多，克服了学习初期的困难以后，汉字会越来越容易。但这并不意味着汉字教学越来越容易。和中国的小学生不同，大部分母语非汉语的学习者没有口语作为基础，面对从线性排列的字母到二维图像的

---

[1] 李大遂：《略论汉字表音偏旁及其教学》《对外汉字教学研究》，商务印书馆2006年版，第136—141页。

转变，需要较长的时间去适应。

汉字教学的基本原则要考虑到层次、规范、常用、字与词结合、系统性、由易到难和语文并进等，在教学过程中，这些因素需要综合考虑。无论是基本字教学法、字理教学法还是部件教学法，单独使用都不会达到最好的效果，同样需要综合运用。教学的各个环节都要把握音、形、义相结合，培养学生注重字形的意识，针对不同水平的学生提出不同的推测字音和字义的要求。在教学时注重讲练结合，与文化结合，并且尽可能提高汉字的复现率，对比形近易混汉字，适当应用多媒体设备来提高教学效果。

汉字是汉语学习中极具吸引力的部分，良好的汉字基础是学好汉语的必要条件。越来越多的教师和学生意识到了汉字的重要性，也必将越来越重视汉字的教与学，进而突破汉字教学的瓶颈，探寻更加富有成效的教学路径。

## 思考题

1. 汉字的主要特点是什么？
2. 汉字教学中最大的困难是什么？谈谈你认为有效的教学方法有哪些？
3. 设法了解一下外国学习者习得汉字的常见错误类型主要有哪些？成因是什么？
4. 将下列结构相同的汉字进行归类，并讲解其部件组合方式。

　　区、这、屋、意、谢、国、司、脚、病、赶、回、品、医、句、算、森

5. 下面各组都是声旁相同、形旁不同的形声字，也是外国学生的易混字。试从字义与形旁的联系角度加以辨析。

　　（1）渴 喝 （2）钉 订 （3）赌 堵 （4）房 芳 （5）跳 挑

6. 你如何看待"先语后文、语文同步、语文分进"这三种模式？
7. 一个被派往美国的汉语教师志愿者，要在15分钟内教20个5—6岁的孩子"山""月""日"这三个汉字，你觉得应该怎么教？如果这个志愿者是在日本，同样的教学内容，教学流程应该有什么不同？请分别设计教案。

第五章推荐阅读

# 第六章 词汇教学

词汇是语言的重要组成部分，也是第二语言学习和教学中需要充分重视的语言要素[①]。词汇不同于语音与语法，它具有开放性的特征，因此在对外汉语教学中，词汇教学贯穿初、中、高整个学习阶段，也是精读、口语等各类课型中重要组成部分，在教学中起着举足轻重的作用。本章将从汉语词汇的特点、词汇教学的性质及任务、教学原则、教学环节及讲练技巧等方面进行论述。

## 第一节 汉语词汇的特点

词汇"是一种语言里所有的（或特定范围的）词和固定短语的总和"[②]。在现代汉语中，语素、词、固定短语是词汇的三大基本单位。

### 一、语素

"语素是语言中最小的音义结合体[③]，也是汉语构词的基本单位。根据音节的数量，语素可分为单音节语素（如"人""红"等）和多音节语素（如"仿佛""歇斯底里"等）。根据能否单独成词，语素又可划分为成词语素（如"我""葡萄"等）和不成词语素（如"农""型"等）。在语素中，能单独成词的单音节语素占绝大多数，它们单独使用时是词，不单独使用时即为构词成分。如"生"和"活"是两个语素，可构成"生活"一词，而"生"和"活"单独使用时又是两个词。

---

[①] 孙德金主编：《对外汉语词汇及词汇教学研究》，商务印书馆2006年版，第1页。
[②] 黄伯荣、廖序东主编：《现代汉语》（增订六版）上册，高等教育出版社2017年版，第200页。
[③] 黄伯荣、廖序东主编：《现代汉语》（增订六版）下册，高等教育出版社2017年版，第4页。

## 二、词

"词是最小的能够独立运用的语言单位"①。根据不同的分类标准，可将词从不同角度进行划分。

1. 根据音节的数量划分

词可分为单音节词、双音节词和多音节词，并以双音节词占优势为特点。根据对8000个现代汉语常用词的统计，双音节词的比例高达71%，单音节词仅占26%，多音节词则更少。这主要是由于双音节词具有音节对称的美感。而且，现代汉语词汇的发展具有双音节化的趋势：单音节词常常扩充为双音节，多音节词汇往往被压缩成双音节。如：鼻—鼻子，窗—窗户，山东大学—山大，初级中学—初中，高等学校入学考试—高考，中国国民党革命委员会—民革等。

2. 根据构成词的语素数量划分

可将词分为单纯词和合成词。

由一个语素构成的词称为单纯词，主要包括单音节单纯词（如"家""天"）和多音节单纯词，其中多音节单纯词又包含联绵词（如"弥漫""玫瑰"）、叠音词（如"蛐蛐""猩猩"）、音译词（如"咖啡""巧克力"）以及拟声词（如"呵呵""滴答"）等几种。

由两个及以上的语素构成的词称为合成词。从构造上看，合成词也有不同的类型。

（1）重叠词。

重叠词是指由词根重叠而成的词，如"爸爸""妈妈""刚刚""偏偏"等。

（2）派生词。

派生词是指由词根和词缀组合而成的词。如"老板""阿姨""桌子""石头"等。

（3）复合词。

复合词是指由不同的词根组合而成的词。现代汉语广泛采用词根复合

---

① 黄伯荣、廖序东主编：《现代汉语》（增订六版）下册，高等教育出版社2017年版，第4页。

构词法创造新词，如"教"和"学"能组成复合词"教学"，"下"和"雨"能组成"下雨"等。这种构词法与由词结合为短语的句法结构基本上是一致的。汉语短语的主要结构类型为"主谓""偏正""并列""动宾""中补"，而复合词的构成方式也主要是这五种，例如：

① 主谓式：口红、眼花、面熟
② 偏正式：草图、微笑、雪白
③ 并列式：思想、开关、忘记
④ 动宾式：挂钩、管家、开心
⑤ 中补式：扩大、推翻、提高

3. 根据词的来源划分

可以把词分为古语词、方言词、外来词等。

古语词，是指现代汉语中仍然使用的古代汉语词语，如"之""亦""而已"等。适当适量地使用古语词可使语言更加简练，行文更为正式。

方言词，是指普通话中来自各地方言的词，如"唠嗑""碰瓷""嘚瑟"等。

外来词，是指普通话中借用异族语言的词。随着国际一体化的不断深入，汉语外来词的数量也不断增多，新的外来词不断涌现，如来自日语的"人气""写真"等，源自英语的"酷""克隆"等。由于汉语词大多数是字各有义的，因此纯粹的音译词在汉语词汇中所占的比重很小。汉语中的外来词主要有三种情况：①音译加类别，如爵士舞（jazz）、高尔夫球（golf）；②音译加义译，如新西兰（New Zealand）、冰激凌（ice-cream）；③对译，即将原词的各组成部分译为对应的汉语语素，如篮球（basket-ball）、圆珠笔（ball pen）。最后一种情况最为普遍。

### 三、固定短语

固定短语，是指由词构成的结构固定、意义完整的语言单位，其造句功能相当于词。固定短语主要包括成语、谚语、歇后语和惯用语。

1. 成语

汉语中有大量的成语，其字面上表现为四字格，有固定的结构形式和说法，在句中作为一个整体使用，语法功能相当于一个实词，应用十分广泛。

成语大多来自历史故事、神话传说、诗词名言及民间俗语，如"负荆请罪""愚公移山""一视同仁""三长两短"等。

2. 谚语

谚语是指流传于民间的言简意赅的话语，它反映某种自然现象或生活经验，具有深刻的含义。如"车到山前必有路""百闻不如一见""病从口入"等。

3. 歇后语

歇后语是在生活实践中创造的由两部分组成的固定短语。前一部分是对某一现象的直观描述，后一部分用于揭示这一现象中蕴含的道理，如"茶壶里煮饺子——有口倒不出""泥菩萨过江——自身难保"等。

4. 惯用语

惯用语是人们口语中常用的固定短语，多为三字格，如"开夜车""抓把柄""闭门羹"等。惯用语的含义并非其构成成分意义的叠加，而是从其字面含义中抽象概括出来的比喻义。比如，"母老虎"并不是指雌性的老虎，而是指语言、态度、行为等令人生畏的女性。

## 第二节　词汇教学的性质及任务

### 一、词汇教学的性质

词汇教学包括两种课型：一是知识型词汇课，集中讲授汉语词汇知识，如高级班汉语词汇课；二是精读、口语、读写、听力等分技能课型中的词汇教学。我们这里所说的主要是后者。

词汇教学在整个对外汉语教学中占有重要位置，起着举足轻重的作用。原因主要有以下两点：

首先，词汇是语言三要素（语音、词汇、语法）之一，是学习和使用语言的重要材料，离开词汇就无法表达思想。威尔金斯（George W. Wilskins）曾说过："没有语法只能传达很少信息，没有词汇则什么信息也无法传达"①。

其次,词汇量的大小是衡量一个人语言水平高低的重要指标,也是直接影响一个人听、说、读、写、译等各项技能发挥的重要因素。一般情况下,一个人的语言能力与其词汇量成正比:词汇量越大,不仅语言输入(阅读及听力)能力越强,而且语言输出(口语、写作及翻译)时所表达的内容也会更加丰富而精准;若词汇量不足,不仅难以进行有效的听力与阅读理解,在会话及写作实践中也会遇到较大的障碍。

## 二、词汇教学的任务

教师在词汇教学中应进行哪些教学内容?如何才能使学生真正掌握某个词语?这都是值得探讨的问题。总体来说,词汇教学的主要任务有以下几点:

(1)使学生掌握一定数量词汇及固定短语的形、音、义及其用法;
(2)培养学生在阅读及听力过程中的理解能力;
(3)训练学生运用所学词语进行恰当的书面及口头表达;
(4)向学生展示词语的文化意义;
(5)使学生初步了解汉语构词法等词汇知识,强化词汇学习的系统性。

具体到汉语学习的不同阶段,词汇教学的任务则各有侧重。

## 三、各类课型中的词汇教学

精读课词汇教学应对词汇进行深入、细致地讲授,不仅使学生知其义,还应对其句法特征、常见搭配、习惯用法、语体色彩、语用功能等方面进行详细说明,并纠正学生的语音语调,做到词音、词形、词义、词用齐头并进。此外,教学中还应注重近义词的辨析,提高学生灵活、准确地运用词汇的能力,并努力扩大学生的词汇量。

口语课词汇教学的根本目的是培养学生的汉语交际能力,帮助学生提高交际的准确性、流畅性与得体性。选择词汇时应偏重交际性词汇、实用性词汇(包含俗语、成语、惯用语等);讲解词汇与操练词汇环节应充分

---

① George W. Wilskins. *Linguistics in Language Teaching*. MA: MIT Press, Cambridge, 1972: 111.

考虑语言的交际功能,多采用隐性教学法,将词汇讲练置于口语交际中,使学生在较为自然的交际中习得词汇,并逐步提高区分口语词汇与书面语词汇的能力。此外,口语课还承担着矫正声调、语气、语调的重任,语音训练应贯穿于初中高各级口语教学中。

听力课词汇教学的主要目的是帮助学生建立起形、音、义的联系,扫除听力障碍,促使学生将阅读词汇转化为听力词汇,由看得懂转变为听得懂。听力课词汇教学应避免灌输式的讲解及例句的罗列,重点讲清某个词在课文中的意思即可,不求过多的扩展,对词汇的写法与用法也不做过高的要求。

阅读课的词汇教学应以扫清学生阅读障碍、提高其阅读理解能力与阅读速度为目标。讲解词汇时,应对词汇进行合理分类,着重讲授接受性词汇(在听、读等输入过程中所需的词汇),不对词汇进行过多的扩展及近义词辨析,强调结合阅读材料使学生自然地掌握词汇,培养其猜词能力。

**四、词汇教学与其他要素教学**

词汇教学贯穿整个汉语教学全过程,与语音教学、汉字教学以及语法教学等语言要素教学有着密切的关系。

**(一)词汇教学与语音教学**

词汇教学的初始阶段,教师大多进行示范领读,并让学生集体跟读或单独朗读,此过程的目的是帮助学生纠音,使其掌握较为标准的汉语发音,从而建立起对某个词语音、义、形的联系,通过多次朗读的刺激加深学生对词语的理解与记忆。此外,汉语中存在着大量的同音词,多个词语声母、韵母均相同,词义却千差万别。像"是""事""室""试"四个字都读"shi",这种现象对外国学生,特别是初级班学生来说,是容易感到困惑的。教师需通过讲解词义帮助学生加以区分。

此外,在汉语教学最初阶段的语音教学中,大量无意义的拼音朗读操练会使学生感到枯燥无聊,语音训练事倍功半。相反,若适当使用学生母语(如韩语)中的汉字词或汉语中的外来词进行语音训练,并为学生展示词语的意思,训练过程将会变得生动有趣,如:

b 和 p 的训练

| pūkè | 扑克 | poker |
| bèngjí | 蹦极 | bungee |
| qiānpiānyīlǜ | 千篇一律 | 천편일률 |
| bǎiwénbùrúyījiàn | 百闻不如一见 | 백문불여일견 |

## （二）词汇教学与汉字教学

独立的汉字大多是一个语素，"能自由地作为构词成分即构词字与别的字组成词，显示出很强的构词能力"[①]。张凯曾做过统计，现代汉语3500个常用字能够组成现代汉语所有使用的7万个词，平均每个汉字能够参构合成词20个[②]。汉字的这一特性有助于学生在了解字义的基础上猜测新词的词义，也便于教师在学生积累了一定数量词语的基础上，针对某个汉字进行总结复习。如：

包：钱包、书包、包裹、包装……

电：电话、电影、充电、停电……

此外，汉语中还有大量的形近字，如"扬""杨""汤""场"等，通过对偏旁部首含义的解释不仅可以区分汉字，同时也能帮助学生理解包含这些汉字的词语的意思。而对于汉语中的指事字，可通过讲解词义使学生加深对汉字的理解与记忆，如"天"可以解释为"'—'在'人'的头上，表示天"；而"旦"可以解释成"'—'表示地，'日'是太阳，太阳离开地面升起来，就是早晨"。

## （三）词汇教学与语法教学

首先，汉语中复合词的构成方式与由词结合为短语的句法结构基本一致，即"主谓""偏正""并列""动宾""中补"等结构类型，因此，词法教学有助于句法教学。

其次，在为学生展示某个词语的常用搭配时，也应充分考虑该词的句法功能。如在讲授"激动"一词时，应展示"心情很激动""激动的泪水""十

---

① 李芳杰：《字词直通　字词同步——关于基础汉语阶段字词问题的思考》，《语言教学与研究》1998年第1期，第26页。

② 张凯：《汉字构词基本字的统计分析》，《语言教学与研究》1997年第1期，第47页。

分激动""激动得跳了起来/睡不着觉"等常用搭配。

另外,词汇教学还有助于解释某些语法问题。例如,能用于"把"字句的动词是有限制的,像"我把杯子打碎了"是对的,而"我把运动会参加了"则不妥,这是因为能进入"把"字句结构的动词应具有处置义,而非任意动词。由此可见,诸如此类的语法问题并非只是语法层面的问题,还可运用词汇知识进行解决。

## 第三节 词汇教学的基本原则

### 一、科学性原则

遵循科学性原则,首先应做到词汇教学的内容是科学的,即传授给学生对的知识。很多人会提出疑问,中国人每天都讲中文,我们讲出的话一定是符合语言规范的,对某个词的理解也是准确到位的。其实不然。比如,有的教师在讲授"发现"一词时,将该词解释为"看到了别人没看到、不知道的事情",这是欠妥的,"发现"这个词意思应当为"看到或找到前人没看到的事物和规律"。再如,在进行"好像"一词教学时,一位教师给出下列例句:

① 大卫很高兴,好像吃了糖醋肉一样。
② 玛丽很伤心,好像没吃饭似的。

这两个例句显然是不符合语言习惯的,中国人在日常生活中也不会如此表达。所以,作为一名对外汉语教师,首先应做到的是给出的词义解释、词语搭配及例句是符合语法规则和习用规范的表达形式。

词汇教学的科学性还包括教师应该在实际教学过程中借鉴语言学及相关学科研究成果中对对外汉语教学有指导意义的内容。例如,"莫名其妙"一词对中级班学生有一定的难度,学生未接触过包含语素"莫"的词汇,含有"名"的词也仅有名词"名字",此时可以借鉴语言学中"字本位"理论重视汉字、语素的理念,将四个字分别解释,"莫",即"不能";"名"为动词,意为"说出";"其",代词"它的";"妙"是名词,可理解为"道理""原因"。这样除了可以加深学生对词义的理解，亦能增强其对汉字规律的认识，有助于后续学习。

此外，词汇教学的科学性还应体现在练习的设计中。以"完成句子"为例，该类练习在设计时应充分考虑学生的水平，既让学生有话可说，又要给学生一定的思考空间。而下面例句的练习，虽然题干接近学生的生活，但给出的提示过多，限制了学生的思想：只需将"好在"加在给出的提示"宿舍有空调"之前即可完成，因此该练习没有挑战性。例如：

用"好在"完成句子：
这里的夏天热极了，_____。（宿舍有空调）

## 二、适度性原则

### （一）词汇讲授的数量应适度

在安排每次课讲授的词汇时，应对课文做统筹规划，根据课文内容、生词分布及课时安排确定词汇的数量。一般来说，时长为90—100分钟的精读课教学以讲授15个左右的生词为宜。每次课安排的生词过多，时间会显得紧张，无法把生词讲透练透，而且会占用其他教学环节（如语法教学、课文教学）的时间；而生词过少，则会显得课堂松散，效率不高。

### （二）词汇讲解需详略得当

在进行词汇教学时，并不是每个词都平均用力，而应当做到重点突出、详略得当。每次课选择5个左右重点生词，如具有语法功能的重要副词、连词等，进行重点教学，做到讲清楚、练透彻。其他非重点生词根据其特点选择适当的方法简要讲解，如采用图片法、实物法等。需注意的是，重点生词也并非将所有义项、所有词性的用法一次性全部讲给学生，而应当根据学生的水平对课文之外的义项及用法作适当的补充。例如，在对初级后期学生讲授词汇"倒"时，若将其五个义项（"位置上下前后翻转""把容器反转或倾斜使里面的东西出来""相反地""往后退""却"）全都展示给学生，显然是不符合"循序渐进"的教学规律的。

### （三）符合各阶段学生的需求

各学习阶段对学习者词汇的掌握程度是有区别的。对初级学习者来说，应重点掌握名词、动词、形容词等实词的基本意义和用法，而近义词汇辨析、词汇的引申含义及文化含义、书面语词汇等并不是该阶段的学习重点；中级阶段，在掌握实词的基本义、引申义的同时，应增加具有语法功能的虚词的学习，并培养近义词汇辨析、书面语使用的能力；高级阶段的学习者应当更加关注书面语、成语、俗语的学习，注重词汇使用的得体性。词汇教学的阶段性特征要求教师在教学过程中应当根据教学对象的不同合理安排教学内容，让学生既吃得饱又消化得了。

### 三、实用性原则

词汇教学的实用性简单地说就是优先学习词汇常用的义项及搭配，让学生学即能用。由于课文内容的限制，有些词汇出现时仅是基本义，但其引申义在日常生活中使用的频率会更高。如某篇课文中"沙粒摩擦会发出响声""月牙泉从来没有被流动的沙子埋没过"两句中的"摩擦"和"埋没"二词，均取其基本义项，但在生活中我们更常用的是其引申含义，如"他和同学之间发生了摩擦""他的才能被公司埋没了"，此时就应给学生加以补充。

此外，实用性还体现在给出的例句应当贴近学生的生活，帮助学生能跳出课文中的情境，用所学词汇进行日常表达。如讲解"好"的副词用法和动词"保存"时，可给出下列例句：

① 我要多换几个硬币，好在咖啡机上买咖啡。
② 千万别关电脑，我还没把文件保存到U盘中呢。

有关选择例句的标准，将在本章第四节中详细说明。

### 四、趣味性原则

趣味性主要是指教学过程中教学内容、教学语言有意思，能激发并保持学生的学习兴趣，不使学生感到枯燥、无聊。具体来说，在讲解生词时可适当配合使用教具、身体动作或PPT中的图片，使学生在视听过程中使紧张的神经得到些许放松。在展示例句时，也应考虑到例句的趣味性。在检查词汇掌握情况时，除了传统的听写形式，也可采用宾果游戏等形式以活跃课堂气氛。

比如教师听写时，第一名学生在纸上任意方格中写出拼音（见图6-1），然后第二名学生根据拼音写汉字（见图6-2），最后，老师随机读出词汇，第三名学生划出听到的词汇，划出的词汇可以连成一条直线即为获胜（见图6-3）。这种活动除了可以同时检测学生拼音、汉字的书写及认读能力以外，还可以营造良性竞争的课堂氛围，有效地避免了课堂学习气氛枯燥的情况。

| | yanre | | wangwang |
|---|---|---|---|
| | | lengmo | |
| haocheng | rengjiu | | chongzu |
| changgui | huoyuan | | |

图6-1　趣味教学示意图（1）

| | yanre 炎热 | | wangwang 往往 |
|---|---|---|---|
| | | lengmo 冷漠 | |
| haocheng 号称 | rengjiu 仍旧 | | chongzu 充足 |
| changgui 常规 | huoyuan 货源 | | |

图6-2　趣味教学示意图（2）

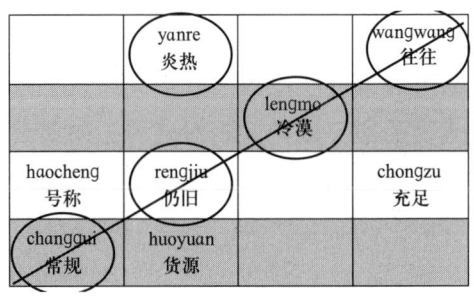

图6-3　趣味教学示意图（3）

应当注意的是，教师不可盲目地追求活跃的课堂气氛而忽略了教学的具体目标，使学生仅仅看了热闹，而未学到实际内容。

### 五、复现性原则

在教学中,如何使学生在短时间内记住、掌握新学词语的意思及用法,并保持长时记忆,这是对外汉语教师经常遇到的问题。德国心理学家艾滨浩斯曾提出,"输入的信息在经过人的注意过程的学习后,便成为人的短时的记忆。但是如果不经过及时的复习,这些记住过的东西就会遗忘,而经过了及时的复习,这些短时的记忆就会成为人的一种长时的记忆,从而在大脑中保持很长的时间"[①]。刘珣也曾提出,"一般说来,新词至少需要6~8次重现,才能初步掌握"[②]。这表明,在教学过程中,教师应有复现生词的意识,遵循复现性原则。

词语复现的方式包括基本复现和曲折重现两种[③]。前者多指某个词语在课本后续课文中的复现;后者是教师设计在词义解释、例句、练习中的复现。在有既定教材、基本复现空间较少的情况下,教师应有意识地设计曲折复现,在例句及练习中提高旧词的复现率。如在讲授"迟早"一词时,可设计如下例句(其中加点词语为前期学过的旧词):

① 他俩整天闹别扭,这样下去,迟早会离婚。
② 别担心,你迟早会找到一份适合自己的工作。
③ 千万别灰心,迟早有一天,你能过上富裕的生活。

## 第四节  词汇教学模式及教学法

长期以来,对外汉语十分注重语法教学,在教学方法、教学模式、教学技巧等方面有着丰富的研究成果。相对来说,词汇教学没有得到应有的重视,正如陆俭明所指出的那样:"词汇教学,应属于重点教学内容,特别是在初级阶段,一个外国学生要学好汉语,重要的是要掌握大量的词汇,

---

① 焦燕:《从艾宾浩斯遗忘规律曲线谈大学英语词汇记忆》,《苏州教育学院学报》2006年第2期,第40页。
② 刘珣:《对外汉语教育学引论》,北京语言文化大学出版社2000年版,第363页。
③ 冯凌宇:《复现教学在国际汉语词汇教学中的意义》,《民族教育研究》2012年第5期,第60页。

要有足够的词汇量,因此词汇教学应该是个重点,可惜现在大家对它的重视程度很不够。"[1]近些年来,这种情况有所改观,越来越多的教学及研究者开始探讨科学而有效的词汇教学路径,尝试了一些词汇教学的模式及方法。

## 一、词汇教学模式

### (一)集合式词汇教学

为提高词汇教学的效率,不断有人试图突破教学瓶颈,探讨新的路径。改革的思路之一,就是如何短期内扩大词汇量。为此,有人曾提出"词语的集中强化教学"[2],进而有人提出了"集合式词汇教学"[3]模式。该模式将汉语交际词汇分成几类范畴(集合),如称呼集合、数字集合、时间集合、饮食集合等,每一集合中的词汇又分为两类:一类是普遍常用且占教材主要内容,课堂上需反复练习,要求学生必须掌握的词汇。如学习"学校"一词时,可以通过联想与扩展,学到一系列与教育相关的词语:学生、学习、教师、校长、上课、下课、作业、考试、教室、黑板……。第二类是某个领域常用但不具有普遍性,有一定难度、不要求学生必须掌握的词汇。比如学习"电脑"一词,可以就势学习与电脑有关的系列词汇:鼠标、键盘、荧屏、开机、关机、死机、附件、U盘、硬盘……所谓"集合",既可以是词义联想的集合,也可以是词形结构的集合:比如在学习手部动词"打"时,可以顺带学习下面这些结构上含有相同部首的单音节动词:抱、搂、抢、推、拉、拍、拖……或许某些词对某个层次的学习者来说属于超纲词,或许在社会上应用不那么广泛,但对具有一定汉语水平的外国学习者来说却是自己生活领域中常见因而应当了解与掌握的。

汉语词汇具有极其复杂的词义系统,词义之间存在着丰富的内在联系。集合式词汇教学模式基于语义场理论,按语义场组织教学。其优点是,通过联想连接语义网络,可以使学生触类旁通,提高记忆力,迅速扩大词汇量。

---

[1] 陆俭明:《"对外汉语教学"中的语法教学》,《语言教学与研究》2000年第3期,第1页。
[2] 陈贤纯:《对外汉语中级阶段教学改革构想——词语的集中强化教学》,《世界汉语教学》1999年第4期,第9页。
[3] 胡鸿、褚佩如:《集合式词汇教学探讨》,《世界汉语教学》1999年第4期,第26页。

其有待完善之处是，这种集合的"度"需要教师好好把握，若联想过于繁杂，词汇集合过多，势必会加重学生的学习负担。

## （二）语块教学模式

语块教学，又称为"词块教学"，兴起于欧美国家的第二语言教学，在我国则最早应用于英语教学，近年来影响波及对外汉语教学领域，越来越多的人在进行借鉴与尝试。

所谓"语块"，指的是一种多词组合，是一种使用频率较高、形式较为固定的语言预制板块，可整体存储，也可整体提取。关于语块类型，国内外学者的划分不尽相同，但大致可归为以下三种：一是高频组合的多词语汇及惯用表达，如英语的"by the way"，汉语的"共商国是""不瞒你说""穿小鞋"等；二是较为固定的框架短语，如英语的"the more…the more…"，汉语的"当……的时候""对……来说"等；三是句子框架结构，如英语的"on one hand，…，on the other hand，…"，汉语的"因为……，所以……""与其……，不如……"等。

英美语言学家曾通过研究数据得出结论：英语中绝大多数日常口语都由语块构成，这一结论对汉语来说同样适用。语块教学模式的理论基础是心理语言学。学习心理学认为，人的短时记忆广度是7个字节，而语块的习得基本符合这一规律。语块教学模式从学习者的学习心理入手，认为采用语块教学既便于记忆，又便于输出，是提高学习者语言认知与语言生成能力的有效手段。从实际教学效果来看，与单个的词语教学相比，语块教学确实具有以下优点：一是将词汇教学与语法教学结合起来，从而起到事半功倍的作用；二是注重词语的搭配规律，可以帮助学习者正确产出，避免偏误；三是强调语境及语用意识，有助于培养学习者的汉语语感。该模式不足之处是，迄今为止，对于语块的界定及划分始终存在争议，难以建立起系统的语块教学大纲，因此在教学实践中，教师在教学内容选取上难免会随意。

## 二、词汇教学方法与技巧

词汇教学遵循对外汉语教学一般教学规律，教学过程包括导入、讲解、操练、复习等教学环节。具体来说，整个词汇教学应包含词汇的展示、词义的讲解、常用搭配及例句的展示、词汇的练习等环节。这些环节虽相对独立，但一脉相承，任何一个都对教学效果产生决定性的影响，下文将进行详细的论述。

**（一）词汇的展示**

1. 词汇的讲解顺序

在对词汇进行展示时，首先需回答的一个问题就是按照何种顺序教授词语？根据授课内容的不同，教师可选择下列一种或多种方法进行教学。

（1）按随文顺序。

该方法是按照每课生词表既有的顺序进行讲授，教学的顺序即是生词在课文中出现的顺序。此法可使学生对教师即将讲授的内容有所预设，亦便于教师串讲课文。但是词与词之间往往没有语义联系，课堂的连贯性不足。

（2）按词性归类。

该方法是将所需讲授的词汇按照词性（如动词、名词、形容词、副词等）进行分类教学，这样可将具有相同语法功能的几个词汇集中讲授，强化词性的概念。

（3）按重要程度归类。

该方法是将词汇按照重要程度划分为重要生词、次重要生词、次要生词等类别进行授课，分类的标准除了可依据教师的实际教学经验外，还可根据某个词在日常生活中是否常用以及在 HSK 考试中出现频率的高低等。

（4）按词汇间逻辑顺序。

该方法是打破原有生词表顺序，寻找词汇间的逻辑关系，将所教词汇用一条线索进行串联，逐次讲解。例如，图 6-4 是生词表的顺序，而图 6-5 是经过重新编排后的顺序。通过对比，可以看出新整合的词汇顺序所存在的一定的内在逻辑，即"中国南方和北方的食品不一样，南方吃米饭，北方吃面食，饺子是一种面食，很好吃（味道好），重要的节日的时候人们吃饺子，虽然准备馅儿很麻烦，花很多时间，但是大家一起包饺子很热闹，也有意思。"

| | | | | |
|---|---|---|---|---|
| 1. 好吃 | 9. 重要 | | 1. 食品 | 9. 重要 |
| 2. 味道 | 10. 食品 | | 2. 南方 | 10. 节 |
| 3. 北方 | 11. 麻烦 | | 3. 北方 | 11. 馅儿 |
| 4. 节 | 12. 馅儿 | | 4. 米饭 | 12. 麻烦 |
| 5. 南方 | 13. 花 | | 5. 面食 | 13. 花 |
| 6. 米饭 | 14. 大家 | | 6. 种 | 14. 大家 |
| 7. 面食 | 15. 热闹 | | 7. 好吃 | 15. 热闹 |
| 8. 种 | 16. 有意思 | | 8. 味道 | 16. 有意思 |

图 6-4　生词表顺序示意图　　图 6-5　重新编排生词表示意图

这一做法最大的好处是教学内容层层相扣，连贯性强，而词汇间的内在逻辑线索亦可帮助学生复习记忆。但是，并非每次课的教学内容都能轻松地找到其内在线索，而该线索又应科学合理、不牵强。这除了对教师提出了较高的要求外，对学生而言，能否跟上老师的思路，也是一个挑战。

2. 词汇展示的形式

在对生词进行展示、认读的阶段，教师可按照由易到难、循序渐进的原则分三步进行。

第一步，全景展示，多次领读（见图 6-6）。

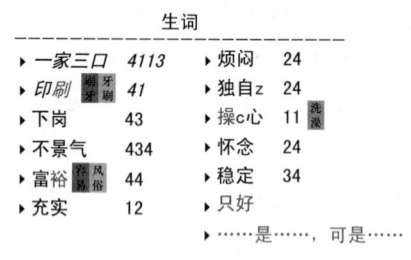

图 6-6　词汇展示示意图（1）

（1）词汇集中展示，按照其重要程度，可将词汇分为次要生词、一般生词、重要生词及语言点，以斜体、正常字体、红色字分类展示。

（2）语音方面，初级阶段的词汇应标注拼音；中级阶段起，可用 1、2、3、4、0 代表汉语的四声及轻声，同时标注学生易发错的声韵母（如图中的 z 和 c），在认读环节训练学生语音语调。

（3）汉字方面，初级阶段，教师应带领学生书写首次学习或难度较高的汉字，强化笔顺意识；中高级阶段，对于学生较为陌生的汉字应重点标出，如图中"裕"。为帮助学生记忆，可归纳总结其他含有相同部件"谷"的汉字，如图中的"容""俗"等，做到在词汇认读环节兼顾汉字教学。

第二步，保留提示，学生自练（见图6–7）。

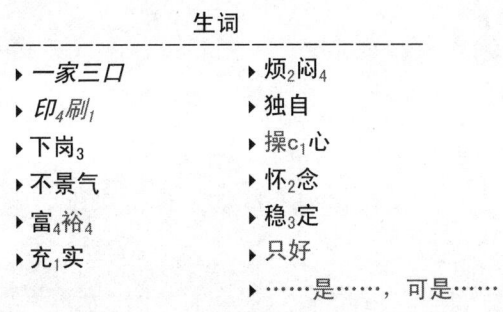

图6–7　词汇展示示意图（2）

保留重要信息，如重点汉字的语音语调等。再次领读后，给学生独自练习的时间，教师巡视的过程中可进行一对一的纠音练习。

第三步，不留提示，检查认读（见图6–8）。

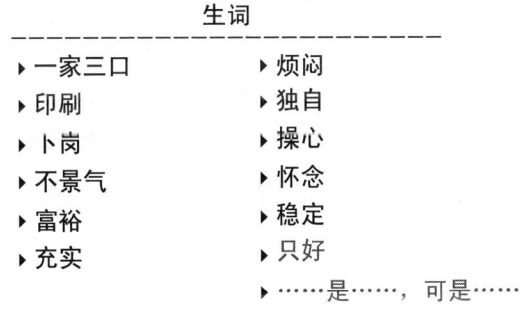

图6–8　词汇展示示意图（3）

在学生自我练习的基础上，去掉语音及汉字的提示，检查学生认读情况，对学生仍然存在的语音偏误，面向全班纠正。

（二）词义的讲解

1. 词义讲解的方法

所谓"词义的讲解"，即向学生解释说明某个词语的意思。这是词汇教学的核心环节。假如一位教师不能把词义讲正确、讲清楚，学生的理解就会产生偏差，后续的练习也毫无意义可言。我们先看以下几个词义讲解环节的教学案例：

① 滔滔不绝（见图6-9）：

图6-9　词义讲解示意图

② 凡是：所有。

③ 偶像：崇拜的人。

④ 象征：用具体的事物表示抽象的意义。

⑤ 利息：我有3000块钱，存在银行，一年后变成了3005，我这是存的定期还是活期？要学习"利息"这个词，大家还得知道"本金"和"利率"。本金就是我开始的钱，多出来的5块钱除以本金就是利率。

很显然，教师对以上五个词汇的词义讲解均不科学。首先，图6-9仅反映出一个人在说话，难以体现"滔滔不绝"、说个不停之意；其次，若将"凡是"解释为"所有"，学生会出现"凡是的老师都是中国人"之类的偏误；再次，在对"偶像"一词的解释中，"崇拜"一词的难度明显高于被解释的词汇；而"象征"的释义中，"具体""抽象"二词具有明显的词典性语言特征，这致使学生无法理解教师的讲授性话语，讲解无效果；最后，在对"利息"进行讲解时，出现了其他"定期""活期""本金""利率"等过多冗杂的信息。

在教学中，关于词义讲解的方法多种多样，教师应具体问题具体分析，根据词汇的特点选择合适的方法。

（1）对译法。

对译法，即将中文的词汇与媒介语（如英语）或学生母语中的某个词进行直接对应，借助媒介语解释词汇的意思。由于这种方法效率高、速度快，在初级阶段教学或在汉语非母语教学环境中被广泛使用。如"允许""毕业"可分别用英语的"allow"和"graduate"直译。但值得注意的是，若教师不考虑语言差异随意使用，学生易会产生混乱之感。比如，"或者""还是"在英语中都可用"or"来解释，"课""教训"两个意思截然不同的中文词都可被译为"lesson"；而中文的"方法"又可与英语中有些许差异的四个词（way, mean, manner, method）对应。诸如此类的差异若没有引起足够的重视，学生类似于"你今天还是明天来我的房间都可以"的偏误将难以避免。

（2）图表法。

图表法，即借助图片、表格解释词汇的意思。这种方法直观、形象，教师只需少量的语言，甚至不用语言即可使学生明白词义。适合采用该法的词汇主要有在课堂中难以展现的实物或动作（见图6-10、图6-11、图6-12、图6-13）、意思较为抽象的名词或动词（见图6-14、图6-15、图6-16）、与时间有关的词汇（见图6-17），以及部分四字成语（见图6-18、图6-19）。

图6-10　沙漠

图6-11　兵马俑

图6-12　建造

图6-13　走神儿

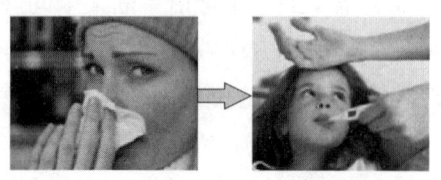

图6-14 引起　　　　　　　　　　图6-15 分配

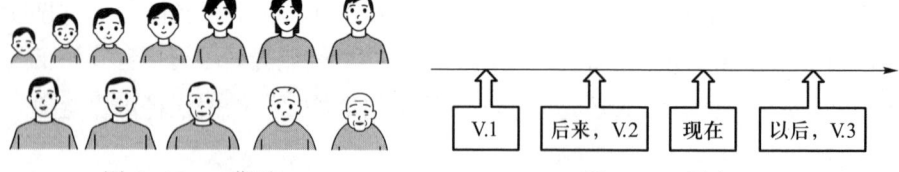

图6-16 一辈子　　　　　　　　　图6-17 后来

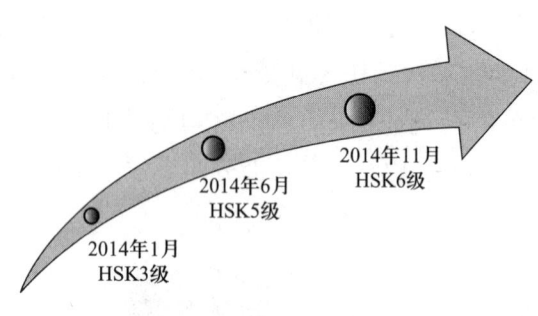

图6-18 突飞猛进　　　　　　　　图6-19 屡战屡败

（3）实物法。

实物法，顾名思义，就是运用实际物品来解释某个名词的意思。这种实物应是较轻便的或存在于教室里的（如地图、钥匙、桌子、窗户等），此法在初级阶段教学中较为普遍。

（4）动作法。

动作法，即通过肢体动作或表情解释某个词的意思，如写、笑、推、蹲等。该法生动活泼，有调动课堂气氛的作用，也常见于初级阶段汉语课堂。在使用动作法时，教师应注意自己的举止得体、美观，符合教师的身份。

（5）联系法。

这里的"联系"包含三个方面。第一，前后联系。教师用之前学过的旧词解释新词的意思。比如，学生学过"养活"一词，在解释"自食其力"时，教师可将其解释为"自己挣钱养活自己"。第二，近义联系。即用学生已知的近义词解释新词汇。如"走俏""似乎""千万"可分别用"畅销""好像""一定"来解释。此时教师应注意近义词之间在词义及用法上的差异，必要时需向学生简要说明。第三，反义联系。即用学生已知的反义词解释新词汇。如"贫穷""冷漠""粗略"可分别解释为"不富裕""不热情"和"不详细"。

（6）语素法。

词是由语素构成的。讲解词义时，可利用语素与词的这一联系，将构成词的语素进行拆分，通过分析各个语素的意义讲解整个词的意思。例如"屡战屡败"一词，"屡""战""败"三个语素的意思分别为"多次""进行战争"以及"失败"。如此拆分，学生可在短时间内掌握该词的意思，并能自主理解"屡败屡战""屡战屡胜"等词。

运用语素法讲解词义，除了可以借助语素扩大学生词汇量、提高记忆效率之外，还能培养学生猜词的能力。但在使用过程中应注意以下两个问题：

首先，汉语的语素具有多义性的特征。例如"法"，除了有"方法"（如"看法""用法""说法"）的意思外，还有"法律"（如"法官""法院"）、"法国"（如"法语"）等义项。对于不同的义项，教师应予以提示。

其次，使用语素法时应考虑教学对象的汉语水平。如在初级阶段讲解"啤酒"一词时，可适当补充"白酒""红酒"等几个含有语素"酒"的简单词语，而"劝酒""戒酒"等中级阶段的词语则不宜进行扩展。

（7）简释法。

简释法，即使用符合学生接受程度、适合学生水平的简单语言解释新词的方法。讲授语言过难，高于学生水平，学生无法理解；讲授语言过简，内容缺乏限制条件，学生易产生偏误。能否自如地运用该法讲解词义是衡量一名对外汉语教师讲授能力的重要标准之一。下面的例子是较为合理的解释方式：

① 奢望：一种希望，但太大了，很难变成真的。

② 费口舌：说很多没有用的话，浪费时间。

③ 明显：很容易看出来的。

运用简释法解释词义时，应特别注意语言的科学性和精准性，还应当注意解释词义时应避免使用词典性术语，不给学生设置理解障碍。下面几组词语是教师进行词汇释义时应尽量避免使用的表达方式：

① ……是指、表示
② 客观、主观
③ 起……作用、充当……成分、强调、修饰、加强语气、舒缓语气
④ 有……意味、意味着

（8）语境法。

语境法，即通过直接给学生提供典型的语境使学生预测生词并自主理解词义。运用此方法时，语境的典型性尤为重要。好的语境能使学生立即理解教师所要表达的意思，在自主学习中理解词义，提高猜词能力。以下三个例句分别是引出"推荐""直接"和"专心"时可给出的语境：

① A：老师，济南附近哪个城市比较好玩儿，您能_____一个吗？
　　B：你可以去天津看看。

② 济南没有_____飞英国的飞机，我得先去北京，再坐飞机。

③ 我应该告诉朋友，"你得_____开车"！（见图6-20）

图6-20　看图填空

2. 近义词辨析

近义词辨析是中高级阶段词汇教学的重点，学生提问词汇间的差别也是课堂中常有的事。学生的问题层出不穷，近义词有成千上万组，但万变不离其宗，进行词汇辨析的角度大多集中于以下几个方面：

（1）从词义的角度辨析。

如"根据"与"按照"，作介词时，两词在词典中可以互译，但仔细分析，"根据"强调作出判断和结论的前提，回答的是"为什么这样做"的问题；而"按照"是照着现有的一个规定、标准去做，有"让怎么做就怎么做"的意味。例如：

① 根据我的经验，在国外生活最大的困难是语言不通。
② 按照老师教的方法学习，我的成绩果然提高了。

（2）从词性的角度辨析。

如"刚才"与"刚"，"刚才"是时间名词，可以作定语、状语或主语；而"刚"是副词，只能作状语。例如：

① 刚才你说什么？／你刚才说什么？
② 你把刚才的话再说一遍。
③ 我刚吃了一碗米饭。

（3）从词语搭配的角度辨析。

比如"到达"与"达到"，"到达"的宾语一般为一个地点（较具体），而"达到"的宾语则为某种程度（较抽象）。例如：

① 一个半小时后我们就能到达北京。
② 我的汉语水平已经达到 HSK6 级了。
③ 今年，计算机系毕业生的就业率达到了 90%。

再如，"更"和"更加"，"更"后面的词语没有音节限制，如"更好""更强壮""更心慌意乱"；而"更加"后面不可有单音节词语，"更加快""更加多"等均不符合韵律要求。

（4）从语体的角度辨析。

根据语体色彩，词汇可分为书面语词汇和口语词汇。例如：

| 书面语 | 口语 |
| --- | --- |
| 母亲 | 妈妈 |
| 陆续 | 先后 |
| 迟早 | 早晚 |
| 即将 | 马上 |
| 究竟 | 到底 |

（5）从感情色彩的角度辨析。

根据感情色彩，又可将词汇分为褒义词、贬义词和中性词。例如：

| 褒义词 | 贬义词 | 中性词 |
| --- | --- | --- |
| 牺牲 | 丧命 | 去世 |
| 聪明 | 狡猾 | |
| | 借口 | 理由 |

（6）从语法功能的角度辨析。

考查词语的语法功能，主要看其在句中所作的成分。例如"真""极"后有形容词时，只有"极+形容词"可用作定语，"真"不可以。例如：

① 他是个极刻苦的学生。

② 北京是真大的城市。（×）

教师在讲解完词语间差别后，还应设计一组词语辨析练习，便于学生巩固所学知识，也有助于教师检测教学效果。例如：

请用"根据"或者"按照"填空：

① _____检查的结果，医生认为病人的心脏有些问题，需要马上住院。

② 只要你能_____我说的去做，就一定能达到目的。

③ 这是新的时间表，大家都要严格_____上面规定的时间上下班。

④ 我说他是南方人是_____他的口音。

### （三）词汇的常用搭配

词义的讲解环节结束后，学生已知晓了词汇的意思，但如果仅停留在这一层次是远远不够的。很多学生在准备考试时，习惯于手捧生词表背诵。不可否认，背单词扩大词汇量对提高汉语水平是有帮助的，但学生在进行口语表达、书面表达，即需要输出之时，却发现自己并未掌握某个词怎么用、跟什么词一起用、在什么语境下用。因此，完成词义的讲解后，接下来教师还应为学生展示某个词语最常见的搭配，使学生加深对词语的理解。使词汇教学不仅停留在知其义，更要做到知其用。前面所说的"语块教学"，实际上就包含了词语的搭配教学。

1. 词汇的常用搭配

所谓"词汇的常用搭配"，即常与某个词汇一起使用的语言形式，如动词后常带的宾语，形容词常常修饰的中心语等。不同词性的词语所起的语法功能不同，在教学过程中教师展示常用搭配的角度也应有所不同，因此给学生强化词性的概念是很有必要的。下文将分别介绍五种重要的词类在教学中给出常见搭配时的角度。

（1）名词。

名词在句中主要作主语和宾语，也可作定语，修饰中心词。在讲授名词时，给出的常见搭配主要为名量结构、动宾结构、定中结构等。例如：

**印象**

◇ 第一印象

◇ 深刻的印象

◇ 留下印象

◇ 有印象

◇ ……（主语）……给……（人）……留下……（什么样）……的印象

◇ ……（主语）……对……的印象……（怎么样）……

（2）动词。

动词在句中主要作谓语，也可作定语，修饰中心词。在讲授动词时，给出的常见搭配主要为动宾结构、状中结构、动补结构、重叠形式等。例如：

**写**

◇ 写作业、写汉字、写名字

◇ 写写、写一写

◇ 很快地写

◇ 写三个、写五遍、写两个小时

◇ 写得很慢、写得很漂亮

在讲解动词时，应注意以下问题：

① 动词能否带宾语。如"旅行""争吵"和"慕名而来"不可用作"旅行北京""争吵朋友""慕名而来泰山"等。

② 动词所带的宾语有何限制。如"养活"的宾语一般是人，不可以是动物；"缺乏"的宾语一般是抽象名词（如"经验""信心""语言环境"），而非具体名词（如"水""食物"）等。

③ 某个动词是否是离合词。离合词是动词中的一种特殊现象，构成词语的语素间为动宾关系，前一个语素是动词性成分，后一个语素为名词性

成分。两个语素可作为一个整体使用，亦可在其间插入其他成分。由于离合词在学生母语中较为少见，故此类词汇的偏误较为常见。例如：

A. 今天下课后我要见面中国朋友。（×）

B. 外面快下雨起来了，我打算下课了回宿舍。（×）

C. 他结婚过两次。（×）

④ 动词是否可以重叠。对于不可重叠的动词，如"推动""缺少"等，应向学生提示。

（3）形容词。

形容词在句中主要作定语和谓语，有的形容词也可作状语和补语。在讲授形容词时，给出的常见搭配主要为定中结构、主谓结构、状中结构、动补结构、重叠形式等。例如：

**详细**

◇ 计划书很详细

◇ 详细的计划、说明、内容

◇ 详详细细地说明

◇ 介绍得很详细

在讲解形容词时，应注意以下问题：

① 某个形容词是否是非谓语形容词。这类形容词只可作定语，不可作谓语、状语和补语，而且多不能用"很"修饰。在教授此类词时，虽不需把"非谓语形容词"这一术语介绍给学生，但应给学生提示其用法，否则可能出现下列偏误：

A. 我想去很大型的企业工作。（×）

B. 中国的经济正在很飞速地发展。（×）

② 形容词所修饰的中心语有何限制。例如"丰盛"一词，其中心语一般为"饭菜""晚餐"一类带有"饭"和"餐"的名词，如果授课中不加以提示，学生会造出"我们班有丰盛的同学，英国的、美国的、俄罗斯的等等"之类的句子。

③ 关于形容词的重叠形式。首先，形容词重叠后已经有"很""非常"的意味，所以形容词重叠后不可再被程度副词"很""非常"等修饰。其次，单音节形容词重叠后做谓语时，其后一般有"的"，这是常被学生忽略的

地方，造出如"他的头发短短"之类的句子。再次，有的词可兼用作动词和形容词，作形容词时，其重叠形式为AABB，如"高高兴兴"；而用作动词时，重叠形式又为"高兴高兴"。

（4）副词。

副词在句中主要作状语，位于动词或形容词之前。在讲授副词时，给出的常见搭配主要为状中结构等。例如：

**稍稍**

◇ 稍稍抬高一点儿

◇ 稍稍明白了一点儿

◇ 稍稍有点儿头疼

（5）量词。

量词是表示数量单位的词，分名量词和动量词两种。名量词位于名词之前，如"一杯水"；动量词位于动词之后，如"把孩子打了一顿"。在讲授量词时，除了应为学生补充数量结构与名、动搭配规律之外，还应提示量词在句中的位置。例如：

**副**

◇ 一副眼镜／手套／刀叉

◇ 一副难过的样子／吃惊的表情

**顿**

◇ 一顿饭／丰盛的饭餐

◇ 打／骂／批评了一顿

此外，量词重叠有频繁、多次之义，在讲授时也应加以提示。在下面的例子中，不少学生就因为未掌握量词重叠的语义特征而误选"一时"：

教授的发言很精彩，会场上＿＿＿＿响起阵阵掌声。（不时、一时）

以上我们以名词等五种词类为例就词汇搭配的角度进行了阐述，教师在实际教学中并非一定做到面面俱到，而应该根据具体词汇的常用形式有选择性地向学生展示。

（四）词汇的例句

例句，即在展示生词及其搭配环节之后，为帮助学生理解词义、掌握用法，教师为学生展示的句子。科学的例句，可配合之前的词义讲解及搭配展示，帮助学生理解并掌握词汇；不科学的例句，不仅不能起到应有的效果，反而会产生误导甚至加重学生的学习负担。

1. 好例句的特征

（1）例句设计要有针对性。词语的选择与讲解要重点突出、目的明确，注意循序渐进、分阶段进行，切忌例句堆砌。下面例句中的五个句子是一名教师在讲授动词"建"时同时给出的例句，这种设计徒然增加学习者的负担，其教学安排显然是不合理的。

**建：**

① 建立一个国家并不容易。

② 他是一个建筑师。

③ 他负责建造这栋大楼。

④ 我建议大家先冷静一下。

⑤ 我们要努力建设美丽的祖国。

（2）例句应有典型性。例句应当是中国人在各种社交场合经常使用，并且可以突显词语意义及用法的高质量的句子。典型的例句既可以帮助学生快速掌握学习重点，加深对词语的理解，又能调动学生的积极性，使其学到即能使用。如下列各句便是设计较好的例句：

① 闹钟没电了，害得我起晚了。

② 在中国，公务员是很稳定的工作。

③ 去超市前，我把要买的东西写在纸上，免得忘了。

④ 妈妈恨不得替孩子生病。

（3）例句难度应当符合学生的汉语水平，所用词汇应为学生已知生词，尽量不出现新词。例如，"不管"一词一般于初级后期或中级前期学习，而下面例句中的用词，如"恶劣""矗立""坚守""感恩"等，其难度远远高于此阶段的汉语学习者，这样的例句欠科学。

**不管**

① 草不管条件怎样恶劣，都顽强的生长着。

② 他不管历经多少风雨，都依然矗立在那里。

③ 他不管风多狂、雨多大，都坚守着自己的岗位。

④ 不管何时、何处、何事，都可以看见爱与感恩。

（4）例句应符合社会现实并贴近学生生活，而下列例句显然存在很多问题。

① 老师家周围有很多小偷。
② 你还是认个错，争取宽大处理。
③ 让我们共同作战，保卫我们的国家。
④ 娟子气急了！爬起来，抓起手榴弹就向里边扔。（《苦菜花》）

例①显然是人为编造的句子，并不符合中国的社会现实；例②和③多用于审讯犯人与作战口号，外国学生难以理解其中的含义，教师仅解释背景就需下一番功夫；而文学作品中的句子，如例④，由于其对故事背景的依赖性较强，也不宜用作外国学生词汇教学的例句。

（5）语境应简洁且清晰。每句话都发生在特定语境下，离开语境，理解就会遇到困难。在展示例句时，教师应清楚地交代词汇使用所处的情境，帮助学生理解词义。语境缺失，例句显得内容突兀，词义也无法从例句中得以体现，如下面例①②；而语境清晰，教师无须过多解释，学生即能理解词义，如例①'②'。

① 他坐在机场里心神不定。
② 果然，今天最高气温是23度。
①' 飞机晚点了，可他有急事回国，坐在机场里心神不定。
②' 昨天天气预报说今天会升温，果然，今天最高气温是23度。

但语境过于冗杂也会给学生带来理解的负担与障碍。下面是一名新手教师在讲解"多心"一词时给出的例句情境，语言过于复杂，学生难以迅速抓住关键信息从而理解词义：

我的男朋友，他长得很矮，我比较高。我经常说"哎呀，我很想穿高跟鞋"，我去买了很多高跟鞋，我就特别愿意给别人说"我穿了高跟鞋以后都1米8了"。我的男朋友会觉得我嫌他矮，就是我觉得他矮。这个时候我怎么说？我就说：你别多心，别多想。

此外，多个例句也可共享同一语境，这样不仅可以充分利用语境，而且随着例句的丰富，学生对词语意义及用法的理解也逐渐加深。如下面为"毕竟"设计的例句：

A：你很了解他吧？

B：当然，毕竟他是我的好朋友。

当然，毕竟我们认识已经10年了。

当然，他毕竟是我的弟弟。

2. 例句的角度

一般来说，为使学生充分理解并掌握词汇的意思及用法，每个词应给出5~6个例句。这几个例句可从不同的角度予以呈现。前两个例句应"一语中的"，使学生迅速理解词义，感知最基本的用法。第三个例句可涉及班中学生的日常生活，此类信息不仅是全体学生所共享的，易于接受，而且能起到活跃课堂气氛的作用。当然，学生的生活信息应当是正面的，而且是愿意与同学分享的。第四个例句可与真实的社会生活相关，使学生领会如何将所学生词运用到实际生活中。第五个例句可以展示该生词在课文中的原句，将教学内容回归课本。下面以"直接"一词为例，该词最常用做状语和谓语，举例说明时可按上述角度由浅入深地设计例句：

① 来到门口，他没有敲门就直接进去了。

② 这个词很难用汉语解释，我直接翻译成英语吧。

③ 我下了飞机连家都没回就直接来学校了。

④ 如果这一场球输了，我们将直接被淘汰出局。

⑤ 他是你的上司，也就是你的直接领导，你要及时向他汇报工作。

3. 例句展示后的提示

（1）提示词语使用结构。

对初中级学生来说，由于并未完全建立起汉语语感，难以自主归纳词语的用法，教师的提示就显得尤为重要。再如：

**适合**

◇ ……适合……（人）

这件衣服很适合他。

◇ ……适合……（做一件事情）

他的性格非常适合当老师。

◇ ……适合……（人）……V.

这种食品适合老年人吃。

（2）提示语用范围。仅仅掌握了词语的意思及用法还不能说完全学会了该词语,在何种情况下使用也至关重要。很多时候外国学生说的或写的句子意思中国人能理解,语法也没有错误,但仍旧感觉不得体,这大多与语用有关。例如:

① 当我走进教室的时候,周老师正在跟班长商议辅导的时间。
② 那一部电影以他的死掉而告终。
③ 爸爸含情脉脉地看着我说:"亲爱的女儿,生日快乐!"

例①中"商议"一词过于正式,在这里若改用"商量"则平实得多。例②中的"死掉"是一个具有口语色彩的词汇,用在"以……而告终"这个具有书面语色彩的句型中很不和谐。例③中的成语"含情脉脉"一般用于恋人之间,显然用在这里也不合适。

由此可见,只有给学生讲明词语的语用规则,才能使学生不仅知晓词义、明确用法,还能在得体的语境中正确地使用该词语。到此,词语的讲解才算告一段落。

## 第五节 词汇教学的难点与重点

### 一、初级阶段

初级阶段教授 1200 个左右与日常生活、学习、工作有关的初级词汇,难度相当于 HSK1—3 级。教学目的是使学生了解汉字与词的关系,能得体地运用学过的词汇进行表达,能借助词典阅读已学词汇占 85% 左右的文章,并基本概括出文章意思,在无词典的条件下,能基本克服非关键性文字障碍。

这一阶段词汇教学的难点主要有:

(一)词汇音、形、义间的联系

初级阶段学生接触汉语时间较短,对汉语发音及汉字书写的熟悉度较低,常出现看到某个词语却无法与其发音及词义建立联系、某个词语只会说不会写等问题。因此,初级班教师应加强词汇的认读、书写练习,使学生对所学词汇做到能读、能写、知其义。

### (二)学生母语负迁移的影响

处于汉语语感建立初期的学生,在使用汉语的过程中常受母语负迁移的影响,将母语中词语的意思及用法等同于汉语中的词语。例如,韩国语中存有数量庞大的汉字词语,有些词是完全对等的,但仍有部分词语的意思与汉语存在差异。比如"食堂"一词,在韩语中除了有"供本单位人员吃饭的地方"之义外,还包含"饭店"的意思,所以初级班的学生常出现"那家韩国食堂的饭很好吃"之类的偏误。因此,教师在讲授或纠错的过程中应有汉外语言对比的意识,提前预测学生的偏误,及时提醒,降低母语对学生词汇学习的负迁移影响。

### (三)特殊词语的用法

在初级阶段,学生接触到的多为基础常用词汇,但其中不乏在学生母语中不存在或少见的具有特殊用法的词语,比如离合词、量词等。"见面朋友""毕业大学"泛化使用量词"个"等已成为外国学生习得汉语的典型偏误。因此,教师在进行特殊词语教学时,应讲清词语的用法并注重学生输出的训练。

## 二、中级阶段

中级阶段讲授1300个左右与社会、生活、学习、工作有关的中级词汇,难度相当于HSK4-5级。使学生能了解汉语词汇的结构规律,初步辨析已学过的近义词,掌握词汇搭配规则、活用规则,学习含有惯用语、关联词等在内的复杂句型,并能在自己熟悉的话题范围内选择合适的词汇进行交流或表达。

这一阶段词汇教学的难点主要有:

### (一)虚词的用法

在汉语中,虚词是"表示语法意义的主要手段"[①]。由于虚词没有实在的词汇意义,而其范畴内的介词、连词、助词等使用频率往往较高,且用法较为灵活,致使学生难以掌握。如:

连词:"与其、宁可、除非、从而"等;

---

[①] 黄伯荣、廖序东:《现代汉语》(增订六版)下册,高等教育出版社2017年版,第26页。

介词："把、被、根据、通过"等；

助词："着、了、过、的、地、得"等。

## （二）近义词的辨析

汉语的近义词尤为丰富，如"希望""期望""渴望""盼望""奢望"一组。在中级阶段，随着学生词汇量的增加，其对近义词之间差异的关注也不断加强。这就要求教师在备课阶段对学生的疑问应有所预测，并运用恰当的方法对学生在课堂中提出的词语辨析类问题进行合理的解释。值得注意的是，在进行近义词对比分析时，教师不应只关注词义的不同，近义词之间的相同点及其语法功能、适用范围方面的异同也应给予关注。

## （三）词语的特殊用法

这里的特殊用法是指某个词语与同类词在用法上有差异或有较多限制。如"合作""旅行"等动词不可带宾语；"更加""日益"等副词的中心语不能为单音节词语；"飞速""大型"等形容词不能作谓语，只能做定语；"万万""丝毫"等词一般用在否定句中等。教师授课时应对该类词语用法的限制性条件予以提示并加以强调。

## 三、高级阶段

高级阶段讲授2500个左右高级词汇，难度相当于HSK5—6级。教学中应注重词汇的精确用法、近义词辨析、词汇搭配规则和聚合关系。集合式词汇教学模式分模块集中讲授词汇，可使学生在大量输入阅读材料的基础上进行词汇学习，有效增加学生的领会式词汇量，并在语境中巩固所学词汇，培养学生猜词、扩词能力，形成良好的语感。

这一阶段词汇教学的难点主要有：

### （一）大量的成语、四字格、惯用语等固定短语

进入高级阶段后，课本中的成语、四字格、惯用语等固定用语的数量大量增加，如"妄自菲薄""千山万水""爆冷门""小巫见大巫"等。这些词语形式固定，不可拆分或替换，往往包含某种特定含义，反映一定的民族文化和社会背景。教学应重视其本身意义及结构的讲授，也要对它们的用法加以提示。

## （二）词语的文化附加义

文化附加义，即"一个词在指称实物的同时所蕴含的特定民族文化信息"[①]，如"牛"在汉语中有"忠厚、勤恳"的意味，"狐狸"则有"奸诈、狡猾"之义。由于词语的文化附加义无法从字面上获知，并具有鲜明的民族性，因此教师应有意识地提示给学生。此外，教师在教学中应具备一定的跨文化交际意识，避免由同一词语在不同文化中的文化附加义而产生误解或冲突。如"仙鹤"在中国有"延年益寿"之义，而在法国则是"愚蠢"的象征。

## （三）词汇语用的得体性

所谓语用就是语言的实际运用。很多留学生的句子没有语法错误却感觉不对劲儿、不地道，如：

① 老师，你非常敬业，我很看好你！

② 两家公司的老板聊聊天儿后签了合同。

诸如此类的句子往往是词语语用上的偏误，主要包括感情色彩的偏误、语体色彩的偏误等。教师在词汇教学过程中应向学生提示某个词语是书面语词还是口语词，是褒义词还是贬义词，以及在什么场合中、何种语境下使用某个词等。

# 本 章 小 结

词汇教学在整个对外汉语教学中占有重要位置，起着举足轻重的作用。

词汇教学贯穿整个汉语教学全过程，与语音教学、汉字教学以及语法教学等语言要素教学有着密切的关系。在不同学习阶段，词汇教学的任务及难点各有侧重。不同课型中，词汇教学的目的与方法有所不同。精读课应对词汇进行深入、细致地讲授；口语课词汇教学的根本目的是培养学生的汉语交际能力；听力课、阅读课中的词汇教学则帮助学生扫清听力、阅读障碍，提高其听、读能力。

在词汇教学中，教师应遵循科学性、适度性、实用性、趣味性、复现

---

① 张慧晶：《试论汉语词语的文化附加义》，《汉语学习》2003年第3期，第45页。

性等教学原则。

词汇教学的环节主要有词汇的展示、词义的讲解、常用搭配及例句的展示、词汇的练习等。首先，教师应合理安排词汇讲解顺序，分步展示词汇；其次，采用适当的方法，如对译、展示图表与实物、表演动作、建立联系、讲解语素、简单释义、提供语境等讲解词义，并从词义、词性、词语搭配、语体、感情色彩、语法功能等角度进行近义词辨析；最后教师还应展示某个词语最常见的搭配以及典型的、贴近生活的、语境清晰的例句。此外，在词语讲解后还应配合形式多样、适度适量的词汇练习，如词语书写类练习、词语意思类练习、词语辨别类练习、词语用法类练习、语段书写类练习、实践运用类练习等。

## 思考题

1. 在词汇教学中，你认为什么样的词语是需要重点讲解的？
2. 教学中处理生词一般有两种方式：一种是先教生词再教课文；另一种是一边教课文一边教生词。你如何看待这两种方式？
3. 怎么判断学生是否掌握了某个词语？
4. 对不同背景的外国学生进行词汇教学是否需要区别对待？
5. 以下列各组词为例，说明可以从哪些角度辨析近义词？
   （1）生命　性命　　　（2）勾结　团结
   （3）焦急　着急　　　（4）擅长　拿手
   （5）祝贺　祝　　　　（6）耐烦　耐心
6. 请为下列词语选择恰当的讲解词义的方法：
   仔细　安慰　原谅　运动　暑假　洗澡
7. 选取一篇初级阶段综合课课文，设计其生词的讲解与练习方式。

第六章推荐阅读

# 第七章 语法教学

　　语法在语言要素教学中占有非常重要的地位，一直以来都是教学的重点和难点。学习者在用汉语表达时，必须要考虑的问题就是用什么样的语法规则组织句子，而教师在教学过程中经常要回答学习者"为什么不能这么说"的问题。教授语法的目的，正是"为了使外国留学生了解汉语语法的特点，掌握汉语语法的规律，以便正确地使用汉语，发展语言交际能力，有效地提高汉语水平。"① 语法教学离不开"教什么"和"怎么教"的问题，前者解决的是对外汉语教学语法的内容问题，后者则是教学法要讨论的范畴。虽然语法教学确实重要，但不能把它放在至高无上的位置，它只是对外汉语教学的一个重要组成部分；更不能让学习者每天埋头学习语法规则，过分追求语言的准确性而忽视其交际性和得体性。我们认为，语法教学要在精讲多练的基础上，为学习者提供大量鲜活真实的语言材料，辅以形式多样的有意义的练习，让他们达到对语法规则的自觉运用。

## 第一节　汉语语法的基本特点

　　语法是"词、短语、句子等有意义的语言单位的规则。"② 我们在用母语的时候自然而然地要遵守这样的结构规律，那么在学习另一种语言时，掌握其结构规律当然也是必不可少的，不然就无法用这种语言来进行表达，或者表达的可能就是一些杂乱无章的"乱码"。语法就是把一定的语言单

---

① 赵金铭：《教外国人汉语语法的一些原则问题》，《语言教学与研究》1994年第2期，第4页。

② 黄伯荣、廖序东主编：《现代汉语》下册，高等教育出版社2017年版，第1页。

位组织起来的规律和法则,它包括词的构形、构词规则、组词成句及组句成篇的规则。

　　语法单位有语素、词、短语和句子,语素是最小的语法单位,句子是最大的语法单位。关于语素和词,我们已在前一章中做过介绍,在此简要说明一下短语和句子。短语在句子中具有相当于词的作用,但它是比词大的语法单位。关于短语有不同的定义,按照句法组合关系来说,短语是词与词的有机组合,这种组合是按照一定的语法关系进行的。短语有时短到像词,会与词难以分辨,比如"吃力"与"吃饭",都是"动+宾"结构,但前者是两个语素的紧密结合,中间不能插入其他成分,需要在整体上理解其词义;后者是两个词的临时组合,中间可以插入其他成分,如"吃早饭""吃米饭"等,其语义便是各词义之间的加合。短语有时又长到像句子,比如"早起的鸟儿有虫吃"若句尾增加一个"。"便有了句调,是完整的句子;但在"早起的鸟儿有虫吃是一句谚语。"这句话中,它只是个短语而已。因此说,句子才是语言中最大的语法单位,又是交际中基本的表述单位。从形式上看,句子最大的特点是有一个完整的语调。句子按其语气可以分为陈述、疑问、祈使、感叹等句类。

　　汉语语法具有自己鲜明的特点:

　　首先,汉语重意合而缺少形式上的变化,即缺乏表示语法意义的词形变化。汉语没有性、数、格、体、时、态的形式变化,比如英语一般名词有两个格:普通格和所有格;代词有三格:拿第一人称来说,主格是"I",属格是"my",宾格是"me"。汉语没有格的范畴,在很多情况下,汉语只要把词按照一定的顺序排列就行,无须添加其他附加成分,结构简明,避免了句子中的多余成分。比如想表达"我去学校",只需要知道"我""去""学校"三个词,直接放在一起就可以了。但有时候,一样的语序结构却可以表达不同的深层语义。"吃水果""吃食堂""吃父母"同为"动+宾"结构,却需要有一定的文化背景才能理解其语义内涵。

　　其次,汉语的语序和虚词是重要的语法手段。比如"我请他"和"他请我"就是截然不同的意思;"都不是"和"不都是"、"吃饭了"和"饭吃了"所表示的意义也不一样。虚词的作用也非常重要,在"我和姐姐""我的姐姐"中，"和"表示并列关系，"的"表示偏正关系。因虚词的不同，表示的语法意义也不相同。

再次，词、短语和句子的结构原则基本一致。不管是语素组成词语，词组成短语，还是短语组成句子，都有主谓、述宾、述补、偏正、联合五种基本语法结构关系。

最后，词类和句法成分不是简单的对应关系。汉语的词类和句法成分并不是简单的一对一的关系，同一词类可以充当多种句法成分，比如名词可以充当主语、宾语、定语、状语，甚至谓语。反过来说，同一句法成分也可以由很多种词类充当，主语和宾语均可由名词、动词和形容词充当，二者之间的关系比较灵活，不像印欧语那样有比较简单直接的对应关系。例如，"春节"是名词，在下列各句中分别充当不同的句子成分：

① 我春节回家。（状语）
② 我喜欢春节。（宾语）
③ 春节是重要的节日。（主语）
④ 今天春节。（谓语）
⑤ 了解一下春节的天气。（定语）

最后，汉语有大量的量词和语气词。数词和名词结合时，一般需要在数词后加量词。汉语是世界上少有的有量词的几种语言之一（越南语和日语虽都有量词，但他们的名词和量词的搭配与汉语有很大的差异），名量搭配十分复杂：不同的名词有不同的量词搭配，比如"一个人、一本书、一棵树"等；同一个名词也可以和不同的量词搭配，比如"一条鱼、一尾鱼、一堆鱼"；同一个量词也可以和不同的名词搭配，比如"一台电脑、一台机器、一台晚会"。语气词也很丰富，常出现在句末，表示不同的语气，如"去吗？""去吧？""去啊？""去呗！"。

与印欧语言诸多屈折变化相比，应该说汉语的语法规则是比较简明的，给学习者带来了方便的一面。但是汉语语法也体现了以意合为主、隐性语法关系丰富、表意灵活的特点，这些特点比起外显语法规则相对清楚的语言应该说是比较难以掌握的。此外，汉语的虚词以及一些特殊的句式（如"把"字句、"被"字句等）也是汉语语法教学中的难点和重点。

## 第二节　语法教学的性质及任务

### 一、语法教学的性质

讨论语法教学之前,我们首先要明确下面两组概念:

**(一) 理论语法和教学语法**

《中国大百科全书·语言文字》将"供语言学研究的语法和教学用的语法"相对应,"前者把语言作为一种规则体系来研究,后者把语言作为一种供运用的工具来学习。前者的目的是了解通则,即明理;后者的目的是学会技能,即致用。"[①] 显然,前者指的是理论语法,后者则是教学语法。

理论语法和教学语法在研究内容、使用对象和研究目的等方面有着明显的不同。理论语法,又称描写语法,侧重于语法规律的描写和语法理论的研究;教学语法,又叫课堂语法,侧重于具体语法应用的研究,重点在于指导学生学会正确运用语法,提高语言使用的能力。关于二者的关系,目前比较公认的观点是:理论语法是教学语法的来源和依据,但是理论语法一般不能直接运用于教学。教学语法可以从理论语法中找到解决教学中具体问题的理论依据和方法,而理论语法帮助教学语法解决问题时,也能在实践中发现新的研究课题,以促进自身的发展。

**(二) 教学语法和语法教学**

针对第二语言的语法教学,我们既要重视"教什么",又要重视"怎么教"。对应着这两个问题,有学者把前者称为对外教学语法,后者称为对外语法教学。研究"教学语法",就要关注哪些语法项目应该教,哪些不必教;哪些语法内容是重点,哪些是非重点等等。研究"语法教学",就要关注语法教学的原则与方法、步骤和技巧,如语法项目应如何展示、如何讲解、如何训练等。本章我们主要讨论的是"怎么教",也就是"语法教学"问题。

### 二、语法教学的任务

汉语作为第二语言的学习者一般是已经掌握了母语的人,学习汉语的

---

① 《语言文字百科全书》,中国大百科全书出版社1994年版,第380页。

过程就是建立新的语言和思维习惯的过程，而语法在其中起到了关键的作用。学习者头脑中要表达某个范畴的意义，就要在第二语言中找到相应的表达形式。当他接触到第二语言的某种语言形式时，也要知道这种形式表达了什么意义。从另一个角度来看，语法教学可以有不同的切入点，一个是从解码切入，即从形式到意义；一个是从编码切入，即从意义到形式。不管哪种切入方式，都绕不开语法形式和语法意义的关系，这是第二语言语法教学的核心问题。语法教学的根本任务就是要帮助学习者在其表达的范畴意义和所依托的语法形式之间建立联系。具体来说，对外汉语语法教学的任务要基于不同层次的学习者而设：针对初级水平的学习者，注重基本语法知识的讲授，以句型教学为主，针对中级水平的学习者，注重语法知识的整合，辅以语义理解教学；针对高级水平的学习者，注重语法的语用功能分析，并加强文化因素教学。

一般来说，语法教学主要包括两种形式：一是"知识型语法课"，通常在中高级阶段集中讲授语法知识（比如专门的语法选修课）；另一种是汉语技能课（以综合/精读课为主，也涉及其他课型）中的语法教学。我们这里所讨论的主要是后者，特别是综合课中的语法教学。

## 第三节　语法教学的基本原则

语法教学要根据学习对象及其学习需要，根据不同的教学内容而确定不同的教学方法和技巧。语法教学虽然在具体方法和技巧上有各种各样的差异，但是应该遵循一些最基本的教学原则。

### 一、实用性原则

这一原则直接体现在语法教学"教什么"的问题上，即对语法项目的选择与处理。从汉语第二语言的教学实际需要出发，对学习者而言，实用的、具有教学价值的语法内容主要有：（1）最基本、最常用的部分，如常用的虚词、句式、句型等；（2）最具有交际价值的部分，让学生学了就能在生活中使用；（3）最容易发生偏误的部分，关注学生的习得规律及习得难点。

## 二、针对性原则

这一原则主要体现为针对学生的国别语种、语言水平和教学内容这三个方面。

### （一）针对学生的国别语种

此项原则主要建立在汉语和学习者母语对比的基础之上，学生的母语和汉语在语法上的差异会影响我们的语法教学。比如英语和汉语都是SVO语序，那么在对英语为母语的学习者的教学中，语序的教学就会相对比较容易。与之相对的是日语和韩语语序都是SOV，那么在对日韩的学生进行教学的过程中，对语序的教学就要多花费一些时间。

### （二）针对学生的语言水平

在语法教学中，应针对学生的语言水平而采取不同的教学方法。我们一般把学生的语言水平分为初级、中级和高级三个阶段，每个阶段有每个阶段的特点和教学的侧重点。学生的语言水平会影响到学生对语法项目的理解和接受程度，也影响到教师该以什么样的语言形式表达、用什么样的方法教学、语法项目应该讲到什么样的程度。这些都是我们在语法教学时应该考虑的问题。需要指出的是，有的语法项目可能会在课文中"超前"出现，比如初级阶段的学生可能很早就接触到应在中级阶段才学到的"把"字句，鉴于学生的实际水平，教师这时只能暂时将其"忽略"，仅仅让学生有所感知即可；待到进入中级阶段时再详细讲解，那时学生对该语法点也不会感到陌生。这种教学策略既是基于教学大纲的安排，也是从学习者的接受能力出发，因而是科学而合理的。

### （三）针对教学内容

一般来说，越是能体现汉语特点的东西，也是需要教师重点讲练的部分。比如汉语语法重"意合"而不重"形式"，所以汉语很多句子的句法关系都是隐性的句法关系，这正是需要教师重点讲解的内容。比如"他不去我去"这个紧缩句就蕴含了四种句法关系：

**他不去我去。**

假设关系：如果他不去，我就去。

让步关系：即使他不去，我也去。

转折关系：虽然他不去，（但是）我去。

因果关系：因为他不去，（所以）我去。

我们所强调的针对性就是要根据教学内容的特点来选取合适的处理方式，包括呈现语法项目的方式、讲解的方式和练习的方式。以上面的句子为例，要想让"他不去我去"这一句子的句法关系更加明确，就需要通过补充关联词或者设置语境的方式，再通过提问让学生理解它的语义。

### 三、简化原则

简化原则是把繁复的、抽象的、不容易理解的语法内容或规则作简洁的、浅明的、条理化的、图示化或公式化的教学处理。在教学过程中具体表现在以下几个方面：

首先，教师要用简洁、直白、浅显、符合学生语言水平的语言说明，尽量避免使用专业性的术语来解释语法规则。教师不能把语法工具书上的解释照搬过来，需要经过自己的加工再更好地传达给学生，加工的这个过程就是简化的过程。

其次，在对语法规则的呈现方式上，教师要采取各种手段，让语法规则更易于被学生感知、理解和记忆。比如在讲量词"把"的时候，让学生感知"扌"的意义跟"手"有关，"把"的动作就是用手抓住的意思，那么需要用手抓住来使用的东西就可以使用量词"把"，"一把伞""一把刀"等。另一方面，能用"手抓"来称量的东西，也可以用"把"作集合量词，如"一把瓜子""一把土"等。①

最后，简化原则还可以体现在可以用图示、符号、公式、条理化的方式来向学生呈现语法规则上。比如讲解趋向补语"来"和"去"，可用以下简单图表：

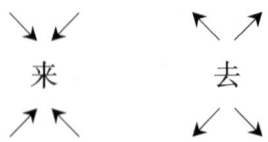

---

① 卢福波：《汉语语法教学理论与方法》，北京大学出版社2010年版，第87—88页。

要做到以上几点，要求教师必须对语法项目的形式、语义和使用条件有一个深入的理解，之后才能在理解的基础上经过教师的内化加工，充分简化以让学生能够迅速理解的方式呈现出来。

### 四、细化原则

语法规则的细化，指的是语法项目用法上具体的使用条件和限制条件都要讲充分。语法教学，仅靠抽象、理性的规则说明解决不了随时出现的具体教学问题，教学中相当一部分的语法项目如果不进行细化处理，学习者就会出现一系列类推、类比的偏误。

比如在讲解动词重叠时都会说明它的语法意义主要是时间上的短时，但我们不能只停留在"短时"这一层面，而需要再进一步细分。因为"短时"没有明确的量的刻度，短时意义便有了一定的主观性、模糊性。无量的短时可能是随意的动作，则又引出了轻松、随意的意义。细分的结果就是动词重叠最少可分为以下几项：

（1）短时的语法意义；

（2）缓和语气的作用；

（3）随意性的意义。

除此之外，动词重叠式对句法结构的制约性也需要细分：

（1）动词重叠后不能再与"了/着/过"同现；

（2）与"进行"意义的时间副词相抵触；

（3）与动结、动量等形式相抵触；

（4）动词重叠不能充当修饰限定语。[①]

这样就可以避免学习者出现下面的偏误：

① 我们以前研究研究过这个问题，但没找到什么解决办法。

② 他正在看看电视。

③ 这件事情我考虑考虑好了再告诉你。

### 五、精讲多练的原则

语法教学要解决的不仅仅是学生懂不懂的问题，而是学生能不能用对、

---

① 卢福波：《汉语语法教学理论与方法》，北京大学出版社2010年版，第117—121页。

会不会用的问题。这样一来，在课堂教学中除了教师的"讲"，更要重视学生的"练"。精讲多练的原则揭示的就是教师的讲解要简短精要，切中要害，有的放矢，并且每一个简短的讲解后都要安排大量的练习，讲一部分练一部分，还要练得充分。教师讲得再好，只能是让学生迅速地理解语法项目的意义和用法，但是"听懂了"并不代表"会用了"。教师"精讲"的好效果必须要通过大量的练习才能让学生内化并掌握，达到最终的教学目的。

一般来说，教师在课上所讲的语法项目在教材上都有详细的注释，而教师所起的作用就是抓住关键点，用简洁的语言直接揭示出该语法项目的核心意义和使用条件，帮助学生认识和理解汉语的一些语法现象，并慢慢构建起系统的汉语语法体系。如果教师的"讲"只是对教材或工具书上的解释的简单重复，那就根本谈不上"精"讲。教师还要充分启发学生积极思考，用"讲"来点拨学生，让其参与教学活动。

多练指的不仅是练习的量上的"多"，还包括练习形式上的多样性。练习包括机械性练习、有意义的练习和交际性的练习。多练指的是学生不可能通过一两个句子的练习就能掌握该语法项目，即使教师讲得再好再清楚，学生也不可能一次性把所有的使用条件都记清楚。这就需要教师精心设计多样化的练习方式及大量的练习内容，使学生由易到难，循序渐进地掌握，并能举一反三地运用。

### 六、重视纠错的原则

学习者在第二语言的学习中不可避免地会出现各种各样的"偏误"，其中介语系统中的"偏误"恰恰说明他们在积极地对目的语的语言规则做出假设并进行验证，努力把这些语法规则内化为自己的语言体系。学习者出现的各种各样的"偏误"，有的是受母语负迁移的影响；有的是由目的语知识的过度泛化造成；有的是学习策略和交际策略的原因，还有文化因素或者教材、教师的原因。教师对学生常常出现的、典型性的"偏误"进行分析和归纳总结时，除了让学生知道"为什么不能这么说、应该怎么说"之外，在以后的教学中，还要能预测学生可能会出现什么样的偏误，以便提前做好防备，因此要为学生提供正确的示范，并把病错句的分析作为课堂教学内容的一部分。当学生出现"偏误"时，教师就要给学生适时纠错，让他们掌握正确的语言形式和正确的用法。

### 七、循环递进原则

"语法分布应与划分等级水平相适应，在同一层次循序渐进的同时，更要做到不同层次的循环递进。"① 所谓"循环"指的是一个语法项目应在不同教学阶段重复，"递进"是该项目难度上要由低到高。一个语法项目的教学不是一蹴而就，一劳永逸的，特别是比较复杂的项目，它需要在不同阶段复现及深入，按照由易到难的顺序复式递升。比如我们的"把"字句教学、"了"的教学、趋向补语的教学等，不可能教一次就能让学生掌握，初级、中级和高级阶段都要教，但不是机械的重复，而是由最简单的用法递进到最高级的用法。

### 八、句法与语义、语用相结合的原则

这个原则也有人称为"结构、语义、表达相结合的原则"。交际的顺利进行要求参与交际的双方不仅要说出语法形式上正确的句子，还要求语义上的相关性和表达的得体性，充分说明了句法、语义和语用三者的不可或缺性。一个句子既可以从三个平面的任何一个平面来进行分析，也可以把三个平面结合起来进行分析。

我国对外汉语教学界最早受语法翻译法的影响，在语法教学中，一直重视句法结构的教学，主要关注的是句法结构的讲解和句型的操练，对与句法相关的语义、语用的关注度不够。但是我们在具体的教学实践中发现很多学生的偏误并不只是句法的问题，比如下面这个案例：

（A 和 B 是同屋）

师：你知道 A 同学今天为什么没来上课吗？

B：我怎么知道？

从上面的例子看，学生 B 说出的句子在句法形式上是没有问题的，但是在这里显得不是那么恰当。学生只知道反问句可用来表达说话者的主观

---

① 吕文华：《对外汉语教学语法体系研究》，北京语言文化大学出版社1999年版，第17页。

态度，肯定形式强调否定的意思，否定形式强调肯定的意思，他在这里只是想表示"不知道"的意思，可他不了解反问句的语义使用条件和语用要求，对老师这样回答就显得有些无礼了。

由此可见，如果我们的语法教学只关注句法结构，满足于让学生掌握正确的语言形式，却不讲语义，不联系语用，就很可能出现上述交际中的问题。教学中类似例子不胜枚举，一再提醒教师要充分加以关注：如有外国学生在询问老年人年龄时用的是"您今年几岁？"的方式，促使教师在教学时特别说明要根据交际对象的不同来选择"几岁""多大""多大年纪""高寿"等不同形式；再如有位老师上课时跟学生们说："昨天晚会上那位主持人汉语说得真棒！"一个学生问："老师，您是说那个乌克兰女人吗？"由此引发了教师对于"女人/女性/女孩/女生/女士/姑娘"等不同词语使用条件的思考。可见在教学中，把形式和语义、语用结合起来讲解是非常重要的，也是衡量一个教师教学能力的重要标准。

## 第四节　语法教学模式及教学法

### 一、语法教学模式

我们在这里要讨论的语法教学模式有的已相对成熟，有的还处于探索阶段，有待于实践的检验和进一步完善。这里主要介绍三种模式：

#### （一）句型教学模式

这是语法教学的传统模式，主要是受"听说法"的影响，并根据其理论，把汉语语言组合的规则形式化为 200 个左右的基本句型，认为通过这些句型的教学，可以让学生获得汉语基本的规则并具备初步的汉语能力。特别是 1996 年出版的《汉语水平等级标准与语法等级大纲》，将句型体系又进一步进行了规范和等级化处理，更加便于对外汉语教学的实践。这一模式从 20 世纪 60 年代引入至今，经过多次的改进和演化，得到了广泛的应用，并成为基础阶段汉语教学的一个主流模式。从英语教学界的《英语 900 句》到对外汉语教学界的《汉语 301 句》，都充分体现出了句型教学模式的教学理念。

## （二）语法词汇化教学模式

"'语法词汇化'是指把语法现象、语法结构通过词汇的教学方式进行，以词汇教学代替语法教学（语法说明），以词汇教学带动语法教学。"①该模式主要适用于以句型教学为主的基础阶段完成后的语法教学。在初级阶段，学习者的词汇量有限，对汉语句法总的格局并不了解，需要进行基本句型的教学与训练。进入中高级阶段，随着词汇量的增加，词语用法的特点越来越凸显，语法教学急需深化、细化、具体化。也就是说，语法体系中基本的语法项目教学完成后，后续出现的语法问题更适于进行词汇化处理，亦即淡化语法教学，强化词语教学。曾有外国汉学家从有利于欧美学生汉语教学的角度提出，像"看到""睡着""记住"等"动词+结果补语"形式应当取消"补语"概念，宜将其处理为"结果动词"②。实际上，像"想不开""数得着""来不及"等语法点，虽属于动补结构中的"可能补语"，但因其具有较为固化的形式及特定的语义内涵，教师也通常会从词汇的角度进行讲解。需要指出的是，近年来流行的"语块教学"理论就包含了语法词汇化的思路。

## （三）以虚词为核心的词汇—语法教学模式

为探索"重在功能、突出语言特性、符合语言习得规律的新的语法教学模式"，近年来有学者提出了以虚词为核心的"词汇—语法教学模式"。该模式同样借鉴了"语块教学"的某些理念，注重词语的搭配，即语言的"板块化"教学，只不过它更加重视虚词在汉语语法中的作用，主张以虚词为核心，将词汇与语法教学结合起来，试图"以虚词为轴，向外辐射，把汉语的重要语法点和留学生学习的难点有机地结合起来，构建一个可行的科学语法教学模式"③。比如在教介词"在"时，可着重讲授由"在"构成的框式结构，诸如"在……上/中/下"，以及"在……的时

---

① 吴勇毅：《汉语作为第二语言（CSL）语法教学的"语法词汇化"问题》，孙德金主编：《对外汉语语法及语法教学研究》，商务印书馆2006年出版，第567页。

② 柯彼德：《汉语作为外语教学语法体系革新的焦点——汉语动词词法》，孙德金主编：《对外汉语语法及语法教学研究》，商务印书馆2006年出版，第460—461页。

③ 李晓琪：《关于建立词汇—语法教学模式的思考》，《语言教学与研究》2004年第1期，第26页。

候""在……看来"等；再如教离合词时，也可结合虚词一起教，诸如"跟……见面""从……毕业""和……照相"等，这样既有助于学习者对语言点进行整体识记，也会避免偏误的发生，而且有利于语感的培养。此外，该模式强调将词、语法和语篇结合起来，注重在语境中理解语言点，从功能出发、重在应用，这一思想也符合语言教学的发展趋势。

  上述语法教学模式的提出反映了教学理念的一些转变：一是我们以往的语法教学模式深受听说法影响，主要关注于语言的结构形式，即句型。随着功能主义语言学和社会语言学的发展，我们越来越清晰地认识到语法教学不能局限于形式结构，更应该关注语义和语用的层面。二是传统的句型教学模式虽然积累了很多经验，但在基本句型教完之后怎么办？由于词汇教学和语法教学的不可分割性，有时候我们很难把二者严格分割开来，于是有人提出了语法词汇化的模式，也有人干脆提出建立词汇—语法教学模式。此后，虽不断有人摸索新的教学模式，但迄今被学界普遍认可并产生广泛影响的并不多见。语法教学应该采取什么样的模式，如何在总结现有的教学模式的基础上，不断吸收本学科和相关学科的最新理论成果，探索更加科学、高效、且富有操作性的新模式，还需要我们进一步研究和尝试。

## 二、语法教学法

### （一）显性教学与隐性教学

  语法教学包括显性（explicit）教学和隐性（implicit）教学，也有人把这两种方式称为明示式语法教学和潜藏式语法教学。两者都是教语法，只是采取的方式不同。前者是明示的、显露的，针对性很强地对学生进行详细的语言规则的讲解和练习；后者是潜藏的、隐蔽的，在学生不知不觉的情况下进行的语法教学，比如学生通过传意的语言活动把语言内化，进而掌握语法规律；或者学生通过没有语法说明的句型的学习掌握语言规则。比如下面两例：

① 师：你们俩差不多高吗？
  生：不，他比我很高。
  师：不对，你应该说"他比我高多了"。在"比"字句中，动词或形容词前边不能用"很""非常"等这样的程度副词。

② 师：你们俩差不多高吗？
生：不，他比我很高。
师：哦，他比你高多了。

显然，例①用的是显性教学法，教师注重语法规则的讲解；例②采取的是隐性教学法，教师不刻意讲解语法，而是在与学生互动中让学生自己体会、认知。

## （二）演绎法

演绎法指的是教师授课时开宗明义首先讲清语法规则，使学习者对语法结构有清楚的了解，在此基础上，学生在语法规则指导下进行大量的练习，最终通过充分的语言实践学会运用语法规则。从方法论上讲，这是一个从一般到具体的过程。比如"把"字句的讲解：教师先告诉学生句型"S+把+O+V+其他"，然后具体讲解此句型对 O 和 V 的条件限制，辅以大量的例句来说明，再通过一些替换、完成句子、变换、改错等练习，让学生最终掌握这一句型的用法。

## （三）归纳法

所谓归纳法，就是先让学习者接触具体的语言材料，让学生对语言材料有一个感性的认识，或者有一定的语感，然后在教师的引导和启发下总结出语法规则，再运用这些规则进一步练习。从方法论上讲，这是一个从具体到一般的过程。比如要教表示"存现"的"有"字句，教师可先让学生说说教室里有什么，然后把他们的句子写在黑板上，最后归纳出语法规则。

师：请同学们说一说，教室里有什么？
生1：教室里有桌子和椅子。
生2：教室里有很多学生。
师：墙上有什么？
生3：墙上有一个钟。
师：黑板上呢？
生4：黑板上有很多字。

教师归纳出"有"字句的公式：

**地点/方位＋有（＋其他成分）＋（数量词＋）宾语**

教师要充分发挥引导作用,引导学生去分析、类推和归纳,并在学生发现问题的过程中对其进行点拨。

### (四)综合法

综合法是将隐性教学和显性教学、演绎法和归纳法结合起来的方法,不囿于某一种形式,而是视不同教学对象、教学内容及教学环境进行选择或交替使用。比如可以先采用演绎法,简要揭示语法规则,通过大量的练习初步掌握语法规则;再做进一步的归纳总结,加深对规则的理解。也可以先采用归纳法,用生动形象的直观手段为学习者展示新的语言材料,通过情景和例句引导学生归纳出语法规则,教师在此基础上详细讲解,最后再结合大量的练习达到掌握语法规则的目的。

## 第五节 语法教学环节与讲练技巧

### 一、语法教学环节

语法教学环节主要包括四个方面,即语法点的导入、展示、语法点的讲解和语法点的练习。

#### (一)语法点的导入

导入是语法教学的第一步,好的导入可以让学习者对即将学习的语法内容在形式、意义和功能三方面都有一个初步的印象,因此导入应秉持以下几个原则:

(1)以旧带新的原则,用已学过的语法点引入即将要学的新的语法点;

(2)严格控制生词和语法点,不能额外增加学生的理解负担,影响对新语法的理解;

(3)选择的话题最好与学生的生活密切相关,学生乐于参与,这样才能保证语法导入的实用性和有效性;

(4)好的导入除了显性的语言形式之外,最好能把该语法的语义条件和语用功能糅合到导入的过程中。

## （二）语法点的展示

语法点的展示就是教师把要教授的语法点展示给学生，让学生先有一个感性的认识，对即将要学习的语法点在形式、意义和用法上有一个基本的感知，为后面的讲解打下一个基础。如果展示的方法得当，可以让学生迅速理解，教师在解释阶段再进行简单点拨即可，会起到事半功倍的作用。

## （三）语法点的讲解

语法点的讲解就是对语法点的形式、意义和用法进行解释，让学生从感性认识上升到理性认知。首先要对语法点的形式进行讲解，比如用公式法归纳出包含语法点的句型、与之相关的肯定形式、否定形式和疑问形式以及能愿动词和副词在此句型中的位置等。有些地方还需要说明新学语法点和已学语法点的相同和不同之处。其次是语法意义的讲解，可以借助情景问答方式，也可以通过对比方式向学生说明。最后要解释的是语法点的语用功能，学生除了掌握语法点的形式和意义，更重要的就是要知道语法点的功能和使用条件，是否有语境限制。否则，学生可能在课堂上会说出正确的句子，但是在课下或者日常交际中并不知何时使用或得体运用。

## （四）语法点的练习

对外汉语语法教学的重要原则之一就是精讲多练，对语法教学而言，语法点的练习是整个语法教学最重要的环节。如果说语法点的展示和解释都是教师对学生的输入，那么这个阶段就是学生的输出阶段。在学生对所学的语法点理解的基础上，只有通过大量的练习才能让学生最终学会应用。除此之外，语法点的练习也是教师检测学生是否掌握的重要途径。语法点的练习形式多样，主要包括机械性练习、有意义的练习和交际性练习，让学生从最初简单的模仿到在模拟的交际语境中准确使用。

下面将在"讲练技巧"中分别对上述环节进行详细说明。

## 二、讲练技巧

### （一）如何导入语法点

常用的导入方法有以下几种：

1. 直观导入法

教师可利用实物展示、多媒体设备演示、肢体动作等直观方法导入所学语法点。比如，在讲解结构"又……又……"时可以这样导入：

师：我们的教室怎么样？

生：很大。（我们的教室很大。）

师：还有呢？

生：很干净。

师：我们的教室又大又干净。

生：对，我们的教室又大又干净。

师：今天老师的衣服怎么样？

生：很漂亮。

师：老师的衣服也很便宜。所以……

生：老师的衣服又便宜又漂亮。

师：好，这就是我们今天要学习的"又……又……"（教师开始板书，可通过进一步的提问讲清楚此结构中间连接成分的性质和语义上的关系）

……

除了实物或教具之外，教师也可以把自身作为教具的一部分，通过自身的动作演示来导入。比如在导入"趋向补语"这一语法点时，教师可以通过各种手势或走动，让学生对"趋向"获得一种直观性的认知。

有时候课堂上的实物比较有局限性，教师也不可能准备所有的教具，这时候就需要充分利用多媒体设备，通过图片、视频等进行有效地导入。

2. 话题导入法

教师可根据学习材料设计相关的话题，通过师生一起讨论、交谈，自然导入所学语法点。所设计的话题应注意贴近学生生活，让他们有话可说。比如要学习"时量补语"这个语法点，教师可以和学生们先讨论这样一个话题：

师：同学们，你们来中国多长时间了？

生1：两个月。

生2：半年。

师：哦，玛丽来中国两个月了，大卫来中国半年了。阿里，你学汉语多长时间了？

生3：我一年学了汉语。

师：应该说"我学汉语一年了。"玛丽，你认识大卫和阿里多长时间了？

生1：我认识他们一个月了。

师：很好！同学们，上面咱们谈话的句子中都有表示时间长短的词："两个月""半年""一年""一个月"，它们要放在动词和宾语的后面，说明一个动作或一件事情发生后持续了多长时间，这就叫"时量补语"

（教师边说边板书上面的四个例句，进而归纳出公式：S＋V＋O＋时量补语。）

……

话题导入法的好处是，貌似师生在随意交谈，其实对话中埋伏了所学的语法点，通过谈话，学生对此语言形式由陌生到熟悉，自然而然地接触、感知、理解。

3. 情景导入法

情境导入也是通过教师和学生问答的方式来导入新的语法，所不同的是这样的导入必须是在一定的"情景"中进行的，这样的情景应尽可能模仿真实生活。通过情景的设置，使得新语法点的导入自然而直观，易于学生理解。

比如，课文要学习的内容是在饭店点餐，语法点是副词"还"，以及数量词的使用。教师可设计下面的情景：

师：同学们，你们常去饭店吃饭吧？会用中文点菜吗？现在，咱们的教室就是一个饭店，你们都是来吃饭的客人，我是服务员。我走到你们身边，你们要告诉我想吃什么，我写下来。

（教师走到一个学生身边）

请问，你想吃点儿什么？

生：我要一个西红柿炒鸡蛋，一个米饭，一个啤酒。

师：很好。一个（份）西红柿炒鸡蛋，一碗米饭，还有一瓶啤酒。还要别的吗？

生：不要了。

（示范完之后，教师还可让一位学生充当服务员，模仿教师的方法询问其他"顾客"）

……

几轮热身活动之后，教师点明所学语法点：数量词的搭配以及"还"的用法。

情景法可以让学生不由自主地进入规定的情境，在与教师和其他学生互动中感知新的语法点。而且，由于真实、自然，学了就能用，学生会有参与的积极性。

4. 以旧带新法

简而言之，就是用已掌握的知识引导出新的知识，这符合人类认识新事物的方式，是在已有知识的认知结构上同化学习新知识的过程。以旧带新，可以消除学生对新知识的陌生和畏惧心理，充分调动学生用已有的知识结构来理解新知识。

比如，在讲解可能补语的时候，可以先把以前学过的结果补语或趋向补语复习一下，然后导入。

师：同学们，第15课我们学完了吗？

生：学完了。

师：好，今天我们开始第16课。你们觉得，今天我们能学完第16课吗？

生：不能。

师：对，今天不可能学完第16课，我们应该说"学不完"。那么，第16课有30个新词，我们今天能学完吗？

生：学不完。

师：对，今天学不完这么多词。但是10个新词能学完吧？

生：能学完。

师：能学完我们可以说"学得完"。你们看，用汉语表示可能不可能做一件事，我们用下面这个方法（板书"动词＋得／不＋结果补语"）：能学完，就说"学得完"；不可能学完，就说"学不完"。

……

在导入过程中，教师可有意识地将结果补语和可能补语的结构及语义加以对比，使学生加深印象。

**（二）如何讲解语法点**

1. 淡化专业语法术语

对外汉语语法教学不同于针对本族人的语法教学，要尽量淡化专业语法术语的使用。首先，专业术语本身理解起来就有一定难度，若在语法教学中过多使用势必会增加学生额外的学习负担。其次，语法教学的目标是让学习者能够说出合乎语法规则的句子，强调的是言语技能的培养，因而无须花费时间和精力教授专业术语，应当尽量用通俗易懂的语言讲解语法点。当然教师在教学中并非完全杜绝使用，一些较为通用的、易于理解的术语可以酌情采用，比如"主语（S）""宾语（O）""补语（C）"等，适当的使用会简化解释的过程，让学生一目了然。

2. 运用公式、符号等简化方式

教师用公式、符号等简化方式来解释语法点，可以给学生以明确直观的感知，简明扼要，方便记忆。

比如在讲授由"随着"构成的句型时，可给出下面的公式并配以例句：

随着……n……, 的×× （×× 为表示变化的、双音节 v.），……（一种变化）……。比如：

① 随着经济的不断发展，人们的生活越来越富裕了。

② 随着科学技术的进步，智能手机的功能也越来越多。

若不将使用结构提示给学生，则学生很可能会出现下列偏误：

① 随着天气冷了，感冒的人越来越多。（×）

② 随着经济的发展，工资很高。（×）

用公式的方式一目了然，能够帮助学生迅速理解这一语法结构的意义和使用条件，也可以达到较好的教学效果。

3. 问答式点拨讲解

在讲解语言点的时候，教师还可以通过提问来进行解释。通过提问，教师一方面揭示该语言点的语义重点，引导学生加深对这一语言点的理解；另一方面又达到了师生之间的交际目的。

比如在讲解"凡是……，没有……不……"的时候，我们可给出这样的例句：

① 凡是听过那首歌的人，没有一个不被吸引住的。

② 凡是见过她的人，没有谁不说她漂亮。

教师可以针对这样的例句来向学生提问：

师：谁被那首歌吸引？

生：听过那首歌的人。

师：听过那首歌的人都被吸引，还是只有一些人被吸引？

生：听过那首歌的人都被吸引。

师：那么，可以说"凡是听过那首歌的人，没有一个不被吸引住的。"

师：谁说她漂亮？

生：见过她的人。

师：见过她的人都说她漂亮，还是只有一些人说她漂亮？

生：见过她的人都觉得她漂亮。

师：那么用"凡是……，没有……不……"怎么说？

……

缺乏经验的教师往往会在教学中大讲语法，令学生生厌；有经验的教师却能通过灵活自如的点拨循循善诱，引导学生把握要领。

4．例句的选择

在语法讲解中，例句的选择至关重要。好的例句可以让学生迅速明白语法点的意义，让学生对其语用功能有比较明确的认知。然而有的教师不注意例句的选择，甚至会设计一些无效的例句，不仅无助于讲解，反而可能造成误导。因此，教师备课时需要在设计例句上花费些心思。

（1）选取典型用法。

在选择例句的时候应该注重典型性，能体现所教语法点的典型用法以及典型的使用情景。比如副词"就"的用法有很多，教师可根据学生水平及教材安排给出这样的例句：

① 小王平常八点起床，今天五点就起床了。

② 他太饿了，一碗米饭一会儿就吃完了。

③ 朋友去了好几次书店都没有买到那本书，我去了一次就买到了。

上面三个例句分别体现了副词"就"的典型用法：例句①中的"就"表示动作发生得早；例句②中的"就"表示动作很迅速；例句③中的"就"则表示动作进行得很顺利。这些典型的例句能够很好地帮助学生理解"就"的意义。

（2）善于控制词汇。

在讲解语法点的时候，为了不额外增加学生的理解负担，一般需要教师控制词汇。为了说明语法点，例句中的词汇难度应该与学生的水平相匹配。学语法是为了让学生学会言语表达方式，不能让例句中超出学生水平的生词阻碍学生对语言形式的掌握。一位教师为训练"又……又……"这一语法点而为初级水平的学生设计了这样的句子："刚出生的小鸟在鸟窝里嗷嗷待哺，那样子真让人又怜又爱"，超纲词太多，显然是不成功的例句。

（3）注重语境设置。

有些语法点需要在特定的语境下才能讲清楚，好的教师应该有这种设置语境的意识。比如在教反问句"不是……吗？"时，有教师只给出这样的例句：

① 今天不是周末吗？

② 大卫不是回国了吗？

我们知道，反问句对于语境的依赖性比较强，如果只是给出学生这样的例句，并不能帮助学生充分理解反问句的语义和使用条件。如果教师将语境提示出来，则会使反问句的用意得以凸显：

① 师：今天是周末，可是你的朋友还要去上班。这个时候，你可以问朋友："你怎么还去上班？今天不是周末吗？"

② 师：你听说大卫已经回国了，可是今天朋友说大卫要来参加晚会，你觉得奇怪，就可以问朋友："大卫也来参加晚会？他不是回国了吗？"

（4）切入实用话题。

例句所关涉的话题很重要，有研究证明，学生更喜欢教师使用有趣的、跟自身生活相关的、能反映当代中国现实的一些话题，不喜欢专业性很强的（政治、经济、医学或其他科普类）、无聊的、陈旧的话题。教师如果能结合学生感兴趣的话题进行举例，能吸引学生的注意力，提高学习兴趣，帮助学生更好地理解和应用。

比如，在练习关联词"与其……不如……"的用法时，教师结合即将到来的假期举例，学生们参与的积极性就很高：

师：快要放寒假了，有的人想去南方旅行，有的人想去北方旅行。你呢？

生1：我觉得与其去南方，不如去北方。

师：旅行的方式有很多，可以参加旅行团，也可以自驾游。你的想法呢？

生2：我认为与其参加旅行团，不如自驾游更有意思。

……

### (三）如何练习语法点

1. 机械性练习

机械性练习是指模仿、跟读、重复、替换、变换、扩展等不需要进行理解的练习形式。

（1）重复练习。

学生模仿并重复教师所说的包含语法点的句子，最常见的有学生跟读和重复句子。

跟读是指教师先领读，然后学生跟读。这一过程，学生可以模仿教师的发音、语调、语速等，也可以跟着老师认读汉字。跟读结束后，教师可以根据教学内容对学生点读，也可以让全班同学合唱齐读，以此来检查学生的掌握情况。

在这一过程中，教师要注意示范的正确性，并注意纠正学生在发音上的问题。

（2）替换练习。

替换练习是句型练习中最常见的练习方式之一，一般是在教师讲完目标句型并给出例句后，说明句子可以替换的部分，并给出供替换的词语，让学生按要求说出相应的句子。这样既给了学生模仿的范本，使其比较容易说出正确的句子，获得成就感，增强学习的自信心；也给了学生理解的时间，能在一定程度上降低学生的焦虑情绪。替换练习可以是句子中词汇的替换、短语的替换，甚至是复句中单句的替换。

（3）扩展练习。

扩展练习是把一个简单的结构扩展成一个复杂的结构。多项定语和多项状语的练习都可从单项扩展到多项，让学生从最简单的单项开始，逐步递增；也可让学生在这样的练习中进一步明确多项定语和多项状语的顺序。比如：

女孩

一个女孩

一个漂亮的女孩

一个漂亮的中国女孩

一个穿着旗袍的漂亮的中国女孩

还可以进而把短语扩展成句子，比如：

一个穿着旗袍的漂亮的中国女孩向我走来。

（4）合并练习。

合并练习是把两个以上的句子合并为一个，最常用在复句关联词的练习中。比如：

① 这个电影我喜欢看。

　这个电影迈克也喜欢看。

　（不但……而且……）

　这个电影不但我喜欢看，而且迈克也喜欢看。

② 这本书很有意思。

　这本书太厚了。

　（虽然……但是……）

　虽然这本书很有意思，但是太厚了。

2. 有意义的练习

有意义的练习是建立在学生对语言点理解的基础上进行的，主要通过回答问题、完成句子、复述等各种形式检查学生的掌握情况，并进一步训练熟练生成句子的能力，为后面的交际性练习打下基础。

（1）完成句子。

完成句子又叫足句法，一般是教师给出句子的前半部分，让学生完成后半部分；或者给出后半部分，让学生完成前半部分。让学生补足的地方取决于该语法点在句子中的位置，这样的练习尽可能要为学生提供一个比较明确的语境，让学生在充分理解该语法点的使用条件的基础上说出正确的句子。比如：

① 我喜欢骑自行车，我觉得骑自行车_____，_____。（既……又……）

② A：这件事千万不要告诉他！

　B：为什么？

　C：他要是知道了，_____。（非……不可）

③ 师：咱们班有欧洲学生，有亚洲学生，也有非洲学生。用"除了……，

还……"怎么说？下面我说前半句，请大家说后半句：我们班除了欧洲学生以外，_____。

（2）变换练习。

变换练习可以把肯定句变为否定句、疑问句等，也可以是不同句式之间的转换。当然，变换句式的训练需要教师给学生讲清楚，不同句式要表达的侧重点是不同的。比如：

① 我喜欢吃苹果。
—我不喜欢吃苹果。

② 你喜欢吃苹果吗？
—你喜欢不喜欢吃苹果？
—你喜欢吃什么水果？

③ 我把爸爸给的钱花完了。
—爸爸给的钱被我花完了。

④ 因为路上堵车，所以我来晚了。
—我之所以来晚了，是因为路上堵车。

（3）复述。

复述一般是要求学生复述教师说的一段话，或者是复述课文。语法教学中的复述重点当然是让学生复述包括所学语法点的句子或者一段话。复述不是简单的重复，要求学生在充分理解语言形式和语义的基础上，用"自己的话"说出来。对"自己的话"的要求是要用上目标语言结构，但并不要求句子的表述跟教师所说的或者课文上的一模一样。我们训练的是学生正确运用语言点的能力而不是短时记忆的能力，所以在复述的时候应该在黑板上给出学生提示图片、提示词或者提示句型。

比如：在学完《我在中国学"大方"》[①]课文中的一段话后就可以让学生复述，并重点突出句型"就算……也……"的用法：

在中国人的文化传统里，评价人的重要标准有什么？

（大方　小气　就算……也……　能力　强　朋友）

---

[①] 徐桂梅、崔娜、牟云峰编著：《发展汉语　中级综合（Ⅰ）》，北京语言大学出版社2011年版，第78—79页。

在中国人的文化传统里，评价人的重要标准是大方。

小气的人，就算他很有能力，也没有什么朋友；大方的人，就算他能力不强，也会有很多朋友。

3. 交际性练习

交际性练习指的是教师在课堂上通过各种形式为学生创造真实的交际环境，使学生把所学的语法点运用到真实的交际中。

教学的最终目标就是要培养学生的交际能力，所以交际性练习是语法练习中最重要的一环。经过机械性练习和有意义的练习的铺垫，学生已经可以比较熟练地用所学的语法点说出正确的句子，学生把这些语法点知识进一步吸收内化为自己的语言结构，通过交际性练习达到自如输出的水平，学会在真实的交际环境中使用。

交际性练习形式通常有会话、辩论、演讲等。

（1）完成任务法。

交际性练习可以通过布置任务，充分利用分组的形式让学生在完成任务的过程中进行互动，提高学习效率和开口率。小组活动根据教师的控制程度可以分为半开放式和完全开放式。

半开放式的小组活动要求教师提前给学生设计好语境和话题，让每一个学生都能够参与进去，再通过教师的监控，做到学生交际过程的可控，实现课堂活动的交际性。比如初级水平的学生在学习存现句时教师可以设计这样的任务：

① 先给学生三分钟的时间画一张自己卧室的图片（这一过程也可以变成教师打印出不同的卧室的图片发给学生）；

② 两个学生一组，用存现句来描述自己的卧室，给学生三到五分钟的时间自由对话；

③ 每个学生说一个句子描述对方的卧室，以此展示练习的成果。

这种练习需要教师的精心设计，特别是在话题和语境的选择上，既应是包含语法点的典型性语境，也要让每个学生都能参与其中，结合自己的实际情况来进行交际。

完全开放式的小组活动则比较接近自由讨论，教师只要给出要讨论的话题即可，鼓励学生多用新学的语法结构表达自己的观点（可把新学的语法结构写在黑板上,起到提示的作用)。教师给出一定的讨论时间,结束后每个小组以代表发言的形式呈现自己的观点。比如以下为适合中级水平学生讨论的话题:

① "世界那么大,我想出去看看"——你对旅行有什么看法?
（运用"一方面……另一方面……;尽管……但是……;宁愿……也……;无论……都……"等复句形式）

② "别人的孩子"——中国父母常常用夸别人孩子的方式激励自己的孩子,你怎么看这个方法?
（运用"不亚于;相比之下;和……比起来"等比较句式）

教师在设计的时候要注意话题的讨论度以及趣味性,尽量能引起学生参与的热情,若能结合当下中国人关心的热门问题则更好。要避免枯燥的、过时的、离学生生活太远,或者是学生陌生领域的话题。

（2）分组辩论。

辩论的形式适用于中高级水平的学生,这种形式对学生的语言水平有一定的要求,可以充分考察学生综合运用语言的能力。辩论的话题一般是和课文相关或延伸出来的话题,因为学生已经有了一定的相关词汇和表达方式的储备,还有课文中一些地道的表达方式的借鉴,可以在辩论中"有话可说",把书上的语言变成自己的语言。若教师能合理引导,这是一种很好的交际性练习。比如,高级阶段学习了课文《走上自首之路》[①],教师就可以设计延伸话题,让学生分组辩论"你认为应不应该保留死刑?"。辩论的话题因为课文的学习保证了相关词汇和表达方式输出的顺利,又具有一定的社会现实意义。整个辩论过程,学生有强烈的表达欲望,既是不同思想观点的碰撞,也是对学生综合运用汉语的一次锻炼和检验。

## 第六节 语法教学的难点与重点

对外汉语的语法教学是一个从易到难、由简到繁的过程,不同的阶段

---

① 岑玉珍编著:《发展汉语 高级综合(Ⅰ)》,北京语言大学出版社2011年版,第51—54页。

有不同的重点和难点。关于难易度的问题,有语言学家在对比分析理论的基础上制定了语言的难度等级模式,即在学习者母语和目的语充分对比的基础上确定对学习者而言不同的目的语语法项目的难度等级。代表性的有美国语言学家普拉科特(C.Practor)提出的一种分类比较简明的"难度等级模式",将难度分为六个级别,即从零级到五级,级数越高难度也越大,零级最容易,五级最难。零级指的是两种语言中相同的成分,在学习中会产生正迁移;五级指的是学习者第一语言中的一个语言项目到了目的语中分成两个或两个以上的项目,学习者需要克服第一语言的干扰,才可以正确使用。难度等级模式的理论基础是两种语言的对比,两种语言越相似越容易学,差异越大越难学。

针对母语背景不同的汉语学习者,我们的语法教学也应注重难点及重点的划分。赵金铭提出对外汉语语法教学的初、中、高三个阶段有不同的侧重点和目标,初级阶段主要应解决正误问题,即侧重最基本的语法形式的教学,以形式语法为主,辅以简明、适宜的语义说明,使习得者具备区分正误的能力;中级阶段主要应解决语言现象的异同问题,即侧重语义语法教学,用已学过的语言形式加以验证,使学习者具备区分语言形式异同的能力;高级阶段主要应解决高下问题,即侧重语用功能语法教学,使学习者具备区别语言形式之高下的能力。[①]

我们认为,语法教学从初级阶段的随机教学开始,到中级阶段基本构建起一套完整的语法体系,最后的高级阶段则需查漏补缺、加以完善。在教学中应贯彻精讲多练的原则,辅之具有针对性、合理有效、形式多样的操练,通过让学生接触大量真实的语言材料,从简单的模仿直至养成对语法规则的一种习惯,最终达到自觉运用。

### 一、初级阶段的难点与重点

我们在实际教学中发现,初级阶段的学生面临的问题是要初步对汉语的语法结构有所感知,逐渐掌握汉语的组合规则。要解决他们开口的问题,这时候的主要目标就是句型的教学。句型教学就是要让学习者掌握语言的

---

① 赵金铭:《对外汉语语法教学的三个阶段及其教学主旨》,《世界汉语教学》1996年第3期,第74—83页。

形式，使其具备基本的区分正确和错误的语言形式的能力，避免说出句式正确而实际上不合情理的句子。这就要求我们在句型教学的时候除了给学生抽象的语法结构的公式外，还要讲清楚其实现的条件限制。

初级阶段的语法教学应随文讲解，主要学习教材中出现的用法，不必过于分析、引申、扩展。拿最先学习的"你好！"来说，有的研究者认为，这其实已经开始"形容词谓语句"教学了；而"我身体很好！"则需说明是"主谓谓语句"句式。显然，将"你好！"和"我身体很好！"处理成问候寒暄语即可，让学生整体识记，不必深究其语法结构。随着词汇量的增加和语言知识的积累，再逐渐加大对语法形式的认知。

## 二、中级阶段的难点与重点

到了中级阶段，学习者掌握了一定的语言形式，积累了一定的词汇量，最重要的就是准确地表达思想，而语言形式的选择由语义所驱动。比如学习者应该能够很好地区分不同的语言形式在语义表达上的区别，要知道"三斤鱼"和"三斤的鱼"的区别：一个说的是鱼的数量，一个表达的则是鱼的重量；"客人来了"和"来客人了"的不同则显示了"有定"和"无定"的概念在语言形式上的表现。再拿"动词+结果补语"的教学来说，初级阶段的学生可能只学过"吃完"这种用法，而到了中级阶段，则会陆续接触到"吃好""吃光""吃掉""吃尽""吃干净"等用法，这就需要教师的讲解应从"个别"到"一般"再到"个别"，不但需整合结果补语的一般规则，还要进一步揭示近义结果补语之间细微的语义差别。

此外，中级阶段也要开始注重培养学生的语篇表达能力。从学习单个的句子，到训练句群的衔接，再到篇章的驾驭，都是语法教学需要关注的内容。

## 三、高级阶段的难点与重点

我们在高级阶段要侧重的是语言应用的得体性，学习者尽管学会了用不同的语言形式表达自己的意思，但很多时候要么是可接受但不够地道的表达方式，要么是语法正确但在具体的语境中显得奇怪的表达方式，再或者就是学习者选取的语言形式并没有精准地表达其意思。

比如教师讲完句型"宁可 A，也不 B"的用法以后，学生明白了这一句型要表达的语义是选择 A，舍弃 B。于是学生说出这样的句子：

*我宁可睡觉也不复习。

*我宁可开夜车也不睡觉。

显然，这是因为学生没有弄清楚这一句型内部前后部分在语义上的逻辑关系而导致的偏误。

高级阶段的教材会随着学生水平的提高以及词汇量的增加而出现许多书面语语汇，相对于口语语汇，前者无论在构词上还是句式上都会有自己的特点。比如学"形容词 + 不堪"，如果不讲清"不堪"之类书面语词的使用条件，学生就会说出"我今天累不堪"这样的句子；再比如学了"有所 + 动词"，如果不讲清"对……有所 + 动词"的语块特征，学生就会造出如"我有所了解中国文化"这样的句子……因此，高级阶段不仅要重视语体语法的教学，还要对汉语所特有的韵律特征加以关注。

总之，语法教学在初级阶段应该以句型教学为主，主要教授最基本的语法形式，让学生对汉语句子格局有大致的认知。中级阶段是"爬坡"时期，基本句型的教学已经完成，教学重点应放在语法点的体系性归纳，并培养学生成段表达的能力，学会句子之间的衔接、关联词的使用以及一些篇章句法格式的学习。如果说，初中级课文多为"人工化语言"，在编排上为适应教学大纲要求而追求语法的系统性；那么高级阶段则随着课文语料的"原生态"化，语法点也一般呈"散点"状态，这就需要教师具有整合能力，善于举一反三，对比辨析，将词语、句子、语篇、语体结合起来进行教学。

## 本 章 小 结

语法教学是汉语语言要素教学中非常重要的组成部分，在对外汉语教学中始终占有重要的位置。本章首先厘清了理论语法与教学语法以及教学语法和语法教学的关系。其次对对外汉语语法应当"教什么"和"怎么教"的问题进行了具体的论述：针对前者，我们认为在教学内容上应当选取实用性强、使用频率高、学习者容易出错的语法点进行教学；针对后者，我们认为在教学方法上应当秉承以下原则，即针对性强，简化和细化规则，精讲多练，注重纠错，循环递进，以及将句法和语义、语用相结合。再次，从"怎样教"的角度，本章还介绍了几种尚处于探索阶段的关于语法教学的"教学模式"，并着重介绍了课堂上常见的教学思路，如归纳法、演绎法和综合法等。最后，对于语法教学的步骤和技巧进行了介绍，包括如何导入、如何讲解、如何练习等。另外，对于不同层次语法教学的重点和难点，我们也进行了简单的总结。

总起来看，由于长期受到结构主义语言学的影响，我们的语法教学十分注重对语法形式的描写和分析，语法知识的讲授多于言语交际能力的培养。随着功能语言学，特别是认知语言学的蓬勃发展，对外汉语领域的语法教学越来越注重结构与功能的结合，关注从认知的角度来解释语法现象，强调语言的运用与交际能力的培养。这些变化既体现了语言学理论的发展，也体现了语言教学法的进步。

## 思考题

1. 试分析教学语法和理论语法的区别与联系。
2. 谈一谈你对语法词汇化教学模式的看法。
3. 你认为在不同技能课中语法教学应该各有哪些侧重？
4. 试以"连……都/也……"为例，设计教学导入方式。
5. 新 HSK 一级语法中助动词有两个："能"和"会"，请就"能/会"的用法列出相关例句，并设计针对性的练习。
6. 请为"把"字句的教学设计"任务"项目。

第七章推荐阅读

# 第八章 综合课（精读课）教学

## 第一节 综合课的性质和任务

### 一、综合课的性质和特点

目前国内的对外汉语教学课程设置一般采用分技能设课的模式，即综合课与专项技能课如口语课、听力课、阅读课、写作课等分设并存，相互照应。在对外汉语教学的发展史上，综合课有过不同的名称，如"文选课""精读课""基础汉语课"等，这体现了综合课本身的发展与变化，也从一个侧面反映了对外汉语学界对这门课的认识和理解都不尽相同。国家汉办在《高等学校外国留学生汉语专业教学大纲》（2002）和《高等学校外国留学生汉语教学大纲（长期进修）》（2002）的课程设置中将汉语综合课列为必修课、主干课，并将其定性为进行听、说、读、写综合训练的语言技能训练课。在当前的学术研究和实际的教学中，"精读课"这一名称也较为通用，在本书中我们将"综合课""精读课"视为同一种课型。

对外汉语教学的根本目的是培养学习者的汉语综合运用能力。综合课作为汉语综合能力培养的核心课程，贯穿于初、中、高不同教学阶段，承担着系统传授语言知识，综合训练汉语听、说、读、写等语言技能的任务，对教学起着主导作用。而口语、听力、阅读、写作等课程则主要对应承担听、说、读、写等某一专项技能的训练，促进其深化、扩充。

综合课的最大特点是"综合性"，其综合性既体现在教学内容上，也体现在技能训练方式上。教学内容上，综合课既要系统教授语音、汉字、词汇、语法、语段、篇章等综合性的汉语言知识及相关的文化知识，又有技能、情感策略、学习策略、跨文化意识等方面的教授内容。技能训练上，综合课对学习者的听、说、读、写各项技能进行全面的培养，促进学习者的言语交际技能和汉语综合运用能力的提升。此外，综合课的教学方法也具有综合性。为了完成多元化的教学任务，在综合课的课堂教学过程中需要针对语言要素和技能训练的特点，采用多样化的教学方法和丰富的教学手段，以提高教学效率。

### 二、综合课的目标和任务

一般认为，综合课的任务是系统传授语言知识，综合训练语言技能，目标是培养学习者的口头交际能力和书面表达能力。《国际汉语教学通用课程大纲》（2014）（以下简称《课程大纲》）指出："国际汉语教学课程的总目标是，使学习者在学习汉语语言知识与技能的同时，进一步强化学习目的，培养自主学习和合作学习的能力，形成有效的学习策略，最终具备语言综合运用能力。"[①] "语言综合运用能力由语言技能、语言知识、策略、文化能力四方面内容组成。其中语言技能和语言知识是语言综合运用能力的基础；策略是提高效率、促进学习者自主学习和发展自我能力的重要条件；文化能力则是培养学习者具备国际视野和多元文化能力，更得体地运用语言的必备元素。"[②]《课程大纲》将学习策略和文化意识单独提出来，与语言知识与技能并列，更加系统、全面地概括了语言能力的构成。

《课程大纲》所规定的目标和任务，是对外汉语教学各门课程的共同目标和任务，更是作为主干课的综合课的目标和任务。因此，综合课的基本目标是培养学习者的语言综合运用能力，其基本任务是综合进行语言要素、文化知识的教学，进行语言技能、言语交际技能的训练以及情感、学习、交际策略、跨文化意识的培养。语言知识是汉语言综合能力的基础组成部分，传授语言知识是综合课教学的首要任务；语言技能既是教学目的，也是教学手段，促进语言知识向语言技能和语言交际技能的转化，语言技能训练是综合课的核心任务；文化因素则是语言知识向语言技能转化，形成语言能力过程中的催化剂，文化因素教学是综合课教学的一项重要任务；

---

① 孔子学院总部、国家汉办编制：《国际汉语教学通用课程大纲》，北京语言大学出版社2014年版，第4页。
② 孔子学院总部、国家汉办编制：《国际汉语教学通用课程大纲》，北京语言大学出版社2014年版，第4页。

策略是提高学习效率、保证学习效果的重要条件，策略教学是综合课教学的有机组成部分，是对外汉语教学的新的关注点。

综合课课堂教学要注意不能把语言知识的教学和语言技能的训练理解为面面俱到地讲解、均等用力地操练，而应该科学、合理地安排知识体系，有侧重、有目的性、有针对性地进行语言知识教学和技能操练。同时，综合课的总体目标和任务也需要分解、落实到初、中、高三个阶段的综合课教学中。教师需要根据不同阶段综合课的具体特点和要求，明确不同阶段综合课的具体目标和任务，进而确定教学内容，并在此基础上进一步研究"怎么教"的问题。

## 第二节 综合课教学的基本原则

汉语综合课的教学原则对综合课教学有着重要的指导作用。关于综合课的教学原则，已有不少学者在对以往综合课教学实践全面总结的基础上进行过概括和论述。将目前学界较为一致的共识归纳起来，综合课教学的基本原则主要为：以学生为中心原则、以培养综合语言能力为目标的原则、"结构、功能、文化"相结合的原则、课堂教学交际化原则。在综合课教学实践中，要贯彻落实这些基本原则，还需要重视以下几方面的具体原则：

### 一、精讲多练的原则

精讲多练原则是对外汉语教学实践性特点的重要体现。"精讲"一方面指的是教师所讲的内容必须要经过精心筛选，要有明确的教学重点，该讲的讲，不该讲的不讲，无关紧要的也要舍去；另一方面指的是在教学方法上，教师应该用最简单、明了的语言和简洁、有效的方法把该讲的内容讲清楚、讲透彻。"多练"一方面是指教师讲解的时间和学生操练的实践比例，要讲得少，练得多；另一方面是指练习要全面充分、灵活多样，让学生通过大量、反复、有效的操练掌握语言知识，运用语言技能。

课堂教学贯彻精讲多练原则，要求教师在讲解时，要合理安排教学环节和教学步骤，掌握讲解顺序，讲解的内容要由浅入深、由易到难、循序渐进，要有针对性、启发性。"多练"一定要有明确的目的和方法，重视练习的效果和质量，不能为练而练。除了课堂上的操练，也要鼓励学生积极利用外部语言环境，在课外的生活实践中练习汉语。有了丰富的课内外语言实践，才能促进语言知识转化为学习者自身的语言能力。

### 二、建立良好互动的课堂氛围的原则

情感因素是影响学习者学习效果的重要因素之一。通过营造一个良好互动、和谐融洽的课堂氛围，可以使学生身心愉悦地学习。课堂上教师不是一个人唱"独角戏""满堂灌"，而应该建立良好互动的局面，调动和激发学生的学习热情。

建立良好互动的课堂氛围，要求教学内容要有真实性和交际性。教师应该紧密结合学生的生活实际来选取话题、设置情境、提供例句，吸引学生的兴趣。因为学生意识到自己所学习的知识技能可以运用到真实的生活交际中，就会更为主动地参与到课堂的活动中来。在保证教学内容真实性和交际性的同时，还要考虑增强课堂的趣味性。当教学能引起学生的兴趣时，他们的注意力会更加集中，会更好地感知、记忆和思考。教师可以采用多样化的教学活动来调动学生的积极性和课堂参与度，例如角色扮演、分组讨论、小组活动、完成任务等。在设计活动时要注意学生的个体差异、情感和动机，因材施教；也要明确活动的目的和意义，才能更有利于教学目标的实现。

### 三、提高课堂教学效率的原则

综合课作为主干课，所占的课时最多，承担的教学任务也很重，但是每节课的课堂教学时间有限。教师必须提高课堂教学效率，即在最短的时间内用最有效的教学方法将知识传授给学生，并且综合训练各项技能。这就要求教师在课堂教学中明确每一节课的教学目标，重视课堂组织，把控教学环节。既要使教学组织安排紧凑，课堂节奏张弛有度；又要合理分配每一个教学环节的时间，并使不同的教学环节环环相扣，精讲多练。同时也要根据教学的目标、内容、对象和条件选择合适的教学媒体加以利用，

以提高教学效率。传统的课堂大多依靠黑板、粉笔进行授课,现今多媒体和网络技术的发展为教学提供了更加方便和快捷的手段与方式。例如利用画面、图像、视频等手段运用于结果补语、趋向补语、"把"字句的教学中,能更为清晰、直观,促进学生的理解,激发学生的学习兴趣。

**四、培养学习者自主学习、合作学习的原则**

在第二语言教学中,学习者自身的因素是影响语言教学效果的重要方面。《课程大纲》将"培养自主学习和合作学习的能力,形成有效的学习策略"纳入对外汉语教学的总目标,因此,培养学生的自主学习能力和合作学习能力也是综合课的重要原则之一。自主学习是指学生充分发挥主观能动性,有自己明确的学习目的和持续的学习动力,善于运用不同的学习方法和学习策略。在综合课教学中,教师首先要帮助学生明确学习目标,不仅让学生了解每一堂课的具体教学目标,还要让学生清晰了解每一个学习阶段、每一个学期的教学目标,这样有利于学生的自我监控和自我评价。其次,教师要不断地激发学生的学习热情和学习积极性,对于学生的成绩和进步要给予及时反馈和积极性的评价。同时也要根据学生自身的特点,有意识地引导学生寻找适合自己的学习方法和策略,这就是"授人以渔"。

综合课课堂是一个师生之间、生生之间多方互动的交际活动场所,除了自主学习之外,也强调合作学习。合作学习注重在与他人的合作、交流中学习语言,合作双方互相依存、互相促进,共同提高语言运用能力。综合课的许多教学内容的练习活动可以采用小组活动的合作学习模式,例如,针对课文对话的角色扮演,针对课文内容的讨论、辩论、完成任务等。小组成员优势互补、互相带动,通过小组内和小组间的讨论、交流,从他人处吸收新知识,个人的知识和观点也可以被集体共享。因此教师应该创造有利条件,组织有效的课堂活动,培养学生的合作学习能力。

## 第三节　综合课的教学内容和教学方法

### 一、综合课的教学内容

综合课的教学内容即根据教学目标和任务确定综合课"教什么"。综合课的基本目标是培养学习者语言综合运用能力，其基本任务是系统传授语言知识，综合训练语言技能，培养策略和文化意识。因此，综合课的教学内容主要由语言知识、语言技能、策略和文化意识四个部分组成。

#### （一）语言知识教学

语言知识是培养学习者语言综合运用能力的基础，语言知识教学是对外汉语综合课的首要任务。综合课关于语言知识的教学内容主要有：语音、汉字、词汇、语法、篇章等。与专项技能课不同，综合课注重对语言知识各要素进行全面、系统地传授，并围绕所教授的语言项目进行听、说、读、写的综合训练，以达到知识技能化的目标。

1. 语音

综合课语音教学的主要内容以声母、韵母、声调为主，包括变调、轻声、儿化、轻重音、语调、语气、韵律、节奏等。语音教学的目的是培养学习者发音、辨音以及声音运用的技巧，提高听说能力。对于零起点的学习者，初级汉语综合课的开始阶段是语音教学的集中期，主要教授汉语语音基础知识，训练声、韵、调和音节的拼读，以及变调、轻声、儿化，使学习者掌握发音方法和规律，为下一步的语音学习奠定基础。在集中的语音教学之后，进入语音教学的分散期，该阶段的教学内容主要是巩固上一阶段语音教学的成果，继续为学习者正音，并开始结合句子、课文训练词重音、句重音、停顿、语调变化等。中高级阶段的语音教学仍然要继续进行有针对性的正音，尤其是声调，同时注重学习者在语流中的语音正确性，进行语气、语调的训练，把握句子的节奏、韵律，使学习者摆脱洋腔洋调。

2. 汉字

综合课承担着汉字教学的主要任务，内容主要包括笔画、笔顺、部件和结构等汉字基础知识的介绍，以及汉字的认读、书写。初级阶段，教师通过课文中出现的字词，随文识字，教授基本的笔画、笔顺，介绍汉字的书写规律，让学习者初步了解和熟悉汉字，并且严格要求学习者按笔顺规则书写汉字，养成良好的习惯，同时也要教授汉字的偏旁、部件、字体结构。当学习者积累了一定的汉字，教师可以归纳汉字偏旁、介绍部件的组合规律和特点以及汉字的一些理据，帮助学习者理解、记忆、认读汉字。随着所学汉字的增加，学习者会面临更多字形的记忆以及同音字、音近字、形近字的认读和辨析。教师要利用汉字音形义一体的特点，介绍形声字知识，结合实例进行对比分析，使学习者了解更多的汉字理据，增加汉字知识，增强记忆能力。到了中高级阶段，汉字教学的重点内容是将汉字学习和词汇学习相结合，利用汉字构词性强的特点来扩展词汇，同时也要继续进行汉字知识的复习和深化，进一步提高学习者的汉字认读、辨析和书写能力。

3. 词汇

词汇教学的目的是培养学习者正确得体运用汉语词语的能力。综合课词汇教学主要包括词义的理解（概念义、引申义、色彩义）、词语的用法（搭配、语境）、近义词的辨析、词汇量的扩大等内容。

初级阶段，综合课课文多为句型和短文，词汇教学主要是让学习者掌握基本、常用词汇的意义和用法。随着短文词汇量的增加，词汇教学开始涉及多义词、反义词、同音词以及少量虚词，这些是该阶段词汇教学需要注意的部分。到了中高级阶段综合课出现了大量的词汇，近义词、多义词、虚词和一些固定格式以及带有语体色彩、文化色彩的词汇成为重点。中高级阶段词汇教学的主要任务是扩大学习者的词汇量，使学习者得体地运用学过的词汇进行表达。综合课的词汇教学要根据汉语复合词的理据性，将语素和词汇教学结合起来，使学习者了解构词法，有利于扩大词汇量。同时也要把词汇教学与语法教学、篇章教学结合起来，使学习者掌握词汇在具体的语篇中的运用，以更好地将词汇知识转化成词汇运用的能力。此外，教师也应该适当地在课堂上给学习者补充一些社会中出现的新词语，并引导学习者在课下注意词汇的积累和自学，但也要控制好扩大词汇的度和量。

4. 语法

语法教学是综合课教学的重要内容。语法教学的目的是为了让学习者通过汉语语法规则理解汉语本身，并运用语法规则在交际中正确地进行口头和书面表达。综合课语法教学的内容包含语素、词、短语、句子和语篇五级语法单位。其中语素、词、短语也属于词汇教学的内容，但它们本身也体现了语法规则。

初级阶段的语法教学以教授基本语法为主，包括词类、句法成分、汉语的语序、句类以及常用的句型和句式。在语法点的教学中，要注意句法、语义、语用三个层面的结合。除了展示句法格式，还应该说明该语法点与句子中其他成分的语义关系，讲清楚它的语用条件。到了中高级阶段，语法教学进一步拓展和深化，更为侧重语用功能，包括虚词、关联词、复句、复杂句式以及语段和语篇等内容，帮助学习者进行相对整体和联系性的学习，提高综合表达的能力。语法教学要注重从汉语的特点、汉外对比和偏误分析着手，抓住重点和难点，力求简明、实用。

5. 篇章

篇章，又称语篇，一般指会话、语段的连续表达。综合课的教材一般是以课文的形式呈现出来，课文是教学内容的载体，它将语言要素、语言结构、语言功能以及语言所包含的文化因素融为一体，为语言技能的训练提供了必要的语料。篇章教学的目的是培养学习者的篇章理解、分析和表达能力，有助于学习者形成汉语综合运用能力。

篇章教学是中高级阶段综合课的重要内容，已成为学界的共识。但在初级阶段教师就应该有篇章教学意识，通过句子和句群的理解训练，培养学习者的基础篇章能力。中高级阶段的篇章教学需要通过对课文内容、结构的理解与分析来教授语篇知识，进行篇章训练。此阶段教授的语篇知识主要包括：语序、照应、替代、省略等语法衔接手段；词汇的复现、重现；运用逻辑关系词语等。同时也要让学习者了解口语语体和书面语语体的特点、结构和功能，培养学习者的语体意识。到了高级阶段，培养学习者运用语篇知识对课文进行语篇分析的能力，训练组织语篇的能力，特别是书面语表达能力。综合课的教学不能仅停留在语言形式的教学上，要重视篇章教学，加强对课文的综合理解，才能逐步培养学习者的语感和使用汉语思维的习惯。

（二）语言技能教学

综合课教学的根本目的是培养学习者的汉语综合运用能力，因此仅仅教授语言知识是不够的，还要促成语言知识向语言技能和语言交际技能的转化。语言技能的教学与语言知识的教学密切相关。语言技能的训练以语言知识的掌握为前提，语言知识的教学又是通过各种语言技能训练形式来完成的。综合课语言技能教学的内容包括综合技能和听、说、读、写等分项技能。听、说、读、写技能的训练既是综合课教学的内容与目的，又是综合课的教学手段和方法，通过对语言知识大量、充分的操练，才能把知识转化成技能，使学习者达成自由运用的程度。

综合课中的听、说、读、写不是单独进行的，它们互相配合、互相依存，贯穿于整个教学过程的各个环节。听，是听教师的讲解、提问以及同学的问答；说，是跟说、回答、提问、自由表达等；读，是读生词、读例句、读课文等；写，是记笔记、听写、做练习、做作业等，通过这些具体化的课堂技能训练，使学习者获得综合技能。综合课的语言技能训练区别于专项技能课的听、说、读、写训练，综合课是四项技能的综合训练，专项技能课是单项技能的多种训练。例如听力课侧重训练理解内容的多种听的技巧，阅读课侧重训练快速、大量阅读以及多种阅读微技能，而综合课的技能训练可为专项技能课的学习打下坚实的基础。

综合课的语言技能教学的目标是促进学习者听、说、读、写能力的全面发展，但需要注意在有限的课堂教学时间里，四项语言技能的训练不能面面俱到，而要有所侧重。因此，在综合课教学的不同阶段，四项技能要有不同的训练重点。在初级阶段，综合课以听、说为主，读、写为辅；中高级阶段在听、说训练的基础上，还应该加强学习者分析理解整体篇章、阅读不同语体文章以及提高书面表达能力的训练。综合课的技能教学除了完成语言知识技能化以外，还要结合语用规则、言语交际策略内容，能使学习者正确、得体地实现交际，真正提高学习者的语言运用能力。这就要求在综合课教学中，教师必须创造大量的、富有交际性意义的语言环境进行课堂操练，并且鼓励学习者在课下进行更多的语言实践。

（三）策略教学

根据《课程大纲》，策略包括情感策略、学习策略、交际策略、资源策略和跨学科策略。以往对外汉语教学的重点总是放在教师如何教上，而忽略了学习者如何学。策略即是从学习者自身的因素出发，强调学习语言除了掌握该种语言的知识和技能以外，还要重视学习者自身的主观能动作用，这些对语言学习的效果有直接的影响。综合课的策略教学包括促使学习者保持积极的汉语学习态度，有意识地引导学习者用正确的方法学习汉语，帮助学习者寻找最适合自己的学习策略，提高汉语学习效率。

情感策略通常指学习者在学习目的语时对其文化的认同感以及对待学习的态度与情感。学习者在学习汉语之初能否对汉语产生兴趣，在学习过程中能否保持兴趣，以及在遇到学习困难时能否调节自己的情绪坚持学下去，情感因素在其中起着很大的作用。教师应该细心观察学习者的情感需求，培养其对汉语的情感，激发其学习汉语的兴趣。学习策略包括认知策略和元认知策略。认知策略是学习者对信息进行加工的一些方法、技巧和规则，也就是学习者在语言知识的建构、学习过程中运用一些猜测、演绎、推理、记忆、实践等策略。元认知策略是学习者对自己学习的知识的管理和调节方法，也就是学习者监控、调整自己的语言学习行为。学习者在学习汉语时会调动自己原有的知识和认知策略，教师应根据汉语的特点与规律，教给学习者一些实用的汉语学习方法。交际策略是指为了使交际顺利进行而采用的语言或非语言的技巧。一方面，学习者可能会由于汉语语言知识的缺乏而采用某些交际策略，例如借用、回避、手势语、要求重复、直接求助等方法；另一方面，学习者可能因没有习得相关的交际策略如怎么开始会话、维持会话、结束会话等导致交际没有顺畅实现。因此帮助学习者树立明确的交际意识，培养学习者的交际策略，提高语言的交际能力也是综合课的重要内容之一。资源策略则是指学习者在学习过程中所利用的各种资源和媒介手段。教师应该引导学生利用电影、音乐、词典、报纸、杂志、网络等资源，主动寻找和利用有利的学习环境和媒介，培养学习者自主学习和合作学习的能力。跨学科的意识则强调学习者在汉语学习过程中要融会贯通各种知识，这就要求教师引导学习者重视知识面的拓展，培养学习者的比较、分析、综合能力。

综合课的策略教学应该注意以下几点：根据学习者的特点、学习目标、学习环境的不同，选择适当的、有针对性的策略和方法，引导学习者形成符合自身需求的、适合自己的学习策略；根据不同类别的策略，采用多样化的训练方法；不同的教学阶段，策略教学的内容要有所侧重。

### （四）文化意识教学

语言与文化密不可分，语言是文化的载体，文化包含语言。文化意识教学是对外汉语教学的有机组成部分。《课程大纲》中的文化意识包括文化知识、文化理解、跨文化意识和国际视野四部分内容。综合课中的文化教学主要是指对汉语词汇系统、语法系统、语用系统中体现出来的文化要素的教学。汉语中存在许多含有特定文化含义的词语以及反映中国特有文化现象、观念的成语、俗语、惯用语，这些词语不能直接从字面上理解其含义，是学习者词汇学习中的难点。汉语的语序，例如时间、处所的表达显示出了汉语的思维方式。汉语中虚词的使用方式、汉语的韵律节奏等都体现出了民族文化特点。汉语语用中体现出的交际文化也极为明显，例如打招呼、问候、致谢、致歉、邀请等功能都体现了汉语的语用文化，汉语中的谦敬语、委婉、禁忌等也造成了学习者进行跨语言交际的障碍。词汇、语法系统中的文化要素是影响学习者正确理解、运用汉语知识的重要因素，而语用文化则是保证得体运用语言进行成功交际的必要条件。综合课文化意识教学的目的是使学习者理解汉语中显性或隐性的文化要素，正确把握文化内容的表达方式，更为准确、得体地运用汉语进行交际。同时教师也要引导学习者自觉对比文化差异，加强对汉语文化习俗和思维习惯的认识，培养学习者的跨文化交际意识，形成国际视野。

综合课中的文化意识教学是为语言教学服务的，教学中应该教授的是与语言交际密切相关的交际文化因素。文化因素零散地反映在课文中，隐含在汉字、词汇、语法、篇章、语用规则等语言要素中，教师更多地是通过点拨和解释，引导和帮助学习者认识和理解汉语及其背后的文化内涵，而不是集中、大量地讲授文化知识。文化因素教学要结合语言要素的教学，更多地采用技能化的训练方法，在语言交际的实践中加深理解和运用。同时也要注意文化意识教学的阶段性和适时性。初级阶段，教师应该根据学习者的水平，对于那些引起理解困难和交际障碍的内容要采用适当的方式进行解释，同时进行一定的文化交际性的训练。到了中高级阶段，学习者会接触到更多具有浓重文化色彩的语言知识和更深层的理性文化，教师应该扩充文化教学的内容和范围，引导文化意识教学进入更深的层次，使学习者加深对汉语文化习俗、思维模式的认识，促进对文化差异的对比，培养跨文化意识。

## 二、综合课的教学方法

"教什么"和"怎么教"是对外汉语课堂教学的两大重心。根据教学目标，我们确定了综合课的教学内容，进而需要选择教学方法。我们在此所探讨的综合课的教学方法是介于宏观层面的教学法理论和微观层面的教学技巧之间的中观层面的教学方法。它是在教学理论和原则的指导下，为实现综合课的教学目标所采用的各种方法。

如前所述，对外汉语教学法的发展深受西方第二语言教学法的影响，其中影响最大的是语法翻译法、直接法、听说法、视听法、认知法、功能交际法和任务教学法等。我们一方面看到语言教学法的发展是一个不断融合、走向多元化、综合化的过程，另一方面也看到了对外汉语教学的实践并没有全盘照搬西方语言学理论，而是从汉语自身的特点出发，结合对外汉语教学实际，吸收各家之长，形成了有汉语特色的"综合"教学法，这种综合教学法在综合课上体现得尤为突出。

作为对外汉语教学课程体系中的重头课型，综合课在长期的教学实践中逐渐形成了自己的教学范式，上述几种教学法都会在综合课中得到不同程度地运用，只不过教师通常会根据不同教学对象、不同教学内容、不同训练目的灵活掌握，各有侧重或融会贯通。下面我们选取几种最常用的教学方法，介绍其在综合课中的具体实施和应用。

### （一）听说法

听说法以结构主义和行为主义为理论基础，是一种以听说领先为原则，训练听说技能为主的教学方法。它以句型教学为中心，通过对比语言结构确定教学难点，强调通过反复实践，形成语言习惯。在初级阶段的综合课，"听说"模式普遍运用于句型操练中，即采用替换练习的方式，通过大量的语言重复实践帮助学习者掌握句型。例如，在教授状态补语时，通过句型反复操练，使学习者强化动词带宾语时状态补语句子的结构形式：

A：他<u>汉字写得怎么样</u>？
B：<u>写得不太好看</u>。

| 歌 | 唱 | 好听 |
|---|---|---|
| 汉语 | 说 | 流利 |
| 音 | 发 | 清楚 |
| 声调 | 说 | 标准 |

句型操练多为机械性训练，较为枯燥，教师可采用多种方式或教学手段使练习的形式和内涵更为丰富。例如通过PPT展示图片，练习现在进行时"……正在……呢"句型，更为真实、直观；或者通过创设情境，在学习"V+着"表示动作或状态持续这一语言点时，可以请学生上台，让下面的同学描述他/她的穿着："他/她穿着……，戴着……"来操练。通过句型操练，有助于学习者掌握汉语的语法结构形式，并且在操练中培养听和说的能力，为进一步的学习奠定基础。但同时我们也看到，"听说"模式过分重视机械性训练和语言的结构形式，忽视学习者的主观能动性，应该同时结合其他的教学方法，以达到培养学习者语言运用能力的目的。

（二）视听法

视听法在听说法的基础上，采用现代化的视听手段，将视觉感受和听觉感受结合起来进行语言教学。它克服了听说法脱离上下文语境进行枯燥机械操练的缺点，把所学的语言和实际情境联系在一起，有利于学习者的理解和记忆。综合课可充分利用现代教育技术和手段，特别是多媒体技术，设置和创造出生动、有趣和逼真的情景。这既可以调动学习者多种感官的综合运用，激发学习兴趣，又可以为课堂教学创设更为真实的交际情境。

例如，《汉语教程》第二册（下）第十二课《为什么把"福"字倒贴在门上》[①]，课文通过贴对联和贴"福"字的内容学习"把"字句，如果不使用教具或者多媒体手段，学习者比较难想象"贴对联""贴'福'字"的实际情境，也不容易理解对联上"新年新春吉祥，百行百业兴旺"的含义。如果采用视听法，通过观看影视材料呈现中国人过新年前贴对联、贴"福"字的场景，可以使课堂气氛更为生动活泼，也有助于学习者从整体上感知课文内容，理解"把"字句的功能和使用，并且渗入中国人过新年的习俗、

---

① 杨寄洲编著：《汉语教程》，北京语言大学出版社2007年版，第268—274页。

倒贴"福"字的含义等文化因素的教学内容。

在采用视听法时要注意，不能只为了课堂的有趣、吸引学习者的注意力就大量使用影片、PPT等影像、图像，而要从切实提高课堂教学效果和教学效率的角度出发来选择教学材料和手段。同时也需要注意控制视听材料中词汇或语法的数量和难度，使内容符合学习者现阶段的水平。

（三）认知法

认知法以认知心理学为理论基础，强调发挥学习者的智力潜能，引导学习者通过观察、分析、归纳，发现语言规则，并在理解规则的基础上进行有意义的学习和操练。综合课中，"认知"模式可运用于语音、汉字、词汇、语篇等多方面内容的教学上。

拿汉字教学来说，针对学习者容易对形似偏旁混淆而产生汉字的认读、书写偏误，可采用"认知"教学方法突出汉字的结构分析和比较。例如比较偏旁"衤"和"礻"，可以让学习者看下面这些汉字：

裤 裙 衬 衫 袜

礼 祝 福 神 祈

引导学习者去发现两行字偏旁的不同，进而结合字源知识讲解"衤"部和衣服有关，"礻"部和祭祀有关。

再如语法教学中，认知法更是最常用的手段。比如"是……的"句是《汉语教程》第二册（上）第六课的重点语法。我们在学习者学完生词大致了解课文的意思并初步操练课文之后，让学习者找出这篇课文中带"是……的"的句子并说出来，由教师写在黑板上：

① A：你是什么时候来的？　　B：前天刚到的。
② A：是来学习的吗？　　　　B：不是，是来旅行的。
③ A：一个人来的吗？　　　　B：不是，我是跟旅游团一起来的。
④ A：坐飞机来的吗？　　　　B：不是，坐火车来的。

教师可以结合课文内容，向学习者提问："B已经来了吗？""A想知道B什么？"通过学习者的回答，引导其发现"是……的"句中动作是已经发生或完成的，它的功能主要是用来强调动作的时间、目的、方式、对象、动作的发出者等。此处教师可以补充更多特殊疑问句的例句，帮助学习者更好地理解"是……的"句强调的部分。之后，可以引导学习者从以上的句子形式中总结出"是……的"句的肯定形式、否定形式、一般疑问形式、特殊疑问形式，并且需要点拨学习者观察在肯定句中"是"一般可以省略，在否定句中"是"不可以省略这一点。在此基础上，教师可以让学习者根据这一规则模仿例句做结构性的替换词语练习或理解性的会话练习，使其进一步巩固和内化。最后，教师可以让学习者两人一组，选取"来中国""去上海""学习汉语"等话题使用"是……的"句进行交际性会话。在整个学习的过程中，通过对语料的观察、分析、讨论、巩固性的练习，学习者基本上能够理解和掌握"是……的"句的结构和使用规则。而这些规则并不是教师灌输给学习者的，而是学习者在探索性学习中发现的，这可以更多地激发学习者的学习兴趣以及提升他们在学习中的效能感。

总之，在教学中，教师向学习者提供什么样的语言材料十分重要。正是通过对语言材料的呈现方式、排列方式的安排，可以让学习者主动地认知、发现、归纳、总结语言规则，进而对其意义、用法进一步了解。

### （四）功能—交际法

功能—交际法以语言功能为纲，注重培养学习者运用语言进行交际的能力。该教学法从学习者的实际需求出发，以具体的交际项目来选择语言材料，安排教学内容，同时也强调教学过程的交际化，要求课堂上创造接近真实的交际情境。功能-交际法的实用性、交际性、情境性的特点与综合课培养学习者在特定场合能够正确且得体地运用语言进行交际的教学目的相吻合，因此综合课的教学中较为广泛地运用这一方法。其教学过程一般为：首先通过图片、实物或多媒体的方式将语言材料（对话或课文）在一定的情境中展示给学习者；然后学习语言材料中的词汇、语法点、表达结构，通过各种形式的练习掌握所学的内容，比如模仿、对话、问答等；最后教师提供相应的情境，给学习者创造运用所学语言知识进行自由表达的机会，例如采用小组讨论、角色扮演、讲故事、辩论、即兴表演等方式，训练学习者的语言交际能力。

下面以《汉语教程》第二册（上）第一课《我比你更喜欢音乐》中"比"字句的教学为例，说明功能-交际法在综合课教学的运用。该课学习的"比"字句，是"表述"功能中表示"比较"的功能项目。教师可以通过PPT或者图片展示上海和北京在面积、人口和天气上的差异，引入课文内容和"比"

字句的句式表达，使学习者在情境中体会使用"比"字句来表达比较的功能。然后将课文对话中的"比"字句的表达格式抽出来让学习者进行模仿和练习，在此过程中教师可以提供图片、实物、情境，采用比较、问答、看图说话等各种形式进行操练，帮助学习者掌握"比"字句。例如展示不同手机的价格、不同交通工具的速度、今天和昨天的气温等图片，或者比较班级不同学生的年龄、头发的长短、手机的新旧、书本的多少，通过训练进一步巩固，以便在表达时能够灵活运用。在自由表达环节，教师可以选几个大家都去过的中国的城市，让学习者分小组讨论这几个城市在气候、人口、交通、环境、食物等方面的异同，讨论之后用"比"字句的肯定形式和否定形式向全班汇报。教师通过给学习者创造这些自由使用语言的机会，既可以锻炼学习者对比较、描述、说明、肯定、否定等功能项目的使用，又训练了学习者各种交际技能，提高语言综合运用能力。

### （五）任务法

任务型教学法是功能—交际法的发展和深化，功能—交际法强调通过学习语言进行交际（"学了会用"），任务型教学法强调通过做事学习语言（"做中学"）。因此，任务型教学法以任务贯穿教学过程始终，通过一系列任务的完成来达到教学目标。任务的设计要求尽可能真实的交际情境，学习者在完成任务的过程中所接触和使用的交际语言也是真实的，从而获得真实使用语言功能的能力。在综合课教学中引入"任务"模式有利于激发学习者的积极性和主动性，增强学习效果，提高教学效率。"任务"模式教学过程通常分为三个阶段：任务前、任务中、任务后。

下面，我们结合《汉语教程》第一册（下）十九课《可以试试吗？》来看任务型教学法在初级汉语综合课中的实施。本课是学习有关买衣服购物方面的内容。在任务前准备阶段，教师可以通过导入环节引出话题，例如"你们在中国买过衣服吗？""这件是我新买的衣服，你们觉得怎么样？"继而，通过PPT图片或者实物展示衣服的大小、肥瘦、长短、颜色深浅、合适不合适等，激活学习者的语言。在此过程中，教师引导学习者说出一些购物常用的句型或语言结构，与课文中的语法结构相衔接，例如"我可以试试这件衣服吗？""这件衣服有点长。""太贵了，可以便宜一点儿吗？"为下一阶段的语言表达做准备。然后教师向学习者布置任务，让学习者了解任务的目的、要求以及需要准备的语言表达法和内容材料。在任务中阶段，教师可以采用多媒体手段展示课文对话的情景，在此过程中简单讲解重点词语和语法结构，帮助学习者明晰完成任务需要的语言材料。学习者以两人一组的形式开始执行任务。任务的内容包括表达对服装的满意不满意以及讨价还价的过程。学习者利用任务准备阶段获得的词汇和语言表达方式来自由表达、练习自己的购物表演，教师则充当提醒者和旁观者的角色，监控学习者的情况。汇报阶段，由每个小组进行汇报，展示购物的整个过程，教师评价各组任务的完成情况。任务后是反馈阶段，教师需要帮助学习者聚焦语言知识，总结归纳完成任务过程中使用到的动词重叠、"又……又……""有点儿"和"一点儿"等重要语言点的用法，进行适当的操练，让学习者进一步巩固所学语言知识，将语言表达的流利度与准确度相结合，帮助学习者把通过完成任务学习到的知识和形成的技能转化为运用语言的能力。同时，教师要讲评任务完成过程中学习者普遍出现的错误或者不适当的表达，帮助其改正。

任务法围绕完成任务而展开，因此如何设计任务、怎样实施任务在很大程度上影响课堂教学的效果。教师在设计任务时一方面要结合教学内容考虑选择哪个方面作为任务的重点与教学目标相关联，另一方面也要充分考虑完成任务的过程中可能出现的情况。在实际的课堂教学中，实施任务型教学法需要耗费较多的时间，很难做到在一堂课中完全使用该方法。从综合课教学实际出发，我们可以将任务型教学法应用于教学的某个环节或者围绕某个语法点设计交际性的简单任务，这需要教师在教学设计时进行科学的策划、合理地实施。

## 第四节　综合课的教学环节与讲练技巧

综合课的课堂教学是完成综合课教学任务、实施各项技能训练、检验教学成果的重要场所。崔永华将课堂教学过程的结构分析概括为四级单位：教学单位、教学环节、教学步骤、教学行为。教学单位是课堂教学的基本单位，一个教学单位表现为教材的一课书、一节或两节课。一个教学单位可以划分为若干环节，教学环节是为实现教学单位的教学目的所设计的过程。例如综合课通常分为组织教学、复习检查、学习新课、巩固操练、课堂小结、布置作业六个环节。教学环节可大可小，一个大的环节还可以再划分为不同的小环节，例如"学习新课"可分为处理生词、学习语法、课文讲练等环节。每一个教学环节由数个教学步骤构成，[①] 例如"处理生词"的环节由展示生词、解释生词、讲练生词等步骤构成。教学步骤由教学行为构成，例如"讲练生词"这一步骤，可能由朗读、领读、生词搭配练习、扩展组句等教学行为构成。在综合课的课堂教学中，我们应该采用有利于优化教学环节、教学步骤和教学行为的组合方式。下面我们具体介绍综合课的教学环节和步骤以及其中使用的教学方法与技巧。

一、组织教学

组织教学的目的是为了吸引学习者的注意，引导学习者进入课堂学习的状态。教师可以通过眼神、体态、肢体动作等安定课堂秩序，也可以通过与学习者的简单交谈、寒暄沟通师生感情，例如了解学生最近的学习、生活情况，询问学生的身体状况、出勤情况等，为开展有效的课堂教学奠定良好的基础。

二、复习检查

在进行新课学习之前，需要复习已经学过的内容，既可以帮助学生回忆所学的知识以进一步巩固，也可以检查学生对学过的内容的掌握情况，对学生掌握不够扎实的部分再次进行适当的补充讲练，而且通过以旧带新，为新课的学习作铺垫。在该环节要综合练习旧课的内容，突出旧课学习的重点，并且采用听、说、读、写结合的方式，对学生提出更高的要求。检查的环节也包括检查学生对新课的预习情况，培养学生良好的学习习惯。

复习检查环节主要采用以下方法：

（一）听写

根据综合课的不同阶段可以进行层级性的听写。初级综合课，可以从

---

① 崔永华：《基础汉语阶段精读课课堂教学结构分析》，《世界汉语教学》1992年第3期，第225—226页。

语音阶段开始听写拼音，到语法短文阶段听写上一课学过的生词或短语。中高级阶段可以听写句子或者语段，教师可以选取课文中含有重点词语或者句式的语段让学生听写，也可以把课文中的句子进行概括、重新组织让学生听写，加强学生成段表达能力的训练。

## （二）提问

提问的问题设计要有一定的层级性，要由浅入深，由限定到自由。可以对上一次课所学的课文内容进行提问，以检查学生对课文内容的理解情况。教师从课文中提炼设计出问题，一种是学生可以直接用课文的原话来回答的，考察学生对课文的熟练程度；或者通过教师一连串有联系的提问，学生轮流回答，可以把课文的内容再串起来复习一遍。一种是教师把上节课学习的重点词汇和句式结构写在黑板上，要求学生在回答教师提问时用上指定的词语和句式，这样不仅考察了学生对课文的理解情况，同时也考察了他们对词汇、语法的掌握程度。还可以设计一些归纳性的问题，要求学生对课文的内容进行概括后回答，培养学生的综合、概括能力，为成段表达奠定基础。

## （三）造句或表达

造句可以考察学生对重点词汇、语法的掌握情况。教师提供语境，让学生用所学的词汇或句式造句。教师也可以在前一次课布置造句的作业给学生，在本次课上检查学生的造句情况，在造句过程中发现问题要及时纠正并加以讲解。表达主要训练学生运用所学的知识进行口头表达的能力。教师根据课文内容要求学生把对话体变成叙述体，或者简述课文大意。更进一步可要求学生运用课上所学的内容结合实际表达自己的思想和观点，让学生用指定的词语或句式结构介绍情况、叙述事情、表达观点等，培养学生的成段表达能力。

## （四）任务汇报

通常在上一次课后会布置课下任务、小组活动等，在本次课上检查学生的任务完成情况。这些任务应该是交际性的，锻炼学生语言综合运用能力的。例如学习完时间点、时间段的表达，让学生去采访几个中国人的日常生活作息，在课堂上做一个口头调查报告；学完"把"字句让学生介绍本国特色菜的做法；几个同学一个小组课下去寻找学校周边的租房信息，通过比较，租到一个合适的房屋，在课堂上向大家介绍，等等。任务汇报可以通过PPT、视频、文字等方式呈现成果。教师要在学生任务汇报后做出讲评，或者请学生向汇报者提问，促进多方互动。

### 三、学习新课

学习新课是课堂教学中的重要环节，主要包括导入新课、生词处理、语法讲练、课文讲练四个小环节。在导入新课后，应该根据课文内容的实际情况采取不同的教学步骤。常用的教学步骤是"生词—语法—课文"，先对生词进行讲解有利于语法和课文的教授，运用新词来进行语法讲练有利于加深印象，最后在课文中整体展现生词和语法的运用，符合认知心理学的一般规律。对于语法较简单、易掌握的课文，可以先处理生词，再进入课文，在课文的具体语境中体会语法点的运用。对于一些语法点比较难以理解和掌握的课文，可以先对重点语法进行讲练，然后再学习生词，进入课文巩固语法。不同教学阶段，新课学习的方法也不同。初级阶段综合课课文比较短，可以通过先学课文，在课文中处理生词、讲解语法。到了中高级阶段，课文比较长，可以先处理一部分生词，学一部分课文；再处理一部分生词，再继续讲练课文。

#### （一）导入新课

导入新课的目的在于激活学生已有的相关知识，对新的学习内容产生期待，激发学习的兴趣。新课的导入要紧扣教学目的，从学生的实际出发，采用形式多样的导入方法。在初级阶段，教师可以通过实物、图片、多媒体等手段，采用提问、情景设置、游戏、练习、讲故事等方式引出与课文内容相关的话题。例如课文谈论的是家庭成员问题，主要语言点是表达动作正在进行。教师可以拿几张自己家人拍的照片给学生们看，一方面介绍如何称呼家庭成员，一方面讲解"他们正在做什么"，既展示了课文中的部分生词，又引入了课文内容。到了中高级阶段，随着课文深度和难度的增加，教师需要通过文化背景知识介绍、关联已学过的旧知识、对新课解题等方式进行导入。例如《汉语教学》第三册（下）第26课《梁山伯与祝英台》，就需要教师对该故事的历史文化背景进行介绍，或者通过电影或片段的方式展示导入，以帮助学生更好地理解，进入课文内容的学习。

综合课导入新课的方式很多，教师应该认真设计、积极尝试多种导入方式，增加趣味性，激发学生的学习热情。导入应该要有针对性，必须根据课文内容来设置，避免流于形式或追求花哨。导入要有启发性，通过提出问题，留下疑问，调动学生的认知和情感因素。同时也要注意对导入时间的把握，要短小精炼，时间不能过长，以免占用过多的课堂时间。

## （二）处理生词

生词的处理要根据词语的义项、使用频率、习得难度区分出一般词语和重点词语，采用不同的讲练方法，进行针对性的词汇教学。一般的词语比较容易理解，用法也不太复杂，可以在生词处理环节进行讲练；而对于一些意义比较虚泛的重点词语和固定格式则需要放在课文环节处理，利用课文的内容语境帮助学生理解词义，掌握用法。同时要根据不同阶段的教学任务和学生的认知规律，由易到难，循序渐进地讲练生词。

处理生词一般分三个步骤：展示、认读、讲练。

### 1. 展示

展示生词主要有两种方法：一种是听写，一种是教师直接板书或用PPT呈现。听写是对学生预习情况的检查，教师让一名或几名学生轮流在黑板上听写，其他学生在自己的本子上写。教师可按照设计好的顺序进行听写，并在黑板上事先写好词语的位置序号，有利于后面的生词、语法讲解。

### 2. 认读

如果采用听写的方式展示生词，听写后教师要对听写中的汉字错误进行检查纠正，对容易出错的生词进行提示和示范书写，这也是汉字教学的一部分。一般教师先领读，给学生示范正确的发音，然后学生自己练习读、个别读，或者由教师来点读（不按照板书上生词的顺序），在此过程中教师要注意纠音、正音，最后学生再集体齐读。在初级阶段，语音、语调是教学的重点，即使到了中高级阶段语音教学也不能放松要求。教师在生词认读环节要采用多种形式练习，让学生扎实地打好语音基础。

### 3. 讲练

讲练包括解释生词、讲解用法、操练生词。生词讲解的方法和技巧有很多，例如以旧词释新词、用实物或图片解释、用近义词或反义词释义、设置语境释义、例句释义等，可以参看本书第六章词汇教学部分的内容。

### （三）语法讲练

综合课承担着系统教授汉语语法的重任，语法讲练是综合课课堂教学的重要环节之一。通过语法讲练使学生掌握语法形式和结构，理解语法句式的意义和功能，能够正确运用于实际交际中。初级阶段综合课的教材大多以语法为纲、以汉语的基本句型为主，语法点从易到难、循序渐进。中高级阶段语法点较为零散，以虚词、复杂句式、篇章结构等内容为主。因此语法教学要针对不同阶段采用针对性的语法讲练方法。语法讲练一般分为三个步骤：导入、讲解、操练。

1. 导入语法

语法导入的目的是引起学习者对语法内容的注意，激发学习的热情。教师通过提供有意义的情境，让学生在情境中理解所学语法项目的意义。导入方法不拘一格，教师需要精心设计。

2. 讲解语法

讲解语法的方法和技巧多种多样，例如图示法、归纳法、演绎法、类比法等，教学中要根据教学对象、教学目标及语法本身的特点，选用较为合适的方法进行讲解，提高教学效率。

3. 操练语法

学生通过教师的讲解了解了语法规则，理解了语法句式的意义和使用条件，但要正确运用于实际交际并自动化地生成众多句子还需要通过大量的操练。语法操练的形式要将机械性操练、半机械性操练和交际性操练相结合。关于语法的讲练方法与技巧可参看本书第七章语法教学部分的内容。

### （四）课文讲练

课文是综合课教学内容的载体，既包含了词汇、语法、篇章等语言知识，又蕴含了思想观念、文化意识、社会习俗等内容，是一个整体。因此综合课的教学不能脱离课文单纯地讲练生词、语法，而要使学生通过课文的学习进一步在语境中理解、掌握所学的词汇和语法，通过语言知识的学习和积累，又可以促进学生对课文内容的理解和对篇章结构整体上的把握。初级阶段综合课课文大多为对话体，以句型为主，课文讲练主要培养学生听说、认读的能力；中高级阶段课文大多为叙述体，内容变长，课文的讲练还要着重于语篇分析、文化意义等内容。

课文讲练主要有课文朗读、课文讲解、课文操练等步骤。

1. 课文朗读

课文展示的方式一般以朗读为主。朗读一方面帮助学生理解课文内容，另一方面也可以培养学生的汉语语感。教师可以根据学生的水平和课文内容采用多种方式和形式进行朗读。初级阶段，通过朗读课文训练学生的发音、语调、语流音变等技能。教师首先可以采用让学生听录音跟读或者领读的方式朗读课文。领读可以让全体学生跟读，也可以让个别学生跟读，可以让学生看着书跟读，也可以让学生不看书跟读，难的句子可以多读几遍。领读也要注意语速的调整变化，第一遍可以慢一些，第二遍可以快一些。朗读要采用灵活多样的形式，可以全班齐读，与同桌互相读，分角色朗读，分组读，接龙读等，通过不同的要求体现出不同层次的差异，突出重点、难点。到了中高级阶段，课文比较长，可以将朗读作为课后作业布置给学生，在课上进行个别检查，教师在课堂上可以选择比较难的语句或重点语段进行领读。在朗读课文的过程中，教师也要注意采用适当的方式纠音、正音。

2. 课文讲解

讲解课文的目的在于扫清语言障碍，促进学生对课文内容的深入理解，并为下一环节的交际训练做准备。不同阶段的综合课，课文讲解的侧重点不同。初级阶段，课文讲解的重点是词汇的不同义项或特殊用法、疑难句式、俗语、惯用语以及文化因素等。中高级阶段，课文讲解除了扫清语言知识的障碍，还要促进学生对句群、语段、语篇、语体的理解和训练，对句子之间的逻辑关系、内在联系、复句中关联词的运用、段落大意的归纳和概括都要进行讲解和分析。

课文讲解一般采用串讲的方式，在串讲课文的过程中对重要的词汇、语法点、语篇结构予以强调，解决疑难问题。教师也可以直接将课文中的重点或难点拎出来进行处理，或者可以让学生提出问题，由教师或者学生解答。讲解课文并不意味着教师的"一言堂"，应该多采用启发和引导的方式，通过提问，激发学生思考和探索。在朗读课文之后，教师可以根据课文内容进行提问，由易到难，由浅入深，以检验学生对课文的理解程度。也可以让学生之间互问互答，这需要学生再次熟悉课文并进行思考，既激发了学生的积极性，也训练了学生的提问能力。

在串讲课文的过程中，可以对重点词语提问，或让学生来解释；也可以问课文某句话的意思，检验学生是否理解。可以通过提问，要求学生用所学句式回答问题；也可以对整段或者全文提问，考察学生对段落大意或全文内容的把握情况。在课文总结阶段，可以采用归纳式的提问，就课文的内容线索，通过环环相扣的问题，将课文的内容串起来，一方面可以帮助学生整理思路，对课文内容有清晰的把握，另一方面为复述课文和成段表达做准备。提问要经过精心设计，应紧密结合所学的内容，要与学生的知识水平相适应，富有启发性。

课文讲解要兼顾教学效果和课堂气氛，可以采用多种方式相结合，同时注意与学生的互动。教师在讲解的过程中通过各种方法将课文内容和学生的兴趣点结合起来，根据课文的内容采用多种形式的互动活动，或者使用视听材料等形式辅助课文讲解，通过具体形象的画面展示情节或故事，增加课堂的趣味性，有效促进学生的课堂参与度。

3. 课文操练

课文学习不能仅停留在理解了本课的生词、语法和课文内容上，而要把课文中的语言知识转化为语言技能，这需要进行有效的操练。在精讲多练的原则指导下，课文操练的比例要大于课文讲解的比例。课文操练的主要内容包括：课文中包含重要生词、语法的句子及包含特殊语用、复杂句式的句子；课文中包含交际功能和策略的对话；课文中的语篇结构和成段表达框架。课文的操练可以从单句练习到对话练习再到语篇、语段练习，循序渐进。

课文操练的方法需要根据课文的内容特点来选择。初级阶段对话体的课文适合通过表演进行操练，例如买水果、吃饭、问路、买衣服等。中级阶段主要为叙述体课文对于故事情节较强的课文适合采用复述的方法；对于议论性的课文适合通过归纳整理的方法进一步梳理，概括其观点。例如讨论"干得好不如嫁得好""手机的利弊"等。

下面以"复述"为例具体加以说明：

复述是加强学生对课文的理解与记忆的有效手段，同时让学生用自己的话重新组织语言来讲述课文内容，可以进一步训练学生的口头表达能力和归纳、概括能力。根据课文的长短和难易程度，复述的内容可以是整篇课文或者部分课文,可以是对课文大意的概述,也可以引导学生把对话体改说为叙述体。可以在黑板上给出关键性的提示词,请学生复述;可以由教师带领学生一起复述,也可以让学生直接复述,或者多个学生分别复述等。教师也可以根据课文内容,引导学生对课文中的某一问题发表看法、观点或展开讨论,通过用自己的话去评述课文的内容或人物的特性,学生既可以深化对课文内容的理解,也锻炼了汉语表达能力。

### 四、巩固操练

在新课学习环节,通过生词、语法的学习,课文的讲练,为交际训练环节奠定了坚实的基础。这些语言知识仍需要通过进一步集中、全面地巩固操练才能转化为语言运用的能力。因此,巩固操练环节既是综合课教学中的重要环节,又是重要的教学手段,是对课文的各项内容的综合运用的训练。

教师可以要求学生按照课文中所学到的语篇结构、成段表达的框架进行模仿表达。例如《情商》(《汉语教程》第三册下)这篇文章中通过爱迪生的例子说明了"智商高的人不一定成功"的观点,可以对课文中"……,也就是说,……。就拿……来说吧,……。……,……。结果,……。可见……,……。"这一框架进行成段表达的训练。教师要为学生提供充分的语言素材和有意义的语境,引导学生灵活地运用与表达,注重内容的逻辑性和语义的连贯性。教师也可以根据课文内容或话题设计适当的交际任务,如小组讨论、辩论、自由表达等。仍以《汉语教程》为例,学习《网络学校》后,可以请学生讨论对网络教育的看法;学习《离家的时候》,可以请学生说说自己离开家时候的情景和故事;学习《成语故事》后,可以让学生思考自己的生活中有没有"滥竽充数"的事情,把相关的经历和大家分享。在讨论或辩论中,教师要引导、提示思路,总结归纳,并注重学生交际策略的运用;对小组讨论汇报的结果要进行反馈和点评。在这些操练中,学生通过积极思考,根据自己的经验和社会阅历联系实际去自由表达,既加深了对课文的理解,又在语言实践过程中锻炼了口头表达能力。

### 五、课堂小结

课堂小结是对本课所学的重点生词、语法、课文主要内容进行简单的归纳、总结，帮助学生对本课内容建立较为完整的知识结构。教师通过再次的梳理把单项进行的教学内容串联起来，使其系统化、条理化，突出、强调本课学习的重点，对操练过程中学生出现的问题进行进一步的解释。

### 六、布置作业

课后作业是课堂教学的扩展和延伸，目的是使学生巩固课堂所学知识与技能，并为新课的学习做好准备。教师也可以通过作业获得学生的学习反馈，检验教学成果。针对不同阶段，作业的内容和侧重点有所不同，但都应该采用形式多样的练习形式，应该包括语言知识、语言技能和语用三方面的作业，并突出本课的教学重点。初级阶段可以布置听课文录音、朗读课文、写生词、重点词语造句、用指定词语写一段话、简单成段表达等；中高级阶段可以增加课后阅读、完成任务、课后调查、根据要求改写课文、命题作文等形式的作业。

## 第五节　综合课教学的重点与难点

综合课承担着系统传授语言知识，综合训练语言技能，培养策略和文化意识的教学重任。在有限的课堂时间里，不可能面面俱到地讲解、操练，应该抓住教学的重点与难点，有的放矢，才能实现良好的教学效果，提高教学效率。教学的重点与难点既有联系又有区别。教学重点是学习语言中的关键知识，具有基础性、全局性的特点。教学难点多数处在教学重点之中，也有一部分处在教学重点之外，不易被发现。教师确定教学的重点和难点，既要根据教学大纲和教学任务的规定，也要结合教材的结构和编排，更要考虑学生的实际情况。教学的重点和难点的确定涉及汉外对比分析、学习者偏误分析、中介语研究，同时也与学习者的认知规律、习得方式、个体差异都有较大的关系。下面我们从不同教学阶段结合国别化的特点来探讨综合课教学的重点和难点。

## 一、初级汉语综合课教学的重点和难点

初级汉语综合课处于对外汉语教学的起始阶段，通常分为语音阶段、语法阶段和词汇、短文阶段。通过这三个阶段的学习，学习者将逐步接触到汉语的语音、汉字、词汇、语法等知识，并为其他的单项技能课以及之后的中高级汉语课程奠定基础。

语音阶段的教学任务是为零起点的学习者打下良好的汉语语音基础，教学的重点是汉语的声母、韵母、声调的发音方法以及变调、儿化、轻声等发音规律。教学的难点是不同母语背景的学习者受母语干扰，在个别声母、韵母发音上的问题。尤其值得注意的是，声调是语音阶段的教学重点和难点，必须采用多种方法进行大量的训练。

语法阶段主要学习汉语的基本语法项目，教学重点包括实词和一些基本的虚词（例如副词"也、还、就、才、再、又……"等）以及一些语法结构和特殊句式。其中虚词、句法成分、特殊的语法句式既是该阶段教学的重点也是难点。例如助词"的""地""得"、"着""了""过"；程度补语、结果补语、可能补语、状态补语；比较句、存现句、"把"字句、"被"字句等特殊句式，它们都体现了汉语语法的特点。不同学习者受母语负迁移的影响而造成的偏误也是教学的难点，例如在句法顺序方面，英语为母语的学习者容易出现"我上课八点。"（英语的时间状语在句尾）；韩国学生会说"昨天我三本书借了。"（韩语的基本语序是：S–O–V），这些都需要教师在课堂上有针对性地加以强化训练。语法阶段的教学应使学习者在理解和领会汉语语法规则的基础上，能够灵活运用语法规则生成更多的句子，同时通过区别汉语和母语的语法规则差异，逐步建立汉语思维。

在掌握基本语法后，要连词成句、成段进行表达仍需要大量的词汇。因此词汇、短文阶段，教学重点是扩大词汇量，训练成段表达能力，以提高学习者的语言交际能力。这一阶段词汇教学的重点在近义词、多义词、兼类词、语气副词以及连接复句的连词等。教学难点在于成段表达中如何正确、准确地运用这些词汇。教师应该结合课文的语境，讲清词语的语义、

语用，也要注意汉外词汇差异引起的学习者习得偏误。教学中，开始引导学习者恰当运用连词、关联词组成复句、长句，从简单的连贯表达逐步扩展为口头、书面成段表达，促进学习者听、说、读、写能力的全面提高。同时，短文阶段课文的内容、体裁呈现出多样化，教师对于课文中涉及的文化因素，要进行适度的介绍、讲解。

### 二、中级汉语综合课教学的重点和难点

中级汉语综合课是连接初级汉语综合课与高级汉语综合课的桥梁，具有承上启下的作用。经过初级阶段的汉语学习，学生已经掌握了一定数量的词汇和汉语的基本语法结构，具备了初步的汉语交际能力，但语言知识和技能仍远远不够，需要在中高级阶段进一步巩固、扩展与深化。中级阶段综合课的主要任务是扩大词汇量，扩展和深化语法项目，培养学习者语段、语篇的理解、表达能力。因此，该阶段的教学重点和难点是词汇教学和语段、语篇教学。

中级阶段词汇教学的重点是帮助学生扩大词汇量，要重视语素和构词法教学，既可以帮助学生减轻记忆负担，做到举一反三，又可以培养学生学习新词语的能力。同时，词汇教学要与初级阶段密切结合并进一步深入，对于近义词、多义词、多音多义词等，教师应注意讲解词与词之间的区别和联系，注意词语的搭配、词义的扩展、灵活使用以及感情色彩和语体风格上的差别。此外，对于一些虚词、虚词结构（例如"毕竟、居然、幸亏、以、于、省得、以免"等）和一些固定格式（例如"为……而……""以……为……"等）也是学生学习中的难点，要结合语境进行重点讲练。

语段、语篇教学的目的是培养学生成段表达的能力，包括准确运用虚词，通过词汇的复现衔接语篇中的句子，运用逻辑关系词语表达句与句、段与段之间的并列、因果、转折、承接等关系，运用照应、替代、省略等方法实现语篇的连贯。

首先，应该重视课文教学，课文是培养学生成段表达的最佳材料。在学生熟读并理解课文内容的基础上，教师把课文中的重点词语、表达结构板书出来，让学生对课文原文的内容或故事进行重述或重组；或者让学生回答与课文内容有关的问题，然后就某一话题进行讨论或发表看法。通过

这样的语言实践，既有助于学生理解课文，也增加了学生口头成段表达能力练习的机会。其次，在语段、语篇教学中，教师也需要根据教材内容区分不同的语体，注重口语和书面语的对比，逐步培养学生的语体意识，加强书面语表达能力。例如，教师可以根据课文对口语体文章和书面语体文章在词汇、句式选择以及使用场合等方面的特征进行对比分析，有了一定基础之后，可以进行口语体和书面语体的转换练习。

### 三、高级汉语综合课教学的重点和难点

高级汉语综合课教学的主要任务是全面发展和提高学生的语言综合运用能力，在更高的层次上丰富和扩大学生的汉语和中国文化知识，培养学生的汉语语感以及跨文化意识。高级阶段的教学重点是通过课文进行语篇教学和文化因素教学。

高级阶段的综合课课文大多直接选用原文，保持语言的"原生态"，题材和体裁也更加丰富，听、说、读、写等交际活动都围绕着课文的内容与主题进行。教学中应侧重课文的整体教学，以语篇为中心。在教学中先让学生对课文有一个整体的了解与认识，然后将课文分成几个部分讲解，最后再对这几个部分进行综合归纳；词汇与语法也在课文教学中进行。高级阶段的综合课教材中，每课的生词多达百个，需要采用不同于初级阶段的词汇教学方法，将生词根据重要程度区分为精讲、略讲和不讲，并发挥学生的主观能动性自学或互相解释。词汇教学的重点在深层次地对多义词进行分析、对近义词进行辨析，以及对具有汉语文化色彩的成语、俗语、惯用语、歇后语等的意义与用法的讲解。语法教学的重点和难点则在口语的格式、书面语色彩较浓的句式以及多重复句上。在课文学习中，重点对课文的内容和结构进行语篇分析，分析课文的衔接、连贯手段，同时也要注重分析课文中词语和句子的语体特征、感情色彩、使用场合等，帮助学生准确地理解和掌握词语和句子在语体和语用上的特征。通过大量的语篇分析和成篇表达的训练，培养学生在口头和书面上准确、得体进行交际的能力。对于与课文内容与语义理解密切相关的文化背景知识，教师要进行介绍或设置背景阅读来铺垫；对于词语、句式、表达中的文化内涵要进行挖掘，并结合语言技能训练，帮助学生将语言文化知识转化为语言交际能

力。学生进入高级阶段学习,已经具备了中级以上水平的汉语能力,其学习的目的、学习方法和策略都带有鲜明的个性化特点和多样化的需求,教师应该根据每个学生的实际情况,在情感、学习、交际策略上进行有针对性的引导。在教学中要发挥学生的主体性,注重自主性学习与合作学习,通过全班教学、小组活动和自主学习相结合,促进学生语言能力的提高。

## 本 章 小 结

综合课作为汉语综合能力培养的核心课程,承担着系统传授语言知识,综合训练汉语听、说、读、写等语言技能的任务,对教学起着主导作用。针对综合课的教学目标和任务确立的教学原则有:精讲多练的原则;建立良好互动的课堂氛围的原则;提高课堂教学效率的原则;培养学习者自主学习、合作学习的原则。这些原则要在教学中努力贯彻实施,以更好地指导课堂教学活动。综合课的"综合性"体现在教学内容、技能训练和教学方法上。教学的内容主要由语言知识、语言技能、策略和文化意识四个部分组成。综合课的教学原则需要通过一定的教学方法和技巧才能得到有效贯彻,教学内容也必须通过教学方法的实施才能转为可理解的输入。因此,在综合课的课堂教学中,教师应该充分了解不同教学方法的利与弊,针对不同的教学对象、教学阶段、教学内容采用不同的教学方法,在有效的课堂实践中达到最佳的教学效果。在有限的课堂时间里,要合理安排教学环节,抓住教学的重点和难点,通过师生的互动,达到教学的目标。关于综合课的教案设计,参见本书第三章。

### 思考题

1. 汉语综合课教学的目的和任务是什么?
2. 如何理解综合课的"综合性"?
3. 怎样在综合课中进行文化意识教学和策略教学?
4. 如何在综合课教学中充分发挥不同教学方法的优势?

5. 不同阶段的综合课教学应该如何侧重？
6. 讲练课文有哪些步骤和方法？
7. 一次综合课教学（2个课时）应如何合理地分配讲练内容？

第八章推荐阅读

# 第九章 听力课教学

## 第一节 听力课教学的基本认识

听力课是外国学生汉语技能训练课程不可或缺的组成部分。汉语的听、说、读、写四项技能当中,听力居首。人们在交际的时候,几乎一半的时间都用在听上。听力课在汉语作为第二语言教学中占有极其重要的地位。

本节主要围绕以下三个问题展开谈论:(1)听力理解的本质;(2)听力教学的定位和目标;(3)听力教学的基本原则。

### 一、听力理解的本质

在过去很长一段时间里,听力理解被认为是被动的语音信号处理过程,第二语言听力教学主要以培养、提高学习者的语音信号处理能力为目标。随着现代认知科学的发展,听力理解不再被简单地理解为一种消极被动的语音信号处理过程,而是一种积极主动的语音信号处理过程。

听力理解本质上是一种信息处理的过程,桂诗春曾经用一个流程图展示心理学中的信息处理过程[①](见图9-1):

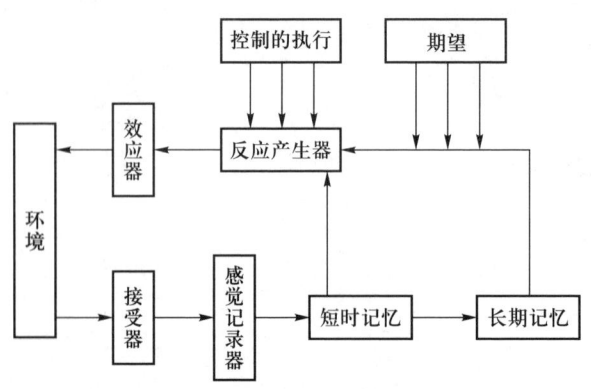

图9-1 信息处理流程示意图

---

① 桂诗春编著:《实验心理语言学纲要——语言的感知、理解与产生》,湖南教育出版社1991年版,第38页。

"上图中'客观环境'作用于'接受器',信号以电化冲击的形式进入'感觉记录器'(即感觉记忆,包括视觉记忆和听觉记忆),信息保存在感觉记录器的时间极短,约1/4秒。然后经过筛选只留下一小部分进入'短时记忆'进行加工处理,其他信息则随即从系统中消失。短时记忆容量有限,留存信息的时间也很短,约10秒钟。如果在这10秒钟能对信息加以复习,保存的时间又会长一些。短时记忆中的信息经过重组、编码,便可保存在'长时记忆'里。贮存在长时记忆里的信息可被检索出来,但需要一个激活的过程。在自动化的反应中,被检索的信息直接从长时记忆进入'反应产生器';在有意识的思维活动中,被检索的信息须先从长时记忆转入短时记忆,才能抵达反应产生器。反应产生器组织好反应的顺序并指导'效应器',图中的'期望'会影响信息处理,'控制的执行'将影响为达到目的而采取的策略。"[1]

　　认知心理学的图式理论认为,人们对信号的处理有三种模式:"自下而上""自上而下"和"平行交互"。我们认为:听力理解的本质是利用听觉器官,积极主动地通过"自下而上""自上而下"和"平行交互"三种模式处理语音信号的信息处理过程。

### 二、听力教学的定位和目标

　　在我国的对外汉语教学实践中,听力课经历了从无到有的过程。杨惠元指出20世纪50年代没有专门设听力课,60年代初到70年代初在语法阶段开设了两节听力课,70年代开展了一些加强听力教学的实验,最终在70年代末80年代初听力课成为独立的课型。[2] 人们也开始系统地研究听力教学的理论和方法,摸索听力教学的规律。

　　汉语听力教学在范围上有广义和狭义的区别。李红印认为,广义的汉语听力教学包括了综合型的听力课教学、附属型的技能教学、自主型的听力训练、应试型的强化训练等。[3] 由于我们的汉语听力教学法主要关注常

---

[1] 刘绍龙:《外语听力=声学信号的被动接收吗?》,《现代外语》1994年第3期,第38页。
[2] 杨惠元:《中国对外汉语听力教学的发展》,《世界汉语教学》1992年第4期,第291—292页。
[3] 李红印:《汉语听力教学新论》,《南京大学学报(哲学·人文科学·社会科学)》2000年第5期,第158页。

规的课堂教学，所以本章的"汉语听力教学"应该从狭义上理解，即指综合型的汉语听力课堂教学。

汉语听力课与口语课、阅读课、写作课一样，属于语言技能训练课程。汉语听力课以培养汉语学习者的有效听力理解能力为目标，包括基本语音听辨能力、关键词语的听辨能力、对所听言语信息进行预测的能力、联想的能力、概括归纳的能力、推理判断的能力，等等。其中，包括汉语声母、韵母、声调、语流音变等基本语音听辨能力的训练与汉语要素教学中的语音教学有部分重合，彼此相辅相成。除此以外，其余听辨能力的培养属于听力教学的特有目标。

汉语听力教学应该要达成以下目标：

### （一）全面提升学生汉语听力理解能力

听力教学的最终目标是要全面提升学生的汉语听力理解能力，使其达到与汉语母语者类似或同样的听辨能力。通过课堂上多种多样的听力技能训练，使得学生汉语语音的知识积累逐渐丰富、处理听觉信号的技巧逐步提高、对汉语相关话题的敏感性不断增强，最终达到能够迅速乃至自动识解出所听词语、句子、句群、语篇所表述之语义内容的程度。

### （二）提高学生汉语水平考试的听力技能

新汉语水平考试（HSK）听力部分包括两大块内容：第一块内容是听两个人的两句对话，然后回答一个问题；第二块内容是听4～5句对话或一段话，然后回答两个以上问题。如果学生在听力课堂上接受了比较系统的汉语听力技能训练，懂得了一定的汉语听力策略，那么他们在考场上就不会那么焦虑，从而比较顺利地听懂听力测验中的对话或语篇。

### （三）为学生从听力教室走向社会做好准备

学生在课堂上学习汉语的时间总是有限，他们最终都要从课堂走向社会。有的学生会抱怨说：为什么课堂上老师播放的音（视）频，我基本上都能听懂，但是走上社会以后还是会发现自己在听力方面遇到的问题最多也最大。学生在社会上的听力情况与平时上课不同，存在较大差异，这主要是听力材料的原因：学生在听力课上听到的都是现代汉语普通话的标准语音，而在社会上人们说话不可能都那么标准，有的人还带有浓重的方音，说话语速也略快。

一方面，我们要让学生在初级、中级阶段的听力课堂上学习到正常语速的普通话标准语音，这是最基本的听力训练；另一方面，我们也要在高级阶段的听力课堂上尝试让学生听一些语速略快或略带方音的对话和访谈，营造真实的社会听力语境，尽量缩小课堂小环境与外界大环境之间的语言差异，为他们将来走出校园顺利交际做好准备。

### 三、听力教学的基本原则

汉语听力教学应该遵循以下六个基本原则：（1）可懂输入原则；（2）运用学生的背景知识原则；（3）可视化教学原则；（4）听力任务结构化、清晰化、简明化原则；（5）加强听力学习策略训练原则；（6）焦虑敏感性原则。

#### （一）可懂输入原则

美国语言教育学家克拉申（Krashen）在1982年提出的"输入假设"（Input Hypothesis）理论认为，"学习者能够习得语言，是因为语言中包含稍高于他目前语言水平的语言结构……如果习得者目前的语言能力用i来表示，那么，语言输入需要高于i。克拉申用i+1来表示这种高于原来水平的语言能力。"[1] 该理论对汉语听力教学的启示是：听力训练要遵循可懂输入原则，这意味着听力材料既要包含听者过去已经习得的语音信号，又要适当增加一些高于他目前听力水平的内容。

学生在练习听力之前，一定都掌握了汉语的基本词语或常用词语，了解汉语句子的基本句型、句式、句类及其所表达的意义。在零起点听力训练结束后，才能进入初级阶段听力训练；初级阶段听力训练结束之后，才能进入中级阶段听力训练；中级阶段听力训练之后，才能进入高级阶段听力训练。各个阶段的听力材料难度都是依次递增的，尽量要确保每个阶段学生听力训练的可懂输入。

我们曾以问卷形式调查过汉语听力输入阶段的焦虑来源，结果表明听力材料的难易度是造成学生听力焦虑的最重要因素[2]，可懂输入原则对于

---

[1] 王初明编著：《应用心理语言学——外语学习心理研究》，湖南教育出版社1990年版，第172—173页。

[2] 吴剑：《泰国学生汉语听力焦虑的探索性研究》，《云南师范大学学报（对外汉语教学与研究版）》2011年第3期，第80页。

降低学生听力焦虑、增强输入有效性以及提高教学效率都有着重要的指导意义。

### (二) 运用学生的背景知识原则

教师教学的一个重要原则是去了解学生的知识积累,适时确认它并依据它进一步教授新知识。在听力理解过程中,语音信号的输入与学生原有知识体系中的语言知识、百科知识、生活经验等产生建构性的意义互动是非常重要的。

例如,可以提前告知学生听力材料的形式,如对话体、记叙文、说明文、议论文,等等。每一种文体都有其特定的认知图式,教师如果能在听力训练前给学生提供相应文体信息,能激发起他们相关的认知图式。如果是记叙文,一般会有六个要素(时间、地点、人物、起因、经过和结果);如果是说明文,则会有被描述的对象、特征、功用等;如果是议论文,则会有论点、论据和论证过程;如果是新闻采访,则会有采访者、被采访者、相关事件报道,等等。

充分运用好学生的背景知识,有助于学生产生相应的预期,从而有效地过滤不相关的信息,最终对听力理解产生积极影响。

### (三) 可视化教学原则

在许多国家的汉语教学实践中,最受学生欢迎的往往是一些视听说教材,如《乘风汉语》[1]。一般来说,可以让学生有视觉体验的图像或动画是促进学习者主动学习的强大动力。在汉语听力课堂中,应当尽可能多地提供与所听主题相关的可视化听力素材。

准确而恰当的图片、图表、视频、动画、海报、彩页、模型等能够营造出生动形象的语境。马燕华指出,中级汉语水平留学生听力跳跃障碍的实现条件中,"'语境不明'"是最大的干扰因素,有的语境场景留学生不熟悉,有的语境对要猜测的词语缺乏明确的限定和揭示,或缺少必要的语义重复,因此留学生很难抓住猜测的联想线索。"[2] 国外出版的许多经

---

[1] 刘颂浩主编:《乘风汉语》,高等教育出版社2005年版。
[2] 马燕华:《中级汉语水平留学生听力跳跃障碍的实现条件》,《北京大学学报(哲学社会科学版)》1999年第5期,第129页。

典听力教材都使用了大量的图片资料，比如法语联盟所使用的法语教材《Connexions》[①]第二册第3课的任务是听懂电视里的广告语，课文中有汽车、手机、巧克力、电话卡、娱乐杂志、超市购物券、汽车润滑油等商品的广告语，练习中就配了相应的广告宣传画作为听力背景。即便初学者以前从未听过这些广告，而且广告用语也有语速快、语法形式简单等特点，但是显然图画能够帮助学生跨越障碍去理解所听广告语的内容。

我们现在生活在一个"图像时代"，在互联网上教师可以非常方便地获取各种可视化教学素材（比如图片、图表、动画，等等）。可视化教学原则在汉语听力课堂的长期实践将极大激发学生听力课的学习热情，改变以往传统听力课堂（如"按键—暂停—对答案"的教学模式）长期以来一直比较沉闷、教学效果不明显的局面。

### （四）听力任务结构化、清晰化、简明化原则

结构化的听力任务能够让学生知道：自己为什么在听？从哪儿开始听？接下来要听什么？在设计结构化的听力任务时，首先要确定听力任务的结构层次与该任务最终所要达成之目标之间的联系。听力材料要从一个能让听者有成功体验的水平开始，然后慢慢往上增加难度。教师应该指导听者（可以依据听力文本）把精力在某一阶段集中在某一件事情上，同时不断使新、旧语音信号发生关联。学生听力技能提高是循环式而非直线式的过程。

在设计听力练习题的时候，题干的语言表达要尽可能的清晰，这样学生在预先阅读题干的时候能够清楚地知道出题者的意图，在听的过程中才能准确地集中注意力去捕捉要点。

在汉语听力课堂上，教师发出的教学指令一定要简明，不能模棱两可，这样可以极大地提高听力课堂效率，实现听力教学效果的最优化。

听力教学的主要目的是训练学生准确的汉语听辨能力，听力任务的结构化、清晰化、简明化可使得学生的听辨训练免除大部分不必要的干扰。

### （五）加强听力策略训练原则

想要成为一个有效的听者，他必须积极地、有策略地参与到听力理解

---

[①] Régine Mérieux, Yves Loiseau. *Connexions: Méthode de français (niveau 2)*. Les Éditions Didier, Paris 2004: 28-29.

活动中去。有人曾列举过19类听力策略:"(1)选择注意,(2)预测内容,(3)识别转换/过渡,(4)综合信息,(5)质疑信息,(6)阐释材料,(7)期待新信息,(8)运用联想,(9)运用背景知识,(10)校正反应,(11)评价内容,(12)情感反应,(13)调整情感、注意,(14)质疑主题,(15)证实假设,(16)重复,(17)思考词义,(18)思考短语及句子含义,(19)解决词义。"① 一般来说,高水平听力者往往较多地使用听力策略,低水平听力者不知道如何使用听力策略,平均水平听力者习惯使用低难度的听力策略而不擅长使用高难度的听力策略。

在听力训练中,综合信息、质疑信息、阐释材料、期待新信息、运用联想、校正反应、调整情感注意、证实假设、思考词义这9类听力策略运用得最为广泛,同时也最为实用。我们认为,在汉语听力课堂上听力策略不仅可教,而且应该教,加强听力策略教学能让学生的听力训练事半功倍。

**(六)焦虑敏感性原则**

教师应当对学生所存在的听力焦虑感保有高度的敏感和同理心。心理学家认为:紧张、焦虑、恐惧会妨碍大脑工作,导致思路阻塞、听辨能力下降和记忆困难。因此教师要尽量给学生创设良好的听力外部环境,确保听力课堂的温馨舒适,让学生有安全感。比如,教师的指令要清晰、和缓、准确;要求学生呼吸时要尽可能采用腹式呼吸,尽可能减少呼吸发出的声响,翻书要安静、迅速;听力教室内的光线尽可能以暖色调为主,不能太亮,等等。

我们对汉语听力焦虑感的实证研究② 表明,在听力的输入、处理、输出三个阶段都普遍存在着听力焦虑源。输入阶段的焦虑来源包括:听力言语性质(语音陌生、语速过快)、难度系数(篇幅长、生词多)、清晰系数(听力指令不明晰)、图式度(无视觉效果)、重复率(缺乏重复输入)等五项内容。处理阶段的焦虑来源包括:听力策略(不合理的听力策略)、

---

① 刘绍龙:《背景知识与听力策略——图式理论案例报告》,《现代外语》1996年第2期,第43页。
② 吴剑(2010)的硕士学位论文《泰国学生汉语听力焦虑的探索性研究》以泰国东方大学中文教育学院中文专业2008级、2009级的50名本科生和由国家汉办组织的2009年10月在广西师范大学国际文化教育学院培训的14名泰国本土汉语师资作为调查对象。被试中年龄最小的18岁,年龄最大的42岁,主要研究调查对象在对外汉语听力课堂上的焦虑程度、产生焦虑的来源以及他们应对听力焦虑的方式。

处理时间（时间不够）、反馈（不能实时核对答案）、环境（不融洽、不舒适）等四项内容。输出阶段的焦虑来源包括：练习设计（缺乏多样性）、自我成就（缺乏成功体验）、听力课认知（不明白听力课要学什么）等三项内容。

过度焦虑或者焦虑不足都会对学生的有效听辨造成不良影响，特别是过度焦虑有可能导致学生不能发挥其正常听力水平，甚至放弃听力训练。然而，学生在听力训练过程中的适度焦虑则有助于听力理解能力的提高。

有效地降低听力焦虑感的方法是把焦虑暴露在"阳光"底下，学生可以尝试把他们在听力训练中所遭遇焦虑的来源开列出一份清单，并把这些焦虑源写出来和同学们交流。这样，每位同学就都能清楚地看到：所有人（至少是大部分人）都曾因为类似的原因而焦虑，而他自己仅仅是其中的一员而已。这种焦虑来源的共享机制和认知策略能够有效地激励听者以更大的勇气克服自身的焦虑。

## 第二节　听力课教学的主要模式

汉语听力教学的任务是要训练学生有效地接收汉语语音信号并正确地理解这些信号所承载的意义。人类对语音信号的理解有"自下而上""自上而下""平行交互"这三种模式，汉语听力教学本质上是一种语音信号理解训练，所以我们认为汉语听力教学也有三种模式。

### 一、"自下而上"教学模式

如果教师在听力教学中遵循的是"语音→词语→句子→语篇→字面意义→深层含义"这样一种由低到高、由小到大的教学方式或过程，这就是"自下而上（bottom-up processing）"听力教学模式。显然，"自下而上"的听力模式，其基础是听者的语音、词汇、语法及语篇等能力。听者被设想为头脑中有一本词典，每听到一个词，他便从这本"心理词典"中找出该词的意义；之后，听者的语法能力则提供一套工作策略，对听到的词语进行加工，从而发掘出语料的含义。例如，当听到"很高兴认识您"这句话时，听者必须能够分辨出"高兴""认识""很""您"等词，还要运用一定的语法知识将这些词组织成句子，理解其完整的意思。

"自下而上"听力教学模式中，教师一般遵循以下五个教学步骤：

第一步，语音训练：包括汉语声母、韵母、声调及音节等基本语音训练，通过带读生词让学生熟悉具体的汉语发音。

第二步，词语的听辨及意义讲解：教师通过反复的词语听辨及意义讲解，让学生熟练掌握将在句子和语篇听辨中出现的词语，帮助学生扫清句子或语篇听辨时的词语障碍。

第三步，句子的听辨及意义讲解：教师在讲解完词语的基础上，通过反复的句子听辨及意义讲解，让学生熟悉句子的结构并理解句子的意义。

第四步，语篇的听辨及意义讲解：教师通过讲解构成语篇的所有句子的意义，使学生能够理解整个语篇的意义。

第五步，在具体的语境中，讲解超越语篇字面意义以外的深层含义。在无语境情况下去理解语篇的意义，学生理解的是组成语篇的句子的字面意义。在加入具体的语篇语境后，教师还应该引导学生去理解句子字面意义背后的深层含义，比如预设意义、会话含义、蕴含意义、推断意义，等等。

## 二、"自上而下"教学模式

如果教师在听力教学中遵循的是从"深层含义→字面意义→语篇→句子→词语→语音"这样一种由高到低、由大到小的教学方式或过程，这就是"自上而下（top-down processing）"听力教学模式。"自上而下"的听力模式重视听者的已有知识在处理当前语音信号的积极作用。储存在长时记忆中的语境知识或百科知识，在处理连续不断进入大脑中的语音信号时会发挥重要的作用。"自上而下"的听力模式更加凸显听者的主动性。例如，有时一个词或句子在尚未被听到时，听者就有可能已经猜到并理解了它的含义，因为听者完全可以激活自身已有的各种相关背景知识——包括语言知识和非语言知识，对尚未听到的内容做出推断与预估。在正常情况下，作为听者，我们会预知自己将会听到什么，接下去又会听到什么，而不需要等到所有的语音信号都听到后才理解全部内容。如果每次都想要听清每一个字，不仅是不可能的，也是不必要的。有研究表明，在对听力信号的处理上，更有意义的是"自上而下"的模式，而非"自下而上"的模式。

"自上而下"听力教学模式中，教师一般也遵循以下五个教学步骤：

第一步，讲解具体语篇实际上所表达出的深层含义。如语篇的主题思想、创作动机、时代背景等。

第二步，语篇的听辨及意义讲解：教师在解释语篇中句子的字面意义基础上，要特别给学生指出具体句子的预设意义、会话含义、蕴含意义、推断意义等语用意义。

第三步，句子的听辨及意义讲解：教师通过具体句子意义的讲解，让学生熟悉组成句子的词语以及它们组成句子的方式（即句法结构）。

第四步，词语的听辨及意义讲解。教师通过对具体句子中词语的讲解，逐渐让学生理解在语篇中出现的所有词语的意义，这些词语的意义因为出现在特定的句子中，所以它们只可能有一种语义指向，而不可能出现一词多义的情况。

第五步，语音训练：教师通过领读或听录音的方式，再一次归纳并回顾语篇中出现的所有词语的发音。在语音训练过程中，教师也可对学生不正确的声母、韵母、声调等方面的偏误予以纠正。

### 三、"平行交互"教学模式

如果教师在听力教学中同时使用"自下而上"和"自上而下"两种听力教学模式，有时偏重于"自下而上"模式，有时偏重于"自上而下"模式，这就是"平行交互"听力教学模式。

现在的汉语听力教学，听力教师几乎不会单纯地使用"自下而上"或"自上而下"的听力教学模式，而是针对不同年龄、不同学习动机、不同汉语水平的学习者采用不同的教学模式。例如，成年人或高级阶段的学习者可能较为适合"自上而下"的教学模式，而儿童或初中级阶段的学习者可能更需要"自下而上"的教学模式。此外，不同的听力教材也能影响教师对听力教学模式的选择，传统的汉语听力教材比较适合"自下而上"听力教学模式，而汉语教师在教学过程中可以灵活使用教材，甚至补充教材以外的内容，尝试采取"平行交互"的听力教学模式。

## 第三节　听力课的教学环节与讲练方法

汉语听力教学遵循一般外语教学的基本环节和讲练方法,然而又有其特殊之处。下面我们将分别予以介绍:

**一、听力课教学环节**

一节完整的汉语听力课由课前准备、课堂教学和教学反思三部分组成。

**(一)课前准备**

课前准备主要指听力设备的检查和维护、听力材料的选择与听力教案的编写。

1. 听力设备的检查和维护

听力设备的检查和维护指教师在上听力课之前必须检查听力设备是否能够正常工作,及时发现问题并及早维护。听力设备是听力课赖以顺利进行的教学工具,比如总控制台、电脑、光驱、USB 接口、录音机、摄像机、音响、投影、耳机等。如果长时间没有使用听力设备,再次使用该听力设备时,最好提前调试和检查,以免在听力教学过程中出现意外情况,影响教学效果。

对于用于听力课堂的听力训练音(视)频材料,比如录音磁带、光盘、Mp3 文件等,也需要教师提前预听。对于不能正常播放、不完整或音质差的音(视)频,教师要及时更换。总而言之,听力课前设备的检查和维护是非常必要的,要做到防患于未然。

2. 听力材料的选择

一般而言,听力材料的选择取决于听力训练的目的。所以,选择听力材料首先要有针对性。其次,听力材料的难度要稍高于学生当前的听力水平,这样训练才有效果。最后,听力材料的形式可以多样化,主题要尽可能地丰富而有趣,因为正常生活中我们听到的内容就是包罗万象的,这样一方面使得听力训练更加真实,另一方面也使得学生有足够的兴趣完成训练任务。

(1)听力材料选择的针对性。

针对学生想要达到的听力训练目标,教师应该有针对性地选择听力材料。一般来说,初级阶段应侧重选择简单常见的对话材料;中级阶段应侧重选择主题多样、篇幅略长、贴近实际生活的对话材料;高级阶段则应侧重选择超越中级阶段的听力材料,如新闻报道、影视片段、人物访谈等语言片段。如果学生在接受初级、中级、高级这种分层次的、系统的听力训练之外,还想就某个方面的听力障碍进行重点训练的话,则应该选择偏重这方面训练的听力材料。

(2)听力材料选择的实效性。

理想的听力材料难度是与学生的听力水平相适应的,甚至可以稍微高于当前学生的听力水平。针对性和实效性相辅相成,听力材料的针对性是实效性的基本保证,听力材料的实效性是针对性的最终目标。那么,如何知道学生当前的听力水平呢?我们认为,一方面可以依据分班听力测验的成绩,另一方面可以参考新汉语水平考试(HSK)听力部分的成绩。听力成绩能在一定程度上反映该学生的听力水平。一个听力班级学生间的听力水平最好不要相差太大。

(3)听力材料选择的趣味性。

总的来说,听力训练是一项难度较高的技能训练,要求学生持久地保持高度的注意力。相比口语课,听力训练比较缺乏互动性;相比阅读课,听力训练一般不能阅读文本,而且听力信号转瞬即逝、不易捕捉,需要学生快速的判断能力;相比写作课,听力训练几乎没有给学生留下太多思考的余地。如果所听内容总是枯燥乏味,学生很难对听力课保有持久的兴趣。这就需要我们尽可能地选择能够引起学生兴趣的语音材料,让他们能够保持对这些语音信号较长时间的注意力。

听力材料的趣味性在中高级阶段的听力训练中尤为重要,因为此时学生们已经具备了一定的汉语基础,这就使得他们对听力材料的趣味性有了更多的期待。

3. 听力教案的编写

在任何语言的教学中,教案都是上好一节课的前提条件。所以,编写教学重点明确、训练方法得当、课时安排合理的听力教案是汉语听力教师的基本功。

我们认为对于新教师而言，听力课教案应该适当详细些，这样听力训练的导入、衔接、拓展才会比较顺畅，教师也可以灵活应对各种教学突发事件。一份完整的听力教案需要包含以下内容：课程名称、教学对象、教学目标、教学重点、教学教具、课时分配、选用教材和教学过程。听力教案的特殊性主要体现在教学过程中，特别是课堂指令的设计一定要简洁明确，各项听力训练任务的衔接要流畅。本章最后附有一份听力课教案范例。

（二）课堂教学

听力课的课堂教学一般由三个环节组成：听前预热、听时练习、听后检查。

1. 听前预热

听前预热可以有两大部分内容：一是有关听力材料背景知识的简要介绍，引导学生去联想，激活他们的"头脑风暴"；二是有选择性地讲解与听力材料有关的重点词语。我们主张上听力课的学生不必提前预习听力教材上的内容，因为这会影响学生即时理解和反应能力的发展。教师在听前预热阶段的用时不能过长，而且预热完毕后马上要展开听力训练。

2. 听时练习

这是培养学生听力理解能力的关键环节，教师通过具体的语音听辨练习、句子听辨练习、语段听辨练习和对话听辨练习等手段训练学生的听力技能。至于重音、停延、语气、语调等听辨训练也被包含在句子、语篇和对话练习中。

3. 听后检查

学生在边听边练的过程中会迅速地得出某个结论，听后检查就是对这种结论正确与否做出的反馈。这是对学生听辨训练效果的评估，学生据此可以知道自己的理解是对还是错，从而起到加强和巩固听力训练效果的作用。

这里只是简要介绍听力课教学的三个环节，至于各个环节中的具体内容，本节第二部分的"听力讲练方法"会有更为详细的介绍。

（三）教学反思

当一节听力课结束以后，教师要对本节课的教学内容进行教学反思。教学反思之目的有两点：一是为学生梳理本节课所听内容以及新学到的听力策略，以便巩固听力训练的成果；二是发现学生的听力障碍，及时寻找解决方案，并在后续的听力训练中加以解决。教学反思环节是确保听力教学质量、提升教师教学水平的重要手段。一般来说，教学反思可以包括以下三方面内容：

1. 听力材料的难易

从学生听力练习的反馈中，教师可以知道本节课的听力材料对他们而言是过于简单、是难易适中、还是过于艰涩难懂？长此以往，教师就可以形成自己一套评估听力材料难易度的指标体系。如果使用自编教材的话，教师就应该及时调整听力材料的出现顺序；如果使用公开出版教材的话，教师在上课时也应该及时补充相关材料使得听力材料的难易度与学生的听力水平相匹配。

2. 听力任务的多寡

在需要高度集中注意力的听力训练中，学生接受听力任务的数量一定要适当，任务过少使学生得不到充足的听力训练，过多则使学生疲于应对一些无效的听力训练。比如，当发现学生有沮丧或不耐烦情绪时，教师就要意识到并及时改变教学策略，及时调整课堂上听力任务的数量。

3. 听力训练的效果

效果的评估一般可分为两个方面：一是学生对听力练习的主观感受和客观成绩；二是教师对课堂教学的自我评估。学生的主观感受可以通过询问获得，客观成绩可以通过测验获得。教师对本节听力课自己满意与否，在哪些环节满意，在哪些环节不满意，这些感想和反思都应该详细记录下来。

教学反思具有承上启下的作用，反思的成果将成为下一节听力课的背景知识和教学基础，有利于教师开展接下去的听力训练。

## 二、听力课讲练方法

本节主要谈谈汉语听力讲练中一些行之有效的方式、方法。我们将从以下三个方面谈起：听前预热、听时练习和听后检查。

### （一）听前预热的方法

1. 与听力材料有关的背景知识讲练方法

背景知识的演示可以比较形象化，既可以使用图片、录像、动画等视觉材料，也可以使用语言描述、音乐、现场录音等听觉材料，甚至可以尝试把视觉材料和听觉材料有机地结合起来。假设教师要让学生听一段公开演讲的演讲稿，就可以先播放一段会场观众在演讲开始前交头接耳的嘈杂声、演讲过程中的鼓掌声或欢笑声，或是主持人的开场白，等等。对听力材料背景知识的介绍意在给学生一定的听前提示，帮助他们判定所听内容大致的走向，缩小注意范围，缓解紧张情绪。特别需要指出的是，教师所给出的背景知识必须是与所听材料高度相关，否则非但不能对学生的听力训练起到积极作用，反而有负面影响。

2. 与听力材料有关的重点词语讲练方法

对重点词语的讲练可以通过词语联想的方式。具体的做法是：先通过对某一个重点词语的释义，让学生联想到该词语可能会出现的语境；学生确定某一具体语境后，引导他们联想在该语境中还可能出现的其他词语；最后以该词语为中心形成一张相关词语网络图，这张图类似于该词语的思维导图。比如，如果所听的内容是关于在银行办理"存折"的对话，那么与重点词语"存折"相关就有一系列词语（见图9–2）：

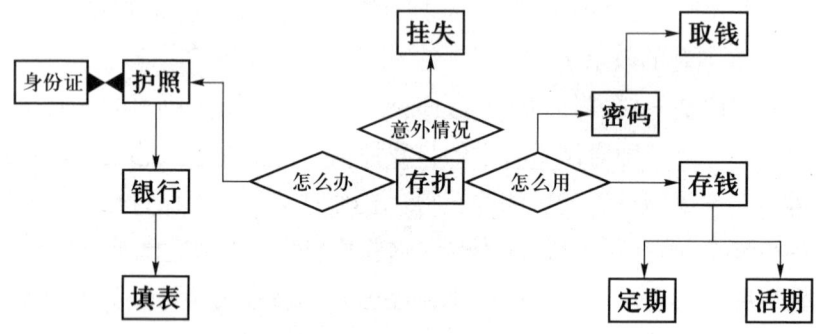

图9–2　与重点词语"存折"相关的一系列词语示意图

对重点词语的讲练有两方面好处：一方面，可以对学生接下来的听力训练做一点语音、语义方面的知识铺垫，让他们具备一定的可懂输入基础，不至于当碰到没听过的语音或语义未明的词语时感到焦虑；另一方面，这种发散性的词语联想方式能够帮助他们在听力训练中培养起猜词、辨义两种听力策略。

## （二）听时练习的方法

1. 语音听辨练习

语音听辨有声母、韵母、声调、音节、音节连读变调等练习。这部分内容和语音课中的训练内容有部分重合。主要有以下三种练习方式：

（1）完整听写。

教师读，学生写。比如，让学生写出听到的声母、韵母、声调。

（2）补全听写。

给出一个音节中的部分内容，听后让学生补全缺失的那部分内容。比如：

听录音，填声母：＿ǔ、＿ǎo、＿ěn

听录音，填韵母：b＿、g＿、l＿

听录音，标声调：① xihuan　② laoshi　③ kan kan shu

其中，在"听录音、标声调"中，轻声（mama）、儿化（xiaohair）、变调（bushi）都可以在这里得到考察训练。

（3）选择判断。

选出听到的语音信息，判断题干给出的内容与所听语音信息是否匹配。比如：

听录音，选出你听到的音节：① lín、nín　② bù、pù　③ zǐ、zhǐ

听录音，选出与所听声调相同的字：① qī（七）② mǐ（米）

听录音，与听到的音节一样的划"√"，不一样的划"×"：

① jīngxīn（　）② qǐgài（　）③ kǎoshì（　）

语音的听辨训练应该贯穿初级、中级、高级听力课的全过程，随着学生听力能力的提高，听力材料的难度也应该逐渐增加。

2. 句子听辨练习

在汉语听力教学中，一般把词语的听辨练习与句子的听辨练习结合在一起，通过这些练习锻炼学生的词语听辨能力、语法点听辨能力、惯用语听辨能力，以及注意细节和联想的能力。常见的练习方式如下：

（1）听后填空。

例如：

① ＿＿（老师），您好！

② 你好，你叫＿＿（什么）名字？

③ 你是____（哪）国人？

（2）听后判断正误。

例如：

① 男的家里有六口人。（  ）

② 女的有一个姐姐、一个妹妹和一个弟弟。（  ）

③ 男的家里只有一个人。（  ）

（3）写出听到的句子。

教师读，要求学生在规定时间内写出听到的句子。

（4）听后选择正确答案。

例如：

① 摩托车一定是小李骑走了，小王不会骑，小张自己有车。哎，不对啊，小李不是还在这儿嘛？

问：谁骑走了摩托车？

A. 小李　B. 小张　C. 小王　D. 不知道

② 一个人去看电影有什么意思？你打电话约小张吧，他一定有时间！

问：说话人是什么意思？

A. 在问一个人看电影是什么意思

B. 问小张有没有时间，他想和小张一起去看电影

C. 觉得一个人看电影没意思，所以他让听话的人去约小张

D. 有时间去看电影，所以他打电话约小张一起去看电影。

3. 对话听辨练习

对话听辨练习一般的训练方式是：听一段对话，然后从 A、B、C、D 中选择一个正确答案。对话有短有长，短对话如双人对话、三人谈话，长对话如新闻采访、访谈类节目。下面我们以三段短对话为例：

① 男：橘子多少钱一斤？

女：两块钱一斤。

问：说话人可能在哪儿？

A. 商场　B. 市场　C. 学校　D. 银行

② 男：最近怎么了？你好像瘦了！
女：真的吗？太好了！我就想听这句话！
问：女的听到男的话以后，心情怎么样？
A. 高兴　B. 伤心　C. 生气　D. 愤怒

③ 男：小王，你听说了吗？最近北京正在举办一个汽车展览，你有兴趣和我一起去吗？
女：说实话，我还真想去，可是我最近哪有时间啊！
问：女的是什么意思？
A. 有时间，也想去　　B. 有时间，也不想去
C. 对展览不感兴趣　　D. 想去看展览，可是她没有时间

除了以上"听对话选择正确答案"这种练习方式外，对话听辨练习还可以听对话判断正误、听对话填空，等等。一般来说，新汉语水平考试（HSK）及其他听力考试中对话理解的考察都采取"听对话选择正确答案"的方式。

4. 语篇听辨练习

语篇听辨练习指的是听一段篇幅比较长的语音材料，然后回答问题。例如：

### 洋食品的中国味①

你能想象得到吗？像蔬菜蛋花汤、海鲜粥等这些典型的中国食品，还有广东凉茶之类的中国特产，如今竟然在美式快餐中出现了。

很多地道的洋品牌，在进入中国市场后，为了照顾中国人的口味，加入了不少中国元素。

美式快餐以前给我们的印象都是以油炸的食品为主，如炸薯条、炸鸡、炸牛排等等，这些常见的快餐食品，虽然很受小孩子欢迎，但家长总是以油炸食品不利于健康为理由劝孩子们少吃。不过最近两年，我们却能明显感觉到，美式快餐中多了很多"植物"的味道，也多了很多中国传统的制作方法。

在地道的美式游乐园——迪斯尼，在带给人们美式的梦幻快乐的同时，

---

① 王尧美主编：《轻松汉语——中级汉语听力（上册）》，北京大学出版社2008年版，第114—115页。

也不忘带来融入中国元素的美食。比如在香港迪斯尼乐园，中秋佳节时，就特地推出了迪斯尼风格的月饼，让当地人倍感亲切。同时，特色快餐里则有受欢迎的香辣炸鸡腿、五香烧鸭，餐厅还提供多款地道的香港食品，像面食、粥品以及下午茶什么的，让沉浸在美式迪斯尼文化中的香港人可以吃上自己喜欢的食品。

（改编自《广州日报》2005年10月27日）

像以上这种篇幅较长的听力材料，可以设计很多类型的听力练习。

（1）判断下列句子是否正确。

例如：

① 蔬菜蛋花汤是典型的洋食品。（　　）

② 如今在中国的美式快餐中可以点广东凉茶。（　　）

③ 所有地道的洋品牌在进入中国市场后，还保持着自己的口味。（　　）

（2）根据所听内容选择正确答案。

例如：

① 下面哪种不是典型的中国食品？

A. 月饼　B. 海鲜粥　C. 炸薯条　D. 蔬菜蛋花汤

② 洋品牌食品在进入中国市场后为什么加入中国元素？

A. 不利于健康　　B. 受小孩子欢迎

C. 适应中国人口味　D. 带来美式欢乐

③ 文中没有提到哪种美式快餐？

A. 炸鸡　B. 汉堡包　C. 炸薯条　D. 炸牛排

（3）根据所听内容回答问题。

例如：

① 在你们国家的饭店里，有加入中国元素的食品吗？

② 你喜欢快餐吗？为什么？

（4）听后复述。

教师可以要求学生在听第一遍后说出所听材料的大致内容，听第二遍要求学生复述出更多细节，听第三遍时要求学生做出比较细致的概括。

以上语音听辨练习、句子听辨练习、对话听辨练习以及语篇听辨练习的方式、方法都是为了适应各自听力材料的特点而设计的,其目的都是为了更好地提升学生的汉语听力水平。我们认为,任何听力教学方法,只要行之有效,都是可以拿来使用的。

(三)听后检查的方法

听后检查是对学生听力训练成果的有效反馈手段。听后检查主要有两种方式:对答案与书面复述。

1. 核对答案

一般市面上的汉语听力教材都配有听力文本和参考答案,学生可以自行比对答案。如果教材中没有参考答案,教师应该在听力训练结束以后马上给出参考答案。客观题的答案必须保证唯一性,主观题应该鼓励学生说出自己的看法。

教师可以在每听完一道题以后,立刻给出答案,这是一种即时反馈的方式;教师也可以在听完部分或全部题目以后,再给出答案,这是一种延时反馈的方式。一般情况下,如果题目之间无系统关联,可以采用即时反馈的方式;如果题目之间有一定关联性,则应该采用延时反馈的方式。

2. 书面复述

书面复述适合作为语篇听辨练习的课后检查方法。教师可以采取布置书面作业的方式,让学生将其所听的内容复述出来:可以是复述所听语篇中的一段,也可以是复述全文。教师通过阅读学生的书面复述,就能够知道他们是否真正听懂了所听语篇的内容。

## 第四节　听力课教学的重点和难点

听力训练要贯穿外国学生汉语学习的全过程,任何一个阶段都不可忽视听力训练的必要性。然而在汉语听力教学的不同阶段,教学的重点和难点也有所不同。教师在初级阶段应该特别重视语音训练,在中级阶段应该语音和意义训练并重,在高级阶段应该更重视意义训练。[1]

---

[1] 在本节中出现的汉语听力教学用例,如无特殊说明,均引自王尧美主编《轻松汉语》(北京大学出版社2008年版)系列听力教材。

## 一、初级听力课教学阶段

初级听力教学阶段是学生听力训练的基础阶段，该阶段为中级听力教学阶段做好必要的准备。

### （一）初级听力教学重点

初级听力教学的重点应是语音训练、单句训练、简单对话训练中的听辨、选择、判断、记录，等等。

**1. 语音训练**

在初级听力教学中，教师应重点训练学生对现代汉语普通话22个声母（包括零声母）、39个韵母（包括10个单韵母、13个复韵母、16个鼻韵母）、4个声调（阴平、阳平、上声、去声）以及轻声、儿化、变调、重音等语音现象的感知、辨认、记忆、记录等能力。

对现代汉语普通话的语音训练主要采取听写的形式：即学生先听录音，然后把听到的声母、韵母、声调、音节等内容记录下来。

例如，通过听写的方式让学生补全音节（括号中为听力文本）。以儿化韵、"一"和"不"的变调听写为例：

（1）儿化韵听写。

  h____（花儿 huār）    bīngg____（冰棍儿 bīnggùnr）
  méi sh____（没事儿 méi shìr）  xiěz____（写字儿 xiězìr）

（2）"一"的变调听写。

  wàny____（万一 wànyī）   shíy____（十一 shíyī）
  y____ yàng（一样 yíyàng）  y____ zhí（一直 yìzhí）

（3）"不"的变调听写。

  b____shí（不时 bùshí）   b____guǎn（不管 bùguǎn）
  b____tōng（不通 bùtōng）  b____qù（不去 bú qù）
  b____guò（不过 búguò）   b____kàn（不看 bú kàn）

通过语音的听写练习，教师可以全面而系统地检查学生对汉语拼音方案的掌握程度，从而有效训练学生的语音听辨能力。

**2. 单句训练**

在初级听力教学中，教师应重点训练学生对现代汉语普通话口语中单句意义的理解。比如"我8点就来了,等你们一个小时了",学生们应该理解出"现在已经9点了"的含义。再比如"两块钱一斤还贵啊?",学生们应该理解出"说话人认为该价格不贵"的含义。

单句是构成对话或语篇的基础,只有扎实地训练好学生的单句理解能力,才能为对话或语篇的听辨训练打下坚实的基础。

3. 简单对话训练

在初级听力教学中,教师还应重点训练学生对日常简单对话的理解。比如以下对话:

① 男:你最近在忙什么呢?
　女:没忙什么,我在学汉语呢!
② 男:这是刘老师的家吗?
　女:对不起,您找错了。
③ 男:中国的橘子很便宜,才三块钱一斤。
　女:三块钱一斤还便宜啊?

在对话①中,学生可以知道"女的最近正在学汉语";在对话②中,学生可以知道"女的认为男的找错地方了";在对话③中,学生可以知道"女的觉得中国的橘子价格不便宜"。

然而,有些涉及特定口语格式或文化现象的日常对话,学生在听辨过程中极容易产生错误的理解。再如以下对话:

① 朴大佑:知恩,你的汉语不错。
　李知恩:哪里,哪里!
② 罗伯特:我觉得写完信以后再去邮局寄,太麻烦了。
　海　伦:麻烦是麻烦,可是收到信的人多开心啊。
③ 刘老师:听说女主角是美国很有名的演员。
　同　事:但是她在这部电影里演得可不怎么样。

对话①中李知恩的"哪里,哪里!"并不是在询问地点,而是谦虚地表达出自己汉语并不好的意思,常常作为对他人赞扬的回应,这是汉语中独特的语言文化现象。对话②中海伦的"麻烦是麻烦"是汉语口语"X 是 X"格式,一般该格式后面的句子会有转折的含义。对话③中同事的"可不怎么样"表达出了说话人的一种怀疑或否定的态度。要理解对话①、②和③

的内容，学生不能拘泥于每句话的字面意义，而是要激活他们关于特定汉语口语格式与特定语言文化现象的相关知识，这些都需要通过听力训练让学生逐步积累知识和掌握策略的。

### （二）初级听力教学难点

在初级听力教学的语音训练中，汉语的声调听辨与相近语音的听辨是这个阶段教学活动的难点。

1. 汉语的声调听辨

汉语是有声调的语言（4个声调），东南亚有些语言也有声调（比如越南语有6个声调，泰语有5个声调），日语、韩语以及印欧语系大多数语言是没有声调的，因此越南和泰国学生在汉语声调的听辨方面较好，可能也是受到了他们母语的影响。对母语为非声调语言的学生而言，教学时要特别留意他们在声调听辨方面的障碍，并记录下来。

2. 相近语音的听辨

即使是汉语母语者也会对汉语中的相近语音存在一定的听辨障碍，对外国学生而言，这种听辨障碍也许更大。相近语音听辨一般的训练方式是：听录音，选出听到的音节。

比如，前后鼻音听辨：

yīngyǔ（英语）——yīnyǔ（阴雨）

chéngjì（成绩）——chénjì（沉寂）

再比如，其他容易混淆的声、韵、调听辨：

qīngcǎo（青草）——qīngzǎo（清早）

qiántou（前头）——quántou（拳头）

yōuyù（忧郁）——yóuyù（犹豫）

初级汉语听力教学阶段语音训练的难点可以通过对比练习的方式呈现出来，让学生从对比中发现汉语相近语音的特点，多听多练，逐渐习得这些语音之间细微的差异。

## 二、中级听力课教学阶段

中级听力教学阶段是学生听力训练的提升阶段，该阶段为高级听力教学阶段做好必要的准备。

## (一)中级听力教学重点

中级听力教学应该重点训练学生的听力策略,如猜词、跳跃障碍词、抓关键词,等等。

1. 猜词

任何汉语学习者在听力课堂上都会遇到一些听不懂的词语,他们会因此感到焦虑,只是有的学生程度重一些,有的学生程度轻一些罢了。当听到一些陌生的词语时,有的学生可以通过上下文语境大致猜出它们的意思,这对教师的听力教学是富有启发意义的。教师应该通过重点训练学生的"猜词"能力,帮助他们实现听力水平从初级阶段到中级阶段的跨越。这里的"词"应做广义理解,可以指词和短语。

教师训练学生"猜词"能力有一个前提,即所要猜测的词语必须是生词,而且学生不能预习,教师也不能讲解。下面我们举例说明:

• 猜"发炎":

  海伦的胳膊上肿了一个大包,又红又疼,一定是发炎了。

当听到这个句子的时候,学生虽然没学过"发炎"这个词,但从前面的描绘来说,学生大体上可以猜出发炎是一种不太好的身体状态,会产生又红又疼的大包,会让人身体不舒服,等等。

• 猜"跳槽"

  刘丽:李林,好久不见了,你还在那家公司工作吗?

  李林:你还不知道?我早就跳槽了!

这是发生在两朋友间的对话,学生可以从李林带有反问语气的回答中认识到他已经不在原来那家公司工作了,那么学生可以合理地猜测出这段对话中"跳槽"是指"离开原来的工作,另谋职业"的意思。

• 猜"花心"

  女:我可不想找个帅哥做男朋友,一般帅哥比较花心。

  男:那可不好说!帅哥也不一定花心!比如我就不花心。

这段对话中"花心"出现了3次,虽然对话中并没有对这个词语直接的描写或提示,但学生可以根据他们的日常经验和百科知识合理地推测出这里的"花心"是略带贬义的词,意思是"感情不专一"。

- 猜"保险""护照""机票""托运"等

    李知恩：请问在哪儿可以买保险？

    工作人员：请到前面那个柜台买。

    李知恩：请问，这儿办去仁川的登机手续吗？

    工作人员：对，请出示一下你的护照和机票。

    李知恩：我要托运这个行李。

    工作人员：这个行李超重了，您需要付120元的超重费。

    李知恩：给您钱。

这是一段长对话，生词之间有一定的关联性，教师可以指导学生进行系统的猜词训练。该对话发生在飞机场，应该说是来华留学生比较熟悉的场景，学生对该场景中涉及的事物或行为也有一定的认知，应该可以根据自己乘坐飞机的经验合理地猜测出"保险""护照""机票""托运"等生词的含义。

总而言之，"猜词"练习如果要获取比较好的教学效果，所要猜测的目标词语必须满足以下三个条件：一是目标词语出现的语境比较明确，并且学生对该语境比较熟悉；二是目标词语的语义比较单纯，常常是该词语的字面意义；三是目标词语与其同音词语之间意义差别较大。"猜词"训练是帮助学生聆听陌生听力材料的有效手段。

2. 跳跃障碍词

在听力过程中如果学生对所听材料的语境或主题不熟悉，具体词语的语义比较复杂，或者同音词语的语音干扰比较大，那么猜词就会变得不太容易，而且比较费时间。这时教师应该指导学生继续往下听，不去理会某些障碍词，可能听到后面就自然而然地理解了前面的障碍词。许多学生每当碰到不清楚的地方就停下来思考，以至于影响了后面内容的听辨，这是一种很不明智的行为。教师应该培养学生跳跃生词障碍的能力。

比如下面一段短文：

飞 机 晚 点

坐飞机旅行，如果碰上天气不好，有时候飞机就会延误。有一次我坐飞机回韩国，我所在的城市阳光明媚，天气好得不得了，可是眼看着飞机起飞的时间到了，飞机仍然没来，原来飞机还在另一个城市，因为那个城市天气不好，结果那次飞机晚点三个小时。

还有一次，我的一个朋友冬天坐飞机，碰上下大雪，结果飞机整整延误了24个小时，他只好和其他的乘客一起被安排在一个宾馆住了一夜，到第二天才坐上飞机。

如果学生之前没有学过"延误"一词，在听这段短文的时候也许并不理解文中第一段"有时候飞机会延误"的意思，但是第一段最后"结果那次飞机晚点三个小时"中的"晚点"给学生一定的提示，让他们觉得"延误"和"晚点"可能是同义词。学生接着继续往下听，第二段"结果飞机整整延误了24个小时"，并且该延误事件对当事人造成影响的具体描述是"他只好和其他的乘客一起被安排在一个宾馆住了一夜，到第二天才坐上飞机"，那么此时学生也应该能理解"延误"的意思了。教师应该告诉学生，当他们遇到一些障碍词时不要紧张、不必畏惧，继续听下去，这样还有听懂的可能性。

有时，有些障碍词对所听材料整体语义的理解或者对做听力题目几乎不会有什么影响，学生根本不需要理解它们究竟是什么意思。例如下面对话：

男：不知道什么原因，我的电脑上网的速度特别慢！

女：你的这台286的电脑已经落伍了，上网速度能快吗？

在这段对话中"286"指的是电脑CPU的型号，学生即便不知道"286"是什么意思，也能听懂这段对话的主要观点。

3. 抓关键词

教师要培养学生学会抓关键词的能力，特别是有的听力材料篇幅很长，学生如果抓不住关键词，根本无法完成听力任务。抓关键词是指听者在听力活动中将注意力聚焦于具体听力任务所指向的关键词，通过关键词的理解完成听力任务。

例如，听下面一段对话：

女：你们公司还在假日酒店吗？前一段时间就听说你们要搬家。

男：想搬啊，可总是找不到合适的地方，贵和酒店租金太贵，皇冠饭店的位置又不好，南山宾馆的办公条件差，只好在原地凑合了。

如果这段对话的听力任务是"男的公司现在什么地方？"，学生从男的话语入手,在"贵和酒店、皇冠饭店、南山宾馆、原地"中聚焦于"原地",再进一步把"原地"指向前面女的话语中的"假日酒店",最后学生可以知道男的公司现在就在"假日酒店"。

再例如,听下面一段导游的演说词:

明天是七月五号,早上七点在一楼餐厅吃早餐,然后我们乘坐旅游大巴去九寨沟。九寨沟离这儿比较远,坐车需要一天的时间,所以我们的午餐和晚餐都在沿途饭店解决,晚上八九点左右到达九寨沟,当晚我们住在九寨沟大酒店。七月六号,我们游览九寨沟的各大景点。七月七号早上七点我们在九寨沟大酒店用早餐,然后去黄龙风景区。黄龙风景区距离九寨沟不远,大约100公里。当天我们从那儿返回成都假日饭店吃晚餐,然后休息。七月八号上午我们去都江堰,那儿距离成都只有55公里左右,大家都知道那是中国古代著名的水利工程,风景也非常优美。当天下午我们从都江堰去中国著名的道教名山——青城山游览,之后返回成都假日酒店。七月九号上午,我们去游览著名的佛教名山——峨眉山,下午从那儿去看乐山大佛,然后返回假日饭店。七月十号七点用完早餐以后,大家回房间收拾行李,八点半在饭店集合,我们坐大巴去成都火车站乘坐开往北京的T8特快列车。

希望我们这次旅游能使您开心快乐,如果在旅途过程中,您有什么意见或要求,欢迎随时提出。谢谢!

如果这段对话的听力任务是"写出7月5日至10号的活动安排",学生在听录音的时候就应该抓住7月5日、7月6日、7月7日、7月8日、7月9日、7月10日等关键词,重点关注与这些关键词相关的内容,然后将其记录下来。

因此,抓关键词的要点在于从听力任务中提炼关键词。教师在平时的听力训练中要有意识地引导学生从题干中准确地提炼出关键词,这是一种非常实用的听力策略。

## (二)中级听力教学难点

中级听力教学的难点主要在于帮助学生进行有效推论与克服词语字面意义的干扰。

1. 帮助学生进行有效推论

教师在中级听力训练中要指导学生进行有效推论,从听到的语音信息中得到正确的推论,而不是错误的推论。影响学生有效推论的形成既有外在的因素,也有内在的因素。外在的因素主要是听力教材中听力练习题设计的优劣,好的听力练习题所创设的语境对会话意义的理解应该有比较明确的限制和提示,这是听力教材编写者的责任。内在的因素主要是学生是否正确地使用了联想的听力策略,教师应该引导学生不要过度联想,一切合理有效的推论都要基于听力材料。

听力材料中有些语境可以让听话人合理地推测出会话的意义,有些语境则不一定。例如以下对话:

男:小刘现在还没有新的女朋友吗?
女:也许小静对他的影响太大了吧,除非是碰到和小静的性格、长相很相近的人才行。

从上面的对话中,我们可以合理地推测出"小静"是小刘的前女友。

又例如下面的对话:

女:听说你和女朋友吹了,是真的吗?
男:她的长相属于那种古典的美女类型,给人一种特别安静的感觉。但后来才发现,我被她的外表蒙蔽了。

从上面的对话中,我们可以合理地推测出男的对自己的女朋友不是很满意,但我们并不能因此就认定他和女朋友分手了,他们是否分手还需补充其他信息。

教师在平时的听力训练中要经常提醒学生:严格基于听力材料的推论才是有效的推论。

2. 克服字面意义的干扰

学生在中级听力训练中,特别要注意对话中那些具体语义不是字面意义的词语或句子的理解。例如下面从对话①到对话③:

① 男:快回国了,真舍不得离开中国!
女:当然了,你在中国留学两年了,对中国一定很有感情吧?
男:谁说不是呢!

在对话①中,男的说"谁说不是呢!"并不是真的询问谁说了"不是",

而是表达出"我非常同意"的意思。

　　② 男：王丽，听说你要出国，出国的手续都办好了？
　　　　女：你听谁说的？这事儿还远着呢！

在对话②中，女的说"这事还远着呢！"并不是具体指在空间上的远近，而是指"还有很长一段时间"的意思。

　　③ 男：不是我不鼓励你，计算机这行根本就不适合女孩子。
　　　　女：我明天就要考试了，你能不给我泼冷水吗？

在对话③中，女的说"泼冷水"并不是往某人身上泼水，而实际上指的是对某人的行为表现出了一种消极的态度。

　　在中级听力教学中，学生会遇到许多这样"具体语义非字面意义"的例子，而且大多是反问句，表达出特殊的含义。教师可以有重点地讲解这类会话，并且采取让学生多听几遍的方法，让学生逐渐熟悉汉语中这类会话的特点。

### 三、高级听力课教学阶段

　　高级听力教学阶段是学生听力训练的全面发展阶段，这个阶段需要为学生从听力课堂走向真实目的语听力环境做好最后的准备。

#### （一）高级听力教学重点

　　高级阶段应注重培养语感，特别是训练听懂新闻报道、天气预报、学术讲座、影视剧作以及具有浓厚口语语体色彩的访谈节目等语言材料的能力。

　　1. 听新闻报道

　　新闻报道指通过报纸、电台、电视台、互联网等途径所传播的信息。我们可以选取电台、电视台播送的有声新闻作为高级阶段听力教学材料。例如下面是2017年6月30日中央人民广播电台的新闻片段：

- 中共中央总书记、国家主席、中央军委主席习近平昨天中午乘专机抵达香港，出席将于7月1号举行的庆祝香港回归祖国二十周年大会暨香港特别行政区第五届政府就职典礼并视察香港。
- 李克强同出席夏季达沃斯论坛各界人士对话交流。李克强表示，中国的改革和开放，从来都是并行的。中国在推进改革的过程中，需要外资、外商、外国智力的参与。

- 德国联邦议院 30 日以投票表决的方式通过了在该国同性婚姻合法化的法案。今后，德国的同性伴侣将可以登记结婚，并拥有领养子女的权利。在经历了激烈的辩论后，德国联邦议院当天以 393 票支持、226 票反对、4 票弃权通过了这一被称作"让所有人都能结婚"的法案。

像这样较长篇幅的新闻听力材料，需要学生适应较快的播音语速、较多的生词量和信息量、较复杂的新闻背景知识以及较为正式的书面语体词汇及句式，等等。

2. 听天气预报

天气预报指根据当前及近期的天气形势，对某一地区未来一定时期内的天气状况进行预测。例如下面是中国气象台某日发布的天气预报：

近期，冷空气接连发力，中东部地区气温上上下下，起伏不定。预计到本周末，又一股冷空气将影响我国中东部地区，自西向东出现大风降温天气。不过 21 日后，影响我国的冷空气势力减弱，我国北方大部地区气温将逐渐转为偏高。此外，西南地区的雨雪天气已接近尾声，未来三天，我国大部地区天气晴或多云。

受冷空气影响，今天白天全国大部分地区 PM2.5 浓度较低，其中华北南部、黄淮西部、江淮、江南东北部、四川盆地、东北地区中北部等地的部分地区出现轻度污染，局地中度污染。

像这样信息量集中的天气预报听力材料，专业词汇量大（如 PM2.5）、地理位置多而杂（如华北、黄淮、江淮、江南、四川盆地等）、时间信息加工难度大（如近期、本周末、21 日前后、未来三天等），学生必须高度集中注意力，学会捕捉自己所要获取的关键信息。

3. 听访谈节目

访谈一般指双人或多人在言语上的交流互动，访谈人的语音面貌并不总是标准的，多少带有方言语音以及个人特色，口语语体色彩浓厚，这种接近实际谈话状态的访谈是一种非常有价值的高级听力材料。例如凤凰卫视 2014 年 7 月 22 日的《锵锵三人行》文字实录（片段）：

窦文涛：那天我爸跟我说，他说今年是特别不好的一年，他当然是从我们家，他说我们家就是这样，太倒霉了，太多不好的事情，他跟我一说我就想,这个今年好像对很多人乃至于对世界都好像觉得有点瘆得慌的一年,我们父子俩刚说完这个话茬,飞机掉下来了。

窦文涛:荷兰媒体报道坠机事件充满正能量。

许子东:马年,马未都谈马航。

窦文涛:对,你小心点,真的,你就说这个我是说这个概率,它可能打下来,但是现在不是说打下来,现在联合国又改坠落,假如是打下来,它可能打下来任何一个航空公司的,你说那个马航飞机还没找着呢,再次打下同一个航空公司的航班,这是什么概率?我认为你六合彩都没有这个概率。

马未都:我第一次听到这个消息的时候我第一反应还反应错了,我说那飞机找着了。

许子东:对,我跟你一样,我一看到那个新闻,想终于有消息了。

马未都:对,我第一反应是这个,后来一看不是,打下来的,然后一下就想起一句话,中国人过去老讲的一句话叫祸不单行,对马航真是祸不单行。

窦文涛:福无双至,祸不单行。

许子东:还有事不过三。

窦文涛:你还想再来一出是吧?

像这种多人的访谈材料,不仅可以训练学生听懂一些非常口语化的表达(比如"瘆得慌""你小心点""太倒霉了""再来一出"等惯用语汇),而且可以使学生了解一些口语语体的表达特点,如重复、省略、语序颠倒等,进而让学生熟悉中国人的谈话技巧。

4. 听影视剧作

特别值得一提的是,随着当代中国电影、电视剧产业的发展,越来越多的外国学生喜欢看中国的电影和电视剧。比如有一部少儿题材的情景喜剧《家有儿女》,已经成为许多国家的汉语爱好者学习北京口语的好材料。教师在高级听力教学阶段也可以通过聆听某一部电影或电视剧的方式来设计听力练习,把影视剧中的人物对话转化成我们高级听力教学的材料。

高级听力教学的主要目的是为了全方面、多维度训练学生的语感,帮助他们适应真实环境下的言语交际情况,为学生从听力课堂走向真实目的语听力环境做好最后的准备。

### (二) 高级听力教学难点

高级听力教学主要有语速快、篇幅长、专业词汇量大等难点。

首先是语速快。新闻和天气预报由于有严格的时间限制，播音员的语速一般都超出了我们的正常语速。访谈类听力材料一般为正常语速，但也不排除有个别谈话人的语速也是比较快的，而且伴有一定的方言语音，不容易听懂。

其次是篇幅长。高级阶段的听力材料一般篇幅都比较长，时间也比较久，由于学生很难长时间高度集中注意力，这就有可能漏听很多重要信息。

最后是专业词汇量大。例如天气预报和学术讲座的专业词汇量就比较大，这无形之中就形成了学生的词汇理解障碍。

针对这些难点，教师要循序渐进地安排高级听力教学材料，随着学生听力水平的提高，听力材料的语速可以逐渐加快、篇幅可以逐渐加长、专业词汇量可以逐渐加大。特别需要指出的是，访谈节目一般都还是配有视频的，如果可以让学生看到视频中谈话人的唇形以及表情，这对他们的听力理解是有好处的。现在有些高校已经开设了"汉语视听说课"，该课程利用多媒体设备（视频+音频），全方位训练学生的听力和口语能力，取得了很好的教学效果。

# 本 章 小 结

汉语听力课教学的理论与实践是非常值得深入研究的领域。应该认识到：(1)听力理解的本质是利用听觉器官，积极主动地通过"自下而上""自上而下"和"平行交互"三种模式处理语音信号的信息处理过程；(2)汉语听力教学应该遵循可懂输入、运用学生的知识背景、可视化教学等六个基本原则；(3)听力教学环节包括课前准备、课堂教学和教学反思三部分；(4)课堂中学生的汉语听力焦虑会对其听力理解产生重要的影响，教师应该给学生创设一个适度紧张的听力环境；(5)初级、中级、高级听力阶段的教学重点和难点有所不同，听力技能的训练应该贯穿学生汉语学习的始终；（6）听力课堂环境、听力教材、教学方法、反馈手段、焦虑感等因素都会影响听力教学效果。

汉语听力课应该在学生的汉语学习中发挥其应有的作用，每一位听力课教师都应该好好研究汉语听力教学的特殊性以及如何真正上好一堂听力课。当然，除了课堂上的听力训练以外，教师还应鼓励学生在课外多听、多练、多看，不断提高自己的听力理解水平。另外，纯粹的听力训练也可以与其他技能训练结合起来，比如现在的汉语视听说课程就是这方面比较成功的尝试。

附：听力课教案示例
　　　　第十四课：你们饭店有什么特色菜？

【课程名称】初级听力课

【教学对象】来华预科留学生，初级班

【教学目标】让学生听懂饭店里服务员和顾客之间、顾客与顾客之间的相关对话

【教学重点】训练学生边听边填空，边听边写出句子的能力

【教学教具】听力教室中的各种教学设备、配套教材光盘中的音频文件、图片

【课时分配】2课时

【选用教材】王尧美主编：《轻松汉语——初级汉语听力（上册），北京大学出版社2006年版，第45—48页。

【课文内容】

一、你们饭店有什么特色菜

男服务员：小姐，这是菜单，请点菜。

王　玲：请问，你们饭店有什么特色菜？

男服务员：我们饭店的鱼香肉丝味道不错。

王　玲：我正在减肥，不想吃肉。

男服务员：那西红柿炒鸡蛋怎么样？

王　玲：好吧，来个西红柿炒鸡蛋吧，再来一碗米饭。

## 二、你尝尝这个菜怎么样

王玲：你尝尝这个菜怎么样？

同学：很好吃，不过有点儿咸。

王玲：我尝尝。我觉得还可以，你们南方人不习惯吃太咸的菜。

同学：我哪儿是南方人？我父母都是山东人。

王玲：你在上海上的大学，现在又在那儿工作，也可以说是半个南方人吧。

同学：嗯，有道理。

【教学步骤】

### 第一课时（45分钟）

#### 一、组织课堂（3分钟）

与学生打招呼，简单复习上一节课内容。播放一段在饭店点菜的视频。

#### 二、学习生词（10分钟）

例如：

点：动词。在饭店你可以点菜、点饭、点水果，点饮料，等等。

特色：名词。

问①：你们知道四川菜有什么特色？答：辣！

问②：你们知道杭州菜有什么特色？答：甜，……

问③：你们国家的菜有什么特色？答：……

#### 二、完成第一段课文的听力理解练习（27分钟）

（一）教师出示一张顾客正在点菜，服务员正在做记录的图片。（2分钟）

  教师提示学生：他们在做什么？

按：学生们的回答会有很多，这可以训练学生们的联想能力——即"头脑风暴"。

（二）连续听两遍录音，边听边填空（6分钟）

例如：小姐，这是菜单，请____菜。

  我正在减肥，不想吃____。

按：可以允许学生用拼音记录汉字，听完后，教师随即给出正确答案。

（三）听第三遍录音，判断正误（5分钟）

例如：这家饭店最好吃的菜是西红柿炒鸡蛋。（　）

　　　女的要了菜，还要了米饭。（　）

按：先整体对一遍答案，然后允许学生就自己的疑惑个别提问。

（四）听第四遍录音，回答问题（5分钟）

例如：这段对话发生在哪儿？

　　　这家饭店的特色菜是什么？

按：教师在给出标准答案后，鼓励学生就标准答案展开讨论。

（五）写下你听到的句子（6分钟）

　　_____。　　_____。

按：要训练学生边听边记的听力技能，一开始允许学生只记关键词，甚至可以用拼音记录汉字，在教师给出标准答案以后，学生必须把自己的句子修订成标准答案。

（六）教师确认学生的答案正确与否（3分钟）

　　　教师给出第一段课文听力理解练习的标准答案。

按：听完后，教师随即给出正确答案。

## 四、课堂小结（5分钟）

　　1. 教师针对学生出现的错误展开分析。

　　2. 归纳本节课教学重点。

## 第二课时（45分钟）

### 一、复习第一段课文的内容（10分钟）

再听一遍录音，引导学生写下对话中的所有句子，并且模拟对话练习。

### 二、完成第二段课文的听力理解练习（27分钟）

（一）教师出示两个顾客正在饭店品评菜肴的图片。（2分钟）

教师提示学生：他们在做什么？

按：通过相关图片的前期引导，可以有效地帮助学生的听力联想。

（二）连续听两遍录音，边听边填空（6分钟）

例如：很好吃，不过有点儿____。

　　　我尝尝。我觉得还可以，你们南方人不喜欢吃太____的菜。

按：听第一遍的时候，学生用正确的方法速记；听第二遍的时候，学生必须确定自己的答案，并且不再修改，以免耽误后面的听力练习。

（三）听第三遍录音，判断正误（5分钟）

例如：男的不是北方人。（　）

　　　在中国，北方人比南方人吃的菜甜。（　）

按：先整体对一遍答案，然后允许学生就自己的疑惑个别提问。

（四）听第四遍录音，回答问题（5分钟）

例如：男的觉得这个菜怎么样？

　　　男的现在在哪里生活？

按：教师在给出标准答案后，鼓励学生就标准答案展开讨论。

（五）写下你听到的句子（6分钟）

　　　_____。　_____。

按：要训练学生边听边记的听力技能，一开始允许学生只记关键词，甚至可以用拼音记录汉字，在教师给出标准答案以后，学生必须把自己的句子修订成标准答案。

（六）教师确认学生的答案正确与否（3分钟）

　　　教师给出第二段课文听力理解练习的标准答案。

按：听完后，教师随即给出正确答案。

三、课堂小结（5分钟）

　　1. 教师针对学生出现的错误展开分析。

　　2. 归纳本节课重点：

　　　（1）内容：听懂饭店里服务员和顾客之间，顾客与顾客之间的相关对话。

　　　（2）技能：边听边记；快速反应；联想猜测。

四、布置作业（3分钟）

　　1. 听本课录音，反思自己没听懂的原因。

　　2. 完成与本课内容相关的HSK模拟测试题。

## 思考题

1. 听力理解的本质是什么?
2. 汉语听力教学有哪些基本原则?
3. 初级、中级、高级阶段汉语听力课的教学重点和难点分别是什么?
4. 你觉得影响学生汉语听力理解的最大障碍是什么?是生词多、是语速快、是内容不熟悉、是汉语方音,还是其他原因?
5. 你认为提高听力效率需要训练学生哪些方面的技能?如何训练?
6. 学习新课时,当学生听完三遍"怪不得他打乒乓球打得这么好"后,老师让他们复述这句话,很多学生会把这句话复述成"他乒乓球打得很好"或"他打乒乓球很好",但是几乎没有同学能够做到原句复述,请问这是什么原因造成的?

 第九章推荐阅读

# 第十章　口语课教学

## 第一节　口语课教学的基本认识

### 一、口语教学的性质

对外汉语口语课属于专项语言技能课，旨在培养和提高学生的汉语口语表达能力。"口语"是与"书面语"相对的概念，关于二者的区分，有两种观点：

第一种观点认为，"口语"就是"说"出来的话，是用声音呈现出来的语言，即"口头语言"；"书面语"是"写"出来或"印"出来的话，是用文字呈现出来的语言，即"书面语言"。

第二种观点则认为，"口语"和"书面语"是两种语体，口语语体更为亲切、活泼、生动，多用于日常交际；书面语语体更为严谨、庄重、典雅，多用于正式场合。例如，口语中说一个人"抠门儿"，书面语中说"吝啬"；口语中用"琢磨琢磨"，书面语中用"斟酌斟酌"。有些词语属于"中性语体"，口语和书面语中都常用，如"小气""考虑"等。

在语言交际中，"说"出来的不一定是口语语体，如酒席上的祝酒词、学术讲演会大量使用书面语语体的语汇；"写"出来的也不一定是书面语语体，如一些通俗文学作品中的很多对话及叙述大多使用口语语体的语汇。

关于"口语"的这两种观点，也影响到对外汉语口语教学：有的口语课侧重"口头语言"的练习，有的口语课侧重"口语语体"的学习，但大部分口语课则是"二者兼顾"：在训练学生"口头表达"能力的同时，让学生掌握一些口语语体的词汇和表达方式。

关于口语课的性质，要明确两点：第一，口语课是语言技能课，不是语言知识课；第二，口语课要提高的是学生的"口头"交际能力，而不是"书面"交际能力。口语课上也要讲解词汇、语法,但讲解是为了让学生理解、会用。口语课的核心内容,是集中的、大量的"口头练习",如果大部分课堂时间学生都是在安静地"听讲""阅读"或"书写",那么这就不是"口语"课了。

口语课是训练学生如何"开口说话",让学生敢说话、想说话、能说话,而且说得对、说得好,口语课所用的教学方法和策略,都是围绕这一点展开的。在承担口语课教学时,教师应避免以下误区:

(1)口语课的"精读课"化。词语和句型的讲解操练成为重点,教师讲得太多,造句、完成句子等成为练习的主要形式,口语课的"交际性"被弱化。

(2)口语课的"阅读课"化。对课文内容过度依赖,教学内容局限于对课文的复述和记忆,忽视学生的实际运用及表达能力,使得口语课演化为变相的阅读课。

(3)开口率与学习效率成反比。口语训练不系统,缺乏条理,一味追求让学生"开口说话",缺乏明确的教学目的和指导,使得学生的学习效率低下。

## 二、口语教学的主要任务

口语课的教学目标是培养学生的口语表达能力,提高学生的口语交际能力。根据交际能力理论,语言交际能力包括四个方面:

(1)语法能力,指对语言和规则本身的掌握,是准确理解和表达话语字面意义所必需的基本能力。

(2)社会语言能力,指能够根据各种语境因素适当、得体地运用和理解语言的能力。

(3)语篇能力,也称话语能力,指把语法形式和意义组合起来,构成不同体裁的口语或书面语语篇的能力。

(4)策略能力,指运用各种交际策略解决交际困难,排除交际障碍或增强交际有效性的技能。①

---

① 赵金铭:《对外汉语教学概论》,商务印书馆2004年版,第142—143页。

具体到对外汉语教学，范开泰提出，汉语交际能力包括三个方面的内容：

（1）汉语语言系统能力，即使用汉语时具有合语法性和可接受性。

（2）汉语得体表达能力，即使用汉语时具有得体性，能根据说话人和听话人的具体条件和说话时的具体语境选择最恰当的表达方式，以取得最理想的表达效果。

（3）汉语文化适应能力，即使用汉语进行交际时能适应中国人的社会文化心理习惯。①

据此，可以认为，汉语口语课的教学任务，是教学生怎样准确、合理地运用汉语的语音、词汇、语法等表达自己的思想，教学生在什么场合、对什么对象应该说什么、怎么说，既要表达得正确，还要表达得得体。②

### 三、口语教学的基本原则

#### （一）交际化原则

与其他课型相比，口语课更重视课堂教学活动的交际化，不仅仅是进行交际性操练，而且要达到课堂教学活动的交际化。教学过程就是师生交际的过程，练习过程既包括师生交际，也包括学生与学生之间的交际。每一堂口语课教学目标的确定、教学内容的选择、教学环节的安排、教学方法的运用等，通过教师的精心设计和控制，都要切入即时即景的信息，进行师生之间和学生之间的自然的、真实的，同时又在一定范围内受教学目的和内容控制的交际活动。只有把交际化原则自始至终贯穿于口语课堂教学的每个环节，才能真正有效地提高学习者运用语言的能力，而不是一种貌合神离的交际训练。在口语课上，学生在教师指导下实际演练，使学生能够应付日常生活各种不同场合的交际任务，有效地完成"语言知识—语言技能—语言交际能力"的转化。

#### （二）实用性原则

口语课教学的实用性原则，就是强调教学活动和交际任务的设计应该

---

① 范开泰：《论汉语交际能力的培养》，《世界汉语教学》1992年第1期，第13—14页。
② 蔡整莹：《汉语口语课教学法》，北京语言文化大学出版社2009年版，第2页。

尽最大可能地接近学习者的实际生活，设置与学习者生活密切相关的话题，让学生进行具有真实性的练习。要让学生谈自己所熟悉的事情，讲自己的故事，让学生从课文里走出来，回到学生亲历的现实世界中。与虚拟的课文内容相比，学生更愿意"说"、更愿意交流的，是日常生活中的各种"真人真事"。

### （三）精讲多练原则

口语课的"精讲"，首先应当立足于功能，即讲清词汇和语法在一定的情景下的交际功能，以及完成某一交际任务所需的语言项目。很多时候，教师只是给学生提供一定的语境，进行引导性解释或反馈，让学生在大量的口语练习中逐渐理解、掌握。口语课教学中的"多练"，应该重点以功能、任务为导向来组织课堂活动，包括师生互动、个别活动、两人对话、小组讨论和班级活动等多种形式。

### （四）适当纠错原则

在跨文化口头交际中，人们一般都会对对方表现出宽容和灵活的态度，只要对方基本表达了意思，即使语音不准、用词不当、语法有误，也会谅解对方；如有不理解之处，也会反复与之进行意义协商。如果交际双方过分注意语言的准确性，害怕出错，则可能造成精神紧张，无法交流。

对于学生口语课上出现的错误，不能一味"揪住不放"，对一些不影响交际效果或者超出学生理解范围的"错误"，可以选择"放过"，否则容易抑制学习者口头表达的欲望和积极性，造成畏难情绪，不敢开口说汉语。当然，也不能放任错误的发生，不管不顾，这样不利于学习者汉语水平的提高。因此，一定要采取"适当纠错"的原则，把握好流利度与准确度的关系。同时，也要重点培养学生自己发现错误、改正错误的能力。

## 第二节　口语教学的主要模式

欧美国家的第二语言教学，更注重口语表达和实际应用，很多教学法流派与"口语"技能教学相关，如听说法、交际法、任务法等。将这些教学法具体应用到口语教学中，就形成了不同的口语教学模式。

## 一、听说法与"听说式"口语教学

听说法强调听说领先、反复实践、形成习惯,教学过程分认知、模仿、重复、变换和选择五个步骤。很多的口语表达方式和表达技巧是通过"听"学会的,"听说式"口语教学,就是先提供一个模板,供学生学习、模仿、练习,在此基础上再进行适当的改编和实际应用。教学的一般流程是:呈示内容、讲解重要句型、机械操练、交际练习等。

例如,课文中有这样的对话:

A. 你好!

B. 你好!

A. 你叫什么名字?

B. 我叫大卫。你呢?

A. 我叫玛丽。

B. 你是哪国人?

A. 我是加拿大人,你呢?

B. 我是美国人。

A. 认识你很高兴。

B. 我也很高兴。①

这段对话是一个口语交际的"模版",涉及的语言项目包括询问、介绍姓名、国籍等内容,学生需要重点掌握的句型有"S+叫……""S+是……""S+也……"等。针对这段对话,可采用以下教学步骤:

(1)通过讲解让学生理解对话内容。

(2)让学生反复阅读、背诵这段对话。

(3)讲解"我叫……""我是……""我也……"等基本句型及其用法。

(4)点名让学生进行模仿操练,将"大卫""玛丽""加拿大""美国"替换成自己的名字、国籍。

(5)让学生自由组对,进行对话。

这种教学模式一般适用于初级阶段,对话模式化,语境或话题有限,

---

① 根据《博雅汉语·初级起步篇I》第2课的课文内容改编。

容易讲练。在这种模式下，教学内容被细分成具体的语言项目，能保证口语教学内容的系统、全面。当然，在中高级阶段，一些重要的词汇、句型，也可以适当采用这一教学模式进行讲练。

在采用这一教学模式时，要注意以下两点：

（1）增加学生的"开口率"，避免讲练比例失调，导致学生开口率偏低。在讲解过程中可增加互动，如提问"大卫是哪国人？""玛丽是哪国人？""老师是哪国人？"等。

（2）补充相关词语和表达方式，避免输出过于单调、相似。如果学生大部分国籍相同，可以补充其他国家的名字和人物，进行练习。

### 二、交际法与"交际式"口语教学

交际法主张贯彻语言的社会交际功能，强调运用已学的语言知识完成交际目标，教师要根据学习者实际交际需求，设计真实的交际场景，学习者通过协商、合作等活动方式完成交际活动。活动大多从真实环境中选取真实材料，这些语料的作用更多是从其内容上来考虑，或激发学习者表达的欲望，或为学生的表达提供参考。

在初级阶段，"交际式"口语教学常用的做法是：教师设定交际的情境与所需的功能项，提供相关的基本信息，对词语和句式的使用及交际内容提出要求，然后要求学生分组设计、完成一次交际练习，示例如下。

情境设定：某留学生想坐公交车去某处，向同学咨询坐什么车、在哪儿坐、需要多长时间等。

提供示例：

A：请问，去泉城广场，坐哪路公交车？

B：坐1路或者16路公交车。

A：在哪儿坐1路公交车？

B：西门对面就有1路公交车的站牌。

A：泉城广场远不远？坐车大概要多长时间？

B：挺远的，要二十多分钟。

A：谢谢！

B：不客气！

学习相关表达方式：

① 请问，去……，坐哪路公交车？

② 在哪儿坐……路公交车？

③ ……远不远？大概要多长时间？

交际训练，教师提供信息：

① 去植物园，坐16路公交车，站牌在北门东边，半个多小时到。

② 去动物园，坐48路公交车，站牌在南门对面，40多分钟到。

③ 去购物中心，坐112路公交车，站牌在南门西边，20分钟左右到。

练习设计：

学生两人一组，做一个交际练习，学生A问学生B，"去……坐什么车""在哪儿坐""需要多长时间"，并使用所学的表达方式。要去的地方，可以是教师提供的例子，也可以是自己选择。

在"交际式"口语教学中，学生有一定的自主性、灵活性，可以自主设定交际的具体情境和信息，除了使用规定的词语、句式外，可以灵活地使用其他词语或句式。如上例中，A问"在哪儿坐16路公交车？"，B可以按照示例回答："北门旁边有16路公交车的站牌。"，也可以回答"在北门东边坐"，还可以回答"从北门出去，往东边走一点儿，就能看见16路公交车的站牌"。学生设计出来的交际练习可以是丰富多样的，不是刻板、僵化的，这种丰富性、多样性是"交际式"口语教学的内在要求，是教师要着力引导的。

在中级阶段，"交际式"口语教学常用的方法是要求学生做口头报告，一般流程是：（1）教师根据所学内容，确定交际主题，如"谈一次旅游经历""介绍一个最好的朋友"等，要求学生提前做好准备；（2）上课时，选择几位学生上台发言，要求其他学生充当听众并提问；（3）教师讲评，学生修改、完善自己的发言。

例如，教师确定的主题为"谈一次旅游经历"，要求课下准备、课上发言。一开始学生的发言可能比较简单：

上个周末我和朋友去北京旅游了。我们参观了故宫，故宫很大，有很多房子。我们还去颐和园坐船玩儿了，颐和园的风景很漂亮。我们玩儿得很高兴，不过北京的人太多了，很挤。

学生发言结束后，教师要求其他学生提问，学生可能问以下问题：

你们是怎么去的？坐火车还是汽车？

你们是什么时候去的故宫？上午还是下午？

你们是什么时候去的颐和园？上午还是下午？

你们是什么时候回的学校？

教师也可以引导、补充，既有内容方面的，也有语言方面的：

你们知道故宫是什么地方吗？是以前中国**皇帝**住的地方，是中国古代**建筑的代表**，是**保存**下来的、世界上**规模**最大的古代**宫殿建筑群**。

你们知道颐和园是什么地方吗？以前是"**皇家园林**"，又被称为"**夏宫**"，夏天的时候，颐和园里比较凉爽，皇帝常常从故宫搬到颐和园去住。

经过提问，以及教师的引导、补充，发言学生可以修改、完善自己的发言：

上周末，我和大卫、安娜去北京旅游了。我们是周五下午坐火车去的，周五晚上我们在朋友家住了一夜，周六上午我们去故宫参观。故宫是以前中国皇帝住的地方，我们看到了很多中国古代建筑。下午我们去了颐和园，在那儿坐船玩儿了一个小时左右。颐和园的风景很漂亮，也很凉爽，听说以前中国皇帝喜欢夏天的时候搬到颐和园里住。我们玩儿得很开心，也很累。北京人太多了，到处都很挤。周六晚上，我们又在朋友家休息了一晚。周日上午，我们去一家大超市逛了逛，买了点东西，然后去火车站，坐下午三点的火车回济南了。

经过这一过程，学生的汉语口头表达能力有了很大的提高，不仅表达的内容更丰富，在遣词造句、语句衔接方面也有了很多改进。

这种方法的好处是学生掌握话语权，可以表达其想要表达的内容，有机会创造性使用语言，从而大大激发学生口语练习的积极性和学习主动性。这种方法存在的问题有：报告主题的选择范围往往比较狭窄；教师的指导主要是针对特定发言人的，其他同学大多只能充当听众，不能参与进来；有可能因注重表达内容而忽视语言形式，无法保证语言的系统发展。

为了提高这一教学方法的效率和效果，教师应该做到以下四点：

第一，开学前就制定好整个教学过程（一学期或一学年）的教学大纲，选好每次课的主题，指导学生选择报告内容。除了让学生讲述自己的经历外，教师也可以设定情境，让学生事先准备剧本，课上进行表演。

第二，在课前准备阶段加强指导，学生的讲稿脚本应经过教师修改。这对于教师来说，大大增加了工作量，但是对于学生来说，是非常有帮助的。

第三，要求发言人在发言前列出重点难词，如果是情景表演，也可以把剧本先印发给大家，扫除语言障碍，保证大家都能听懂，都有收获。发言或表演以后，应要求其他同学提问、复述，加强学生之间的互动，保证全班参与。

第四，在反馈阶段，可增加语言结构形式的操练和延伸任务活动。

在高级阶段，"交际式"口语教学常用的方法是课堂专题讨论方式。具体做法是：教师确定某一话题（如"中国人的生活习惯"），提供相关背景材料（如"中国人习惯喝热水、很多中国人有午睡的习惯"等），背景材料可以是文字形式的，也可以是视频形式的；学生在教师指导下理解材料，了解相关事件、背景、观点，就这一话题形成自己的看法，开展讨论、辩论；讨论中使用的语言，一部分来自于背景材料，大部分是学生自己的。

如果话题选择得当，这种专题讨论比较容易激发学生的表达欲望，有助于激发学生的积极性和主动性。由于确定了话题，提供了相关材料，讨论的范围就比较集中，全班参与度比较高。但这种方法要求学生具备较高的语言表达能力及一定的社会知识储备。教学过程中学生占据主导地位，那些学习主动性强、愿意挑战语言复杂度的学习者收获较大；而学习主动性弱、对较难的语言任务采取回避策略的学习者收获有限。

"交际法"有三个特点，第一是交际性，训练学生能在特定语境中得体适宜地进行交际的能力，多为对话性训练；第二是实用性，通常以功能（如购物、问路、饭店点菜等）为纲，根据学生交际需要编排内容；第三是情境性，创造接近真实的环境和活动，让学生掌握表达技巧。

总的来说，"交际式"口语教学强调交际和功能的训练，要求学生用语言完成交际，在交际练习中掌握词汇、句型等，提高语言能力和交际能力。有些交际场景是虚拟的，如上文中提到的问路练习，不是真的让学生去问，而是进行一次模拟的交际练习。

### 三、任务法与"任务式"口语教学

很多学者认为，任务型教学特别适合口语技能的训练，这是因为该教学法能兼顾教学的针对性、有效性，并能培养学生的自主意识和合作学习的精神。任务教学法强调输出，强调内容的重要性，学生在完成任务的过程中有大量的意义协商的机会，从而推动了第二语言的习得。

任务型教学以任务为组织单位，课堂教学由一系列的任务构成。任务型口语课堂教学可以分为三个阶段：任务前阶段、任务中阶段和任务后阶段。

1. 任务前阶段

这一阶段也可以称为"语言准备阶段"，包括语言热身、新语言材料的呈现、新语言材料的练习等。

教师根据所学单元的主题，为学习者提供一个适当的情境，并与所学语言项目建立关联；设计一个能满足学生交际需求的、有价值的且适合学生语言水平的交际任务，让学生明确交际任务的内容和目的；帮助学生回忆学过的有关词语和句型，激活其头脑中已有的语言系统并导入新的语言材料，以供学生参考。在这一阶段，教师可以补充、讲解与话题有关的词汇或语言点，也可以就词汇、结构、功能进行一些有控制的练习，如听、模仿、简短对话等。

2. 任务中阶段

由于任务已经明确，教师要根据任务的具体要求对全班学生做出安排。如分组、角色分工及小组内规划等。学生根据教师提出的任务要求和规划，分步骤完成任务。在这个过程中，他们必须要与同伴交流，讨论如何组织语言以完成交际任务。教师的责任是在各组间巡视，保证所有学生都积极参与活动，按要求完成任务。在学生遇到困难时，教师要给予适当的帮助。教师还应注意观察任务进展的情况，发现学生中存在的普遍性错误。

在学生做好较充分的准备后，教师要求学生实地实施、完成任务。能够在课堂上完成的，可以在课堂上完成；课堂上完不成的，要求学生在课下完成。

3. 任务后阶段

这一阶段首先要做任务情况汇报，各小组向全班简要汇报他们完成任务的情况和结果。为了保证各小组机会均等以及后面教学环节的时间，一般要限定每个小组报告的时间。在学生报告过程中，教师必须做好记录，如果可能的话最好进行录音。教师应该要求其他小组学生注意听，在每个小组报告之后，教师可以向其他小组成员提问，或让他们对报告结果发表自己的看法。在各小组汇报后，教师一般要做出反馈，对报告的内容和方式进行简单评述，并在所有小组报告结束后进行总结。

小组汇报完毕后，可以进行"语言分析"活动。任务型教学法的最终目的，还是提高学生的语言交际能力。教师可以对学生们在任务的准备、实施及小组汇报过程中的语言使用情况进行归纳、总结，提出改进意见。对重要的、有价值的语言项目，可以做进一步的讲解、操练。

"任务式"口语教学中的"任务"，可以有多种形式，要根据教学对象的实际水平，控制任务完成的难易程度以及所需语言的复杂程度。下面给出的三个示例，针对的分别是初级班、中级班和高级班的学生。

**示例一：布置房间**

**教学目标**：练习"把"字句（"把……放在……"）的使用，运用"我喜欢……""我认为……""我觉得……""最好……""可不可以……"等，掌握征询意见、提出建议等口语技能。

**教学对象**：学过半年汉语的初级班学生。

**所需时间**：40分钟。

**课前准备**：一张看起来十分凌乱的房间的图片或空荡荡的房间图片，另有一些可以添加的物品的图片，如床、沙发、桌子、椅子、家用电器、一束鲜花、两幅画、一个相框、一个花瓶等。

**活动步骤**：

（1）学生分组：每组一组图片。

（2）每组学生商量如何将房间收拾整齐并且布置得漂亮。

（3）小组汇报。

（4）教师反馈、点评。

**示例二：上网的功过**

**教学目标**：练习与上网有关的词语，如"玩游戏、聊天、视频、听音乐、查找资料"等，练习相关语言点"虽然……但是……""就算……不过……""如果……那么……"等，培养学生表述和论证个人观点的口语技能。

**教学对象**：学过一年汉语的中级班学生

**所需时间**：45分钟

**课前准备**：课前给学生布置话题，展示给学生相关的词语和表达方式。

**活动步骤**：

（1）学生分组。

（2）小组讨论，列举"好处"和"坏处"。

（3）教师点名要求每组的一名学生向班级陈述讨论的成果，同组同学可以进行补充。

（4）教师反馈，对一些语言点进行操练，和学生一起把学生用到过的恰当词语和表达方式进行操练。

**示例三：该不该给压岁钱**

**教学目标**：掌握表达论点、提出论据、说服他人等口语技能，掌握与话题引入、衔接、转移等相关的表达方式，如"你说得也是""不过，从另一方面来看""你怎么看"等。

**教学对象**：学过一年半汉语的中高级班学生

**所需时间**：45分钟。

**课前准备**：每组一份打印好的有关"给孩子压岁钱的利与弊"的观点集锦。

**活动步骤**：

（1）学生分四人一组，每组一份观点集锦。阅读观点集锦。

（2）讨论材料中的观点，寻找支持观点的论据。

（3）讨论哪些观点可以利用，哪些观点不足，给出各自的理由。

（4）小组代表进行班级汇报。

（5）教师反馈、点评、和学生一起操练。

与"交际式"口语教学相比，"任务式"口语教学有三个特点。首先，任务要有真实性，在现实生活真的有可能发生；其次，在任务的准备、实施和汇报阶段，学生都在进行真实的语言交际，是在真实的"做"中学语言，而不是模拟的情境表演；第三，任务需要小组合作，成员之间的商讨、协作，本身也是语言交际的练习。

## 第三节　口语课的教学内容与教学方法

### 一、口语课的教学内容

留学生要运用汉语进行口头交际，首先需要学习语言知识，包括汉语的语音、词汇和语法等，获得表达所需的语言材料及语言规则；其次，他们需要通过操练将语言知识转化为自己的口头表达，将自己的想法正确地、流利地说出来；第三，他们要了解相关的汉语交际文化，学习和运用必要的交际策略，通过交际技能训练和交际实践，使言语技能转化为交际能力。[①]

交际有多种类型，有一两句话的简单交际，也有较长、较复杂的交际活动；有以个人单独讲述为主的独白式交际，也有双方互相唱和的对话式交际。口语课的教学内容，应包含以上多种类型的交际。

根据以上分析，可以将汉语口语课的教学内容分为六个部分：

1. 语音练习

通过讲解和练习，使学习者掌握汉语音素的发音部位和发音方法，以及音节的拼读和声调的准确性，同时还要训练学生对变调、重音以及韵律的理解与把握，从而快速、规范地进行汉语发音。

2. 词汇练习

通过各种训练方式，使学生把积累起来的词语编织为相互沟通的语义网络，在说话时能根据交际和语境的需要，从中选取相关词语，不加思索或略加思索就能组合成句子、话语。口语课还要重点讲练口语词和口语语块，即在口头交际中常用的词汇或词组，如"可不是""哪儿的话""不

---

① 蔡整莹：《汉语口语课教学法》，北京语言大学出版社2009年版，第2页。

敢当""真是的"等。口语课的词汇训练,不仅让学生理解、明白,而且要求学生掌握其语音、语义和用法,让学生会说、会用。

3. 句子练习

日常生活中的交际,大多是以句子的形式进行的。零散的、孤立的词语只能表示一些简单的概念,只有将其按一定的语法规则整合成句子,才能充分、有效地表达出头脑中的意念。口语课上的句子训练,重点不是讲语法,而是让学生模仿所学句型,进行大量的、丰富的口头练习。

4. 语段练习

实际生活中的口语表达,很少是真正的"你一句、我一句",没有那么单一,说话者需要将句子组合成"语段",才能把事情说清楚。在口语课上,不仅要让学生说出句子,而且要引导学生使用恰当的关联词或衔接词,将句子组合成"语段"。

5. 独白练习

日常生活中的语言交际,有些属于独白性质,以个人单独讲述为主,如讲故事、发通知、做演讲等。好的独白,不仅要求把句子组合成句群,而且要组成语篇,要求说话内容有一定的层次和条理,要求说话者有意识地运用一些说话技巧,如语速、语调的控制,情感的融入等,这也是口语课要训练的重要内容。

6. 会话练习

日常生活中的语言交际,大部分是以会话的形式出现的,两人或数人互问互答,互相唱和。会话不仅涉及句子、语段,还涉及会话者之间的协调问题,包括话轮的开始与终结(如何开始会话、如何结束会话),以及会话过程中话题的提出、扩展、结束或转移等,都有一定的方法和技巧,也受到一定的"交际文化"的约束。

总而言之,口语课是一门练习课,包括语音、词汇、句子、语段、独白、会话六个方面的练习,教师的讲解是辅助手段,让学生进行模仿、操练和实际运用,才是口语课的主旨。

## 二、口语课的教学方法

口语课上的语音、词汇和句子练习,与其他课型有相似之处,只是口语课更突出"练"、淡化"讲"。语音、词汇和句子（语法）教学的方法，本书其他章节有详细论述，这里要重点讲的，是口语课中语段练习、独白练习和会话练习的方法。

### （一）语段练习的方法

语段练习要求学生组句成段，用合适的词语或方法将相关的句子衔接起来。具体方法[①]有：

1. 给词连句

教师给出衔接词或关联词，让学生连成句子。例如，教师给出词语"先……，然后……，接着……，最后……"和例句"我们先把房间打扫干净，然后把要做的饭菜准备好，接着去超市买了些饮料，最后给朋友打电话，请他过来做客。"要求学生用给出的词语，模仿例句，造出连续的句子。这一练习的目的，是让学生能按照时间顺序，将先后发生的几件事连续说出来。

再比如，教师给出词语"因为……，今天不能……，……再……"和例句"因为时间不够，今天我们不能去那儿参观了，下次旅行时再参观吧"，要求学生造句，训练学生使用关联词将事件的原因、结果、建议衔接起来的语言能力。

2. 组句成段

教师给出一些句子，让学生按照要求组成语段。

例如，教师给出三个句子：

① 今天的作业真多。

② 我做作业做了两个小时。

③ 我没做完作业。

要求学生组成语段：

今天的作业真多，我做了两个小时，还没做完。

教师也可以打乱顺序：

① 我们觉得那家火锅店的环境不错，价钱也不贵。

② 那家火锅店是最近刚开张的，酒水免费。

---

[①] 参见杨惠元：《对外汉语听说教学十四讲》，北京大学出版社2009年版，第260—266页。

③ 星期五晚上，我们和朋友一起去那家火锅店吃饭。
④ 学校南门外有一家火锅店。
⑤ 那家火锅店的菜味道有点儿辣。①

要求学生组成语段：

学校南门外有一家火锅店，是最近刚开张的，酒水免费。星期五晚上，我和朋友一起去那儿吃饭。那家店的环境不错，价钱也不贵，就是菜的味道有点儿辣。

这一练习的目的，是让学生掌握省略、使用代词、使用关联词等语段衔接方法。

### （二）独白练习的方法

独白练习有三种方法：复述、讲故事、演讲。

#### 1. 复述

要求学生用自己的语言，将课文内容复述出来。如课文是对话形式的，引导学生将对话内容整理成一段话；课文采用的是第一人称，用第三人称的形式将内容重复出来。复述时，学生也可以加入自己的观点、评述等。例如，课文是这样一段对话：

大卫：明天又是周末，太高兴了！

同学：看起来，你很喜欢周末。

大卫：当然喜欢了，你不喜欢吗？

同学：我不喜欢。每个周末，我都觉得没意思。

大卫：你周末都干什么呢？

同学：在宿舍里看看电视，洗洗衣服，做做作业，睡睡懒觉……

大卫：你不和朋友一起出去玩儿吗？

同学：有时候和朋友一起逛逛商店，有时候去图书馆学习学习。你周末都干什么呢？

大卫：我每个周末都有不同的安排。上个周末到朋友家包饺子，上上个周末去迪厅跳舞……

同学：这个周末你干什么？

---

① 根据《博雅汉语·初级起步篇II》第5课的课文内容改编。

大卫：我去听音乐会。一起去，怎么样？

同学：好啊，太好了！①

学生可以将这段对话复述成短文：

大卫很喜欢周末，他觉得周末可以好好儿玩玩儿。他每个周末都有不同的安排，上个周末到朋友家包饺子，上上个周末去迪厅跳舞，这个周末他打算去听音乐会。

大卫的同学不喜欢周末，每个周末他都觉得没意思。周末他在宿舍里看看电视，洗洗衣服，做做作业，睡睡懒觉，有时候和朋友一起逛逛商店，有时候去图书馆学习学习。这个周末他和大卫一起去听音乐会，他很高兴。

复述完对话内容后，学生也可以加入自己的评述：

我很喜欢周末。周末没有课，可以看看电视、睡睡懒觉，好好儿休息一下。可以和朋友一起出去玩儿，也可以在宿舍学习、做作业。周末的时候，我们都很放松。大卫的同学不喜欢周末，我觉得很奇怪。

2. 讲故事

故事是一个完整的语段，讲故事是练习独白的一种重要方式。故事可以是真实发生的事情，也可以是学生自己编出来的，或者自己国家流传的神话、传说、童话、寓言等。如果学生自己找不到合适的故事，教师可以提供词语、图片、漫画、电影、视频等素材，让学生根据素材讲一个故事。例如，德国著名漫画大师埃·奥·卜劳恩的漫画系列《父与子》里有很多家庭生活趣事，教师可以从中选取素材，要求学生将其中的故事讲出来。《父与子》里有一幅漫画，题为"有趣的书"，学生可以根据漫画讲一个故事：

---

① 李晓琪主编，徐晶凝、任雪梅编著：《博雅汉语·初级起步篇I》，北京大学出版社2013年版，第106页。

一天中午，妈妈做好饭，把饭放在桌上。爸爸坐在桌子边准备吃饭，发现儿子没来，于是问妈妈："儿子去哪儿了？"妈妈说："他好像在房间里看书呢！"

爸爸去儿子的房间找他，儿子正趴在地上看一本书。爸爸让儿子去吃饭，一低头，看到了地上的书。

儿子来到桌子旁准备吃饭，奇怪的是，爸爸怎么没回来？妈妈让儿子再去房间找爸爸，让爸爸回来吃饭。

儿子进门后发现，爸爸正趴在地上看那本书呢！

这真是一本有趣的书，爸爸一看就入迷了，连吃饭都忘了。

3. 演讲

讲故事重在叙事，演讲则重在提供信息、发表观点、影响听众。口语课上的演讲，可以是主题式的，教师布置一个主题，如"中国的节日"，学生围绕主题选取内容，在课堂上进行演讲；可以是鼓动式的，如教师让学生模拟推销一件产品，或者鼓动大家参加一项活动；还可以是评述式的，学生可以就课文、电影、人物、事件等展开论述，系统地表达自己的观点。例如，学生可以用演讲的方式，邀请同学参加一个活动：

这个星期六，是我们国家的一个重要的节日，我们要在学校咖啡厅组织一个活动。我们会准备很多我们国家的传统美食，还有饮料和零食，欢迎大家去品尝。我们还会用传统的仪式庆祝节日、为大家"祈福"，大家可以了解我们国家的文化。我们还会穿上我们国家的传统服饰、表演传统歌舞,还会邀请大家和我们一起唱、一起跳。在这个活动上,大家可以品尝美食、了解文化,还可以欣赏歌舞。我们诚挚地邀请大家参加,和我们一起欢庆节日!期待你们的光临!星期六晚上七点,学校咖啡厅,我们不见不散!

复述、讲故事、演讲,都属于个人讲述为主的独白。独白练习不但要将句子衔接起来,而且要做到主题明确、内容集中、条理清楚、层次分明、语言连贯、过渡自然,这也是独白练习要培养和提高的语言表达能力。

### (三)会话练习的方法

会话练习有四种方法:替换练习、模拟表演、课堂讨论、语言实践。

1. 替换练习

由教师或教材提供一个对话的模板,例如在饭馆点菜的对话、在商店买东西的对话,里面的菜名、人名、物品、价格等是可替换的,学生自己选择点什么菜、买什么东西,做一个对话练习。这种练习的主要功能是让学生掌握特定场景、特定功能的对话的一般模式,包括怎样称呼对方、怎样提出要求、怎样询问信息、怎样结束对话等。

2. 模拟表演

学生可以模拟课文中的角色,也可以模仿电影或电视节目中的人物,还可以尝试给电影中的人物对话配音,甚至自己创作短剧进行表演。教师可以布置一个题目,如网上聊天、约会迟到等,让学生创作和表演一个小品,故事情节和人物话语由学生自己讨论、编写,学生有比较大的自由度。

例如,课文中出现学生生病、看病、请假等内容,可以让学生两人一组,一人饰演老师,一人饰演学生帮同学向老师请假,做以下模拟对话:

学生:老师,大卫今天不能来上课了。

老师:他怎么了?

学生:他生病了,肚子疼得很厉害。

老师:他是不是吃了不新鲜的东西?

学生:可能是。他去一家小饭馆吃饭,点了一份红烧肉,回到宿舍以后就开始肚子疼。

老师:他去医院看病了吗?

学生：去了。医生给他打了一针，还给他开了一些药，让他多休息。这是大卫的请假条，他让我交给您！他现在还没好，不能来上课。

老师：好的，我知道了，谢谢你！也希望大卫的病快点儿好！

学生：谢谢老师！

3. 课堂讨论

这种方法更多地适用于高级班的学生。教师用语言、文字、图片、视频等方式引出话题，要求学生围绕话题进行讨论。话题要带有一定的争议性，能引出学生不同的观点；教师要对学生的讨论提出内容上的要求（如给出事例或理由）和语言上的要求（如使用某些句式），并适当控制个别学生发言时间；教师要及时归纳学生的发言，纠正学生较大的语句错误，在学生表达遇到障碍时给予指导和帮助；在讨论结束时，总结各种观点和学生语言运用的情况。

4. 语言实践

到真实的语言环境中进行实际交流，是提高交际能力的最有效途径。语言实践一般以课后作业的形式进行，如要求学生跟超市营业员交谈；跟中国学生一起探讨某一问题；在公共场合做一项社会调查等。语言实践在课下完成，但语言实践的成果、收获，可以在口语课上做口头报告。

在会话练习的过程中，应该融入交际文化的讲练，如称呼语、问好、委婉语，以及会话中的禁忌、礼仪等。

### 三、口语课的教学环节

口语课课堂教学，一般包括组织教学、复习检查、学习新课、小结、布置作业五个环节，其中，组织教学、小结、布置作业与其他课型相似，不再赘述。重点介绍复习检查和学习新课两个环节。

（一）组织教学

正式上课前，教师要先将学生的注意力吸引到课堂上来，使他们进入学习状态，这就是组织教学。常用的方法有动作暗示、点名、问候等。这一环节的时间不要太长，要控制在3分钟以内。

（二）复习检查

此环节时间一般在15分钟左右，目的是了解学生对前一次课所学内容掌握的情况，及时发现和弥补存在的问题，检查学生作业完成情况，要求学生展示自己的作业成果。口语课一般不采用听写的方式，也不要求学生提交书面作业，复习检查和作业展示都采用口头交流的形式。

在初级阶段，复习检查的方法有：问答练习，教师问、学生答；说句子，教师给出词语，学生用给出的词语说一个句子；练对话，学生用学过的词语或句式进行对话；复述，将所学课文内容复述出来；等等。

在中高级阶段，复习检查可以采用的方法有：师生问答，复习所学的重点词语、句型、表达方式；教师给出词语或句式，要求学生完成对话或进行成段表达；口头报告，在前一次课上作为作业布置给学生，教师可以限定题目，也可以让学生自由选择话题，教师要求学生用上学过的词语和句式，规定发言时间，在第二次上课时进行检查。

**（三）学习新课**

这一环节是课堂教学的主体。与综合课一样，口语课学习新课也有生词和语法点的讲解和练习，但口语课的教学内容一般要求学生当堂掌握，会说会用；而综合课的内容可以让学生在课下再慢慢理解、消化。口语课上的学习新课，包括呈现新内容、讲解新内容、准备、练习、反馈五个步骤。

教师首先要告知学生要学习的新词语、新句型，或者新的交际练习或任务，之后进行必要的讲解，使学生理解、明白，再给学生一定的准备时间。教师可以提供必要的指导和帮助，然后要求学生练习，或者是用新学的词语、句型造句，或者是实地完成交际练习或任务。最后教师给出反馈，指出学生的进步和不足之处等。

在这五个步骤中，练习是最重要的步骤，也是口语课的价值所在。大量的练习，以及练习前的准备、指导，练习后的反馈，是提高学生口语交际能力的重要途径。

**（四）小结**

在课堂教学快要结束时，对当堂课所学的重要词语、语言点，以及课堂练习中的重要收获等进行总结，加深学生的印象。

**（五）布置作业**

口语课的作业一般也是口语形式的。教师可以布置一个题目，要求学生根据题目准备一个成段表达（如布置学生下次课介绍一则感兴趣的新闻），也可以要求学生完成一项语言实践（如要求学生采访一位退休老人，了解他们的生活）。对初级班的学生，教师可以要求他们朗读生词、课文，用规定的词语或句型造句。有条件的话，可以要求学生把作业录下来，下次上课时进行展示。

### 四、口语课教学的常见问题与教学策略

#### （一）口语课教学的常见问题

从教师的角度来看，在口语课上可能会出现以下五种问题：

（1）学生不想说。学生没有说话的欲望和意图，对教师的任务、要求等消极应对。

（2）学生不知道说什么。教师给出词语、句型、任务，学生没有想说或能说的内容。

（3）学生不知道怎么说。学生有想要表达的内容，但没有掌握所需的词汇、语法和表达方式。

（4）学生说得不好。表现有发音不准、用词单一、句子不规范、语句之间缺少关联、不够流利等。

（5）学生说话"不均衡"。有的学生说得太多，有的学生一句也不说。

#### （二）口语课的教学策略

要解决这5个问题，教师可以采取以下策略：

1. 设计好问题和指令

在真实的交际活动中，说话的欲望是自然产生的。在口语课上，学生说话的欲望常常要靠教师提问、指令等有意识的刺激产生。提问是教师问、学生答；指令是教师确定话题、设置情景、制造信息落差、规定词语句式、分配角色，等等[①]。在备课时，教师要设计好丰富且合适的问题和指令，才能在学生不想说的时候，激发起他们的说话欲望。

2. 预设好问题和指令的答案

教师设计好一个问题，应该自己先预设好5个左右的答案。教师要求学生用规定的词语或句型造句，应该自己先造好6~8个句子。教师设计的

---

① 参见杨惠元：《对外汉语听说教学十四讲》，北京大学出版社2009年版，第148页。

交际练习或交际任务，教师要预先设计好 3 个可行的方案。这样，当学生不知道说什么时，教师才能给予引导和帮助。

3. 充分利用学生之间的信息差

在多元文化班里，学生由于文化背景不同，生活习惯、价值观念不同，相互间自然就会产生许多可供交流的信息。充分利用学生间这种自然存在的信息差，可以使课堂气氛活跃起来。例如，讨论"送礼"的话题，什么时候送礼、送什么礼物、送礼物的时候怎么说、收到礼物的时候怎么说，不同国家可能有不同的习俗，学生了解自己国家的情况，不了解其他国家的情况，这种信息差可以激发学生交流、讨论的欲望。

4. 备好可能需要的词汇、句型和表达方式

教师给出问题或指令之前，要准备好或提供给学生可能需要的词汇、句型和表达方式，而且尽可能丰富多样。在学生准备的过程中，教师也可以及时地给予帮助、指导。例如，要求学生做一个"买东西"的交际练习，教师需要事先备好所需的词语和句式，包括物品名称（如"本子、书、水杯、啤酒、词典、牛奶、果汁、咖啡"）、对应的量词（如"本、个、瓶"）、与"钱"有关的词（如"块、毛、零钱、交钱、找钱"）、询问价钱所用的句式（如"……多少钱？""……多少钱一瓶？""……贵不贵？""有没有便宜一点儿的？"）及交际中可能用到的其他词语或句式（如"先生""小姐""您需要什么？""我要买……，再买……，一共多少钱？"），帮助学生解决"说什么"和"怎么说"的问题。

5. 重视语块的归纳和补充

口语课中的语块包括习用语、俗语、熟语、谚语等，也包括一些会话语块，如固定的短语、句型、一般礼貌用语以及一些运用于特定场合的语言片断。要让学生理解并掌握语块特有的语义内涵、语用功能和语用条件，要对学过的语块进行复习、归纳，及时补充新的语块。当学生积累了大量的语块儿，如"刀子嘴豆腐心""台上三分钟，台下十年功""大人不记小人过"、"好久不见！最近忙什么呢？""就这样吧""咱们不见不散""祝你一路顺风、旅途愉快！"，掌握了其语用条件和方法，会极大地提高学生口语表达的兴趣和信心。

6. 有足够的耐心和适当的纠错技巧

学生说得不好,甚至出现错误,教师首先要做到容忍,不能嫌弃或批评,而是要肯定其敢于表达的勇气和积极性。对于不影响交际的错误,可以在课下个别纠正,或者暂时忽略。对于较为严重的错误,教师要在保护其自尊心的基础上,采用恰当的方式帮助其纠正,纠错最好在愉快的气氛中进行。

7. 有娴熟的课堂掌控技巧

在进行口语练习时,要顾及班里每个同学,既要满足爱表现的学生的表达欲望,保护其积极性;也要照顾那些"不爱主动表达"的学生,给他们时间和机会。那些对口语表达不感兴趣或者心有畏惧的学生,教师则要想办法激发其说话的欲望和勇气。教师要通过娴熟的课堂掌控技巧,将有限的课堂时间和教学精力,均衡而又合理地分配到每个学生身上。

8. 教学方法要灵活多变

若整个学期都采用同一教学模式,如每次上课都是先带读、后讲解、再分角色朗读、最后讨论,这会使得学生感觉枯燥乏味,对课程失去兴趣。教师应该提前制定好整体教学计划,灵活地穿插使用不同的教学模式,使学生保持新鲜感和积极性。

## 第四节　口语课的教学重点与难点

### 一、初级阶段口语课教学

初级阶段口语课教学的重点和难点有:

1. 语音练习,特别是难音难调、易混音和声调组合练习

口语是发声的语言,发音不准确就会影响口语交际的效果。语音练习在初级阶段口语课占有重要地位,因此要促进学习者把握住汉语音素的发音部位和发音方法,掌握音节的拼读和声调,适应汉语发音的特点。

受母语发音习惯和发音方式的影响,汉语中一些音和调,外国学生很难发出来,如 zh、ch、sh、j、q、x 等;声调中的二声和四声,有些外国

学生也区分不出来。在初级阶段，学生的辨音辩调能力较弱，有些易混音，学生听不清、发不准，如 z 和 zh、in 和 ing 等。初级阶段口语课，要特别加强语音练习，为以后的学习打下良好的基础。

除了易混音，初级阶段要重点练习声调组合。学生掌握单个音节的声调并不太难，但如果单个音节与其他音节形成声调组合后，学生就容易出现"洋腔洋调"。汉语的词汇大部分是双音节的，双音节构成的二字调包括了声调结合的所有类型，所以初级阶段应将双音节的声调组合作为教学重点。汉语双音节的声调组合共20种，可以利用一些双音节作为定调音节，帮助学生练习和掌握声调组合。例如：

| duō tīng | hái tīng | yě tīng | zài tīng | tīng de |
| duō dú | hái dú | yě dú | zài dú | dú de |
| duō xiě | hái xiě | yě xiě | zài xiě | xiě de |
| duō kàn | hái kàn | yě kàn | zài kàn | kàn de[①] |

2. 克服母语干扰，准确地"用词""说句"，能用完整的句子进行表达

初级阶段，学生学习了一些基本词汇，但在理解和使用时会受到母语干扰，产生一些错误，例如：

① 我们国家有<u>八十千</u>人。
② 明天我去<u>见面朋友</u>。
③ <u>都学生</u>知道。

<u>上述</u>用词偏误的出现，都与母语干扰有关。要避免这种偏误，需要在口语课上进行大量的、反复的练习，使学生形成新的习惯，"习惯成自然"，逐渐摆脱母语的干扰。

在说句子时，学生也会受到母语干扰，产生偏误，例如：

① 我学习在山东大学。
② 他一点儿大比我。
③ 宿舍在西边的教学楼。

外国学生依照母语的思维方式和表述习惯"说汉语"，就会出现上述偏误。教师在进行句子训练时，要提醒学生克服母语干扰，准确掌握汉语

---

① 蔡整莹：《汉语口语课教学法》，北京语言大学出版社2009年版，第9页。

句子组合规律和结构要求，说出符合汉语语法要求的句子。

在初级阶段，学生一般只能用单个的词语和句子进行表达，句子练习占有核心地位。在教学中，要特别强调说句子。例如：

教师：下课后你去哪儿？

学生：宿舍。

教师：说句子。

学生：下课后我去宿舍。

教师：晚上你们在哪儿吃饭？

学生：食堂。

教师：说句子。

学生：晚上我们在食堂吃饭。

强调说句子，一方面让学生更熟练地掌握汉语句子的组合规律与结构特点，另一方面提高学生汉语表达的层级，不再是单个词往外蹦，而是能由词组句，说出一个完整的句子。在说句子的基础上，进行适当的语段和会话练习。

### 二、中级阶段口语课教学

中级阶段口语课教学的重点有：

1. 语调练习，包括重音、停顿和句调练习

中级阶段的学生，发音已经比较标准、流利，口语课要继续对学生进行正音，但要重点增加语调练习，包括重音、节奏和句调。

重音在交际中起重要作用。读重音的部分是句子的重点，是说话人要重点强调的部分。重音不同，句子表达的意思也会有所不同。例如，"我不能去"，如果重音放在"我"上，是说"我"情况特殊、不能去，别人可以去；如果重音放在"不"上，表示外在原因让"我"不能去，而不是我不想去；如果重音放在"去"上，表示"我"不能离开这儿，不能到对方那儿，也可能暗示让对方过来。在口语课上，要训练学生根据交际需要，合理确定重音的位置。[1]

---

[1] 参见杨惠元：《对外汉语听说教学十四讲》，北京大学出版社2009年版，第157页。

在口语表达中，正确的停顿有助于对语义的理解，有助于明确句子内部各成分之间的关系。学生可能在不该停顿的地方出现停顿、该停顿的地方没有停顿，口语课上要进行有针对性的练习。通过教师示范、标注等方式，让学生掌握正确的停顿。例如："昨天／在图书馆，我／碰见了／以前的同学／玛丽。"

句调的变化会形成不同的语气，表达不同的情感。例如，"好啊"，用不同的句调，可以分别表达赞同、兴奋、批评等不同的语气。中级阶段的学生，应该掌握借助句调变化表达语气、情感的口语交际技巧。

2. 扩大词汇量，丰富表达方式和表达内容

中级阶段的学生已经掌握了基本的词汇和表达方式，一般的交际没有问题，但词汇量和语块积累不够，再加上取易避难的回避心理，容易出现用词单一、表达方式单调的问题。例如：

① 他的汉语说得很好。

② 昨天的比赛踢得很好。

③ 这道菜的味道很好。

④ A. 周末我们去爬山，好不好？　　　　　B. 好的。

　　A. 叫你的同屋和我们一起去吧！　　　　B. 好的。

　　A. 那儿不太远，我们骑自行车去，怎么样？　B. 好的。

　　A. 明天早上八点，我们在学校南门见面。　　B. 好的。

虽然意思表达清楚，交际也没有问题，但如果一直停留在这种层次，学生的汉语水平就很难进步。中级阶段的口语练习，应该加强表达内容和表达方式的丰富性，扩大学生的词汇量，让学生能够理解、使用多种多样的表达方式。例如，上面各句经过加工可以作如下表述：

①' 他的汉语说得很流利，也很地道。

②' 昨天的足球比赛踢得很精彩，我们看得又刺激又过瘾。

③' 这道菜是那家饭店的"招牌菜"，色香味俱全，很受欢迎。

④' A. 周末我们去爬山，好不好？ B. 好啊，我早想去了。

　　A. 叫你的同屋一起去吧！ B. 没问题，他也很喜欢爬山。

　　A. 那儿不太远，骑自行车去，怎么样？ B. 行，听你的。

A. 明天早上八点，学校南门见面。B. 就这么说定了，不见不散！

中级阶段口语课的词汇和句子练习，应该突出"丰富性"。比如，对方表示感谢时，除了说"不用谢""不客气"，还可以说"没什么""这是我应该做的""不用客气，有问题再找我"等；对对方的行为或态度不满意，除了说"你不应该这样"，还可以说"你怎么能这样？""你瞧你，都干了些什么？""我说你呀，可不能这样！"等。

3. 加强语段练习，进行较长、较复杂的独白和会话练习

中级阶段的学生，不能再停留在说句子的水平，应该提升到能说一段话的水平，能够连句成段。与初级阶段相比，中级阶段的语段练习内容更多、更长，组合方式更为丰富多样。

在独白练习时，要训练学生在说话前理清思路，明确想要表达的中心意思，考虑先说什么、后说什么，每个句子时间是什么关系，每个语段都要有一个中心，句子之间要有衔接，使口语表达更具有条理性。例如，在讲述事件的时候，用表示先后顺序的衔接词："先……，再……，接着……，然后……，最后"；在表达观点时，用上表示条件、假设的关联词："只有……，才……""只要……，就……""假如……，那么……"；在说旅游经历时，用一些表示空间转换变化的语句："从东门进门，先看到……""绕过花园，就到了……"；在论证观点时，用一些表示推论、归纳的词汇或词组："由此可见，……""毫无疑问，……""综上所述，……"等。

在会话练习时，要训练学生掌握会话规则，学会开始谈话、结束谈话，以及提出、控制话题等等会话技巧。例如，开始谈话的方式有称呼式（"张老师，您好！"）、问候式（"好久不见了，最近忙什么呢？"）、寒暄式（"这几天天气真不错啊！"）、介绍式（"你好，我叫玛丽，是美国人。"）等。结束谈话的方式有表态式（"A. 好，我同意。B. 谢谢，再见！"）、小结式（"A. 就这样吧，明天去美术馆。B. 好，明天见！"）、询问式（"A. 您还有别的事情吗？B. 没有了，谢谢您，再见！"）、直陈式（"A. 我还有事儿，先走了。B. 那好吧，再见！"）、建议式（"A. 这个问题很复杂，我们再找时间好好谈谈吧！B. 行，我们再约时间"）等。提出话题的方法有提问式（"你觉得今天的足球比赛怎么样？"）、直陈式（"明天美术馆有一个摄影展览。"等。控制话题的方式有引导法（"关于刚才的……问题，

我有一点不同意见。")、拦阻法("对不起,我打断一下儿。");等等。[1]这些会话规则和会话技巧,有一些常用"语块"可以利用,在口语课上,要训练学生熟练使用这些"语块"进行会话。

### 三、高级阶段口语课教学

高级阶段口语教学的重点有:

1. 口语表达中声音技巧的运用

高级阶段的学生,发音比较标准,说得也比较流利,语音训练的重点是声音技巧的运用,包括重音、节奏、语调的掌控,语气词的使用,在表达中有意识地加入语气和情感。例如,在讲故事时,通过声音的抑扬顿挫、语气的变化、使用反问等,激发听众的兴趣和好奇心;在发表观点时,声音要沉着有力,增强说服力;在鼓动宣传时,表现得真诚、热情,有感召力;等等。

2. 进一步扩大词汇量,丰富表达方式,增强表达的修辞效果

高级阶段的学生,不但要能说、会说,而且要说得好、说得巧,语言运用不但准确、得体,还要有一定的修辞效果,这就需要学生进一步扩大词汇量、丰富表达方式。高级班的学生有比较强的自主学习能力,愿意学习更多的词汇和表达方式,教师要激励他们多学、多用,并提供必要的补充和指导。

例如,通过成语和修辞的运用,增加说话的文采:

① 恩彩和恩玲是一对从小一起长大的姐妹。他们**不是亲姐妹,胜似亲姐妹**。……每天两个人**形影不离**,互相学习,共同进步。

② 我迷路了,不知道怎么办才好。**雪上加霜**的是,太阳开始落山了。

③ 一般来说,相亲往往会有三个结果:最理想的是**一见钟情**,其次是**相看无言**,彼此都不中意,最遗憾的结果是一方有意而另一方无情。

通过俗语、熟语及口语格式的运用,使口头表达更亲切、自然:

① 中国有句俗话,"**在家靠父母,出门靠朋友**",请大家以后多多关照!

---

[1] 参见杨惠元:《对外汉语听说教学十四讲》,北京大学出版社2009年版,第224—239页。

② "三个臭皮匠，顶个诸葛亮"，咱们一块儿想，一定能想出办法来的。
③ 你早不说，晚不说，我都写完了你才说。
④ 你笑什么笑！这事儿跟你也有关系。

使用网络流行语等，使得表达更为时尚有趣：
① 这只小猫**萌萌哒**，真可爱！
② "**不作死就不会死**"，这还不都怪你自己吗？
③ 花800块钱买这么个东西，你还真是有钱，**任性**！

在让学生练习使用各种成语、俗语、网络流行语时，要注意其表达的准确性、规范性、得体性等，使其能正确地理解和运用。一些过于前卫、社会认可度不高，或者价值导向有问题的流行语，我们不主张采用。

**3. 语篇表达能力的提高**

高级阶段的学生，口语表达要逐渐从语段过渡到语篇，学生要进一步学习语段和语篇所用的各种衔接手段，如反复、替代、移位、省略、照应等，掌握篇章结构的类型和一般的结构方式，例如叙事文一般按照"发生—发展—结局"的顺序展开，说明文按照"总—分—总"的顺序展开，议论文按照"提出论题—进行论证—作出结论"的顺序展开。在进行语篇表达时，要清楚地显示出语段之间的逻辑关系，使语段衔接自然、连贯。

例如，一位韩国学生讲"孝女沈清"的故事，初讲时只是一个大语段，句子之间也缺少衔接。经过指导后，这个学生将故事分为几个段落，每个段落用一个语段讲述，每个语段的开头用衔接词或衔接句，将语段串联起来：

从前，……
有一天，……
回到家后，沈清……
过了几天，沈清……
祭祀的那天，……
到了龙宫，……

莲花被一个国王发现了，国王……

沈清成为皇妃，她……

宴会的最后一天，……

从此以后，……

4. 会话练习中内容广度、深度及反应速度的训练

高级阶段的会话练习，要增加广度、深度，不能再停留在简单的、表面的交际练习上，要通过师生之间、学生之间的相互提问、引导，让说话者说得更多、讲得更透。在这一过程中，学生要不断调用、学习各种词汇和表达方式。例如，讨论文学作品中的人物：

A. 你喜欢……这个人吗？

B. 不喜欢。

A. 为什么不喜欢他？

B. 他这个人很自私。

A. 你怎么知道的？

B. 是这样，有一天，……

A. 你觉得他这样是自私吗？他可能只是非常爱惜自己的物品。

B. 中国有句俗语，为了朋友，可以"两肋插刀"，这么点儿东西都舍不得，难道还不是自私吗？

A. 那你一定很喜欢……这个人了。

B. 还可以吧，他这个人也有缺点和不足，……

在增加会话的广度、深度的同时，也要训练学生提高反应速度，给他们更短的准备、酝酿时间，让他们能快速、准确地做出应答，使会话过程更为流畅。这其实也是要求学生能更快速地提取大脑中储存的各种词汇和表达方式，提高使用的熟练程度。

# 本 章 小 结

对外汉语口语课属于专项语言技能课，在训练学生口头表达能力的同时，让学生掌握一些口语语体的词汇和表达方式。

汉语口语课的教学任务，是训练和提高学生的口语技能，教学生怎样准确、合理地运用汉语的语音、词汇、语法等表达自己的思想，教学生在什么场合、对什么对象应该说什么、怎么说，既要表达正确，还要表达得体。

口语课教学有"听说式""交际式""任务式"等不同模式，"听说式"口语教学先提供模板，让学生通过模仿进行练习；"交际式"口语教学要求用语言完成交际功能练习、在交际中提高语言表达能力；"任务式"强调练习的真实性，让学生在"做"中学语言，学生之间要进行协商、合作。

口语课的教学内容包括语音练习、词汇练习、句子练习、语段练习、独白练习和会话练习。语段练习的方法有给词连句、组句成段等；独白练习的方法有复述、讲故事、演讲等，会话练习的方法有替换练习、模拟表演、课堂讨论、语言实践等。

要上好口语课，教师需要事先做好充分的准备，并掌握口语教学的技巧和策略，包括设计好问题和指令，预设问题和指令的答案，利用学生之间的信息差，备好可能需要的词汇、句型和表达方式，重视语块的归纳和补充，有足够的耐心和适当的纠错技巧，有娴熟的课堂掌控技巧，教学方法要灵活多变。

不同阶段的口语课，有不同的教学目标和教学重点。从初级到中级再到高级，口语表达逐渐从句子过渡到语段，再从语段过渡到语篇，对语言能力和实际交际能力的要求也要递增。

附：口语课教案示例

### 第九课：多少钱一瓶？

【课程名称】初级口语课

【教学对象】刚学汉语一个月的来华预科留学生

【课时分配】2课时

【选用教材】李晓琪主编：《博雅汉语·初级起步篇（Ⅰ）》，北京大学出版社2013年版，第61—66页，第9课"多少钱一瓶"

【课文内容】

大　卫：师傅，我买啤酒。

售货员：你买几瓶？

大　卫：多少钱一瓶？

售货员：三块五。

大　卫：我买两瓶，再买两瓶水。

售货员：两瓶啤酒七块，两瓶水两块四，一共是九块四毛钱。

大　卫：给你钱。


玛　丽：小姐，有英汉词典吗？

售货员：有，你看，这些都是，你要哪本呢？

玛　丽：我要这本小词典。多少钱一本？

售货员：二十二块。

玛　丽：对不起，我没有零钱。

售货员：没关系。


【教学目标】

**1. 使学生掌握下列词语：**

称呼语：师傅、小姐

物品名：钱、零钱、啤酒、水、词典、英汉词典

量词：瓶、本、块、毛

动词：有、买、要、给

副词：再

**2. 使学生掌握"购物"所需的功能项：**

告知要购买的物品：师傅／小姐，我买／要……。／有……吗？／我买……，再买……

询问价格：……多少钱（一+量词）？／（一+量词）……多少钱？

理解和回答售货员提问：你买几／多少+量词？／你要哪+量词？

【教学重点】

本课的生词和语言点，会话练习

【教学难点】
1. "几"和"多少"、"二"和"两"的用法
2. 商店购物所需的功能项。

【教学模式】

分两个阶段，第一课时采用常规教学模式，让学生熟练掌握本课的生词和语法点，理解和熟悉课文内容；第二课时采用"任务式"口语教学，向学生布置一项"购物"任务，通过语言实践提高学生的口语表达能力。

【教学步骤】

第一课时（45分钟）

一、组织教学（约5分钟）

与学生打招呼，复习上次课重点词语和语言点。

看似随意地提到自己昨天去超市买东西了，引起学生的兴趣。让学生介绍自己最近去商店或超市买过什么商品，为本课做热身。

二、学习新课生词（15分钟）

1. 利用PPT呈现若干商品（课文中的以及之前学过的）图片，以视觉信息让学生进入状态，导入去商店买东西这一话题，进行互动。（1分钟）

2. 朗读生词。先领读，再让学生读，注意学生发音，并结合操练。（3分钟）

3. 讲解需要学生重点掌握的生词和语言点（3分钟）

- "几"和"多少"的区别，"两"和"二"的区别
- 我要（买）+ 数 + 量 + 名，再买 + 数 + 量 + 名
- 数 + 量 + 名 + 多少钱/多少钱 + 数 + 量 + 名

根据学过的词语补充：一杯（bēi）咖啡（kāfēi）、一辆（liàng）自行车、一把（bǎ）钥匙、一件衣服、……

4. 引导理解下列词的词义和语块（5分钟）

PPT展示：师傅、啤酒、售货员、瓶、一共、这些、本、小、给你钱

按：讲解"几"和"多少"，"两"和"二"的区别时，既可以通过PPT展示的图片也可以根据真实的情境，通过师生问答的方式，让学生领会并掌握。

5. 认识人民币（3分钟）

实物展示：举起不同面值的钱币，要求学生说钱数。可以将不同面值的钱币组合，要求学生说一共多少钱。

注：告诉学生，元和角，是书面语；块和毛，是口语。我们常说"块"，写"元"。整数后可以有零，最后的量词常不说。

### 三、学习新课课文（25分钟）

#### 1. 朗读课文（3分钟）

（1）让学生分角色朗读课文

（2）领读课文，对学生处理不好的语句要重点强调。

#### 2. 理解课文（7分钟）

通过提问，引导学生真正理解对话。

例如：大卫去商店买什么？

多少钱一瓶？

他买几瓶？

两瓶啤酒多少钱？两瓶水多少钱？

一共是多少钱？

玛丽去买什么？

她为什么说"对不起"？

#### 3. 讲解语言点（7分钟）

重点是根据课文情景和模拟情景介绍下面的语言点，穿插练习巩固。

句型：数＋量＋名＋多少钱／多少钱＋数＋量＋名？

走到学生中间，随手指着学生桌子上的物品，问不同的学生：

一本书多少钱？

多少钱一瓶水？

两杯咖啡多少钱？

学生轮流说句子，指着PPT上呈示的物品，说自己想买什么，并询问价格。

句型：我要（买）＋数／指代＋量＋名。

我要这本小词典，多少钱一本？

**4. 分角色扮演（8分钟）**

让学生分组，充当顾客和售货员，两两问答，提示学生注意运用本课的语言点。

注：教师在课堂巡视，对学生发音、语言点、语气语调等出现的问题随时给予指点。最后，教师让几对学生到前面表演，并给予评价。

### 第二课时（45分钟）

#### 一、复习课文第一部分的内容（5分钟）

可采用问答形式复习重点词语及句式。

#### 二、布置任务，做任务前准备（10分钟）

1. 教师提前准备好相应的道具，如书、词典、水、啤酒、笔等，以及不同面值的"模拟人民币"，指定教室某一区域为"虚拟小商店"。

2. 教师布置任务：学生三人一组，两人为"顾客"，一人为"售货员"。"顾客"和"售货员"用汉语对话，"顾客"告诉"售货员"买什么、买多少，询问商品的价格。

3. 学生准备。小组商量好要买的商品，如果需要，可以询问老师商品的汉语名称；设计好对话时要说的句子，如果需要，可以要求教师指导。

#### 三、任务实施（15分钟）

每个小组分别进行交际练习，并把对话录下来。

#### 四、任务后活动（12分钟）

教师和学生一起听录音，评价哪个组的对话准确、流利，任务完成得好。教师和学生一起针对学生完成任务的情况及语言表达方面进行评价。

#### 五、布置作业（3分钟）

1. 去商店买东西，用课上所学的生词和句式与售货员对话，把对话录下来，准备下次在课上汇报购物经过。

2. 完成课后练习五、六题。

### 思考题

1. 结合自己学外语的经验，想想怎样才能提高学生的汉语口语表达能力？

2. 要上好口语课，教师需要具备哪些知识和能力？需要掌握哪些方法、技巧？

3. 口语课上总会出现有人说得过多、有人不好意思开口的现象,教师应如何掌控?

4. 对于口语的训练,教师应如何处理好语言形式和语言功能的关系?

5. 关于学习者口语表达的流利度与准确度的关系问题,谈谈你的看法。

6. 实际观摩课堂教学,分析初级班、中级班和高级班口语课教学的不同之处。

第十章推荐阅读

# 第十一章 阅读课教学

## 第一节 阅读课的性质与定位

### 一、阅读课的作用

阅读课是语言技能课的一种,对应的是"听说读写"四种技能中的"读"。大量阅读,是提高外语或第二语言水平的重要途径和方法。阅读课在第二语言学习中的作用,包括以下几点:

1. 巩固已学知识

在综合课或其他课型中学到的词汇、语法,需要不断复现、练习,才能得到巩固,否则很容易被遗忘。阅读课为学习者提供了重新接触这些词汇、语法的机会,使其不断在大脑中再现,长久地储存在记忆之中。

2. 扩大词汇量

词汇量是决定第二语言能力的重要因素,阅读是扩大词汇量的重要方法。综合课等课型强调精讲多练,词汇数量有所控制;阅读课可以让学习者接触更多的新词新语,扩大学习者的词汇量。

3. 培养语感

在综合课等课型中学到的语言知识,是显性的,是我们能够清楚地表述出来的语言知识。除了显性语言知识之外,语言能力的提高,还需要大量的隐性语言知识,即通常所说的语感。当我们认为某个句子听起来或感觉正确的时候,使用的便是隐性语言知识。阅读可以提供大量的语言输入,帮助我们获得隐性的语言知识。在阅读中,我们往往会不知不觉地理解、掌握词句意义、语法规则、语用规律等。

4. 增加与语言有关的背景知识

有些词句,仅从语言本身理解是不够的,还需要了解其背后的历史、文化等背景知识。例如，要理解"三顾茅庐""脱颖而出""望子成龙""门当户对"等成语的意思，就需要知道相应的历史故事、文化传统等。大量阅读第二语言文章，可以更多地接触、了解第二语言国家的历史、国情、文化等方面的背景知识，有助于第二语言水平的提高。

5. 检验第二语言水平

阅读，是检验第二语言水平的手段之一，在各类语言测试中，阅读理解都是重要的组成部分。阅读理解，可以检测学习者的词汇量、对语法规则的掌握和熟悉程度、阅读速度、理解的准确度等，可以综合反映学习者第二语言（特别是书面语）的习得水平。学习者可以通过阅读理解测试，了解自己第二语言的进步程度、不足之处，等等。

## 二、阅读课与其他课型的关系

作为语言技能课的一种，阅读课与听力、口语、写作、综合等其他课型之间，存在一定的关联。

### （一）阅读与听力

阅读与听力都涉及语言的输入和理解，由于输入方式的不同，它们存在很多区别，但读和听之间存在许多共同之处，有一定的依存关系

从感知方式上，阅读是对视觉符号的感知，字形在感知中的作用非常重要；而"听"是对听觉符号的感知，语音的清晰度和敏感度影响很大。从时空上来看，听的语言转瞬即逝，信息在听的瞬间获得，除非是听录音，可以反复回放；阅读却可以反复，时间可以由读者自己控制。

大部分的阅读，都属于默读，嘴里不发出声音，但是在默读时，会感觉脑子里有一个声音在读阅读材料，我们似乎先把文字变成声音，然后再进行感知和理解。可以说，"读"和"听"之间存在关联。

### （二）阅读与写作

阅读与写作涉及的都是书面语言，二者联系密切、相辅相成。阅读是输入，是知识和信息的吸收与积累；写作是输出，是语言的运用，是信息的发出。阅读是从文字中获取信息，写作是将信息转换成文字。

在第二语言学习中，阅读也是写作的基础。不同的语言，有不同的写作模式和表达方式，阅读可以为写作提供模板和范式。在写作课上，教师

在给学生布置写作任务时，一般都要先给学生提供一篇范文，让学生阅读、分析范文后再开始写。

### （三）阅读与口语

"说"是口头语的输出，"读"是书面语的输入，二者看似关系不大，其实，大量的阅读对口语能力的提高有一定的促进作用。

阅读的材料，既可以作为写作的范本，也可以作为口语练习的范本。阅读中获得的知识和信息，可以成为口语练习中的话题，阅读课中学到的词汇、句型，同样可以应用于口语练习。

在阅读课教学中，也可以训练学习者的口语能力，如让学习者就阅读材料的内容提出问题，或者让他们复述阅读内容、发表评述意见，也可以就阅读内容进行讨论、辩论、演讲等。读说结合的教学，既可以检验阅读理解的情况，也有利于活跃课堂气氛，还可以培养、提高学生的口语能力。

### （四）阅读与综合

广义的阅读有两种：精读和泛读。

综合课上也有阅读，这种阅读属于精读，也叫细读，要求学生深入理解阅读内容，所用课时多，教师讲解多，会穿插大量的词汇、语法、文化等方面的学习内容。在综合课上，阅读本身不是目的，通过阅读，掌握课文中的生词、语法、文化等知识才是重点。

阅读课上的阅读属于泛读，强调阅读量大而泛，要求在有限时间里能看完数量较多的阅读材料，但不要求全面、深入理解所读内容。阅读课要求学生尽量多读，题材尽可能多样，阅读的速度通常较快，教师的作用是引导，告诉学生阅读的方法，了解学生的阅读情况，指导学生快速阅读，提高学生的阅读理解能力。在阅读课上，也会有生词、语法与文化内容的讲解，但这些不是重点，重点是提高学生的阅读速度和阅读理解能力。

## 三、心理学与阅读教学模式

受心理学理论发展的影响，阅读教学也形成了不同的模式，主要有行为主义、认知主义和社会建构主义三种阅读教学模式。[1]

---

[1] 参见王晓平、胡娇：《西方阅读教学模式及其发展述评》，《江西教育科研》2007年第6期，第7—9页。

## （一）行为主义阅读教学模式

从 20 世纪初到 20 世纪 50 年代末，行为主义在心理学研究中占据统治地位。行为主义强调可观察的行为，由于发音、记忆和词汇都能得到很好的定义和测量，都能进行精密的观察和良好的控制，因此发音、文本信息的记忆和词汇的发展成了阅读教学的主要关注点。

行为主义认为，人类的每项技能都能分解为一系列子技能，而阅读技能可以分解为发音、解码、理解词义、获取信息。这些技能可以通过一定的程序加以塑造，并通过大量的练习得以强化。行为主义阅读教学模式重视外显的行为，设计大量的练习，主要考察发音、词汇掌握、文本记忆等。这种教学模式一般适用于精读课，不适用于以泛读为主的阅读课。

## （二）认知主义阅读教学模式

20 世纪 60 年代末以来，教育心理学家开始广泛关注阅读过程中的认知过程和元认知过程。认知主义心理学将意义作为阅读过程的核心概念，强调阅读过程就是意义建构的过程，是读者与文本交互作用的过程。认知主义阅读教学模式，将教学重点放在阅读策略上，观察、分析成功的阅读者经常使用的阅读策略，并使更多的学生掌握这些阅读策略。

在教学方法上，认知主义阅读教学模式一般包括五个步骤：

（1）教师直接解释阅读策略，向学生介绍在将要阅读的材料中需要使用何种策略，在什么时候使用这种策略以及如何使用这种策略。

（2）教师示范阅读策略的使用，一般是采用出声思考的形式向学生示范自己使用这种策略的心理过程。

（3）学生在教师的指导下练习使用阅读策略。

（4）学生独自练习使用阅读策略，教师则将阅读和使用策略的任务完全交由学生完成，学生如果感到困难再向教师请教。

（5）教师总结，再次向学生明确阐述该种策略的操作步骤，要求学生在阅读时习惯使用该种阅读策略。

## （三）社会建构主义阅读教学模式

不管是行为主义还是认知主义的阅读教学模式，都把阅读教学视为手段或者途径：行为主义把阅读教学视为练习发音、学习词汇、获取知识和信息的途径，认知主义则把阅读教学变成阅读策略培训。这两种模式下的阅读，都不是自然的阅读，而是经过人工设计的阅读。社会建构主义认为，阅读教学应该是一个自然的过程，就好像儿童学习母语的过程一样，不应该采用任何人工化的教学方法，反对单纯地传授阅读技能或者阅读策略。

社会建构主义阅读教学模式主张，尽量采用自然、真实的方式进行阅读教学，不以做对练习题或考试题、掌握技巧和策略为目的，而是在阅读的过程中学习阅读、学习语言，获取知识。在教学方法上，教师要做的是：为学生提供合适的阅读材料或者让学生自己选择阅读材料，在学生阅读过程中提供指导和帮助，阅读之后和学生进行交流、讨论，而不是去做各种练习题。

这一模式的优点是贴近实际生活的阅读，学生不会产生焦虑感；缺点则是没有给学生足够的压力，学生语言能力、阅读能力的提高相对较慢。

实际的阅读教学，往往是这三种模式的融合，既有发音、词汇、记忆方面的练习，也有各种阅读策略的教学和培训，有时也进行一些自然的阅读，单纯享受阅读的过程和愉悦。教师应根据教学目标、学生阅读能力、教学情境等，进行合理的组合，构建适宜的阅读教学模式。

## 第二节 阅读的过程与障碍

### 一、阅读过程的四个环节

阅读时，我们一般是安安静静地坐着，眼睛盯着阅读材料，没有什么大的动作。其实，阅读是一个复杂的认知和思维过程，需要经过以下四个环节：

#### （一）获取视觉信号

"阅读理解从获得视觉信号开始，获得视觉信号的过程称作外部过程，也叫作生理过程。"[1] 只有阅读者将注意力集中到阅读材料上时，才能完整、准确、快速地获取视觉信号；如果注意力涣散，则会影响阅读的速度和准确度，甚至会视而不见，扫了几眼，却什么都没有读到。

---

[1] 陈贤纯：《外语阅读教学与心理学》，北京语言文化大学出版社1998年版，第14页。

## （二）识别出字和词

我们看见了一段文字，却不一定能看懂。要理解文字的意义，还要把视觉信号识别成不同的字和词。如果是字母类语言，则要识别出不同的字母和词语。识别字和词，也需要经历一个认知和思考的过程。尝试阅读以下例句，注意加粗的文字：

① 李文静突然想起来，妈妈的**毛衣**已经穿了很多年了。

② 每个货箱均**应用**防水颜料书写标记……。

③ 发生不可抗力情况，使本合同无法**履行时**，……

④ **该**附件是本合同不可分割的组成部分。

受过良好教育的汉语母语者，阅读和理解上述例句并不困难，但对母语非汉语者来说，就不是那么容易了。

例句①是分班测试阅读材料中的一个句子，要求学生读出来，常常有学生把"毛衣"读成"手衣"，这就是没有正确地识别汉字。"毛"和"手"上半部分相同，而他们对"手"字可能更熟悉，再加上考试时紧张，就把这个字识别成"手"了。例句②中，"应用"是一个词还是"应"和"用"两个词？例句③中，"履行时"是"履行"+"时"还是"履"+"行时"？例句④中，即使外国学生识别出"该"这个词，也还需要进一步思考："该"在这里是"应该"的意思，还是作为代词的"这个"的意思？对母语者来说，这个思考过程可能很快、很容易就能完成，但对外国学生来说，这个思考过程就需要耗费一定的时间和精力。

## （三）理解句子和语篇的意义

将视觉信号识别为不同的字和词之后，还要将这些字和词组合成句子、语篇，才能真正理解阅读材料的意思，从中获取信息。关于这一过程，有两种相反的观点。

1. 自下而上的阅读模型（the bottom-up model）

这种观点认为，阅读是一个解码（decoding）的过程，读者从最小的单位——字母和单词（从底层或下层）识别开始，逐步弄懂（在顶层或上层）较大的语言单位——短语、分句、句子和整个语篇的意义。比如，下面这句话：

一位穿红毛衣的女孩站在大门前。

我们的感知是从单个的字开始,然后感知词——"一位""毛衣""女孩""大门"等,最后才是整个句子。这种感知和理解方式就是自下而上的信息处理方式。

2. 自上而下(the bottom-up model)的阅读模型

这种观点认为,阅读是"一个心理的猜测游戏厅",阅读者在阅读的过程中是主动的参与者,他们并不是逐字逐句地去理解,而是结合自己的猜测,在文章中找出有关的信息,来验证自己的预测。比如下面这句话:

最近,社会上出现了很多"闪婚族"。他们闪电般地结婚,闪电般地离婚,不追求天长地久,只在乎曾经拥有。

当我们读到"闪婚族"一词时,可能会有一个预测,"闪"指的是"很快","婚"指的是"婚姻","族"可能指人,而且是一群人,所以"闪婚族"指的是"很快结婚的一群人"。当我们接着往下读时,后面的内容部分证实、部分修正了我们的预测。这种猜测和验证猜测的过程,就是自上而下的阅读方式。

"自下而上"和"自上而下"两种模型都只看到了阅读过程中的一个方面,在实际阅读过程中,两种信息处理的方式总是同时进行的,阅读的过程实际上是一个自下而上和自上而下相互作用的过程。自下而上的信息处理使读者能发现新的信息,自上而下的信息处理则帮助读者消除歧义并在可能的意义方面作出选择。再如:

① 明天是王红的生日,小美去买蛋糕,小丽去准备礼物,我去干什么?

② 明天是王红的生日,你们女孩子在一起聚会玩儿,我去干什么?

同样是"我去干什么",语境不同,表达的意思也不一样。①句中的"我去干什么"是在问:"我应该或需要去干什么?"②句中的"我去干什么"则是反问句,表达的真实意思是"我是男孩子,不应该参与到你们女孩子一起玩的事情中,我不应该去"。只有经过这样的思考过程,才能真正理解语篇的意义。

(四)对阅读活动的监控和调节

经过以上三个环节后,对阅读内容形成一种理解之后,还要判断:这种理解是否准确?自己的理解是否和作者要表达的内容一致?等等。如果发现理解不准确,则要修正自己的理解;如果发现理解有可能不准确,则要对阅读行为进行调节，如退回重读、放慢阅读速度，或者继续读下去、尝试从下文中寻求理解。

总之，看似简单的阅读，其实是一个复杂的认知和思考过程，需要耗费一定的精力特别是脑力，外国学生阅读汉语尤其如此。

## 二、图式理论与阅读过程

### （一）什么是"图式"？

现代图式理论中的"图式"概念，一般认为是由英国心理学家巴特里特（F. C. Bartlett）在1932年提出来的。

巴特里特做了这样一个实验，他向被试呈现一些故事，然后间隔一段时间，叫被试回忆故事，发现回忆出来的故事与原文有较大的不同。首先，故事被简化，被试不熟悉的内容往往被略去；其次，故事经过了重新组织，使其意义更加连贯、合理；最后，故事表达的方式概括化，被试经常用熟悉的词代替不熟悉的词，写出来的句子也往往不是原文中的句子。

为什么被试回忆出来的故事与原文有这样的差异呢？巴特里特用图式的概念来解释这一现象。他认为图式是对先前反应或经验的一种积极组织，人的认识会受先前经验的影响，所以，在回忆时，被试略去了自己不熟悉的，即先前经验中没有的内容。图式会对获得的材料进行重建和改造，所以，被试回忆故事时，对故事进行了重新组织，用自己熟悉的句型和词语来进行概括化的表述。

根据巴特里特的图式理论，阅读理解不是一个被动地接受文本信息的过程，而是受先前经验的影响、在先前经验的基础上对信息进行加工、改造和重建的过程。读者对一篇文章能否理解、如何理解、理解的程度如何等，与其头脑中已有的图式有关。[①]

### （二）图式与阅读

近几年，许多心理学家和心理语言学家将图式理论应用于外语教学领域，用来解释外语学习和阅读的心理过程。图式理论强调读者及其图式在阅读中的作用，认为人是通过激活他们原有的相关图式来理解新信息的，

---

① 参见王尧美、张学广：《图式理论与对外汉语阅读教学》，《语言与教学研究》2009年第11期。

阅读是作者的语言文字与读者头脑中已有的图式相互作用的过程，语篇或文本只是引导读者，根据他们的图式来重新获取或建构文本意义，达到阅读理解的目的。

例如，我们看到下面这段话：

"你把火点着，把锅放在火上，往锅里倒点儿油，把鸡蛋放进去炒一下，倒出来。再放一点儿油，把西红柿放在锅里炒熟，把炒好的鸡蛋放进去，别忘了加点儿白糖，最后再加点儿盐。好了，尝尝，怎么样？"①

虽然文本没有直接告诉我们，但我们仍然可以知道，这是一个人在教另一个人做西红柿炒鸡蛋，这是我们用头脑中已有的图式来理解这一文本的结果。当我们看到第一句中有"把火点着""把锅放在火上"，后面又有"鸡蛋""西红柿"，这就让我们想到这是在做饭或者做菜，从而激活了我们头脑中关于做菜的图式。根据做菜的图式，做菜最重要的是原料和步骤，我们阅读的时候，就会注意这道菜用了什么原料，操作的顺序是怎么样的，从而影响我们对文中信息的掌握，这就是图式对阅读理解的引导作用。

如果读者头脑中不具备某种适当的图式，或没有使图式充分发挥作用的线索，则会产生阅读理解障碍。上文中，西红柿、鸡蛋、白糖、盐等都是常用的食材，所以理解难度不大。如果是不常用的食材，如海参、耗油、芥末等，理解起来就会稍有难度。

### 三、外国学生汉语阅读中的困难与障碍

外国学生在进行汉语书面阅读时，会遇到以下几个方面的障碍。

#### （一）语言方面的障碍

在阅读外语文献时，可能最头疼的事就是大量的生词不认识。对汉语非母语者来说，汉字和词语的识别是一件比较困难的事情，而且汉语书面文字中，词与词之间没有明显的标志，句子的各种成分之间有时也缺乏标志，这就给外国学生的书面阅读增加了难度。例如下面这个句子：

为了让儿子考上那所有名的音乐学院，也为了圆自己的梦，父亲毅然决定陪孩子进京拜师。

---

① 引自《博雅汉语·初级起步篇Ⅱ》，北京大学出版社2005年版，第76页。

对一般的中国人来说，这句话并没有太大的难度，只要通过语法分析就能知道这句话主要说的是："父亲决定陪孩子进京拜师"。但是对外国学生来说，由于他们对汉语词汇和语法的掌握程度有限，理解起来就会有一定的难度。比如，他们可能会纠结于"为了"是动词还是介词？这是一个句子还是三个句子，等等。

### （二）内容方面的障碍

有些文章涉及一些背景知识，如果不了解这些背景知识，理解起来也会有障碍。例如：

按照这些人的标准，繁体字才是正宗的中国文字，因为它保留了中国字的传统写法，所以有的人称之为正体字。

如果不知道"繁体字""简体字"，这句话就不容易理解。再比如，关于中国节日、民俗等方面的文章，里面会有诸如"春联""爆竹""守岁""拜年""压岁钱"之类的词，如果不了解背后的文化知识，理解起来也可能会有困难。

### （三）生理和心理方面的障碍

阅读课中的阅读，是一件比较累而且比较枯燥的活动。获取视觉符号需要阅读者集中注意力，而识别字与词、理解句段、判断作者真实意图，更是需要耗费大量脑力。这一过程不是消遣娱乐，而是一直伴随着压力。生理和心理上的疲劳、厌倦等，也会成为阅读的障碍。如果阅读材料难度太大，阅读过程中总是遇到失败，缺少成功的激励，阅读活动更是很难坚持下去。所以，很多学生不愿意阅读外语文献，觉得上阅读课又累又没意思。

由于语言、内容、生理与心理等多方面的原因，外国学生在阅读汉语时，常常会产生焦虑感。不同国别的外国学生，其阅读焦虑的特点与原因也有所差异。有研究发现，欧美国家学生在汉语阅读普遍焦虑和字词体系上的焦虑值比较高，而日本、韩国学生的汉语阅读焦虑感主要来自不熟悉的主题和文章的长度等[1]；学习内容、课堂教学活动等最容易引起中亚留学生的阅读焦虑感，文化冲突、语言测试、课堂交际及竞争等最不容易引起中

---

[1] 郁青：《初级水平留学生汉语阅读焦虑研究》，华东师范大学硕士论文，2007年，第30—34页。

亚留学生的阅读焦虑。[①]

外国学生的汉语阅读焦虑是普遍存在的，其表现和原因也是多种多样的。帮助学生克服阅读焦虑，也是阅读课的一项重要任务。

## 第三节　阅读课的教学任务

汉语阅读课的教学任务，主要是提高学生的汉语水平，特别是书面阅读理解能力。具体而言，阅读课是通过训练学生的阅读技能和技巧，提高学生的汉语阅读理解能力和阅读速度，在此基础上，提高学生的汉语综合水平，以及对中国社会文化等方面的了解程度。

### 一、阅读理解考什么？

在各种语言测试中，阅读理解都是重要部分，主要测试应考者的阅读理解能力和阅读速度。以下面两篇阅读理解测试为例，分析一下阅读理解到底考什么？

短文一

我们身边常常有这样的人，他们努力工作，挣钱也很多，然后自由地消费，以此来刺激自己再挣更多的钱。他们虽然挣钱很多，却很少能存下钱，甚至经常喊着钱不够花。

那么怎么做才是更合理的消费呢？

第一，应该对每月资金的去向作个合理的计划。据报道，美国有钱人平均每周大约有44—45小时花在挣钱上，而他或者他的妻子每周要花掉一小时以上的时间制订财富计划，这个比例在有钱人中占到接近三分之二。所以多下点儿功夫关心一下自己的财务，对于财富的积累和增长一定会有好处。

第二，心情不好的时候请不要去购物。有的女性受到委屈后往往会去

---

[①] 刘莉：《中亚留学生汉语阅读焦虑研究》，新疆师范大学硕士论文（摘要部分），2010年。

购物消费，直到把自己累到说话都没了力气，然后买回一堆也许永远都用不上的东西。这种消费也许会暂时让你忘掉心中的不愉快，但是仔细想想，这笔钱你花得是多么不值得，你是在花自己的钱为别人的错误买单。

第三，请改掉一些不好的习惯。很多人都有自己的购物喜好，有人喜欢买手表，有人喜欢买名牌包，有人见到太阳镜就忍不住。但是如果生活遇到困难，恐怕这些东西都没有用。对某一项事物过分喜爱就容易花钱太多，以抽烟为例，如果平均每天抽一盒，大概花费15元的话，一年就要花掉5500块钱，假设抽烟40年，就要花掉大概22万元。这还没有算上因为吸烟得病所需要的治疗费用。

1. 根据上文，美国有钱人每周用于挣钱的时间是多少？
   A. 大约44到45小时　　　B. 大约一个小时以上
   C. 大约45到50小时　　　D. 大约占一周三分之二的时间
2. 作者认为，心情不好的时候去购物会怎样？
   A. 会用别人的钱买单　　B. 容易买不实用的东西
   C. 容易买到便宜的东西　D. 会永远忘掉一些不愉快
3. 对于"抽烟"，作者的主要观点是什么？
   A. 很难控制　　　　　　B. 要有计划
   C. 要有规律　　　　　　D. 浪费很多钱
4. 本文主要讨论的是什么？
   A. 合理消费　　B. 多挣少花　　C. 不要抽烟　　D. 要学会投资

短文二

一群学生一同去拜访大学教授。起初大家谈得很愉快，说着说着，学生们的话题便转向了抱怨，他们抱怨生活压力太大，没有时间享受生活。

这时，教授不动声色地从厨房里取出了许多杯子，其中有陶质的，有瓷质的，有木质的，有玻璃的，也有塑料的。教授嘱咐学生们自己取杯子倒水喝。大部分杯子被取走后，托盘上只剩下一些看起来很丑的杯子。

教授这时别有深意地微笑着说："你们瞧，所有美丽的杯子都被拿走了，剩下的，全是让人瞧不上的塑料杯。现在，我想问的是：你们选杯子的目的是什么？"

学生们异口同声地说:"喝水啊!"教授又问:"既然是喝水,那为什么你们那么在意盛水的杯子呢?随手拿一个杯子不就可以了吗?为什么还要刻意选好的、美的、精致的?"学生们被问得哑口无言。

在学生的一片沉默中,教授继续说道:"这就和生活一样。生活就是水,而名誉与地位,仅仅是盛水的杯子罢了,如果我们把所有的注意力放在杯子上,不能舍弃名誉、地位等外在的东西,我们将没有时间和心情来享受杯中水的美好滋味。"

1. 第二段中的画线词语"不动声色"的意思最可能是:
A. 不高兴　　　B. 很满意　　　C. 不说话　　　D. 不热情
2. 教授要告诉学生们什么道理?
A. 懂得舍弃才能享受生活　　　B. 漂亮杯子是用来喝水的
C. 应该用普通的杯子喝水　　　D. 生活压力很大,要学会放松[①]

根据以上分析,可以发现,阅读理解部分的试题设计是有规律的,主要考查的是以下五种能力:

### (一)快速查找相关内容

短文一第1题问"美国有钱人每周工作的时间",回答这道题需要快速找到"美国""有钱人""工作""时间"这些关键词的句子和段落,找到后就很容易选出正确答案A。

### (二)找出并理解一些重要细节

回答短文一第2题,需要找出与"心情不好"有关的部分,特别要注意"用不上"这个词的意思,这部分讲心情不好的时候买东西,会买很多"永远都用不上的东西",也就是不实用的东西,这道题的答案应该是B。

### (三)把握作者的态度、语气等

回答短文一第3题,需要把握作者的态度、观点。作者把"抽烟"放在"请改掉不好的习惯"这一段,说明作者认为"抽烟"是一种不好的习惯,而整篇短文都是关于"消费"、关于"钱"的,作者关注的重点是"抽烟"花多少钱,所以这一题的答案是D。

---

① 王尧美主编,《新HSK五级全真模拟测试题集》,北京语言大学出版社2012年版,第118—119页。引用时题号和内容有改动。

### （四）掌握文章的主题和大意

短文一第 4 题"本文主要讨论的是什么"，考查的是对文章大意的掌握，通读短文后可以发现答案是 A。

### （五）词语和句子理解

短文二第 1 题，考的是对"不动声色"这一词语的理解。而要回答第 2 题，则需要理解这句话："生活就是水，而名誉与地位，仅仅是盛水的杯子罢了，如果我们把所有的注意力放在杯子上，不能舍弃名誉、地位等外在的东西，我们将没有时间和心情来品尝和享受杯中水的美好滋味。"

上述五种能力，是阅读理解测试的主要考察内容，训练和提高这五种能力，是阅读课的重要任务。

## 二、阅读策略和技巧

阅读理解测试，除了考察学生的阅读理解能力之外，也要考察学生的阅读速度。以新汉语水平测试（HSK）五级考试为例，阅读部分共有 45 道题，要求在 45 分钟内做完，平均 1 分钟一道题。

阅读速度的快和慢，是学生汉语水平、汉语能力的一种体现。熟练掌握的字词、语法越多，阅读过的汉语文献越多，做过的阅读练习越多，阅读速度自然也越快。这种提高是逐渐积累的结果。

有一些阅读策略和技巧，能够帮助我们扫除阅读中的一些障碍，更快速、有效地阅读和理解文本并获取所需信息，从而提高阅读速度。讲解和练习阅读策略和技巧，也是阅读课的重要任务。

### （一）找主题词和主题句

主题是文章论述的中心，只要我们能找出文章的主题词或主题句，就能理解文章的大致内容。文章里面出现次数较多的词，往往是主题词。主题句往往在段首或者段尾，也有的位于句中，有的则需要自己总结。

上面短文一中频繁出现的词有"消费""钱""购物"等，这篇短文的主题词是"消费"，而第二段的那句："那么怎么做才是更合理的消费呢？"，就是全文的主题句。而"应该对每月资金的去向作个合理的计划""心情不好的时候请不要去购物""请改掉一些不好的习惯"则分别是后边三个段落的主题句。抓住主题词和主题句后，就可以掌握文章的大意。

### （二）利用背景知识进行预测

学生在阅读过程中，还可以进行预测，即根据自己掌握的知识及上文已经出现的内容，对下文将要出现的内容进行预测。短文一中讲到"抽烟"，可以结合日常生活的知识和经验"预测"作者要说什么。短文二第一段中有这句话："学生们的话题便转向了抱怨，他们抱怨生活压力太大，没有时间享受生活。"到这句话时，可以预测，后面的内容和"抱怨""压力""享受"有关，教授要告诉学生的道理，也和"抱怨""压力""享受"有关。预测有助于阅读和理解后边的内容，也有助于提高阅读速度。

### （三）抓关键、跳障碍

阅读的主要任务是从阅读文本中获取所需的知识或信息，这就要求我们能"抓关键、跳障碍"，即只需读懂关键的词语或句子，而不用弄懂每个词或每句话的意思，因此可以略读举例性的词语、无关或重复的引言等。如下面这句话：

不吃早餐影响胃酸分泌和胆汁排出，这样就会减弱消化系统功能，诱发胃炎、胃溃疡、胆结石等消化系统的疾病。

这句话里面有很多生词，如胃酸、胆汁、胃炎、胃溃疡、胆结石等，但我们可以跳过这些障碍，只要抓住"不吃早餐会引起疾病"这个关键意思就可以。而短文二中的这句话：

这时，教授不动声色地从厨房里取出了许多杯子，其中有陶质的，有瓷质的，有木质的，有玻璃的，也有塑料的。

这句话中的"陶质""瓷质""木制""玻璃""塑料"不是关键信息，即使不明白也没关系，只要掌握这句话的关键意思："教授拿出很多不同的杯子"。

第2题"教授要告诉学生们什么道理？"，考的是对"如果我们把所有的注意力放在杯子上，不能舍弃名誉、地位等外在的东西，我们将没有时间和心情来享受杯中水的美好滋味。"这句话的理解，这时也需要"抓关键、跳障碍"，把这句话简化为："如果我们……，不能舍弃……，我们将没有时间和心情来享受……"。简化之后，就可以发现这句话的关键信息是"不能舍弃，就没有时间和心情享受"，这道题的答案是A。

### （四）猜词

不认识的生词是学生阅读过程中的一大障碍，根据上下文、词汇知识等猜词是学习者扩大词汇量的重要途径之一，也是最有效的阅读策略之一。

汉语的词语由汉字组成，汉字由偏旁、部首等构成，学生在阅读时，可以利用偏旁、语素、构词法等，猜测生词的意思。此外，文章的句子与句子之间有一定的关系，因此可以利用上下文的线索猜测某些词的意思。看下面的例子：

① "他因诽谤罪被法院起诉"，"诽谤"的意思是：

A. 杀人　　　B. 抢银行　　　C. 偷东西　　　D. 说别人坏话。

② "自从买了手机，每个月的话费就成了一大笔开销"，"话费"的意思是：

A. 说话浪费时间　　　　B. 打电话的费用

C. 说话很费劲　　　　　D. 说没有意义的话

例①对"诽谤"一词的理解，可以从其"言"字旁入手，了解其与"说话"有关；而既然是一种"罪"，显然是"说别人的坏话"。例②中的"话费"，通过前一句中"买了手机"可知，显然是"打电话的费用"。

### （五）集中注意力，控制"视线"移动

获取视觉信号，是阅读过程的第一步。在集中注意力的前提下，扩大视幅、减少回看、提高视线移动速度等，可以更快地获取视觉信号，进而提高阅读速度。

阅读理解测试考查的能力之一是"快速查找相关内容"，在回答这类题目时，特别需要控制视线。应对阅读理解测试的策略之一，就是先看题目，再看短文，从题目中找出关键词或关键词组，再去短文中找相关的词和句子。例如，短文一第1题的关键词是"有钱人""挣钱"，第2题的关键词组是"心情不好"，第3题的关键词是"抽烟"。快速浏览，在短文中找到这些关键词或关键词语，再仔细阅读之前和之后的句子，就能快速答对题目，而不需要一词一句地慢慢阅读。

### （六）尽可能摆脱语音中介，以提升阅读速度

学生在阅读文章时一般存在两种情况：一种是读出声来，或虽不出声但嘴唇有发音动作；另一种是在心里默默诵读，这些阅读习惯都会不同程

度地影响阅读速度。最好的阅读方式是摆脱语音这一中介，由字形直达字义的无声阅读，这需要教师有意识地训练，使学生逐渐养成良好的阅读习惯。

阅读课经常采取限时阅读的方式，要求学生在规定的时间内，完成规定的阅读任务。因此，学生应在教师的指导下，有意识地采用预测、跳障碍、抓主题、控制视线、摆脱语音中介等方式，提高自己的阅读速度。

## 第四节　阅读课的教学环节和教学方法

对外汉语阅读教学，可以分为准备阅读材料、阅读前、阅读和阅读后四个环节。

### 一、准备阅读材料

教师在上课前，首先应该准备好相关的阅读材料。

（一）选择和编辑阅读文本

阅读课有两种情况，一种是有固定的教材，一种是没有固定的教材。

如果有固定教材，教师不能随意改动，只能学习教材上的文章。但是一般阅读教材往往既有正文，又有副课文，是全部学？还是只学正文？或者有选择地学？这就需要教师进行抉择。另外，由于学生手中有教材，如果他们提前预习了，就无法在课上进行限时阅读，也不能检验出他们真实的阅读理解能力。因此，尽管有固定教材，教师也要适当补充点儿其他材料。

如果没有固定教材，教师可以自己选择，也可让学生参与选择。教师一般不事先发给学生材料，而是让学生上课时才拿到材料，当堂阅读与理解，这样可以看出学生的真实理解水平，也符合限时阅读的要求。

在选择阅读文本时要注意，文章的长度和难度要符合学生的语言水平，必要时可以对文章进行适当的删改。其次，文章的内容要有一定的实用性、趣味性，尽量贴近学生生活，使学生有兴趣去读。例如，每个人都会做梦，人为什么会做梦？为什么梦里的事情有很多是稀奇古怪的？为什么人们经常记不起自己做了什么梦？对这些问题，人们都很想深入了解。在高级阅读课上，选择一篇关于梦的说明文，学生可能会非常感兴趣。

另外，教师还可以让学生自己选择部分阅读材料，让他们自己在课堂上朗读、讲解等。

### （二）设计阅读理解练习

练习可以采用填空题、判断题、选择题、问答题等多种形式，考查学生对所阅读文本的理解程度。练习要符合学生的实际水平，并能考查学生查找相关信息、理解长句难句、把握主旨和观点等多方面的阅读理解能力。

### （三）确定要练习的阅读技巧和方法

根据文本和练习，确定要讲解和练习的阅读技巧，如猜词，抓关键、跳障碍，找主题词、主题句等，并做好相应的教学设计。

一本好的阅读教材，可以帮助教师完成以上活动。但是，如果学生一直抱着一本教材读，难免会觉得单调、厌烦，教师需要根据实际情况自己补充一些文本和练习。

## 二、阅读前活动

在让学生正式阅读前，教师应该做好以下准备活动。

### （一）讲明阅读课的任务和要求

教师在学期初刚上阅读课时，就应明确要求阅读课的要求：阅读练习不是要求学习者百分之百地理解文章，而是只要理解其主要内容和部分细节就可以了。教师在课堂上也要不断地提醒学生以下几点：不要试图读懂每一个字、每一句话；有的字、词、句比较难，不理解也没关系，先往下读，能大概知道文章的意思就可以了。阅读时，应利用多种方法推测生词的意思，完成阅读练习之后再查词典核实自己猜词是否正确。

### （二）处理生词和语法点

在阅读前，讲解一些重要的生词和语法，可以降低学生阅读的难度。生词表中的生词，一般是按照在文中出现的先后顺序进行排序，在处理生词时，教师可以对生词进行重新归类，把词性相同或词义相关的生词放在一起，例如：

**表示人的名词：** 丈夫　司机

**表示物的名词：** 旅行车　牌子　脑袋

**动词：** 数　带　驾驶　注意　挂

**表示戏剧的名词：** 京剧、川剧、豫剧、越剧

**表示心理活动的动词：** 赞成　考虑　同意　讨厌

通过这样的方式，可以帮助学生在头脑中形成某一类词语的图式，有助于他们理解和掌握这些词语，也有助于他们阅读和理解相关的文本。

### （三）激活背景知识

背景知识会影响学生对阅读文本的理解，在阅读之前，教师可以通过各种办法先激活学生的背景知识。

方法一：进行预测

教师可以引导学生根据文章标题、生词等来预测文章的内容。如看到标题：《大学生消费调查："月光族"女重穿着男重娱乐》，可以预测："月光族"一词可能和"消费"有关系，这篇文章是关于大学生消费的。再比如，生词表中有"旅行车""注意"这两个词，可以预测：这篇课文是不是和"旅行"有关呢？要"注意"什么？为什么要"注意"？

方法二：头脑风暴

在阅读文本前，可以组织学生进行头脑风暴，对相关的词汇和行为进行大检索，使学生尽可能在最短的时间里了解有关话题的知识。例如，要阅读与旅游有关的文章，可以先让学生想一想已经学过的、与旅游有关的词语，将这些词语汇总以后，再引入要阅读的文章。

方法三：提供相关知识

如果学生缺少相关的背景知识，教师也可以先提供与文本有关的知识。例如，《发展汉语·高级汉语阅读（上）》中有一篇关于园林的文章，在阅读之前，教师可以先讲一些关于园林的知识，展示苏州园林、凡尔赛宫等园林的图片，在激活背景知识的同时，还可以激发学生的阅读兴趣。

方法四：提供阅读提示

在学生开始阅读之前，教师可以提供适当的阅读提示，如这是一篇关于什么的文章？阅读时应该注意哪些地方？等等。

例如，要读一则电影海报，教师可以在阅读前提出这样的问题：

电影的名字是什么？

这部电影是关于什么的？

什么时间放映?

在什么地方放映?

票价是多少?

### 三、阅读活动

在做好阅读前的各种准备之后,就可以正式开始阅读教学了。

#### (一) 限时阅读

根据文本的长度、难度以及阅读练习的多少,限定学生在多长时间内读完文本、做完练习。学生阅读时,教师应该不断巡视,以了解学生的阅读情况。如果发现学生查词典或有其他的不良阅读习惯,要及时提醒。

为了提高学生的阅读兴趣,增加学生之间的互动,活跃课堂气氛,阅读课还可以采用合作阅读的方式:可以让学生分别读文章的不同部分,再把不同部分整合起来,形成一个完整的文章;也可以是两三个学生合作完成练习,每个学生先选择自己的答案,相互对照、讨论之后再形成一致意见;还可以是两个同学针对文章内容,相互提问、相互回答。

#### (二) 讲解练习

讲解不是简单地核对答案,而是要讲明为什么。在讲解过程中,可以通过提问的方式,了解学生对文本的理解程度,并有针对性地进行指导。

#### (三) 讲读文本

如果文本相对较难,或者比较有意思,教师也可以对文本进行适当的讲读。讲读可以在讲解完练习之后,也可以结合练习进行讲读,即根据练习讲读文章的一些重点、难点,解决学生在阅读理解过程中遇到的困难。

阅读课上的讲读不是一字一句地讲读,而是把重点放在对文章整体框架、大致内容的掌握上,同时适当地讲解一些重要的词汇、语法、句子。

讲读要增加与学生的互动,多提问学生,并鼓励学生提出自己的问题,相互讨论。教师可以结合文本和练习,讲练一些阅读技巧;也可以把阅读技巧单独拿出来,作为阅读教学的一部分。

### 四、阅读后活动

读完文本、做完练习之后,还可以进行一些延伸活动,例如:

### （一）概括文章内容

读完文章之后，可以用复述的形式，让学生自己概括一下文章的主要内容。

### （二）对阅读过程的总结、反思

可以让学生思考以下问题：为什么有的练习做错了？以后应该注意什么？自己在阅读时还存在什么问题？文章还有哪些地方不太明白？

### （三）用文本中的词汇、句式造句

阅读课上所学的词汇、语法，一般只要求学生能够理解，但我们也可以让学生用文本中的词汇或句式进行模仿造句。如：

① 看好了就想买，少则几十块钱一件，多则一、二百元。
  少则……多则……
② 相对于女生爱打扮的花销，男生则更注重于课外的娱乐生活。
  相对于……，……则更……

### （四）针对文本中的话题，组织讨论或写作

教师可以组织让学生针对文本内容，提出自己的观点；还可以让学生简要地复述或重写文本内容，把语言输入和输出结合起来。这样做，不但可以提高学生的语言表达能力，也可以增加阅读课的趣味和吸引力。例如，读完一篇关于"闪婚"的文章之后，可以让学生谈论一下自己对"闪婚"的看法。在讨论时，可以鼓励学生质疑作者，提出与文章不同的观点，并说明自己的理由。

适当的读后活动，可以让学生从文本阅读中得到更多的收获，并对自己在阅读课上的收获有更深切的认识。

## 第五节　阅读课的教学难点和教学策略

阅读课中的"阅读"，是一件耗费脑力、承受生理和心理压力的事情，阅读理解能力和阅读速度的提高，效果不像学习生词、语法那样显而易见、一目了然；阅读课以学生读、教师讲为主，也很难进行丰富的课堂互动练习。由于以上原因，阅读课很容易成为学生眼中最没意思的课、最不愿去上

的课。

上好阅读课,并不是一件容易的事情,教师至少面临三大难关:阅读材料的选择和编辑、阅读练习设计、课堂气氛调节。

## 一、阅读材料的选择和编辑

在上一节中提到,选择阅读文本,是阅读教学的一个重要环节,一本好的阅读教材可以帮助教师完成这一任务,但是教师不可能只抱着一本书就完成整个学期的阅读教学,很多时候,教师要自己选择和编辑阅读材料。

在选择和编辑阅读材料时,要注意以下几个方面:

### (一)要有吸引力,尽量选择学生喜欢读、愿意读的阅读材料

可选择学生日常生活中实用性强的材料,如列车时刻表、说明书、广告等;也可选择带有趣味性的材料,如笑话、喜闻乐见的故事、有趣的研究和观点等。在选择阅读材料时,要注意话题的多样性,从历史、文化、经济、政治、教育、社会、旅游等不同的主题中选择合适的阅读材料。

### (二)要适合学生的水平,难度适中

难度的控制要考虑文章长度、生词量、语法复杂性三个方面。根据学生汉语水平、阅读能力、阅读兴趣等,控制单篇文章的长度。一般来说,初级班尽量控制在200字以内,中级班不超过600字,高级班不超过1000字。如果生词太多,则将部分生词用学生学过的词进行改写。如果有些句子的语法比较复杂,则改用简单的句式进行表达。

### (三)要能满足教学需要,方便设计阅读练习

阅读课的教学任务是培养阅读技巧和阅读方法、提高阅读理解能力,阅读材料是实现这一任务的工具。选择和编辑阅读材料还要考虑能否设计、如何设计阅读练习。为了设计阅读练习,有时会有意对阅读材料进行改编。

## 二、阅读练习的设计

做阅读练习,是提高和检验学生阅读理解能力的重要手段。设计阅读练习,是阅读课的重要环节之一。在设计阅读练习时,应注意以下几点:

### (一)要有针对性

每一道练习题的设计,都应有其目的,是检验学生能否快速找到相关

信息，还是考查学生是否准确把握了作者的观点、态度等。根据第二节关于阅读理解能力和阅读技巧的分析，可以设计几种类型的练习内容：快速查找相关内容，找出并理解一些重要细节，把握作者的主要观点，把握作者的态度及语气，将长句化繁为简，评读、抓关键、跳障碍、找主题词和主题句等。

### （二）选择合适的题型

大部分阅读理解测试中，都使用选择题这种题型，在设计阅读练习时，也一般以选择题为主。但选择题的设计有难度，设计不好便达不到目标。刘颂浩曾在其《对阅读教学研究的若干思考》一文中就选择题的编写原则提出了很好的建议：

- 关于题干的原则。题干应尽可能地点明问题的实质，让学生明白问题究竟是什么；从反面提问（如"下面哪句话不对"）的题目不应太多等。
- 关于选项的原则。选项本身要符合语法；选项要具有一定的迷惑性，不能生拼硬凑等。
- 关于选项与文章的关系。选项要用同义替换的方法重现原文，避免使用文章中原有的措辞，同时要保证选项比原文容易等。
- 关于选项与题干的关系。所有的选项与题干相接后，在形式上都应是完好的，读起来符合语法和逻辑；选项中共同的语言成分应集中于题干上，以使表述精练等。
- 关于选项与选项的关系。选项应互相独立，避免相互依赖；选项在长度上不能相差太多；词汇多选题中的各选项在难度上不能相差太大等。[1]

可见，要设计高质量的选择题并非易事，需要根据教学目标精心谋划、科学设置。当然，一味采用选择题会导致考察角度的片面性，因而通常还会使用其他题型，如填空题、判断题、连线题、问答题等，多角度地考察学习者的阅读理解及表达能力。

---

[1] 刘颂浩：《对外汉语教学研究》，教育科学出版社2005年版，第52页。

### （三）练习题在阅读材料中的分布要均衡

在选择和编辑阅读材料时，就要考虑到练习的设计。把阅读材料分成几个部分，每个部分都应该至少能出一道练习题。练习题的答案或解题线索，应该均匀地分布在阅读材料中。如果阅读材料中有一部分没有对应的练习，去掉后不影响学生做练习，这一部分就可以考虑删掉。

### 三、课堂气氛的调节

阅读课是一个不容易"讨好"的课型，"不少教师和学生都觉得阅读课最大的困难是单调，整个教学就是：学生阅读、做题，教师评讲，然后学生又阅读、做题，教师又评讲……周而复始，课堂气氛沉闷。"[1]

这种沉闷在很大程度上是由阅读课的课型特点决定的，阅读课就是要让学生多读，提高阅读速度和理解能力，互动时间自然就少了。但是，如果一直这样沉闷，会影响学生上课的积极性和学习效果，教师也应该采取一些办法，调节课堂气氛。

最常用的办法是增加互动的机会。例如，在阅读前进行生词的讲解和练习，可以让学生用词造句；讲解阅读练习时，提问学生选哪一项以及为什么选这一项。如果学生有不同答案，阅读活动结束后，可以组织学生就文章的主题或相关内容进行讨论，等等。

让学生获得更多成功的喜悦，也是调节课堂气氛的重要方法。在训练阅读方法和理解能力时，要让学生能感受到自己的收获和进步。例如，学生掌握猜词的方法后，给他们设计相应的练习，让他们感受到自己能准确猜出那些生词的意思；让学生找出文章的主题词和主题句，让他们感受到这种方法能提高阅读速度，在有限的考试时间内更快地解题；让学生比较一下训练前的阅读速度和训练后的阅读速度，让他们感受到自己的进步。成就感和成功的喜悦，既是激励他们学习的动力，也可以提高他们对阅读课的兴趣。

要提高阅读课的吸引力，也要求教师更有幽默感和情绪感染力，教师要用自己的愉悦感，去感染和带动学生，让他们也感受到阅读的喜悦。

---

[1] 周小兵等：《汉语阅读教学理论与方法》，北京大学出版社2008年版，第148页。

# 本章小结

阅读课中的阅读，主要是服务于语言教学，可以起到巩固已学知识、扩大词汇量、培养语感、增加背景知识、检验语言水平等作用。

汉语阅读是一个复杂的生理和心理过程，要经过获取视觉信号、识别字和词、理解句子和语篇的意义、对阅读活动的监控与调节等环节。外国学生在进行汉语阅读时，会面临语言、内容、生理和心理方面的困难和障碍。

阅读理解测试主要考察五种能力：快速查找相关内容，找出并理解一些重要细节，把握作者的态度、语气等，掌握文章的主题和大意，词语和句子理解。阅读课的教学任务，是培养和提高学生的这五种能力，并讲解和练习阅读策略和技巧，包括找主题词和主题句，利用背景知识进行预测，抓关键、跳障碍、猜词、集中注意力、控制视线移动等。

对外汉语阅读教学，可以分为准备阅读材料、阅读前、阅读和阅读后四个环节。在准备阅读材料时，需要选择和编辑阅读文本、设计阅读理解练习、确定要练习的阅读技巧和方法。在阅读前，教师要做的是：讲明阅读课的任务和要求、处理生词和语法点、激活背景知识。完成阅读前的准备活动后，教师要求学生在规定的时间内完成阅读活动，之后讲解练习，对文本中的重点、难点进行讲读。阅读完成后，可组织以下活动：概括文章内容；对阅读过程的总结、反思；用文本的中的词汇、句式造句；针对文本中的话题组织讨论或写作。

阅读课的教学难点：阅读材料的选择与编辑、阅读练习的设计、课堂气氛的调节。阅读材料要有吸引力，学生喜欢读、愿意读；要适合学生的水平，难度适中；能满足教学需要，方便设计阅读练习。阅读练习设计要有针对性，选择合适的题型，在阅读材料中的分布要均衡。调节阅读课课堂气氛的方法：增加互动的机会、让学生获得更多成功的喜悦、用教师的情绪感染和带动学生。

## 一、基本信息

【课程名称】汉语阅读

【教学对象】中高级班学生

【教学内容】自编

【课时分配】2课时，90分钟

【教学目标】

1. 提高猜词的能力
2. 能够理解一些长句、难句。
3. 能够准确地理解文章的细节
4. 能够总结文章的主要内容和观点。
5. 能够仿照文中的一些句型造句。
6. 掌握社会评论类文章的基本结构。

## 二、课文编写与练习设计

【编写说明】

这次课所用教学材料属于"自编教材"，包括一篇热身课文和一篇正式课文，主题分别是"房奴"和"月光族"，都与"消费"有关。不管哪个国家的学生，都有"消费"的问题，容易激发共鸣、组织讨论。

两篇课文都来源于网络，但做了很大的缩减和修改。缩减的目的是控制文章长度，修改的主要目的是控制生词数量和阅读难度，有些修改的目的是方便设计练习题。热身课文比较短，只有278字。正式课文有1200多字，根据学生实际情况，可以安排一次读完或分成两部分阅读。

正式课文的练习题，有选择、判断、问答、填空等多种形式。其中，阅读理解部分的练习题，主要考查学生猜词、理解细节、把握作者观点等能力，需要在课上限时完成。拓展部分的练习题引导学生理解、使用文章中的词语和句式，就文中话题展开讨论。在实际教学时，教师可根据学生水平、教学时间等，选择在课上完成或者让学生在课下完成。

【热身课文及练习】

### 什么叫作"房奴"

"房奴"最近成了一个流行词语，它指的是那些每月还款占到其收入５０％以上的房贷一族。根据一些媒体的调查，这些人不敢娱乐、旅游，担心生病、失业，更没时间享受生活。

看来这的确是个问题，不过我认为，"房奴"这个词实在有些可疑。从调查来看，可以看出，"房奴"大多数是20~30岁的年轻人。这个年龄阶段的人参加工作不久，一般不会有很多积蓄。如果在住房消费上追求**一步到位**，买新房特别是面积大、地段好的新房，不成为"房奴"才是**咄咄怪事**！年轻人想拥有自己的住房，这可以理解，在收入不高以及住房市场需求强烈的情况下，要实现自己的这个愿望，只能向银行贷款，成为"房奴"是再正常不过的了。

（278字，摘自"美食家园"博客，有删改。）

（一）判断正误

1. 根据媒体的调查，"房奴"的生活压力非常大。（　　）

2. 成为"房奴"的，主要是年轻人。（　　）

3. 作者认为，年轻人当"房奴"很奇怪。（　　）

4. 为了能拥有自己的住房，很多年轻人只能向银行贷款。（　　）

（二）解释画线词语

1. 一步到位：

2. 咄咄怪事：

【正式课文】

### 大学生消费调查："月光族"女重穿着男重娱乐

暑假将过，许多大学生又要从父母那里带足**盘缠**踏上在外求学路，**其中很多人是月初大手大脚**，月末**节衣缩食**的"月光族"。近日，记者对暑期外地求学归来的烟台大学生做了一项调查。

"其实，我也会时常想到父母在家挣钱的艰辛，可是一旦跟同学出去逛街，看到别人大手大脚的消费，就管不住自己了。"就读于北京电子科技大学英语系大三的小胡这样告诉记者。小胡说，她每月除了吃饭、交手机费等生活必需，**大头**的花销还是买衣服，每月基本也得三、四百元。"看好了就想买，少则几十块钱一件，多则一、二百元。有时候为了买件自己喜欢的衣服，宁可在吃上多省点。"小胡说，吃饭跟买衣服的花销比例基本是1：3，身边的女同学基本上都跟她差不多，虽然有些衣服穿不了几天就后悔当初的冲动购物了。

女生把大部分花销用于打扮，男生则更注重于课外的娱乐生活。小王现在就读于烟台大学，暑假留在烟台打工，并不是因为家里困难，而是因为平日花销太大，不好意思总跟家里要钱。"手机、电脑、跟朋友出去吃饭、娱乐，哪样不需要花钱？"小王认为，大学就是半个社会，为了锻炼自己的能力，为以后的就业早做打算，交际花钱是难免的。吃顿饭、打场台球、去一次KTV，几百块钱就这样进去了。交谈中，小王的消费理念<u>俨然</u>就是一位工薪族。

在调查中记者还发现一个很有趣的现象，大学生在恋爱方面的支出竟与饮食支出<u>不相上下</u>。此外，手机消费的支出也比较高。调查显示，大学生手机的费用仅次于恋爱费用。

调查中，记者发现，很少有大学生对自己的生活花费进行计划，都比较随意和盲目。在大学生每月平均400—800元的花费中，大部分人用于基本生活必需的费用很少，主要是用于对生活享受的追求。不少家长觉得，孩子考上大学不容易，能满足就尽量满足，加上现在的孩子虚荣心、攀比心都很强，所以父母宁肯自己省吃俭用，也不愿让孩子在外被人瞧不起。

调查显示，约三成大学生的消费偏高。如何控制他们的高消费，记者也采访了部分学生家长。

家住桃花街的梁女士有一个女儿正在外地读大学。她说，她女儿每月的生活费用只需要600元，根本不需要去控制她的消费，她比大人还自觉。这些费用主要用在日常生活和通讯上，她女儿打电话的费用仅次于伙食费，居第二位。梁女士认为，普通家庭的孩子，一般都不需要去控制孩子的费用，因为不可能给他们太多的钱，只要每月准时把正常的费用打到他们账上就行了；而对比较富裕的家庭来说，家长可能由于繁忙，没时间每月给他们汇款，可能会先存一大笔钱在他们账户上，这就需要孩子自觉，或者大人经常打个电话查询一下账户的支出情况。

专家建议，家长们如果想让自己的孩子独立，还是不要给他们太多的钱，要让他们知道挣钱的辛苦，这样他们才会知道<u>钱不是大风刮来</u>的。

（1200字左右，作者：董健、松青，引自胶东在线，有删改。）

【阅读理解练习】

（一）为下列词语选择最恰当的解释

1. 许多大学生又要从父母那里带足"**盘缠**"踏上在外求学路，……

  A. 行李     B. 衣物     C. 费用

2. 很多人是月初**大手大脚**，月末节衣缩食的"月光族"。

  A. 性格大方   B. 做事不够小心   C. 花钱没有节制

3. 很多人是月初大手大脚，月末**节衣缩食**的"月光族"。

  A. 少穿衣服   B. 节省食物   C. 省着花钱

4. 她每月除了吃饭、交手机费等生活必需，**大头**的花销还是买衣服，……

  A. 主要     B. 头疼     C. 必需

5. 小王的消费理念**俨然**就是一位工薪族。

  A. 很像     B. 严肃     C. 自然

6. 大学生在恋爱方面的支出竟与饮食支出**不相上下**。

  A. 差不多    B. 没有关系   C. 无法比较

（二）判断正误

1. 作者的这项调查是在烟台做的。（　　）

2. 小胡的花费主要用于一些生活必需品。（　　）

3. 小王的家庭条件不是很好。（　　）

4. 小王跟朋友出去吃饭、唱歌，不只是为了娱乐。（　　）

5. 大学生用于手机的费用要高于恋爱的费用。（　　）

6. 很多大学生把钱主要用于追求享受上。（　　）

7. 梁女士非常严格地控制女儿的消费。（　　）

8. 富裕家庭的家长更多地注意孩子的消费情况。（　　）

9. 专家建议，家长不应该给孩子太多的钱。（　　）

（三）根据课文内容，选择正确答案

1. 关于小胡，下面哪一项是正确的？

  A. 在烟台上大学

  B. 吃饭非常节省

  C. 不知道父母的艰辛

  D. 买衣服的钱比吃饭多

2. 与女生相比，男生花钱：
   A. 更加大方
   B. 十分随意
   C. 比较分散
   D. 更多用于交际

3. 大学生的各项花费，哪一项文中没有提到？
   A. 娱乐
   B. 饮食
   C. 恋爱
   D. 购书

4. 一些大学生成为"月光族"，原因不包括：
   A. 花钱缺乏计划性
   B. 虚荣，喜欢攀比
   C. 大学费用比较高
   D. 缺少家长的管束

5. "钱不是大风刮来的"，这句话的意思是：
   A. 钱挣得不多
   B. 挣钱不容易
   C. 用钱要有计划
   D. 钱很容易花光

6. 这篇文章主要是关于什么方面的？
   A. 大学里的教育问题
   B. 上大学的各项费用
   C. 大学生的生活花销
   D. 社会上的"月光族"

（四）回答问题

1. 记者做了关于什么的一个调查？
2. 这个调查是在什么时候做的？
3. 大学女生的钱主要都用于什么方面？
4. 造成大学生"月光族"的原因有哪些？
5. 富裕家庭的家长应该如何控制大学生的日常花销？

【拓展练习】

（一）在下面的空格处，填上合适的词语

大手大脚 节衣缩食　　大头　俨然　不相上下

1. 她以前_____惯了，现在必须省着花钱，一时还不习惯。

2. 他们俩的水平_____，谁输谁赢还不一定呢！

3. 在我国的出口商品中，纺织品是_____。

4. 听他说话的口气，_____就是这里的最高领导。

5. 公司现在资金紧张，不得不_____了。

（二）模仿造句

1. 平日儿子**没事不会**打电话回家，打电话**就是**要钱。

　　…….. 没事不会……，……就是……。

2. 我也会时常想到父母在家挣钱的艰辛，**可是一旦**跟同学出去逛街，

　　看到别人大手大脚的消费，**就管不住自己了**。

　　……，可是一旦……..，就管不住自己了。

3. 看好了就想买，**少则**几十块钱一件，**多则**一、二百元。

　　……，少则……，多则……。

4. **相对于**女生爱打扮的花销，男生**则更**注重于课外的娱乐生活。

　　相对于……，……则更……

5. 孩子考上大学不容易，能满足就尽量满足．

　　……，能……就……。

（三）自由表达

谈一谈自己上大学的各种花费。

三、教学步骤

第一课时：45分钟

（一）阅读、练习热身课文（25分钟）

1. 导入（2分钟）

教师在黑板上写上"房奴"两个字，解释说："房"指的是房子，"奴"指的是奴隶、被奴役的人。那么，什么是"房奴"呢？为什么称这些人是"房奴"？请大家开始读第一篇课文。

2. 学生阅读（8分钟）

给学生8分钟的时间，让学生读完全文、做完练习。

教师在黑板上板书：**一步到位、咄咄怪事、缩水**

教师巡视，了解学生的阅读和答题情况。

3. 讲解生词（5分钟）

不直接告诉学生词语的意思，引导学生学会猜测词语的意思。

**一步到位**：我想买一个大房子，可我现在的钱很少，那我可以先买一个小的、便宜的，等以后钱多了，再买一个大的房子，这样一步一步地实现自己的目标。如果我不管自己是钱多还是钱少，直接买大房子、好房子，这就是"一步到位"。

**咄咄怪事**：这个词的意思中心在"怪事"两个字上，所以这个词的意思就是"让人觉得奇怪的事情"。

**缩水**："缩"的意思是收缩、缩小，"缩水"在这里的意思指的是（资产、规模）等变小或变少。

4. 完成练习（5分钟）

做完判断题，可以让学生单独回答，也可以集体回答。

学生选择对或错之后，要让他们解释一下为什么对或为什么错，从而帮助他们纠正自己理解上的偏差。

5. 自由表达（5分钟）

让学生谈一谈对房价、买房、房奴等问题的看法。

(二) 阅读正式课文（20分钟）

1. 导入（3分钟）

刚才我们读了一篇关于"房奴"的文章，很多刚参加工作的年轻人因为买房成为"房奴"，他们不敢消费，那么还没参加工作的大学生花钱怎么样？他们每个月要花多少钱？这些钱都花在什么上了呢？我们来看第二篇文章。

2. 学生阅读（17分钟）

在学生阅读时，教师在黑板上板书：

**盘缠　　大手大脚　　节衣缩食**
**大头**

俨然

不相上下

**钱不是大风刮来的**

教师要不停地巡视，了解学生的阅读情况，而且重点关注学生哪些问题做错了。

**第二课时：45分钟**

**1. 完成"阅读理解练习"（15分钟）**

第一题是关于词语的，教师启发学生，如何根据上下文理解词语的意思。

例如，"盘缠""大手大脚""节衣缩食"这几个词，教师可以这样启发学生：这篇课文是关于大学生消费的，消费就是花钱，这几个词可能与钱有关，"盘缠"指的是钱，大学生自己不工作，没有钱，需要从家里带钱。"节"是"节省"，"缩"是变小，"节衣缩食"应该是少花钱。反过来，"大手大脚"应该指花钱很多。

第二题和第三题主要是关于课文理解的，教师可以通过学生回答，了解学生对课文的理解情况，包括对文章细节和主旨的把握。对大部分学生都能答对的问题，教师可以简单带过。如果很多同学答错了，教师则重点讲解为什么错了。

第四题是问答题，不仅考察学生的理解能力，还考察学生的表达能力。如果时间紧张，这道题可以不做。

**2. 完成"拓展练习"（15分钟）**

这一部分的练习，是进一步考查学生对文中一些生词和句型的理解和应用能力。第六题类似于综合课上的语法讲练，教师先讲解句型的意思，经常在什么情况下用这种句型，启发学生造句。

**没事不会……，……就是……**：很少做的一件事，而且只是为了什么目的才会做（如：上网、去资料室、找人）。

**……，可是一旦……，就管不住自己了**：自己不想做，但控制不住自己，经常做的事情。

**相对于……。……则……**：用于比较，表示两者不同。

**少则……，多则……**：数量不一样，有的多，有的少。

**能……就……**：只要有条件做这件事，就应该去做。

## 3. 组织讨论（10分钟）

根据所剩的时间，可以是教师提问，也可以分小组讨论。

**不同国家大学生的花费情况。**

**自己一个学期要花多少钱？都花在什么上了？**

## 4. 课堂小结（5分钟）

归纳本次课所学主要内容，总结重要词语和语法点。

### 思考题

1. 阅读课在第二语言学习中的作用有哪些？
2. 在阅读第二语言文献时，你遇到过哪些困难或障碍？
3. 阅读理解能力包括哪几个方面？
4. 通过学习本章，你知道了哪些阅读技巧和阅读策略？
5. 要训练学生阅读理解中的概括能力，你觉得有哪些好的练习方式？
6. 阅读课容易让学生感觉枯燥乏味，可以用哪些方法活跃课堂气氛、提高学生的积极性？

第十一章推荐阅读

# 第十二章　写作课教学

## 第一节　写作课教学的基本认识

本节主要说明两个层面的问题,其一是学界如何对写作教学进行定位:写作教学属于怎样一种教学?写作教学要达到的目标是什么?写作课存在的价值在哪里?其二是写作课教学过程中需要把握的原则:写作教学应遵循哪些基本规律?写作课教学又有怎样一些特殊性?

### 一、写作教学的基本定位

从性质上讲,写作课教学属于书面语表达的教学,其中有两个较为显著的特点:

第一,作为课型的写作课不同于书写的概念。写作属于语言的输出,它有赖于语言输入在一定量上的积累,汉字的书写、词汇层面的造句和语法的正确使用等层面可以看作写作储备阶段,这些语言材料和知识的储备是开设写作课的基础条件,它们同属于写作教学的基本训练。

第二,对外汉语写作课体现了第二语言教学的特点,它有别于汉语作为母语的写作教学。思维过程和语言表达是两个不同层面的问题。思维可以是多层次、多角度的,可以具有跳跃性,但语言表达的重要作用是交际,因此,它必须遵循一定的规则,具有线性的表层形式。从思维到书面表达需要一个转化过程。同母语写作者相比,外国学生写作中的偏误有一些特殊表现:

比如,想写却写不出来,常采用较易驾驭的个别句式,显得语言单调,表达不生动,缺乏句式变换等。又如,思维与表达之间产生错位,当关注焦点分散在几个不同层面时,则语言的正确率下降,出现表意不清,歧义等问题。再如,写作缺乏完整性,语段之间缺少衔接,语篇结构混乱等。

陈贤纯把话语形成的心理过程分为两个阶段，"第一个阶段是从话语动机发展到命题树，即深层结构；第二个阶段是从命题树（深层结构）转换到表层形式"[①]。审题与谋篇布局这些都是作为母语写作教学的重心所在，属于第一阶段的心理过程，较之于此，对外汉语写作课教学应帮助学生完成第一阶段的激活过程，并将重点放在第二阶段的转换过程上。

写作课教学的目标可以分为长远目标和直接目标。

根据《国际汉语能力标准》，汉语能力分为口头交际能力和书面交际能力。外国学生的写作能力属于书面交际能力之下的书面表达能力，写作教学根本目的是为了培养外国学生书面表达能力。书面表达能力不仅涉及语言本身，还涉及目的语思维能力的培养，这是写作课教学的宏观目标，也是长远目标。

从可操作性上看，写作课的直接目标是培养学生的语篇表达能力。学生的语言输出是对词和语法的应用，正如罗青松提出的，写作课应该将语段表达作为教学起点，将完整的语篇表达作为教学目标[②]。

写作课教学的重要性表现在，它体现了语言技能平衡发展的需要。听、说、读、写四项基本技能需要均衡发展，否则学生在达到一定水平之后，就会遇到发展瓶颈。教师在教学中会发现，有的外国学生口语表达能力很强，但写作能力却较弱。这是因为，书面表达与口语表达在特点上有较大差异，学生擅长口语表达并不能自然转换为写作能力。对外汉语写作课教学关注从深层思维到表层形式的转化，其中涉及语境、语体等，学生的写作成果综合反映了语言知识在语用层面的掌握程度。因此，写作能力的发展是衡量语言综合应用能力的重要指标。

写作课教学的基本定位是基于各种理论和实践的研究成果所形成的，它符合教学基本规律，对教学原则的把握具有指导意义。

## 二、写作教学的基本原则

### （一）循序渐进的原则

写作教学需要遵循语言学习的基本规律，即循序渐进的原则。其中包

---

[①] 陈贤纯：《对外汉语教学写作课初探》，《语言教学与研究》2003年第5期，第61页。

[②] 李晓琪主编：《对外汉语阅读与写作教学研究》，商务印书馆2006年版，第215页。

括三个不同的层面。

一是教学内容的循序渐进。学生从组词成句，到组句成段，再扩展到完成一篇完整的文章需要逐步积累才能实现，每一阶段的教学都是后续学习的坚实基础。从语段写作逐步向语篇过渡，是由不同阶段写作教学的关注点不同所决定的。

二是写作文体安排的循序渐进。不同文体在教学进程中的安排是不平衡的。比如：外国学生最先接触的文体大多是记叙文，无论从其他技能教学的影响来看，还是从外国学生的熟悉度而言，记叙文写作都是写作课教学的重要部分之一。说明文由于具有较为稳定的结构和套路，语言表达方面具有特殊要求，因此，虽然在初学过程中需要理清部分语法和词汇意义，但当外国学生掌握之后，也相对容易。议论文需要外国学生运用语言表达自己对某个问题的看法和观点，语言表达能力的高低影响论述的充分性。这与学生词汇量储备有关，还涉及话语动机到命题结构的逻辑思维过程，也就是写作心理过程的第一阶段。另外，议论文的写作还需要与其他文体的写作有较大的区分度。综合几个方面的因素。我们认为，议论文的写作是高级阶段训练的重点之一。另外，一些具有专业性质的写作，如科技类文章、学术类文章，因文章用途的专业性较强，难度相对较大，应放在写作教学的高级阶段，或单独设课进行教学。

三是教学环节与方法的循序渐进。维果斯基[①]认为，写作不只是对口头言语的复制，而是一种独一无二的言语功能。儿童的口头言语的动机比书面言语动机出现在更早阶段。汉语作为第二语言学习者多为成年人，已经具有一定的知识和经验储备，写作课教学的其中一个重要任务就是激活学生头脑中的各类经验图式，发挥脚手架的作用，以帮助学生完成思维到语言的转化。因此，从教学预热阶段到写作阶段是一个渐进过程。

循序渐进的教学原则体现了教学安排的理念，而下面的实用性原则主要体现的是教学安排在具体实施过程中操作的具体要求。

---

① ［美］Margaret E. Gredler：《学习与教学——从理论到实践》，张奇等译，中国轻工业出版社2007年版，第282页。

## （二）实用性原则

实用性原则体现在教学的目标上，同时也体现在课堂教学的操作过程中。从教学目标而言，如果说初级阶段的写作大多出于语言本身应用的准确性要求，那么中高级阶段的写作目标就体现了较强的专业性质，如通知、启事类写作，论文写作，文案写作等。写作课应根据学生的背景和现实情况选择学生需要的教学内容。例如，引导学生思考怎样使求职信和个人简历看起来更具有竞争力，学生在学习求职信和个人简历的写作之后能够直接运用在生活中。再如，攻读学位的学生更关注如何使用学术性表达完成论文的写作。从这个角度而言，教师对写作教学内容的统筹计划是帮助学生解决实际问题和困难的重要途径。

同时，教师在课堂上的操作也需要体现实用性。包括对教学内容的处理、对教学重心的安排等。例如，在学习了"由此看来……"这一语法点以后，教师要求在课堂写作过程中学生运用所学的语法知识，表述个体阐释的内容，从而使学生清楚地意识到语法知识的语义语用价值，减少偏误出现的概率。再如，教师为了增强课堂写作的实践性，需要尽量使写作内容具有直观性，减少学生在写作过程中第一个心理阶段的思考时间，以便把关注点直接放在对外汉语教学的焦点——语言表达方面，使两个心理阶段的任务有清楚的界限，也使学生在写作过程中有的放矢。

实用性体现了在目标先行的基础上对教学内容和过程的调控，而写作课教学还必须兼顾到课堂教学的两大特点，即师生之间的互动性和各项技能教学在该课型中的融合程度。

## （三）互动性原则

写作从某种角度而言属于个体行为，但作为一种课型的写作教学，体现了课堂教学的特点。写作课的性质和目的决定了写作过程除了学生个体的参与以外，还需要一些群体性因素出现，以便帮助学生激活写作动机，促进写作水平的提高。

写作课上的互动指的是教师与学生之间的互动以及学生与学生之间的互动。教师与学生之间互动的主要作用在于，教师在预测到写作课教学难点的基础上，能够引导学生扫除一些语言障碍，减轻学生的写作焦虑感，同时，课堂上教师与个别学生之间的互动也能够为其他学生的写作提供一些启示。另外，师生之间的互动还体现在教师对学生作业的评价和反馈中。课堂教学的时间是有限的，教师从评语和作文修改的过程中将互动形式转化为与每个学生之间的交流。这是师生之间的互动在课堂之外的延续。

学生与学生之间互动源于两个因素的共同作用：当学生的写作任务相同时，学生之间的互动就有了讨论的基本主题；而个人体验和头脑中知识空间的不同又决定了彼此之间存在一些信息差，这些信息差就是互动过程中话语动机的重要来源。学生能够围绕某一确定的主题，通过小组讨论的形式，在互动过程中通过一些提问、证实、复述等一系列方式进行意义协商的体验，帮助他们将某个话语动机发展成为丰富的命题树，在互动的过程中使写作思路更加清晰，同时发现并解决一些问题和偏差，以便使写作过程更加顺畅。

师生互动和生生互动之间往往是一个复杂的话语链，这是写作课堂中的必要环节，也是为实现写作课教学目标的有效途径之一，它使得写作教学的任务更加突出，同时也体现了写作在课堂教学中的另一特性——对"听、说、读、写"四项技能的兼顾。

### （四）技能兼顾的原则

写作教学的材料选取和教学方法有多种不同的表现，这些形式都是为了提高教学效果，达到教学目标，特别是写作水平的提高有赖于语言输入和口语输出在一定量上的积累，因此，写作课堂的教学应该将"听、说、读、写"四项技能相结合，并共同作用于课堂教学。例如，"听后写""读后写"等属于教学的一些基础方法，同时，师生互动和生生互动也为"说"与"写"的结合提供了良好的机会。

总之，写作课堂的教学原则是始终围绕教学目标所作出的一些判断和调整，它为教学目标服务，同时也体现在各类教学理念和操作过程中，形成了一些成熟的具有鲜明特点的写作教学模式，这些模式的实践增强了教学的操作性，也使写作课教学获得了一些可遵循的依据。

## 第二节　写作课教学的主要模式

写作课教学的模式有很多种，针对对外汉语教学的写作课，主要选取三类教学模式。第二语言教学中的两种不同理念分别形成了结果写作模式和过程写作模式；另外，受目前教学法流派的直接影响，任务型写作模式也日益受到重视。这三种模式在写作教学过程中各有优势，且各具特色。

### 一、结果写作模式

结果写作模式以行为主义理论为基础，是发展较早，也是历史较长的一种传统写作模式，目前的写作课教学在很大程度上都多少能够体现出结果写作模式的特点。结果写作模式认为，"写作与语言知识相关，重点在于对词汇、句法和衔接手段的正确使用"[1]。它重视写作成品，强调语言的准确性。结果写作模式通常从掌握语法开始，先要求学生写出正确的句子，然后将句子发展组合为完整的段落，再学习各种篇章结构知识，涉猎各类体裁的写作。结果写作模式的基本操作程序是：

（1）教师提供范文。

（2）教师进行分析和讲解。分析帮助学生了解文章的结构，同时，教师讲解关于文章语言的有关知识。

（3）学生或模仿范文的语言；或根据框架、表格构建段落；或回答教师的提问；或按不同规则构建复杂句[2]，进而完成写作任务。

（4）教师评改和打分。

结果写作模式对学生的写作过程有较严格的控制，该模式理念认为，只有在教师的指导下掌握较为纯熟的模仿写作技能，才能够逐步过渡到较为自由的写作阶段。

结果写作模式的优点在于，注重写作语言的准确度，可操作性强，且稳定性好。但它强调信息流从教师向学生的单向变化，学生做出简单的刺

---

[1] 陈玫：《教学模式与写作水平的相互作用——英语写作"结果法"与"过程法"对比实验研究》，《外语教学与研究》2005年第11期，第460页。

[2] 蔡兰珍：《"任务教学法"在大学英语写作中的应用》，《外语界》2001年第4期，第41页。

激反应，该模式缺少学生的学习状况反馈和学生相互之间的信息沟通，也忽略了对写作动态过程的关注，因此，受到很多学者的诟病。这也成为其他写作模式出现和发展的原动力，过程写作模式就是在此基础上提出并发展起来的。

**二、过程写作模式**

过程写作模式是交际法和建构主义共同影响的结果，它的核心理念是将一些与学习者的写作过程密切相关的写作程序纳入写作课的教学内容中，注重过程的引导[①]。

换言之，过程写作模式不止关注学生写作心理过程中由命题树到语言形式转化的第二阶段，也关注由话语动机发展为命题树的第一阶段。因此，写作教学被看成一个解答疑惑的活动，需要学生在写作过程中进行演练和反复修改，并对自己的写作过程进行监控。

过程写作模式的基本操作过程分为三个阶段，准备阶段、写作阶段和评改阶段。

准备阶段的步骤可分为四个：

1. 确定写作对象和主题

写作对象的确定需要充分考虑学生对主题的熟悉程度以及学生所达到的语言水平。

2. 进行头脑风暴

过程写作的头脑风暴主要由自由写作、思路图、启发法等三种形式构成[②]。

自由写作是学生在教师规定的一段时间内进行意识流式的写作，主要目的在于开拓学生的写作思路，发掘学生的写作潜力，引导学生进入写作状态。严格意义上的自由写作是无须限定题目和方向的，它表现为学生将头脑中思维和意识通过写作的方式记录下来。但在写作课堂教学中，考虑到教学时间的有限性等因素，也可以围绕教学内容相关的某一话题进行自

---

① 李晓琪主编：《对外汉语阅读与写作教学研究》，商务印书馆2006年版，第252页。
② 参见杨俐：《过程写作的实践和理论》，《世界汉语教学》2004年第1期，第92页。

由发挥和表达。它强调联想,同时,对学生思维活跃的程度有较高要求。

思路图是将学生所思考的内容呈现在纸面上,使思维变得直观化。如在白纸中央写下写作主题,并将头脑中产生的所有与此主题相关的关键词写下来,利用箭头、图形等建立这些词语之间的联系。然后将这些词语归纳整理为一张条理清晰的图表,作为写作参考的内容。

启发法主要是当学生一时想不到自己想要写作的内容时所采用的策略。教师可以通过各种启发策略帮助学生确定一些带有个体特色的,包括认知层面和情感层面的内容。教师可以提出如下一些问题帮助学生确定写作对象和内容:

(1)关于这个话题,你有哪些感兴趣的方面?
(2)这个话题里,你最想谈论的是什么?
(3)关于这个话题,你有怎样的经历和经验?
(4)你觉得怎么写才能够让你的读者喜欢你的文章?

3. 形成写作提纲

该步骤既是缩小写作范围、确定写作重点的过程,也是将写作重点逐步扩展完善的过程。

教师要求学生根据思路图,仔细考虑并划出认为最重要的内容和打算拓展的内容,然后按照一定的顺序对这些内容的层次进行重新排列,并拟定提纲,构建文章的整体框架,包括文章的首尾部分和主体部分。

如讨论城乡优劣问题,可以让小组先讨论,然后采用对比法拟出提纲:住在城市的好处是……,坏处是……;住在农村的好处是……,坏处是……。[1]

写作提纲帮助学生明确写作思路,为后续的工作——丰富写作材料奠定良好的基础。

4. 搜集相关材料

针对写作重点,需要搜集一些用于完善内容所需要的词汇及相关语法,以及有关写作内容的信息。

---

[1] 注:本章出现的语料实例,如无标明出处,则均来源于作者所依据的教材及在实际教学过程中积累的材料(包括教案的问题设计、情境设置、学生作业及偏误搜集等)。

写作阶段与其他教学模式相比，注重学生自己的修改和反思。包括几个步骤：

（1）教师带领学生学习并借鉴相关范文。

（2）教师为学生提供一些实用的写作知识和方法。

（3）学生拟定草稿。

（4）文章修改。

其中，文章修改是过程教学模式在写作阶段的中心任务。

评改阶段可以包括：

（1）同伴评改。

（2）教师评改。

评改需要他人修改，也需要他人评价，评价包括对篇章内容的评价和对语言的直接评价。经过几个阶段的完善，最终定稿。

过程写作模式教学也需要一定的现实条件，因为过程写作模式强调学生将思考内容进行表层化呈现，而学生的思维过程是难以预测和控制的，这说明，过程写作模式的课堂有许多非可控性，要求教师有敏锐的观察力，学生达到良好的配合度。写作过程的反复修改也可能使学生产生厌倦感，从而减弱对偏误的感悟能力，因此，一般情况下，过程写作模式更适合成年人的写作教学。

与过程写作模式相比，任务型写作模式也是在认同交际教学理念的基础上产生的，所不同的是，过程写作模式注重忠于内心体验的思维过程；而任务型写作模式则以完成任务的外在形式获得写作经验，所完成的一个个任务共同为写作教学服务，写作成果只是其中一项任务的表现形式。

### 三、任务型写作模式

任务型写作模式的思想主要源于交际法教学流派，任务型教学主要指基于任务或以任务为基础的语言教学途径。它的主要特点表现为：强调学习活动和材料的真实性；强调"做中学"，以表达意义为主；强调以学生为中心，通过完成一系列阶梯性任务链来学习语言；鼓励学生创造性地使用语言；完成任务有一个明确的结果。

根据任务型教学的基本主张，结合 Jane Willis 和 Ellis 的任务型教学模式,对外汉语任务型写作模式可以分为下列三个阶段:任务前阶段、任务链阶段、语言分析与巩固阶段。下面将概括阐释任务型写作教学模式的操作过程。

任务前阶段的主要目的有三个,一个是让学生清楚自己要做的事情和要完成的任务;二是让学生了解任务最终成果的形式是怎样的;三是调动学生的写作动机。因此,此阶段教师需要做的主要工作有下列一些:

(1)解释任务的核心主题和任务目标。

(2)设计一些语言准备活动,以激活学生的语言。包括相关词汇及语法表达的介绍或与词汇语法相关的小游戏。

(3)教师提供一些写作任务范例,或者引导学生与其共同完成一个类似的写作任务。

(4)规划写作任务的实施,包括具体内容、步骤、角色分工、语言形式等。

在任务链阶段,教师需要考虑一些额外的因素,如是否在完成每个步骤时都给学生限定时间?是否允许学生参考其他材料?是否在写作任务完成的过程中提供学生所需要的信息?具体过程如下:

(1)写作课的特殊性决定了可以学生个体的形式完成任务,也可以小组群体形式完成任务。

(2)教师监控写作任务完成,提供必要的帮助和提示。

(3)准备报告写作结果。写作结果的报告如果以小组形式完成,则教师只需要说明报告目的、内容、方式、时间,学生进行简单的准备,决定小组代表。如果以个人形式完成,则需要分组讨论和协商,学生可以先在组内简单介绍自己的写作内容,还可以由学生交换阅读并修改对方的习作,将有问题的句子和词语勾画出来并进行讨论,为小组汇报做好准备。

(4)小组代表汇报小组写作情况。任务成果可以是小组共同的创作结果,也可以是学生个体的写作内容介绍。汇报的过程中,教师需要监控学生语言的准确度和流利性。

最后是语言分析和巩固阶段。这一阶段主要完成的任务有:

(1)教师将学生写作过程和任务汇报过程中的精彩句子记录下来,并对出现的常见偏误进行观察和纠正。

（2）将这些内容汇集起来，形成纸质练习，解决学生的困惑，以便使语言形式得到巩固。

值得注意的是，教师不仅需要收集学生在写作过程中的问题，也需要总结任务汇报过程中的偏误。任务型写作教学的优势在于，学生对于完成接近真实任务的教学内容会充满兴趣，并有较强的参与度和投入性，这种写作操作形式对于学生自主学习能力的培养具有积极作用。同时，任务型写作教学模式在实际操作中也有一些特殊性：其完成的周期相对较长，对学生自控能力的要求较高，对教师的课堂组织能力、监控能力、知识点预测能力等方面的要求也较高。

任务型写作教学模式与传统的教学模式相比，尚处在发展的初期阶段，但教师的实践和教材中体现出的任务型教学理念的因素共同表明，任务型写作教学模式对于写作教学发展具有指导意义。

不同写作教学模式体现了教学过程中教师所秉持的教学理念，它引导教师选用不同的教学策略和方法，也影响教师思考一些更为具体的问题，如某种教学技能的效果能否充分体现教学模式的特点？在何种情况下使用某种教学技能？这就涉及本章的第三节内容，即写作课教学的方法与技巧。写作方法与技巧为写作模式的具体实施提供了更多细节，也为教师在课堂上的教学尝试提供了直观范例。

## 第三节　写作课教学的环节、方法与技巧

这一节内容主要围绕"如何进行写作课教学"的问题展开讨论。其中，"写作课教学的环节与方法"，介绍写作课教学的一般方法和程序，它是写作教学可遵循的规范和套路；"写作课教学的实用技巧"这一部分还提供一些可供参考的操作性技巧，这些技巧体现了教师写作课教学中的一些具有特色的、值得借鉴和重视的经验。

### 一、写作课教学的环节与方法

写作课教学主要分为三个重要的阶段，分别是：写前阶段、写作阶段

和教师反馈阶段。

**（一）写前阶段**

从写前阶段讲，每个国家的写作格式都有所不同，因此，在正式进入教学内容以前，需要首先向学生介绍中文写作格式及规范，包括文章题目位置；段首空两格；标点符号的正确使用等。写前阶段的主要目的有两个，一是激发学生的话语动机，帮助学生将写作话题在头脑中扩展为完整的命题树；二是激活学生头脑中已有的汉语知识，并鼓励学生尝试将新学的词汇、语法内容运用于写作过程中。写作课教学的主要方法包括如下几种：

1. 启发

学生在接触到一个新的写作题目时，例如，《一件难忘的事》，必须首先考虑如何将自己的经历与题目内容相结合，需要回忆与个人情感有关的体验和事件；然后，才能调动头脑中所有与汉语有关的知识，并尽力使语言与思想相匹配。因此，在课堂写作过程中，启发学生围绕主题进行有关内容的思考和问题的讨论是必要的。

教师可以设计一些问题，为学生提供课堂讨论时间进行充分发掘，使这些问题的讨论成果作为可供选取的写作材料。比如，针对《一件难忘的事》这一题目，设计下列一些问题：

（1）你想家了吗？你还能想起小时候的生活吗？

（2）从小到现在，生活中有很多让我们开心的事儿，你能想到最让你开心的一件事儿是什么？

（3）你收到的最感动的一件礼物是什么？请你说说关于它的故事。

（4）来中国以后，我们都有很多个"第一次"，第一次说汉语、第一次来到陌生的学校、第一次和中国人聊天、第一次和朋友吵架……这些你还记得吗？请你说说让你记忆最深的一次经历。

又如，学习《身在异乡》[①]这一课，可以先从解题的环节开始，引导学生欣赏王维的著名诗句"独在异乡为异客，每逢佳节倍思亲"，引起学生的共鸣，从而产生写作表达的欲望。

问题和讨论的角度并非唯一的，因此，学生在讨论中，会逐渐筛选并

---

① 陈作宏主编：《体验汉语写作教程（高级1）》，高等教育出版社2006年版，第41—49页。

聚焦于自己感兴趣的那部分体验,将其转化为写作动机,并逐步进入到写作的具体操作阶段。

启发教学的目的是帮助学生利用汉语表达个体思想,因此,教学视角必须具有一定的开放性、包容性。同时,教师的作用还体现在适时引导方面。

2. 引导

引导过程中的具体方法有很多,写作内容方面的引导主要为了帮助学生进行恰当的写作规划。比如:

在阅读《第一次坐飞机》[①]的文章之后,教师可以先让学生找到一些描写心情的词语,然后,通过一些问题将这些表达心情的词语串联起来,

(1)他坐飞机以前,心里有什么感觉?

(2)他第一次登上飞机的时候,感觉好吗?你从哪里看得出来?

(3)飞机起飞了以后,他做了什么?心情怎么样?

并在黑板上绘出一幅心情变化的图表(见图12-1):

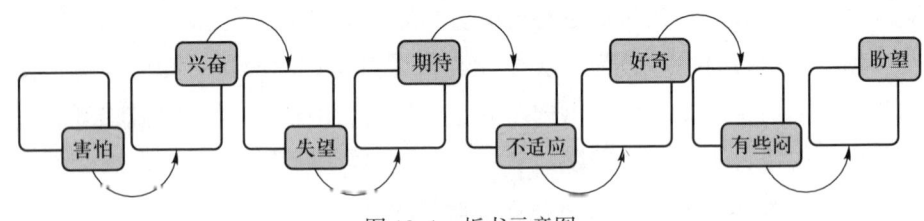

图 12-1 板书示意图

让学生从图表变化中看到作者心情的起伏,突出情感表现对凸显文章主题的重要作用。

语言方面的引导主要让学生学会观察别人的语言,并从这些语言表达中找到一些内在规律和联系。比如,让学生说出表达"难忘"的感情时使用的句式和词汇,其中包括:

(1)……给我留下了深刻的记忆。

(2)……让我无法忘记/是我无法忘记的。

(3)……成为一次美好/难忘的回忆。

(4)……,其中最让我记忆犹新的是,……

---

① 陈作宏主编:《体验汉语写作教程(高级1)》,高等教育出版社2006年版,第5页。

这类训练有两个好处，一是能够帮助学生储备更多的表达形式而在合适的时候选择恰当的表达方式（如常用于文章的开头还是结尾？）；二是当文章需要重复提及某一词汇或事件时，可以变换不同的形式，避免语言的乏味。

除了语言表达的微观训练以外，还可以从篇章的宏观结构上引导学生对范文的语言加以关注。比如阅读了《访德二三事》[①]这篇文章以后，教师可以让学生从文章结构的角度找到文章语言的特点：

（1）文章中讲述的每件事情是怎么开始的？

  ① 在机场等候转机的时候，……

  ② 一次……

  ③ 在科隆，……

（2）文章的最后是怎么写的？

  ① 这些看似平常的事，却反映出……。（作者的评价）

  ② 我觉得有不少值得我们……的事物。（作者的思考）

学生们在写作中常常因为语言的表达无法完全达到观点陈述的要求，而影响文章结构的完整性和条理的清晰性。因此，需要教师在语言方面提供一些范例及可供使用的连接篇章、段落的语言标记，以便培养学生的篇章和结构意识。

语言的引导还体现在师生对偏误的关注上，教师可以选取一些学生常见的偏误句让学生进行检查和修改。例如：

*我刚来中国的时候，我的生活过得很苦闷，我什么都不习惯，我偷偷地哭着哭着就睡着了，我终于适应了，我越来越喜欢。我也开始跟朋友们一起出去玩儿。

学生会从修改段落的过程中逐渐培养自己语言的监控和调整能力，从单一的语言形式发展到丰富的语言形式，从关注句子到关注段落和篇章的语言表达。

无论是写作教学内容的引导还是写作语言的引导，都与一定写作材料的展示相结合，好的展示要有层次性。

---

① 陈作宏主编：《体验汉语写作教程（高级1）》，高等教育出版社2006年版，第15页。

3. 展示

写作材料的展示包括词汇、语法、篇章等几个方面。

词汇展示要遵循"i+1"的原则。尤其是在高级阶段的写作教学中，词汇教学需要围绕某一写作主题呈现学生头脑中已有的部分词汇，同时，出现一些略高于学生水平的词汇。这是因为，"i"部分的词汇学生已经基本掌握了发音、意义、语用等相关知识，因此，当教师提供语言材料之后，激活了学生的汉语词汇库，容易被学生纳入写作语言，从而减轻了思考的时间和负担。"1"部分的词汇主要目的是在课堂学习过程中，希望学生尝试使用的一部分词汇，这一过程在检验学生对于词汇理解程度方面也具有良好效果。如果词汇展示的难度过高，则学生在写作过程中可能采用回避策略，检验不到其习得效果；如果展示的词汇过于简单，则对学生整体语言水平的提高没有帮助。因此，需要把握其中的度。

另外词汇展示要与语法教学相结合。

写作教学的语法展示尤其要突出语用目标，这是因为，书面语对于语法规范程度的要求高于口语。学生在写作过程中常常出现错误表达。比如：

① *我们对打扫卫生有不同的看法，**尚且**生活节奏也不一样。

② *父母和孩子之间的联系是最**巩固**。

③ *我不仅有很多中国朋友，还有很多**各种各样**国家的朋友。

教师不仅要讲解词汇和语法的准确意义，更重要的是，讲解其使用的位置、语体和场合。要通过提供上下文语境较为充分的句子明确词汇和语法的意义，也使学生明白其使用限制。

比如，学习"以免"，需要了解词语使用的前后语境。

① 空姐说话要轻声细语，以免打扰乘客休息。

② 去国外旅行应该先了解当地的文化，以免造成误会。

再如，在教授"接触"这个词时，可以给学生提供一些常用搭配，如：

① 我们平时见面只是打个招呼，没有什么别的接触。

② 他一直在学校上学，直到博士毕业才做了第一份工作，所以接触社会并不多。

③ 他看起来是个很冷漠的人，但是**接触了一段时间以后**，我发现，原来他的内心非常善良，也是一个很热情、愿意帮助别人的人。

同时，还可以利用一些归纳法，通过例句的展示，让学生归纳出便于理解的简单公式，如学习"取决于"一词：

① 孩子的成长取决于家庭的环境。

② 这件事情的成败取决于你有没有自信。

③ 城市的房价高低取决于城市的大小和发展。

由此，归纳出"A 取决于 B：B 决定了 A"。然后通过让学生讨论"工资的高低取决于什么？"来检验学生对于语法的理解和掌握程度。

篇章展示是写作教学的常用方法之一，比如，在应用文写作时，"展示"是重要手段，学生可以通过对范文的阅读和理解，再根据个人情况进行内容的替换和结构的调整，完成写作。另外，篇章展示也不限于一篇文章，可以是几篇文章的对比和分析。例如，讨论关于"留学生活"的写作主题时，为学生提供两篇相同题材不同的写法，一篇是围绕生活经历展开的，一篇是按照时间的顺序展开的。还可以针对同一写作对象，展示不同文体的文章，让学生阅读比较之后，发现其中的差异，并从文章不同的写法当中获得一些启示。

**（二）写作阶段**

就写作阶段而言，写作课教学涉及课堂写作训练和课后写作练习，二者性质不同，也各有特点。课堂写作训练有如下特点：

（1）有时间限制，写作时间不宜过长；

（2）写作内容不宜过多，直接提供写作材料，减少学生思考时间；

（3）学生可查阅的资料有限；

（4）教师即时点评和反馈；

（5）可将写作成果与班级其他同学共同分享。

相反，课后写作没有时间限制，可供查阅和参考的资料较多，学生可以反复思考，写成之后还可以多次修改，教师的点评和反馈周期较长。

因此，课堂写作训练和课后写作训练在操作方法上也表现出不同特点。课堂写作训练可以是基于语言训练目的进行的写作，比如，为了让学生尝试叙述做事情的过程，要求学生用上"首先""其次""再次""最后"等连接词，提供一些具体情境。如：

（1）请说明做"西红柿炒鸡蛋"的过程。

（2）请写写你最喜欢哪种交通工具，并说明为什么。

（3）请谈谈刷卡付款的好处。

（4）请谈谈网上购物的坏处。

这些主题的提供只是帮助学生熟悉并使用某一语言形式，学生选择任何一个主题进行写作都对教学目的没有影响。

课堂写作训练也可以是思维发散型的，写作主题不定。比如，提供给学生十个词语，请学生选择其中五个词语，串联为一段完整的话：

| 顽皮 | 悠着点儿 | 应运而生 | 劝解 | 兴旺 |
| --- | --- | --- | --- | --- |
| 差十万八千里 | 美味佳肴 | 达人 | 倡导 | 欣慰 |

这类训练也属于单纯的语言运用的写作训练。

另外，课堂写作训练还可以是基于某一主题的部分写作练习。例如，写"旅游见闻"以前，可以先要求学生写出"喜欢某一旅游项目的原因"。因此，课后写作可以看作课堂写作的充实和扩展，课堂写作也可作为课后写作的热身训练。二者之间是相辅相成的。

写作阶段的教学主要有以下几种操作形式。

1. 听后写

尝试先让学生听一段录音。如听一个完整的故事，根据所听到的内容，写成一篇文章，要求所写的内容具有完整性。写完后，再重听录音，对照自己所写的内容进行修改和完善。此方法的主要作用有两个，一是培养学生复述的能力，二是规范学生的语言运用。学生能够在听后复述故事内容，也可以改变叙述方式，进行转述。复述帮助学生加深对原文的印象和提高语用的准确度；转述可以帮助学生丰富语言表达形式，另外，也培养学生写作过程中对文章结构和内容的统筹规划能力。

听后写也可表现为对所听内容的扩展和评价，所听内容可以作为一种引导方式和评述对象。例如，听完关于"婚姻"的录音后，谈谈对丁克家庭的看法。

听后写还可以表现为对所听内容的续写，只播放故事的一部分内容，请学生完成故事的后续写作，要求写出故事的结局。

2. 说后写

说后写是写作教学过程中教师检验学生对学习内容掌握程度的一种常用手段。"说"是基于"写"的目的，同时，"说"的形式多种多样。

在课堂教学的过程中，学生"说"的受众是不同的。当教师的教学目的是对学生理解和运用知识点的考察，那么"说"的直接受众就是教师本人；当教师的教学目的是为学生提供范例，帮助学生将个体生活经历和情感表现通过语言表达出来时，那么受众可以是班级中的其他人，也可以是教师本人；当教师的教学目的转变为围绕某一核心主题希望学生通过发散思维来完善写作框架时，那么"说"的最重要受众就是学生共同构成的群体。

学习语法的过程中，教师可让学生先用所学语法讨论几个与现实生活相关的问题，如针对说明原因的"一来……，二来……"和"一是……，二是……"教师设计几个问题：

（1）你为什么来中国留学？

（2）你为什么最喜欢坐地铁？

（3）你为什么一定要考 HSK6 级？

让学生在"说"的过程中，体会语法项目的实用性。

学习写作某一主题的内容时，"说"可以激发学生对该主题的一些思考和对自身观点的明确，教师可以要求学生在下笔写之前以小组讨论的方式，使学生分享个体经验，例如：

请你选一个你想要介绍的朋友，说说他／她是什么样的人？

（1）他／她的样子

（2）他／她的性格

（3）他／她的特点

（4）你们的关系怎么样？可以用一个故事说明吗？

学生完成有限定性内容的写作时，教师可以通过学生集思广益的"说"，讨论写作过程中应包含的基本元素及安排。例如：

（1）你觉得写求职信应该包括哪些内容？

（2）写求职信和我们日常生活中说的话有什么不同？你会哪些书面语表达？你能说出一两个吗？

当然，需要注意的是，"说"与"写"之间存在较大区别，教师需要在学生的写作过程中引导学生区分书面语和口语表达，以避免学生进入写作误区。

3. 读后写

读后写的基本程序是要求学生在阅读相关主题的范文后写作，阅读材料作为自身写作的参考，为写作语言和内容提供一些启示。

阅读材料可以作为仿写、改写、缩写、续写的对象。仿写要求学生在规定时间内阅读一篇文章，然后脱离阅读材料，通过自己对文章的记忆和理解，进行模仿表达。缩写与此类似，是根据原文的内容缩略写作，将字数控制在要求范围之内，保持内容的基本完整性。改写一般要求学生在阅读熟知的经典故事（如《龟兔赛跑》）以后，发挥创造力和想象力，对已有的结果进行创造性的改编。续写与改写不同的是，续写的内容一般为教师只给出前半部分，提出事件发展的基本矛盾，然后要求学生阅读后继续完成后面的写作。

教师也可以将两篇不同的文章放在一起，让学生进行观察，比较其中写法的不同以及文章的优劣，从而增强学生对于文章的感悟和意识，提高其写作能力。

4. 看后写

"看"包括看地图、漫画、照片、视频短片、电影等，通过视觉上的直观刺激，使学生达到一些基本要求。如叙述去某个地方的基本路线；描述漫画中的故事情节；想象并分析照片中的人物关系；完整地将视频短片的主要内容改编成文字故事；介绍一部电影或者选取个人视角，描写电影带来的个体感受；讨论、评述某一现象产生的社会问题。

看后写带有一些独特性，学生要想把视觉体验转换为汉语表达，需要经过个体加工和筛选，因此教师在教学过程中需要引导学生抓住某一重点，避免漫无目的地写；同时，要对所写内容进行深度思考，将视觉带来的表层体验转化为个人对于问题本质的认知。

5. 做后写

做后写可以是不限于课堂之内的参观、活动体验，其形式相对前面四种而言，更加灵活，教师对于做的可控性也相对减弱。因此写作课堂内的做后写需要教师的指导。

例如,讨论"手机使用的利与弊",给每个小组的学生布置不同的采访题目,要求他们以小组为单位,设计不同的调查问卷,然后以自己身边的同学和朋友为调查对象,收集整理调查结果,并在班级内进行小组汇报。最后,将调查结果及调查反思写成一篇文章。教师提供的调查主题,例如:

(1)人们使用手机的利与弊(提示:可从未成年人、中老年人、年轻人等不同年龄阶段考虑设计调查问卷)

(2)手机的弊端给人们带来了麻烦,你有什么好办法能够帮助人们解决这个问题?

(3)手机在将来会有什么样的发展?

再如,讨论"人们的生活方式",教师可以让不同小组采访不同年龄层次人们的生活(大学生、上班族、老年人)。根据不同的采访对象,设计相关的访谈内容。例如,采访在广场上跳舞的大妈们,请她们谈谈:

(1)退休以后的生活

(2)跳舞的好处

(3)周围人的看法

将这些采访内容整理成访谈稿在课上汇报。除此之外,还可与自己国家不同人群的业余生活进行对比,如生活内容、心理状态等。最后将这些访谈和课堂讨论所得的资料整理和筛选,形成一篇完整的文章。

综上所述,在教学的写作阶段,教师需要针对不同题材,不同文体的要求,结合学生的具体情况,对教学内容进行选择和调整,力求运用合适的写作教学方法达到教学目标和良好效果。写作课的特点决定了教师对学生写作水平高低、进步与否等情况的了解很大程度上有赖于学生的写作成果。因此,教师的反馈意见对学生改进学习方法、提高写作水平具有重要的引导作用。

**(三)教师反馈阶段**

教师对于学生作业的反馈包括书面反馈和口头反馈,书面反馈主要由作文批改和教师评语两部分组成。

在书面反馈方面,教师将学生的偏误内容勾画出来,并帮助改正,使反馈形式上体现规范性。同时,教师的评语常常是师生之间沟通和交流的重要途径。因此教师评语可对学生产生一些积极暗示。

作文批改需要注意的是：

（1）批改的字体要清晰，教师勾画的指令要明确；

（2）不要简单勾画，需将正确的内容写在旁边，以便给学生标准的示范；

（3）对学生词句方面的语用偏误需要在空白位置上注明该词句的常用语境。例如：＊我们等了半天，一辆车也没有擦肩而过。

教师需要说明"擦肩而过"的使用情境。

（4）要有同理心和换位思考的意识，从学生的角度去理解他们的偏误，以便使修改后的内容与学生本来的意图尽量保持一致。

教师在作文的批改之后，需要对学生习作进行整体评价，因此，教师的评语应该有不同的层面。从文章形式层面讲，教师可以对学生的构思、框架、语言等方面进行评价，并提出修改建议；从文章内容层面讲，教师可以表达自己的一些个人的感受和心情，拉近与学生之间的距离，使作文评语不仅仅是教师对学生写作的单向反馈，也成为教师与学生之间情感交流的良好平台。

口头反馈与书面反馈不同，口头反馈可以看作对书面反馈的补充和再说明。口头反馈包括两种基本形式，一种是教师对作文的课堂讲评；另一种是教师与个别学生的面谈。

在课堂讲评方面，教师需要注意的几个问题是：

对于范文的讲解和夸赞要在合理的范围内适时进行，避免对某一位学生进行过分表扬，而压抑了其他学生写作的积极性。

关注每位学生作文中的闪光点，这些闪光点，可能表现为一个词（用得很地道），或者一句话（包括一些好的开头句、自然的过渡句和好的结尾句），或者一个段落，甚至一整篇内容。教师可以根据需要将学生习作的精彩之处汇集成篇，在每段之后标出学生的名字，并印发给全班进行欣赏和阅读。下面是从留学生观看电影《岁月神偷》写的观后感中选出的佳句，其中加点儿部分尤其值得表扬：

① 我相信神，所以我有"时间不属于我"的这种观念，我不知道明天发生什么事情，我只能尽最大努力，不浪费现在的时间。（学生A）

② 虽然我看电影之前已经有了思想准备，但是看到片中悲伤场面心里

不免有点儿伤心,甚至有好几次我的眼泪止不住地掉下来。(学生B)

③ 每个"见面"一定会有"分开",中国有句话叫"天下没有不散的筵席",就是这个意思。我一直有这样的想法,所以每次和别人见面我都很珍惜。老师和学生之间有上课的"见面"和下课的"分开",同学和同学之间有上学的"见面"和放学的"分开",丈夫和妻子之间也有爱的"见面"和死的"分开"。(学生C)

④ 这个电影给我们讲了一个很有意思的故事。电影的中心人物是一个男孩子,他八岁,他的家庭条件很一般,爸爸卖皮鞋,妈妈帮助爸爸,哥哥是一个很好的大学生和运动员。看起来,这个家庭好像是幸福的,可是事实上,生活却不那么容易,有些困难很难克服……(学生D)

除此之外,还可根据学生的写作主题总结学生使用的词句,进行一些专题类的介绍。比如,写作"我的好朋友"一文时,搜集学生描写人物性格、人物感情的词句;在几次写作训练结束之后,将学生使用的成语归纳为一个专题与全班同学共享等。

课堂写作的讲评目的不仅仅是对好的语言进行表扬,更重要的是对学生出现的问题进行归类和分析,并有针对性地反馈给学生,以促进学生语言的进步:

1. 对学生用错的典型同义词进行辨析,例如:

"完成"与"结束"

2. 对学生混乱的语序进行纠正,例如:

① *我们很早就起床了,为了早一点儿爬山。

② *我们都感动了,因为他的好意。

3. 对学生在语法表达方面的缺失项进行补全,包括一些语言连贯方面的衔接问题。例如:

① *多亏司机是个乐于助人(的人)。

② *每个同学都(感觉很)糟糕。

③ *我不能忘记那个高个儿的法国人,一是,(他会)用英语告诉我们怎么去宾馆,二是他不太明白的时候,一直对我们微笑。

④ *我以为在泰山天气不冷,谁知道那儿变天很快,(突然)下雨了,我没带伞。

4. 对语言的重复要进行一些删减和修改，使语言显得自然、流畅。例如：

*我很喜欢露营，我平时喜欢在人生地不熟的地方露营，虽然我出发的时候充满了活力，但有时候我会迷路，在这样的情况下，我感觉很累。

5. 对口语和书面语的区别要进行说明。

在师生间的单独交流方面，比如，如果教师通过书面反馈对学生的习作修改提出合理建议后发现并未引起学生的相应重视，教师就需要与学生口头交流，以便了解学生对反馈信息的接受程度。再如，学生对一些范文的参考超出了合理借鉴的范畴，教师也需要与学生进行倾谈，了解现象产生的原因，并帮助学生克服写作困难。

教师反馈可以说是写作课教学中不可或缺的重要环节，但教师在实际操作时也需要控制好反馈的课堂比例，避免使学生的关注点过多地集中于反馈内容，增加学生的写作焦虑感和负担。

上述内容主要从写作教学的环节出发，对写作课教学的基本环节和方法进行了讨论，下面主要针对写作课教学的一些常用技巧提供一些例举式的参考。

## 二、写作课教学的实用技巧

写作课教学效果是否明显，是由多方面因素共同决定的，教师在教学过程中需要把握一些具体可行的技巧，使教学的可操作性更强，也使课堂教学和学习过程充满乐趣。以下从教学内容和教学过程两个角度提供一些实用技巧。

### （一）重视词汇的作用

词汇教学在写作过程的各个阶段都起到重要作用，特别是到了中高级阶段的写作课，对学生习作的要求不能只停留在表达通顺的层面上，词汇的选择和使用应作为考察学生语言水平高低的重要标准。因此，在写作教学的实际操作过程中，应充分利用词汇进行教学。

在写前阶段，教师提供的导入型词汇能够帮助学生复习以前所学的知识，起到激活学生头脑中认知图式的作用，使学生对相关写作主题有较为初步的认识。

在写作课教学的过程中，教师会发现学生有时候很难从一堆杂乱的片段中选定自己写作的核心内容，因此，教师需要尽快帮助学生确定并逐步扩展为一个可说的话题。例如，在"留学生活"这一课中，教师提供一些问题，使学生在头脑中筛选出自己感兴趣且与写作话题相关的核心词语，确定写作的实际范围和对象：

- 用一个词说明你的留学生活
- 用一句话说明这个词
- 用几个故事解释你的这句话

核心词语的提示有意识地帮助学生准确把握写作对象，围绕核心内容，剔除多余的信息，集中精力阐述某一问题。

在教师反馈阶段，除了修改学生的偏误以外，教师还可提供一些形式相对简洁却含义深刻的词汇表达形式（如成语），增加行文的美感，帮助学生提升写作层次，比如：

① 这一段美好的时光之所以能够记得住，是因为我跟朋友们在一起。（这段美好的时光之所以让我记忆犹新，是因为我跟朋友们在一起）

② 随着时间慢慢过去，我和朋友们之间的友谊越来越深了。（随着时间的流逝，我和朋友们之间的友谊越来越深了）

③ 我可以感到风轻轻地吹。（我感受着微风拂面的感觉）

④ 这一段经历让我的知识变得更多。（这一段经历让我的人生阅历更加丰富，视野更加开阔）

⑤ 时间过得真快（时间飞快／时间就像白驹过隙／时光飞逝）

⑥ 突然下雨下得非常大。（突然下起了倾盆大雨）

中高级阶段的学生在写作过程中可能已经掌握了前面的表达，但由于不了解还有后面的"（　　）"中一些更深层次的语言形式，而影响了写作语言的丰富性，使文章整体欠缺美感。教师有针对性地选用一些同义表达，无论从词语本身的角度而言，还是从词语所构成的句子而言，都对学生有较大的参考价值，能够在一定程度上帮助中高级水平的学习者突破语言学习的阶段性瓶颈。

### （二）重视修辞手法的运用

对外国学生而言，在写作课教学中运用修辞手法的要求相对较高。修辞手法的运用往往建立在学生对目的语已经熟练掌握的基础上，尤其是对目的语文化有一定程度的了解。在文化背景差异较大的语言中，即使存在相同的修辞手法，也有一些需要注意的问题。

在对外汉语写作课教学中，常用的修辞格手法包括：比喻、拟人、借代、夸张、排比等。

不同的修辞手法在教学过程中重点也各有差异。对于一些容易掌握的修辞手法，教师需要告诉学生一些常用的格式，例如：

常用于引入比喻的词句包括：像……一样、好像、似的、仿佛、般、如……

常用于引入排比的词句有：有的……，有的……，有的……

同时，还要特别注意培养学生汉语思维，学生如果不熟悉相关词句的背景，则难以对修辞手法产生学习兴趣而采用回避策略。即便使用了某种修辞手段，也可能不符合汉语中的文化内涵。比如类似的句子：

别人一找他帮忙，他跑得比（    ）还快。

学生会填"马、猴子、豹子"，而在汉语里，常用搭配应为"跑得比兔子还快"。

有些词汇中本身隐含着一些修辞手法，如用"桃李"形容学生；用"手足"形容兄弟情谊等。如果学生对于这些词语的了解仅限于字面含义，那么就会产生一定的理解障碍，写作课教学的重要责任之一就是帮助学生在理解深层含义的基础上学会在书面表达过程中运用这些修辞手法。正如前面两例，教师应提供给学生常用形式——"桃李满天下"和"手足之情""手足情深"，便于学生将其作为语块进行整体记忆和选择。

这些问题与学生是否掌握了修辞手法没有直接联系，但却对句子的合理性产生重要的影响，基于此，教师可以根据不同国家的文化，采用对比的教学策略，让学生通过元认知过程对比母语文化与目的语文化之间的差异，激发学生对汉语学习的兴趣，同时，也帮助学生理解语言中存在的文化因素。

### （三）重视课堂互动

互动性是写作课教学的重要原则之一，师生在课堂学习过程中的良性互动是培养学生写作兴趣的积极策略。

学生之间的互动常表现在教学的各个环节，下面，针对学生之间的互动方式，从教学技能方面提供一个简单案例，展示互动教学的操作过程。

1. 从"阅读"到"表达"

教师将学生分为若干小组,两人一组。将一篇文章分成两个部分,小组内的每位学生只接触文章的前半部分或后半部分,然后,规定学生在限定时间之内阅读完毕。阅读完毕后,学生相互之间为小组内的对方成员清楚地介绍所读文章的内容。

例如,阅读文章《你的生活方式健康吗?》[①],前半部分主要介绍人们对生活方式的多样选择,后半部分主要介绍个人生活方式对社会环境的影响。请学生在阅读之后对每部分内容进行较为全面的陈述。

2. 从"表达"到"倾听"

在表达的环节前,要求学生尽量熟悉文章的内容,并且鼓励学生使用自己的语言对文章内容进行加工,不要朗读原文。听的同学需要在听的同时尽量记录对方所叙述的信息,如果遇到听得不清楚的情况,可以进行提问、协商和讨论。

3. 从"倾听"到"写作"

听完对方的叙述之后,需要将刚才所听到的信息与自己阅读的内容相结合,并将文章复现成篇。要求学生尽量根据自己的记忆、对文章的理解,以及根据所听到并记录下的信息进行复写,不要照抄原文的句子。教师同时规定写作时间。

4. 从"写作"到"评改"

写完之后,要求学生在小组之内交换习作,以评阅者身份对对方的写作内容进行批阅、修改和评价。在这一过程中,学生已经对所写内容比较熟悉,再根据对方的写作成果,观察其写作视角,分析其语言形式,并提出一些恰当的修改建议。教师需要为学生提供一些互相评价的具体标准,如题目是否合适?开头和结尾是否完整?是否有表意不清之处?是否有语法错误?语言表达的精彩之处包括哪些?等等。

5. 从"评改"到"整合"

在完成评改之后,再让学生拿回自己的文章,将文章前后部分整合在一起,对照自己的写作和组内同学的修改,查看是否有理解出入以及表达

---

[①] 陈作宏主编:《体验汉语写作教程(高级1)》,高等教育出版社2006年版,第128页。

偏误。

课堂互动的过程中需要把握教学材料的难易程度，因为涉及四项语言技能的综合应用，所以建议可从较易理解的文章开始做起，当学生熟悉了练习形式之后，再逐渐增加文章的难度。

课堂互动的理想状态是，在教师的调控和引导下，师生之间和生生之间有较为充分和有效的互动过程。但由于整个过程很难得到全面监测，所以，课堂互动必须建立在班级良好的教学氛围，良好的师生关系，以及学生彼此之间较高的求知欲、信任度和责任感之上。因此，学生彼此之间的互评需要教师了解学生的学习风格，同时，对互评形式的有效程度进行预估。从长远角度讲，良好的课堂氛围是衡量教学活动顺利、有效进行的隐性指标。

### （四）重视发散思维

写作课教学需要学生遵循一定的写作规则，但不意味着写作形式的固化和僵化。教师引导学生将发散思维运用到写作过程中，不仅能够提高写作教学的趣味性，同时也能够使学生的主观能动性在写作过程中发挥得更为充分。

教师引导学生进行发散思维的方式可表现为如下几种：

1. 情景创设类写作

教师可以提供一个较宏观的情境，留给学生自己填充和创作的空间，让学生依据这些情境，编写感兴趣的故事。例如：

时间：晚上

地点：一家高档餐厅

人物：一位男士和一位女士

事件：一边吃饭，一边聊着什么

根据情境的写作可以将体裁适当放宽，学生可以根据个人的想法，写成记叙文、小剧本或者小小说等。

2. 变换视角类写作

即学生通过非个人的视角进行考虑，通过变换视角的方式揣度他人或客观事物的意图并进行写作。例如：

学习"保护动物"的一课，可以请学生从动物自身的角度出发进行创作：

请你以熊猫的身份向人类发出一份倡议书，倡议书的具体内容自定。

再如：

如果水是有生命的，你觉得它会对人类说什么？请你以"水"的身份写一篇《我的心里话》。

3. 半自由写作

半自由写作相对于限制性写作而言，学生可以自己决定的范围相对更大，写作要求相对更为宽泛，半自由写作可以是学生个人表达，也可以是小组共同思考和讨论的结果。例如，在学习了关于广告的一课以后，教师可以将学生分成几个小组，作为不同的广告策划公司。请学生自己决定并选择不同的物品，为它们设计广告文案和海报，然后将学生设计的成品展示出来，并由小组成员分别对设计思路进行介绍，最后评选出最有吸引力的广告设计。半自由写作的形式超出了单一的写作方式，将听、说等互动形式穿插在写作教学中，但同时也将写作贯穿于课堂教学活动的实施中，对学生而言，这是一种有益的尝试。

（五）关于教材的运用

写作教材的使用包括教材选择和教材处理。

（1）在教材选择方面，教师需要对教材的整体安排和细节处理都有所关注。在筛选教材时，对以下一些疑问的排除可以帮助教师确定基本的选择标准：

第一，该写作教材的生词量是否适合学生现有水平？教材的选择不应过难或过易，否则都会影响教学效果。

第二，写作话题涉及的内容范围是否与学生的实际生活紧密相连？与学生实际生活接近的话题更能够引起学生的兴趣和共鸣，学生能够将更多的关注点集中于语言的运用而非写作内容的思考，从而使写作过程更为顺畅，语言表达更为自如。在涉及某一特殊领域（如科技类文章）的写作内容时，学生必须首先对相关词汇有所了解，否则，专有名词也会影响写作效果的呈现。

第三，写作教材的篇幅和单元设计是否与课程设置中的课时量相匹配？教师应选择与课时量相匹配的教材，对教材在一学期内的完成量有所预判，同时，还应根据周课时量大概估算出完成一课教学大概所需要的周期。如一学期完成教材的4/5内容，完成每一课所需课时量为2课时。

第四，写作教材是否与其他课型的内容和难易程度有较好的衔接性和互补性？写作教学策略常与其他语言技能相结合，如果能够使用配套教材，在教学体例等方面具有统一性，则教材的连贯性和学生的熟悉度都对教学效果产生积极影响。

第五，教材体现的教学法理念是否与现阶段倡导的教学主流有较高的契合度？有些教材体现了较强的功能性，有些教材偏重任务性，还有些教材凸显写作过程的重要性……这些都需要教师仔细辨别，根据教学实际情况进行选用。

（2）选定某一本教材之后，教师处理教材的过程也尤为重要。总的说来，主要有以下几个环节：

一是，浏览教材的概貌。尤其关注教材的编写说明，了解教材的编写目的、使用对象、课时量安排、使用要求及写作话题的分布。然后聚焦到一课之内，观察每一课由哪几个版块组成；生词量大小和语言点出现的位置；教材中是否有教学提示；教材练习是否充分等。

二是，灵活调整教材内容。教师应保持对教学重难点的敏感度，安排好教学的先后顺序，同时，根据教学需要增删教学内容。比如，写作话题较为接近的内容可合并为一课，而适于多种形式充分训练的写作话题可以适当扩充教学时间和比重，细化教学层次。

三是，对教材进行适当加工，提高可理解性。教师可以通过分段、归纳、寻找关键词、举例解释语法规则、情境设计、问题引导、练习补充等各种形式增强教材的可理解性和操作性，使教师从依赖教材向活用教材逐步过渡。

本节内容主要介绍了写作课教学的基本教学方法和部分教学技巧，从写作课教学的操作阶段讲，这些方法和技巧是教师在教学过程中需要掌握的技能，也对教学效果产生重要影响。教师需要针对不同层级的教学对象，选择合适的教学方法，弄清写作课教学各个阶段的任务，并以此对不同阶段的重难点进行区分和把握。

## 第四节　写作课教学的难点与重点

对外汉语写作课的重难点在不同阶段有不同表现，从初级阶段向中级阶段过渡（以下简称"初中级阶段"）的写作课教学常常与综合课教学密不可分，其重难点在于对语段内部的词汇或语法的正确使用上。从中级阶段向高级阶段过渡（以下简称"中高级阶段"）的写作课教学要帮助学生建立起语段结构的概念，培养语段意识。高级阶段的写作课教学所涉及的内容既包括对篇章的关注，也包括对各类写作文体的掌握。[①]

### 一、初中级阶段

初中级阶段的写作课是写作的基础阶段，该阶段学生的关注点仍然在于语段内部词汇的意义和语法的正确用法等较为具体的层面，因此写作课教学是自下而上进行的。教师主要帮助学生了解词汇、语法的语用环境，并帮助学生建立"写"的意识。

写作课教学的词汇、语法教学有别于综合课，综合课的词汇、语法是教学核心，而写作课教学的词汇、语法教学是基于语段之内的教学，是培养学生写作意识的重要手段。因此，出于此目的，词汇、语法教学需要凸显其"关联性"。比如：

在词汇教学方面，教师在教授了一些词汇之后，提供给学生一些词语的组合，请学生将两个词语连成句子：

| A. | 山 | 风景 |
| B. | 排队 | 票 |
| C. | 湖 | 树 |
| D. | 照相 | 美 |
| E. | 爬 | 出汗 |

---

[①] 根据国家汉语国际推广领导小组办公室于2007年出版的《国际汉语能力标准》（外语教学与研究出版社），汉语书面表达能力分为五级。为方便说明和阐述，在此节中，初中级阶段基本对应一、二级，中高级阶段基本对应三、四级，高级阶段基本对应五级。

初级阶段从单句到复句、句群的过渡性训练也很重要。比如，初级学生的作文往往是单句的罗列："我妹妹唱歌唱得很好。我妹妹跳舞跳得不错。"要让学生练习过渡："我妹妹不但唱歌唱得很好，跳舞也跳得不错。"这种练习过渡使学生既练习了关联词语，也练习了主语省略（中文的特点）。这样的训练都可在课堂上进行。

在语法教学方面，教师可以给学生一些句子，并让学生在合适的位置加上关联词语，使句子的意思更加清晰。例如：

① 明天的会很重要，你来还是不来，你给我打个电话。

② 这次旅行遇到很多困难，这完全没有影响我们的心情。

③ 在很多国家安乐死是不允许的，家人同意，医院的医生不同意。

对于初中级阶段的学生而言，语言知识仍然是学习的重中之重，因此其关注焦点还不足以自如地运用所学词汇和语法进行更高层级（复杂语段、语篇）的创作。在此阶段，教师需要帮助学生在语段之内，从对词汇、语法本身的关注逐步转变为对词与词、句与句之间内在互动性的关注，培养其写作能力。

## 二、中高级阶段

中高级阶段的学生已经在词汇量方面有了一定的积累，对汉语的认识也相对更为深入，因此，该阶段的写作课教学重难点主要在于学生对完整和复杂语段的表达。

学生对语段的构成需要有整体意识：语段的中心句往往出现的位置，语段的总结性语言标记有哪些？这些问题可通过相关练习得到明确。

比如，组句成段的练习。给学生几句话，让学生对这几个句子重新排序，使句子组成的语段更加顺畅。

A. 尤其是很多年轻人，比父母的消费意识更超前。

B. 他们更愿意享受现在的生活，抓住当下的机会。

C. 现在生活条件改变了，人们的消费观念也发生了变化。

D. 他们不愿意把钱存在银行里。

又如，这一阶段对关联词的练习不再仅限于一组，可以给学生一段去掉关联词的内容，请学生在认为需要的地方加上所需关联词。这时，关联词的选择必须依靠对语段整体认识。

再如，让学生根据图片的内容简单描述成一段完整的小故事；根据一篇较长的语言材料，提炼并缩写其中的核心观点，形成一段较为连贯的内容。

教师还可以给学生一段完整的内容，请学生找出语段中表示顺序或时间的连接词，并根据这些连接词进行仿写。比如，首先、其次、再次、最后；原先、后来；不久；接下来；随后……

另外，针对某一语段的内容，请学生找出这一段的核心句和总结句。并关注一些标记性的词语：总之、总的来说、总而言之、综上所述……

还有，一些程式化的用语也可介绍给学生，如讲故事时常用"很久以前……."，回忆时常说"记得……"，等等。再如，写信时，先说对方的事，再谈自己的事，也是一种文化的映现。总之，在学生头脑中建立一些图式，培养一些语感很重要。

中高级阶段的写作课训练从方法上可以有多种尝试，但该阶段与初中级阶段相比，语段意识是写作训练的中心。

### 三、高级阶段

高级阶段写作课教学目标要求学生对篇章内在结构有较完整的概念，同时对不同文体、不同题材的内容有较好的驾驭能力。这一阶段写作课教学的考核标准体现了教师对重难点的把握，其中包括：

（1）学生是否能够完整地叙述一件事情？

（2）学生能否在文章中同时处理好几件较为复杂事件的关系和顺序？

（3）学生能否抓住某一中心内容，从几个不同的角度阐述与此相关的问题？

（4）学生在文章中能否自然地进行语段过渡？

（5）学生能否辨别记叙文、议论文、说明文等不同文体的写作方式？能否掌握几种文体的写作方法和特点？

（6）学生能否掌握一些具体的写作技巧？

从篇章结构看，高级阶段的训练重难点在于篇章结构的完整性、衔接过渡的合理性等。比如，教师可以提供一些自然过渡的范例，使学生接触丰富的、不同角度的过渡性语言：

从第一件事情怎么写到第二件事情？

A. 还有一次……

B. 我们去长城的时候……

C. 在……（地方）……的时候，

D. 行程的第二天，我们……

E. 在这几天的旅行中，让我最难忘的是……

F. 旅行中，有快乐，也有辛苦。……

教师还可以在学生作业修改阶段通过提问的方式让学生特别关注篇章结构的必备因素：

（1）你的文章是怎样开始和结尾的？

（2）你文章的主题是什么？

（3）你的内容分为几段？

（4）你想写的都写在文章里了吗？有没有多余的句子？

从写作文体、题材看，学生需要了解针对不同题材、不同文体在语言方面的特色，例如，提供范例，使学生分辨记叙文和议论文的不同之处，同时，针对某一类写作题材或文体，还须明确其写作特点。例如：

（1）写人物的时候主要写哪些内容？

（2）写几件不同的事情的时候，哪些要详写？哪些要略写？

可以让学生通过讨论的方式，集思广益，把写作原则具体化，清晰化。

从具体写作技巧看，教师通过教授一些具体可行的写作技巧，可以帮助学生增添文章的美感，同时避免一些写作误区。例如：

（1）使用比喻或者拟人等修辞手段来增加文章的吸引力。

（2）使用成语来概括复杂的意义。

（3）减少重复性语言的使用，控制并整合写作语言。

（4）合理安排写作重心，避免事无巨细。

另外，要通过一些书面语表达训练学生将口语和书面语区别开来。尤其是一些专业性较强的表达方式，如学术性的表达。教师需要结合词汇的意义将语法的常用格式展示给学生，以便减轻学生的记忆和理解负担。

词汇方面，例如：

诸多、如下、无不、此外、日渐、尔后、绝非、无疑、即

语法方面，例如：

以期达到……的效果／目的；置……于不顾；呈……之势；持……态度；A之于B犹如C之于D；将……列入……；如……所说；原因有二／三；继……之后；将……视为……；与……相去甚远；对……予以……；毫无……可言

高级阶段的写作课教学是一个写作宏观意识的培养过程，也是写作语言更加丰富化和精细化的过程。

本节内容主要阐述了不同写作阶段教学的重难点，事实上，在操作过程中，应根据学生的语言水平和教学情况不断作出调整，适应学生写作能力发展的实际需要。

## 本 章 小 结

本章较全面地阐述了写作课教学的相关内容。首先，从定性的角度讲，对外汉语写作课教学属于书面语表达，它不是简单的书写，同时，它有别于汉语作为母语的写作教学。写作课教学的目标在于培养学生的书面表达能力。其重要性体现在它是各项语言技能综合发展的重要阶段。从写作教学的原则看，主要有循序渐进、实用性、互动性、技能兼顾等四个基本原则。

其次，写作课教学在不同理念的指导下，在长期的教学实践过程中逐步形成了具有特点的一些写作模式，第二节主要选取了三类较为典型的教学模式，分别是：注重静态写作成果的结果写作模式、注重动态写作发展的过程写作模式以及注重交际的任务型写作模式。

再次，不同教学模式的实施有赖于写作方法、技巧等的具体操作。结合写作教学环节，写作课的基本方法可以分为写前阶段、写作阶段和教师反馈阶段。同时，第三节还介绍了一些例举性质的教学技巧，包括重视词汇的作用、修辞手法的运用、课堂互动、发散思维、教材的灵活使用、翻

译的辅助效果等。

最后，写作课教学关注的重心在不同阶段有不同表现。第四节主要从语言水平发展的三个阶段区分了写作课的重难点，阐述了逐渐从语段教学过渡到语篇教学的渐进过程。

综上所述，对外汉语写作课教学仍然是有待继续发掘和探索的领域，在提高学生写作水平方面，仍然有很多值得深入思考的问题，有关写作教学还需要与学生的学习策略、学习心理等二语习得研究相结合，以此优化写作教学策略，达到更好的教学效果。

附：写作课教案示例

### 第十四课：有一种"爱"

【课程名称】高级写作课

【教学对象】来华留学生，高级班

【教学目标】通过叙述和议论结合的方式阐述事实，表达观点

【教学重点】叙述与议论在文章中的合理分配；叙述到议论的自然过渡

【教学模式】基于任务型的写作模式

【教学方法】采用与任务型教学模式相关的教学法

【课时分配】2课时

【选用教材】陈作宏主编：《体验汉语写作教程（高级1）》，高等教育出版社2006年版，第134—142页。

【课文内容】

### 学会向孩子道歉

一天，我答应女儿到书店给她买一套作文工具书，但由于下班时偶然遇到旧日同事，兴奋地谈起分别后的情况，并请同事一起回家叙旧，把买书的事忘了。回家时，正在做功课的女儿迎上来，热情地向同事问好以后，立即问我："爸爸，我要的书买回来了吗？"女儿急切的神情使我不好意思起来："爸爸忘了。"我看了看失望的女儿，又诚恳地说："对不起，爸爸今天遇到朋友，忘了买书。明天买，好吗？"女儿马上说："没关系，明天买也行。"这样，女儿重新认真地做起功课，全然忘记了刚才的不快。同事看到这一情景，打趣地说："你还真够民主呢。"我笑笑说："大人

错了的时候,也应该向孩子道歉。"

一旦父母做错了事,如果能向孩子说一声"对不起",不但可以帮助孩子建立自尊,同时,还可以使孩子养成尊重人的习惯。如果父母真诚地向孩子道歉,孩子感到你尊重他,爱护他,他们会更加信任父母,并乐意原谅自己的父母。

【教学步骤】

第一课时(45分钟)

一、任务前阶段

(一)教师说明本课的教学目标(3分钟)

    学会在文章写作中使用叙述和议论相结合的方法

(二)小组热身活动(12分钟)

1. 给学生提供四幅图片,请学生思考并讨论图片中分别表达了父母怎样的爱?

    溺爱、严厉的爱、理解的爱、宽容的爱

2. 通过小组讨论,请每个小组阐述小组的观点,说说更欣赏哪一种教育方式,为什么?如果你以后为人父母,你觉得自己可能会是怎样的父母?

(1)体验简单的叙议结合方式,教师在语言形式上提供给学生一个范例,如:

孩子想做什么就做什么,虽然做得不对,妈妈也并不批评他,这种爱是父母对孩子的溺爱。

      叙述         议论

(2)提供给学生一些从叙述转为议论的语言标记作为参考,如:

如此看来;也就是说;可以看出;可见;显然……

(3)让学生使用叙议结合的方式简单表述小组主要观点。

(三)写作任务的说明和规划(5分钟)

1. 教师将写作任务的操作过程告诉学生:完成一个简单的课堂写作任务,并通过讨论、修改等方式将此写作内容扩展成为完整的一篇文章。

2. 角色分工：

（1）在学生互评和讨论阶段，听的同学要仔细了解对方的意思，同时提出个人的改进建议

（2）小组发言的同学要综合考虑组内成员的意见。

## 二、任务链阶段

### （一）词汇头脑风暴（10分钟）

1. 思考父母对你的教育方式，在纸上写下你能够想到的所有词语。

2. 教师提供一些启发：

（1）你觉得父母培养孩子的过程中，最看重的是哪方面的教育？

（2）父母对你品德方面的教育有哪些？

（3）父母对你日常生活方面的教育有哪些？

    A. 生活习惯

    B. 学习方面

（4）当你遇到麻烦的时候，父母会帮助你解决还是培养你独立解决的能力？

（5）当你伤心的时候，父母会怎么做？

3. 分小组，将每个人所写词语汇集在一张大纸上。

4. 从大纸上挑选出你认为需要重点介绍的词语，并将大纸挂在黑板上。

5. 每组代表介绍自己组员的词汇。解释一些重点词的意思，如：溺爱、剥夺、倾注……

6. 再进行讨论，并给词语归类。学生可按照词义色彩分出褒义词、贬义词、中性词；还可按照词性分出动词、形容词等。

7. 教师可将学生归类的内容一边讲解，一边板书。

### （二）范文阅读（5分钟）

阅读《学会向孩子道歉》，然后简单写出每段的内容是什么。

### （三）小组分享（10分钟）

请在小组内分享一下你认为你的父母在教育子女的时候你最认同的一个方面，或者一件事，并说明你认同的原因是什么？让学生在组内练习观点的阐述。

第二课时（45分钟）

（四）简单写作（20分钟）

1. 限定时间，请学生将所讨论的故事和观点写成简短的一小段。

2. 教师提出写作要求：要有故事的叙述部分，还要表达自己对事件和问题的看法。

（五）组内修改和评价（10分钟）

1. 小组内交换写作成果进行修改和评价。

2. 教师在学生修改过程中提供帮助。

3. 组内将评价内容进行分享和讨论。

4. 选出小组内认为写得最好的一例。

5. 决定两名小组发言人：

一人朗读习作；

另一人对习作进行简单鉴赏——介绍一些好词好句，简单说明优点。

6. 班级分享写作成果

（1）每组发言人朗读小组的范文并进行评价。

（2）教师记录写作内容、语言形式及偏误。

三、语言分析和巩固阶段

（一）偏误处理（5分钟）

教师对学生出现的偏误进行纠正，可以通过板书、对比、启发等方式引导学生对偏误进行检查和修改。

（二）语言点重现（7分钟）

1. 将本课的语言点进行归类和复习，包括：

（1）重要词语的复现

（2）强调重要语法的语用环境

（3）对学生使用好词句的回忆和肯定

2. 设计练习考查学生对词汇和语法的掌握程度，如：教师说词义，请学生猜出准确的词。

四、布置课后作业（3分钟）

根据写作主题，将课堂写作内容扩展为一篇完整的作文，

1. 以《有一种"爱"》为题，篇章结构要完整。

2. 要求字数：800字左右。

3. 尽量使用所学词汇和语法。

4. 叙述和议论相结合，写出真情实感。

## 五、教师课后任务

（一）将所有学生课堂写作的内容全部收齐并进行批改。

（二）将批改过程中的精彩语句和所发现的问题进行归类作为课堂反馈的内容。

（三）有必要的情况下，如偏误较多的语言点，可针对性地再设计练习。以备下堂课使用。

### 思考题

1. 写作课有哪些常见的教学模式？你如何评价？
2. 不同阶段的写作课教学应该有什么侧重点？
3. 写作任务分课上和课下两个部分，课上写作应主要训练什么？
4. 如何将写作与听、说、读结合起来？这种结合是否有必要？
5. 作文的修改与讲评有不同方式，你认为哪种最有效率？
6. 对学生来说，写作虽然主要是一种"输出"训练，但"输入"也是必不可少的。你觉得教师在写作课上应该给予学生哪些方面的"输入"？

第十二章推荐阅读

# 后　　记

本书是为对外汉语/汉语国际教育专业本科生编写的一部"教学法"教材，同时，也可以作为对外汉语/汉语国际教育专业研究生的自学用书以及对外汉语教师的参考用书。

全书共分12章，较为全面、系统地介绍了"对外汉语教学法"这门课程所要讲授的主要内容，包括语言要素（语音、汉字、词汇、语法）教学法和语言技能课（综合、听力、口语、阅读、写作）教学法。此外，对于对外汉语教师、课堂教学过程以及课堂教学设计的特点及要求也进行了简要的概括与说明。为使学习者能对课堂教学有更多的感性认识，我们还在各技能课后面附上了教案示例以供参考。通过本教材的学习，可以使学生了解对外汉语教学的基本原理，掌握教学的主要环节及方法技巧，具备良好的教学实践能力。

本书特点：

1. 实用性。本书的撰写者是来自不同高校的对外汉语教学一线教师，拥有丰富的海内外汉语教学经验。书中所归纳的教学方法有些来自于对业界同行的借鉴，绝大部分是编写者自身多年教学的体会与总结。简明实用，可操作性强。

2. 丰富性。我们主张教学的个性化、多元化，强调教师应根据课程的特点，针对具体的教学对象和教学内容，设计和运用适切的教学方法和教学技巧。书中所展示的教学思路与教学方法不拘一格、丰富多彩，且大都经过实践的检验。

3. 通俗性。本书虽以培养教学实践能力为宗旨，但也注重对基础理论知识的归纳与梳理，在语言学、教育学以及国外第二语言教学相关理论的指导下进行阐述。在编写过程中，谨守本科教材的特殊性，努力淡化理论色彩，文字表达尽可能深入浅出。

本书是集体创作的结晶：首先由主编拟定编写提纲，然后编写组成员

各领任务写出初稿,最后由主编统稿、修订完成。各章执笔者分工如下:

  张艳华 第一章"对外汉语教学法概述"

  张学广 第二章"对外汉语教师及课堂教学过程"和第十一章"阅读课教学"

  李昊天 第三章"对外汉语课堂教学设计"和第六章"词汇教学"

  刘相臣 第四章"语音教学"

  邱理萌 第五章"汉字教学"

  贺莉娜 第七章"语法教学"

  陈倩倩 第八章"综合课(精读课)教学"

  吴 剑 第九章"听力课教学"

  许培新、张学广 第十章"口语课教学"

  盛 蕾 第十二章"写作课教学"

  本教材历经三年,几易其稿,如今终于付梓出版。衷心感谢高等教育出版社有限公司云慧霞、吴军的大力支持与辛勤劳动!也非常感谢各位编写者的通力合作!

  在编写过程中,我们借鉴了不少学界前贤的相关研究成果,在此一并致谢!限于学术水平和精力阅历,本教材的错误和粗疏之处在所难免,恳请专家学者不吝赐教,也诚挚地欢迎广大读者批评指正!

张艳华<br>2017.7.7

## 郑重声明

高等教育出版社依法对本书享有专有出版权。任何未经许可的复制、销售行为均违反《中华人民共和国著作权法》，其行为人将承担相应的民事责任和行政责任；构成犯罪的，将被依法追究刑事责任。为了维护市场秩序，保护读者的合法权益，避免读者误用盗版书造成不良后果，我社将配合行政执法部门和司法机关对违法犯罪的单位和个人进行严厉打击。社会各界人士如发现上述侵权行为，希望及时举报，我社将奖励举报有功人员。

反盗版举报电话　　（010）58581999　58582371
反盗版举报邮箱　　dd@hep.com.cn
通信地址　　北京市西城区德外大街4号
　　　　　　高等教育出版社法律事务部
邮政编码　　100120